제 5 판

경영품질론

안영진 저

박영사

머리말

2020년은 과거에 상상하지 못하였던 현상들로 출발하였다. 미래가 점점 불확실하고 예측불가의 방향으로 가리라 하는 것은 많은 선구자들에 의해 예측이 되어 왔지만, 그 먼 미래가 생각보다 빠르게 현실이 된 것이다. 제4차 산업혁명, 인공지능, 흑조현상, 뉴노멀(New Normal) 현상, 자율주행차, 3D 프린팅, IoT(Internet of Things) 등은 몇 가지 예이다.

이러한 시기에 경영품질론 제5판을 출간하게 되었다. 2015년에 제4판이 출간되었으니 6년이 지나서야 출간하게 되었다. 시기가 오래된 만큼 책의 틀이 많이 바뀌었다. 제5판에서는 편을 사용하지 않았다. 그러나 이 책의 구조는 역사적 흐름으로 본 품질에 대한 일반적 개론으로 시작하여, 세계 많은 기업들의 기업경쟁력을 평가하는 교과서 모델인 MBNQA(Malcolm Baldrige National Quality Award), 1997년에 모토로라(Motorola)에서 나온 6시그마 경영혁신, 그리고 4차 산업혁명시대의 품질로 이어진다.

제4판과 크게 차이 나는 점은 먼저 MBNQA(Malcolm Baldrige National Quality Award) 모델의 소개이다. MBNQA는 미국국가품질상에 도전하는 기업들을 평가하는 모델이지만, 유럽과 일본을 제외한 세계 대부분의 지역에서 많은 기업들을 평가하는 가장 보편적으로 사용되고 있는 모델이다. 우리나라에서 기업을 평가하는 가장 대표적인 상은 정부가 주도하는 국가품질상이다. 국가품질상에서 사용하는 기업평가모델도 MBNQA의 심사기준을 거의 참조하고 있다. 이 외에도 한국표준협회 서비스대상에서도 MBNQA 모델을 기본적으로 활용하고 있다. MBNQA 심사기준은 7개의 범주로 구분된다. 제5판에서는 7개의 범주를 하나의 독립된 장으로 소개한다. 특히 각 장에서는 구체적으로 각 범주에 대한 심사기준을 소개하고, 이론과 사례를 제시하여 독자들로 하여금 MBNQA를 최대한도로 활용하도록 하고 있다. 이것은 기업이 기업의 경쟁력을 스스로 평가하고, 기업의 취약점을 파악하게 하고, 경쟁기업과 비교하게 하며, 궁극적으로 개선을 통하여 기업의 경쟁력을 강화하도록 한다.

중요한 또 다른 차이는 4차 산업혁명시대에서의 품질이다. 그래서 제18장에서는 4차 산업혁명이 품질에 어떤 영향을 끼칠 것인지 관련된 핵심적인 기술을 소개하였다. 즉, 3D 프린팅, 인공지능, 스마트 팩토리, 그리고 사무자동화 등이다. 이러한 새로운 기술과 개념들이 품질에 어떤 영향을 끼치는지, 그리고 우리의 생활에 어떤 영향을 주는지 살펴보았다. 특별히 인공지능은 다양한 직업과 우리의 생활에 엄청난 영향을 끼친다. 또 이 책의 많은 곳에서 4차 산업혁명에 대한 설명이 많이 포함되어 있다. 예로, 인공지능을 이용하여 고객욕구를 탐지하는 것이다.

세 번째는 빅데이터(big data)이다. 통계는 경영품질에 있어서 대단히 중요한 개념이다. 그런데 최근 디지털 디바이스와 빅데이터 처리 기술의 발전으로 빅데이터의 중요성이 크게 부각되고 있다. 빅데이터는 기업의 품질을 향상시켜 기업의 경쟁력을 강화한다. 기업은 빅데이터를 분석하여 각각의 고객에 대한 맞춤형 마케팅이 가능하고, 고객 니즈의 추세를 파악할 수 있다. 또 고객만족도와 고객의 감성을 분석하여 고객의 욕구를 더 만족시킬 수 있다. 또 SNS를 활용하여 잠재적 고객들을 파악할 수 있다. 2장 7절에서 빅데이터를 다룬다.

네 번째는 다양한 사례들을 많이 추가하였다. 이론과 사례는 동일하게 중요하다. 이론은 개념의 토대를 제공하며, 사례는 패러다임의 변화를 말해 준다. 경영학에서 모든 이론은 반드시 변한다. 그러므로 경영자는 이론에 대한 경영 패러다임의 변화를 인지하여야 하고, 변화에 대처하는 역량을 지녀야 한다.

다섯 번째는 새로운 다양한 주제들을 소개하였다. 예로, 기업의 사회적 공헌, 거버넌스(governance), 네트워크 지식, 수평적 협업, 목적이 이끄는 전략, 빅데이터를 이용한 축약형 모델링, 하드웨어/소프트웨어 품질, 데이터 마이닝, 개인정보보안, 지식경영, 애질평가, 평가의 공정성, 인공지능, 스마트 팩토리, 오퍼레이션의 투명성, 사업 성과, 그리고 RPA(Robotic Process Automation) 등이다.

이 책은 대학교의 대학원과 학부에서 기업의 경쟁력과 품질을 소개하는 데 유익한 책이다. 또 기업에서도 품질의 중요성을 소개하는 데 상당히 유용한 교재이다. 앞에서도 언급하였지만, 이론과 사례를 이 책은 중요시하기 때문에 독자들에게 역사와 현실 감각을 제공하리라고 본다.

실수를 감소하려고 노력하였지만, 이 책에서 발견되는 오자와 잘못된 문맥은 전적으로 저자의 책임이다. 몇 년 전 저자의 수업을 듣는 한 학생이 책에서 발견한 오자와 문맥을 적어 저자에게 보낸 적이 있다. 상당히 성실한 학생으로 칭찬을 아끼지 않았던 기억이 난다.

이 책이 출판되기까지 늘 따뜻한 마음으로 대해 주신 박영사 안종만 회장님, 가장 힘든 작업인 편집과 교정으로 매번 도와주시는 전채린 과장님, 그리고 궂은 모든 일을 도맡아 해 주신 장규식 과장님께 지면을 통하여 감사의 말씀을 드린다.

2021년 2월
서울 잠실에서
저 자

머리말

21세기에 들어선 지금 세계는 과거 이념의 반목 시대에서 새로운 무역전쟁시대로 돌입하였다. 1970년대 일본의 경제부흥으로 불붙기 시작한 무역전쟁은 국제시장의 질서를 완전히 바꿔 놓았다. 새로운 강자로 일본과 유럽이 부상하고, 미국이 쇠퇴하기 시작하였다. 당시 일본의 비상한 경제적 도약은 많은 사람들의 관심의 대상이 되기에 충분하였다. 그래서 일본 경쟁력 강화에 대한 다양한 연구가 집중적으로 이루어졌다. 무엇이 일본을 짧은 기간 내에 이렇게 강하게 만들었을까? 정부의 적극적인 지원, 세제정책, 일본의 문화, Just−in−Time 시스템, 팀워크, 인간존중, 낭비제거, 기술, 품질 등 수 많은 요소들이 일본 경쟁력 강화의 주요한 원인으로 밝혀지기 시작하였다. 일본 경쟁력의 강화는 당연히 일본 제품이 세계 시장에서 잘 팔린다는 이야기다. 즉, 일본 제품의 특성은 품질이 좋고 가격이 낮다는 것이다.

일본의 부흥에 타격을 받은 미국은 Taylor와 Ford의 원리에 대해 다시 생각하기 시작하였다. 그리고 일본을 집중적으로 연구한 결과 미국 기업의 문제점이 품질에 있다는 사실을 확인하였다. 그리고 1980년대 초 미국 기업의 경쟁력을 강화하기 위하여 품질운동을 선포하였다. 이 품질운동의 주체로서 부상한 개념이 바로 QM(Quality Management)이다. QM은 미국 정부에게도 영향을 줘 미국 기업의 경쟁력 강화에 품질이 주요한 요소인 것을 정부에게 확인시켜 주었다. 그래서 미국 정부는 국가 품질상인 MBNQA(Malcolm Baldrige National Quality Award)를 제정하였다. 이렇게 해서 QM의 개념은 보다 확대된 개념인 TQM(Total Quality Management)으로 발전하게 되었다. 유럽에서도 국제표준화인 ISO 시리즈가 제정되어 세계적으로 품질에 대한 인식이 강화되기 시작하였다. 또 역시 EQA(European Quality Award)를 제정해 품질이 우수한 유럽의 기업에게 상을 수여하였다.

1980년대 중반 미국의 Motorola에서는 무결점을 지향하는 새로운 개념인 6시그마가 창안되었다. 이 개념은 General Electric의 극적인 수익성 향상에 힘입어 세계적으로 유명세를 타기 시작하였다. 한국, 미국, 유럽, 일본 등의 국가에서 6시그마 도입의 바람이 거세게 불기 시작하였다. 6시그마는 TQM과는 또 다른 개념으로써 인간의 한계에 도전하는 경영혁신 전략이다. TQM과 6시그마는 미국의 경쟁력을 다시 회복시켜 또 다른 미국의 부흥을 가져왔다.

TQM은 품질경영으로 많이 불린다. 그리고 6시그마는 무결점을 지향하는 품질의 관점으로부터 출발하였다. 그래서 일부 사람들은 TQM과 6시그마를 품질에 국한된 개념으로 보기도 한다. 그러나 TQM과 6시그마는 제품과 서비스의 품질만 다루는 단순한 개념이 아니다. TQM과 6시그마의 목적을 달성하기 위해서는, 즉 제품과 서비스의 완벽한 품질을 달성하기 위해서는 조직과 시스템의 품질이 먼저 향상되어야 한다. 과거처럼 품질부서만 잘 해서는 안 되고, 조직 전체가 최고경영자의 강력한 리더십 아래 전사적으로 TQM과 6시그마의 목적을 추구하여야 한다. 더구나 TQM과 6시그마는 고객의 욕구를 만족시키는 개념이다. 고객이 만족하지 않는 제품과 서비스는 품질이 좋지 않은 것이다. 그러므로 고객의 욕구와 만족이 항상 TQM과 6시그마를 주도하여야 한다. 이렇게 볼 때 TQM과 6시그마는 품질경영이 아닌 경영품질인 것이다. 즉, 경영의 품질을 개선하여야만 TQM과 6시그마의 목적을 달성할 수 있는 것이다. 그러므로 이 책에서는 과거의 품질경영 대신 경영품질이라는 용어를 사용하였다. 이것은 TQM과 6시그마가 조직과 시스템의 경영품질을 개선하여야만 달성할 수 있기 때문이다.

그래서 이 책은 경영품질에 관한 책이다. 조직의 모든 부문에 대한 경영을 잘 하여야만 TQM과 6 시그마의 목적이 달성될 수 있다. 이 책은 저자가 15년간 대학과 기업에서 품질에 대해 강의하면서 준비한 강의록과 또 참고문헌에 기재된 수많은 논문과 저서 그리고 전문 잡지들을 참조하여 만들어졌다. 경영품질은 기존 품질이론에 의해 생성된다. 그리고 위에서 설명하였듯이, TQM과 6시그마가 탄생하였다. TQM과 6시그마는 또 과학적이고 통계적인 기법 또는 도구에 의해 지원된다. 그래서 이 책은 총4편, 18장으로 구성되었다. 제1편은 품질에 관한 일반적 개론으로써 1장부터 5장까지, 제2편은 TQM으로써 6장부터 11장까지, 제3편은 6시그마로써 12장부터 16장까지, 그리고 제 4 편은 품질상과 통계적 도구로써 17장과 18장으로 구성되어 있다.

이 책의 특성은 다음과 같다. 첫째, 이 책은 경영품질의 핵심 개념인 TQM과 6 시그마에 대한 이론과 개념을 자세하게 소개하고 있다. 광범위한 논문과 저서, 그리고 인터넷을 통한 자료를 통해 TQM과 6 시그마의 개념, 목적, 효과, 원리, 그리고 도구 등을 독자들에게 제공하고 있다. 특히 6 시그마에 대한 명확하고 자세한 이론과 사례는 이 책의 가장 중요한 특성 중 하나이다. 둘째, 국내와 해외선진 기업들의 다양한 사례들을 소개함으로써 책에서 소개되는 개념을 실제로 세계의 초우량 기업들이 어떻게 이용하고 있는지를 명확하게 보여 주고 있다. 특히 이 책에서 소개된 150여 개의 다양한 한국과 외국 기업들에 대한 기업명색인을 작성하였다. 셋째, 경영혁신에 관련된 다양한 개념들(벤치마킹, 리엔지니어링, 카이젠, Supply Chain Management, JIT Ⅱ 등)을 소개함으로써 TQM과 6시그마와의 비교를 가능하게 하였다. 넷째, 서비스의 중요성을 인식하고 필요한 곳에 다 서비스업체에 대한 설명을 첨부하였다. 다섯째, 이 책에서 소개되는 기관과 기업에 대한 web site를 수록함으로써 각 기관에 대한 궁금증을 가지고 있는 독자들로 하여금 직접 인터넷 서핑을 하도록 하였다. 여섯째, 한국 품질의 역사를 비교적 자세하게 다루었다. 일곱째, 강의하시는 교수님들의 편의를 돕기 위해 모든 장에 대한 간결하고 심도 있는 Power Point와 각 장의 문제들에 대한 해답집을 제공하였다. 여덟째, 이 책에서 사용하는 모든 용어는 산업표준심의회에서 심의한 KS A 3001의 품질관리용어를 따랐다.

이 책은 대학교의 학부와 대학원, 그리고 기업체에서 경영품질을 소개하고 연구할 때 적절한 책이라고 생각한다. 특히 품질에 관해 그리 깊은 전문적 지식이 없는 사람이라도 이 책을 쉽게 이해할 수 있도록 간결하고 명료하게 책을 썼다.

몇 차례의 교정을 통해 오자와 문맥을 수정하였지만, 오자와 잘못된 문맥들이 나올 수도 있다. 즉, 6시그마 수준을 달성하려고 노력하였지만, 오류가 발생할 수도 있다. 이것은 전적으로 저자의 책임으로서 지속적인 개선과정을 통해 시정해 나갈 것이다.

이 책이 출판되기까지 이 책의 좋은 품질을 위해 계속 격려해 주시고, 많은 시간과 노력을 저자에게 아낌없이 할애해 주신 박영사의 안종만 회장, 선경선 부회장, 이구만 차장, 그리고 노현 과장께 지면을 통하여 진심으로 감사를 드린다.

2002년 2월
서울 한남동에서
저 자

목차

CHAPTER 03   설계와 예방

CHAPTER 04 서비스품질

CHAPTER 11 고객

CHAPTER 12 측정, 분석, 지식경영

CHAPTER 13 인적자원

CHAPTER 14 오퍼레이션

CHAPTER 15 사업 성과

CHAPTER 16 6시그마

CHAPTER 17 ISO

CHAPTER 18 4차 산업혁명과 품질

MANAGEMENT QUALITY

똑똑한 사람은
문제를 잘 푼다.
현명한 사람은
문제거리를 만들지 않는다.

A clever person
solves a problem.
A wise person
avoids it.

- Albert Einstein -

CHAPTER 01

품질에 대한 소개

사례 ┃ 도요타자동차와 품질

 이미지 출처: www.toyota.com

　　도요타(豊田)자동차는 오랫동안 품질의 글로벌 대표주자였으며, 세계 최고의 생산시스템을 개발한 기업으로, 대학에서 가장 많이 소개되는 글로벌 초우량기업 중 하나이다. 세계의 많은 기업들은 도요타자동차의 생산시스템을 배우기 위해 도요타자동차 공장을 방문한다. 그런데 어떻게 해서 도요타자동차가 품질로 창업 이래 최대의 위기에 처하게 되었을까? 이것은 품질의 문제일까? 아니면, 도요타자동차의 생산시스템이 더 이상 효과적이지 않다는 것일까?

　　2009년 8월 미국 캘리포니아(California)주에서 렉서스(Lexus) ES350이 시속 190km로 질주하다가, 4명이 숨지는 사고가 발생하였다. 운전자가 가속페달을 통제할 수 없어 발생한 사고였다. 후에 이 사고는 운전자의 잘못이 아니라, 운전석 바닥에 깔려있는 매트(mat)의 불량으로 판명되었다. 미국 NHTSA(the National Highway Traffic Safety Administration)는 더 이상의 사고를 미연에 방지하기 위하여 렉서스 이외의 다른 차종도 리콜(recall)하라고 도요타자동차에게 강력하게 압력을 가하였다. 이 사고로 도요타자동차는 380만대의 자동차를 리콜하였다. 그 이후 4개월 동안 서로 다른 3건의 문제로 도요타자동차는 340만대의 자동차를 추가로 리콜하였다. 2010년 2월에서 8월까지 6개월 동안 도요타자동차는 13번의 리콜을 하였다. 단일결함으로 리콜한 건수로 2010년 도요타자동차는 세계 최대를 기록하는 불명예를 입었다.

　　도요타자동차는 1937년 8월 28일 도요다 키이치로(豊田喜一郞)에 의해 설립되었으며, 본사는 일본 아이치현(愛知県) 도요타시(豊田市) 도요타마을 1번지에 있다. 미국에는 1957년 Toyopet으로 처음 진입하였지만 실패하였다. 그러나 8년 후인 1965년 Corona로 다시 진입하여 성공하였다. 그 이후 Corolla, Camry, Toyota trucks, the Lexus, Scion(2016년 8월부터 도요타 브랜드로 전환), 그리고 Prius 등을 진출시키며 큰 성공을 거두었다. 지금은 미국에서 자동차를 가장 많이 판매하는 회사로 성장하였다. 현재 회장은 창업자 도요다 키이치로의 손자인 도요다 아키오(豊田章男)이다. 현재 세계 최고의 자동차회사이며, 고급승용차인 렉서스와 Hybrid 자동차 Prius를 생산하고 있다. 시스템에 있어서도 간반(Kanban) 시스템, JIT(Just-in-Time) 시스템, TPS(Toyota Production System), 일본 TQC(Total Quality Control) 등 탁월한 생산시스템과 품질시스템을 개발한 회사이다.

이미지 출처: www.toyota.com

그런데 어떻게 하여 이런 문제가 발생하였을까? 첫째, 대기업병에 걸린 도요타자동차의 의식이다. 품질문제에 대한 경고는 오래전부터 있었지만, 최고경영진은 이 경고를 심각하게 다루지 않았다. 품질이 도요타자동차의 DNA라고 큰소리치던 도요타자동차는 2009년 초에 '고위품질 Task Force'를 해체하였다. '고위품질 Task Force'는 품질문제를 전담하기 위해 2005년에 설립된 조직이다. 또 2009년 이전에 미국의 Consumer Report와 도요타자동차 내부에서도 품질에 대한 우려가 제기되었다. 그러나 대기업병에 걸린 도요타자동차는 이런 경고를 소홀히 하였다. 이전의 도요타자동차가 아니었다. 둘째, 도요타자동차의 전략의 변화이다. 1995년 CEO로 취임한 오쿠다 히로시(奧田碩)는 '2005 비전'을 통하여 글로벌성장 전략을 천명하였다. 이 전략은 1995년 7.3%인 세계시장점유율을 10년 이내에 10%로 향상하는 것이었다. 이 전략은 달성되었고, 도요타자동차는 2010년 15% 달성이라는 새로운 목표를 수립하였다. 새로운 목표를 달성하기 위해서는 새로운 인력을 고용하여야 했고, 또 새로운 글로벌공장을 구축하여야 하였다. 2002년부터 2008년까지 6년 동안 도요타자동차 해외공장은 37개에서 53개로 급속하게 증가하였다. 이러한 급속한 성장은 도요타자동차의 본질적인 강점을 희석시켰다(Cole, 2011). 즉, 품질을 중시하는 문화, 협력업체들과의 장기적이며 긴밀한 관계, 제품개발, 동기부여와 같은 도요타자동차의 핵심적인 강점들이 성장에 밀려 점차로 희석되었다. 셋째, 기술적으로 복잡해지는 제품의 특성이다. 정부의 규제와 소비자 니즈의 변화, 그리고 경쟁의 심화로 제품에 대한 기술적인 복잡성이 급격히 증가되었다. 그러나 성장을 중시하는 도요타자동차는 내부의 기술자가 아닌 외부로부터 새로운 기술자들을 고용하여야 하였다. 이것은 새로운 설계문제를 발생시켰다. 또 의사소통의 문제가 발생하였고, 새로운 협력업체에 대한 관리가 제대로 이루어지지 않았다.

이미지 출처: www.theguardian.com

2010년 2월 24일 CEO 도요다 아키오는 미국 하원 청문회에 참석하여 고객들에게 사과하고 품질문제를 해결하기 위해 '기본으로 돌아가겠다'고 말하였다. 그리고 2010년 3월 「글로벌품질특별위원회」를 발족하고, 도요다가 직접 위원장을 맡았다. 11월에 도요타자동차는 "최근 리콜사태를 통하여 세계 시장에서 존속하기 위해서는 품질이 중요하다는 것을 다시 한 번 깨우쳤다"고 하였으며, 품질제일주의를 재차 천명하였다. 이 사례는 저자가 다음과 같은 자료를 참조하여 재작성하였다.

- Robert E. Cole, "What Really Happened to Toyota?" MIT Sloan Management Review, Vol. 52, No. 4, 2011, 29-35.
- www.theguardian.com
- www.toyota.com

위의 도요타자동차 사례는 품질이 얼마나 중요한 지를 보여주는 하나의 예이다. 세상은 계속 변하고 있다. 첫째, 대량생산시대는 오래전부터 MC(Mass Customization) 시대로 대체되었다. 롤스로이스(Rolls Royce)는 MC의 대표적인 기업 중 하나이다. 롤스로이스에 고객의 주문이 들어오면, 차 한 대당 약 60명의 전문가들이 팀을 이뤄 설계부터 개발, 제작까지 책임을 진다. 둘째, 불량에 대한 책임도 현장의 작업자가 아닌 조직의 최고경영자가 지게 되었다. 품질문제를 단순하게 작업자의 책임으로 돌릴 수 없는 시대가 된 것이다. 셋째, 백분율의 불량률이 무결점으로 바뀌었다. 이것은 지속적인 품질향상으로 성취되었다. 최근 4차 산업혁명으로 스마트공장(smart factory)이 주목을 받고 있다. 이 역시 품질수준을 급격히 향상할 것으로 기대하고 있다. 넷째, 결과가 아닌 과정인 프로세스를 중요시하게 되었다. 즉, 품질은 프로세스에 위하여 결정된다는 것이다. 마지막으로, 제품과 서비스의 품질이 아닌 조직 전체의 품질이 중요해졌다. 이것은 경영품질이라는 새로운 용어를 탄생시켰다.

　품질은 이제 기업이 경쟁적 우위를 차지하기 위하여 선택하는 사치스러운 요소가 아니라, 기업의 생존을 위한 필수적인 요소가 되었다. 품질은 기업과 국가의 경쟁력을 결정하는 핵심적인 요소이며, 조직의 유형이나 규모 또는 목표에 관계없이 매우 중요한 전략적 요소이다. Juran(1994)은 일찍부터 "20세기는 생산성의 시대이지만, 21세기는 품질의 시대가 될 것"이라고 선언하였다.

　기업과 국가의 경쟁력을 결정하는 요소들은 다양하다. 이 중 하나가 바로 품질이다. 품질이 좋지 않은 제품과 서비스는 조직의 수익성뿐만 아니라, 소비자의 귀한 생명에 치명적인 결과를 초래한다. 불량 자재와 형식적인 감리로 건축된 교량과 건물로 인해 수많은 사람들이 희생되는 것을 우리는 지난 몇 년 동안 자주 보아 왔다.

　품질이란 용어는 산업체나 일상생활에서 수시로 사용되고 있지만, 사용하는 사람, 장소, 시간, 업체에 따라 그 의미가 달라진다. 이렇게 품질은 상당히 다양한 뜻을 내포하고 있다. 더욱더 어려운 것은 품질의 의미가 지속적으로 변하고 있으며, 미래에도 계속 변할 것이라는 점이다. 그러므로 경영자는 품질의 중요성과 의미를 확실하게 이해하고, 품질을 전략적인 관점에서 추구하도록 하여야 한다. 이 책은 바로 이렇게 중요한 품질에 대한 책이다.

제1장에서는 지속적으로 변하는 품질의 의미를 설명함으로써 품질에 대한 기초적인 지식을 제공하고자 하며, 다음과 같은 주제들을 다루고자 한다.

1.1 품질의 의미
1.2 품질의 중요성
1.3 품질이 기업과 국가에 끼치는 영향
1.4 품질과 공급사슬
1.5 품질을 결정할 때 고려하여야 할 다른 요소들

품질의 의미

품질(品質, quality)이란 용어는 라틴어로 '내재된 속성(of what)'을 뜻하는 'qualitas'에서 유래하였다. 국어사전에서는 품질을 '물건의 성질과 바탕'으로 풀이하고 있다. 이렇게 품질의 가장 보편적인 의미는 '속성'이다.

그러나 비즈니스 세계에서 변하지 않는 것이 없듯이, 품질의 의미도 계속 변하여 품질을 보편적 정의로 단순하게 정의하기가 어렵게 되었다. 그래서 일찍이 Shewhart(1931)는 "품질을 정의하는 것은 상당히 어렵다"고 하였으며, Garvin (1984)도 "품질은 단순하게 정의될 수 없으며, 눈으로 확인한 다음에야 인식할 수 있다"고 하였다. 또 Hardie(1998)도 "품질을 다양하게 정의하여야 한다"고 하였다.

1.1.1 시대에 따른 품질 의미의 변화

품질은 시대에 따라 의미가 변한다. 20세기 초 품질은 검사를 의미하였고, 1940년대에는 SQC(Statistical Quality Control), 1950년대에는 TQC(Total Quality Control)를 의미하였다. 1960년대에는 무결점운동인 ZD(Zero Defects), 1970년대에는 CWQC(Company Wide Quality Control), 1980년대에는 QM(Quality Management), 그리고 1990년대에는 6시그마와 TQM(Total Quality Management), 즉 경영품질을 의미하였다. TQM에 있어서 품질은 궁극적으로 고객만족을 의미한다. 고객이 만족하지 않는 제품과 서비스 품질은 좋지 않은 품질이기 때문이다. 그런데 6시그마는 품질을 단순한 고객만족이 아닌 고객과 기업의 가치부여를 동시에 만족시키는 것으로 보고 있다.

2010년대에는 4차 산업혁명이 선진국들의 중요 이슈가 되었다. 세계경제포럼 (World Economic Forum)의 회장 Klaus Schwab(2016)은 "4차 산업혁명은 디지털과 물리학 그리고 생물학 사이의 경계를 파괴하는 기술적 융합이며, 단순히 어떤 하나의 분야에서만 발생하는 혁신이 아니고 다양한 기술의 융합과 조합에 기반을 두는 혁신"이라고 하였다. 이것은 스마트공장을 의미한다고 할 수 있다. 이러한 스마트공장에서는 품질이 과거와 비교할 때 현저하게 좋아진다. 이것은 이미 사이버시스템을 통하여 결과를 평가한 다음에 제조하기 때문이다.

▌그림 1-1 시대에 따른 품질 의미의 변화

검	S	T	Z	C	Q	6	스
				W			마
	Q	Q				시	트
				Q		그	공
사	C	C	D	C	M	마	장
1900	20	40	60	70	80	90	2010

이렇게 품질의 개념이 시대에 따라 바뀌는 것을 알 수 있다(<그림 1-1> 참조). 구체적으로 말하면, 품질은 단순한 제품검사에서 출발하여, 프로세스 개선, 많은 부서들의 품질에 대한 책임, 그리고 이제는 시스템과 조직의 품질을 의미하게 되었다. 즉, 제품의 품질은 조직의 품질이며, 시스템 품질의 산물인 것이다. 그래서 이제 품질은 경영품질을 의미한다.

그러면 다음에서 품질에 대한 개념이 어떻게 변하고 있는지 자세히 살펴보기로 한다.

1.1.2 품질 개념의 변화

[1] 설계품질

제품이나 서비스를 생산하려면 품질목표를 수립하고, 거기에 맞는 설계표준을 설정하여야 한다. 설계표준은 기업이 목표로 하는 제품 및 서비스의 특성을 측정할 수 있도록 규정한 수치적인 목표로서, 제품이 생산되기 이전에 분명하게 명시되어야 한다. 표준(標準, standard)은 보통 규격과 규정으로 분류되는데, 규격은 부분품, 재료, 제품, 기계, 공구 등과 같이 유형물에 대한 기술표준이고, 규정은 순서, 방법, 절차, 책임, 의무, 권한, 개념 등과 같이 추상적이며 관념적인 관리표준이다(이순룡, 2016). 특히 일본의 도요타자동차는 표준을 중요시한다. 도요타자동차에서는 개념, 절차, 순서, 사물 등 모든 것의 종류를 최소화하여 경영을 효율화하는 방법과 활동을 표준화(標準化, standardization)라고 하였으며, 표준은 조직에서 행하는 업무처리방식을 끊임없이 개선하는 것으로 보고 있다. 그래서 모든 절차를 문서화하고 표준화한다.

이렇게 설계품질(設計品質, quality of design)은 기업이 원하는 제품이나 서비스 품질의 목표이며, 품질목표로부터 결정된다. 그리고 설계품질은 단순히 기업의 역량 이외에 고객욕구와 경쟁제품의 가격 및 품질수준 등을 고려하여 결정된다. 또 제품과 서비스에 포함할 특성과 포함하지 않을 특성을 결정한다. 스마트폰의 경우 크기, 형태, 그리고 기능과 같은 결정은 전부 설계품질에서 이루어진다. 또 소비자의 다양한 욕구를 충족시키기 위해 제품과 서비스의 등급을 결정한다. 일반적으로 등급이 높으면 높을수록 원가도 높아지고, 고객의 기대도 높아진다. 철강과 쌀에는 품질에 따라 수많은 등급이 있고, 호텔도 등급으로 구분된다.

설계품질은 대개 제품설계기사가 수행한다. 그러나 설계기사 혼자서 제품이나 서비스를 설계해서는 안 되고, 반드시 설계에 관련된 다른 부서의 사람들과 협의하여 설계하여야 한다. 그렇지 않으면, 후에 많은 문제점들이 발생할 수 있다. 예를 들면, 자재 또는 공구가 없어서 제품을 생산하지 못하거나, 생산한다 하더라도 비경제적으로 할 수밖에 없다. 이런 문제점을 극복하기 위한 기법이 CE(Concurrent Engineering)이다. CE에 대해서는 3장을 참조하기 바란다.

[2] 제조품질

제품이나 서비스를 생산하려면 생산자는 반드시 제품이나 서비스의 물리적인 특성에 관한 구체적인 설계표준을 구비하여야 한다. 그래서 생산한 제품이나 서비스가 설계표준에 적합하면 품질이 좋다고 할 수 있다. 이것이 바로 제조품질이다. 제조품질(製造品質, quality of conformance)이란 생산한 제품이나 서비스가 설계표준에 얼마나 적합하게 잘 만들어졌는가를 측정하는 것으로, 완성품질 또는 적합품질이라고도 한다. 서비스에서도 역시 설계표준을 설정하고 제조품질을 측정하여야 한다. 예를 들면, 5초 이내에 고객의 전화에 응답하는 것은 서비스회사의 설계표준이라고 할 수 있다. Crosby(1979)는 "품질은 필요한 설계표준에 대한 적합성이다"라고 품질을 정의하였다. 그래서 "품질을 관리하기 위해서는 품질을 제조품질로 정의하여야 한다"라고 하였다.

제조품질은 여러 가지 요소들에 의해 영향을 받는다. 즉, 기계와 설비 상태, 직원들의 기술과 교육수준, 동기부여, 관리상태, 공정형태, 감독, 품질시스템, 사용하는 품질기법 그리고 원자재의 품질상태 등에 의하여 영향을 받는다.

그러면 설계표준에 적합하지 않은 비적합품은 어떻게 처리하여야 하는가? 비적합품(非適合品, nonconforming product)의 사용가치는 그 제품의 비적합성 정도에 따라 달라진다. 당분농도가 설계표준의 규격 이하로 내려가는 설탕은 적합하지 않지만, 이 설탕을 많이 사용하면 원하는 당분농도를 얻을 수 있다. 그러나 비적합성의 정도가 너무 심해 그 제품이 본래 기능을 발휘할 수 없을 때 그 제품은 불량품(不良品, defects)이 된다.

제조품질은 서로 다른 제품의 품질을 비교하기 쉽게 한다. 롤스로이스(Rolls Royce)자동차가 소나타보다 더 좋은 품질을 가지고 있다고 말할 수 있는가? 제조품질의 정의에 의하면, 꼭 롤스로이스의 품질이 소나타의 품질보다 좋다고 말할 수 없다. 이 예에서 우리는 제조품질의 의미를 분명히 이해할 수 있다. 제조품질은 상대적이 아닌 절대적으로 비교한다. 즉, 품질은 설계표준에 대한 적합성이다.

그러나 제조품질은 여러 가지 문제점들을 지니고 있다. 생산자의 입장에서 소비자가 좋아하지 않는 제품도 설계표준에 적합하면 양질의 제품으로 간주된다. 이렇게 볼 때 제조품질은 생산자의 입장에서 보는 품질이다. 그러므로 생산자는 좋은 품질의 제품을 생산하는데도 불구하고 기업의 수익성은 떨어질 수도 있다. 이렇게 제조품질은 소비자의 욕구를 무시하고 있다. 물론 설계표준은 고객의 욕구에 의해 작성된다. 그러나 고객의 욕구와 기호는 수시로 변한다. 그러므로 기업은 제조품질이 고객의 욕구를 만족시키고 있는지를 수시로 확인하여야 한다.

┃그림 1-2 제조품질

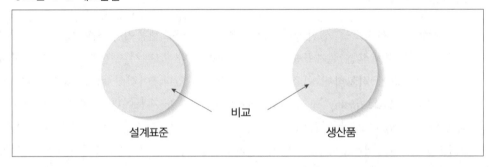

[3] 사용품질

소비자는 자기의 욕구를 만족시켜주는 제품과 서비스를 구매하길 원한다. 그러므로 품질은 소비자의 욕구를 충족시켜야 한다. Ryan(1992)은 "고객의 욕구를 초기부터 만족시키는 것이 품질"이라고 하였다. 이렇게 사용품질(使用品質, fitness for use)은 제품과 서비스가 소비자의 기대와 욕구를 충족시키는 것을 말한다. 품질을 사용품질로 보는 대표적인 사람으로 Juran과 Deming을 들 수 있다.

Juran(1989)은 제조품질의 위험성을 지적하면서 "소비자를 만족시키는 제품과 서비스의 품질이 좋은 것"이라고 하였다. 그리고 사용품질은 기술성, 심리성, 시간성, 계약성, 그리고 윤리성과 같은 다섯 가지 의미를 지니고 있다고 하였다. 기술성(技術性)은 강도나 경도와 같은 제품의 특성, 심리성(心理性)은 맛, 아름다움, 신분의 위치 등과 같은 성질, 그리고 시간성(時間性)은 신뢰성이나 보전성과 같은 시간과 관련된 특성을 말한다. 또 계약성(契約性)은 품질보증을 말하고, 윤리성(倫理性)은 기업의 정직성을 말한다. 이 다섯 가지 의미 중 제품은 특히 기술성과 시간성이 중요하고, 서비스는 다섯 가지 모두 중요하다. 그러나 사용품질은 고객에 따라 변한다.

Deming도 품질을 사용품질로 보고 있다. Deming(1986)은 "고품질의 제품과 서비스는 소비자가 만족을 느끼고, 앞으로도 계속 구매할 의향이 있고, 다른 사람에게 그 제품과 서비스를 권유하고, 또 기업에게 다른 제품과 서비스에도 그런 수준의 품질을 보장하라고 권유하는 것"이라고 하였다. 그러나 Allen(2006)은 "앞으로 구매할 의향에 대해 대답과 실제구매는 많이 다르기 때문에 주의하여야 한다"고 하였다. 이어 Deming은 "공장의 생산라인에 있어서 가장 중요한 요소는 다름 아닌 소비자라고 하였으며, 기업은 품질을 말할 때 반드시 현재 고객과 잠재적인 고객의 욕구를 가지고 결정하여야 한다"고 하였다. 이렇게 품질을 결정하는 사람은 제품과 서비스를 사용하는 고객이며, 고객의 기대와 경험에 의해서 품질이 결정된다. Deming은 또 "품질은 이제 지역적으로 평가받지 않고 범세계적으로, 그리고 경쟁에 의해서 결정된다"고 하였다.

사용품질은 상당히 중요한 개념이다. 제조품질은 품질을 생산자의 입장에서 본다고 앞에서 이미 언급하였다. 그러나 이제 품질을 결정하는 사람은 생산자가 아닌 소비자이다. 그러므로 사용품질은 그 의미가 상당히 중요해졌다. 소비자는 사실 생산방법에 대해 그리 큰 관심이 없다. 소비자의 주요 관심은 원하는 제품과 서비스의 가격과 품질이다. 기업의 목적도 불량품이 없는 제품과 서비스를 생산하는 것이 아니라, 고객의 욕구를 충족시키는 제품과 서비스를 생산하는 것이다. 이렇게 볼 때 품질의 초점을 소비자의 관점에서 보는 것이 중요하다. 2010년 발생한 도요타자동차 위기는 품질을 생산자가 아닌 소비자가 결정한다는 사실을 다시 한 번 보여준 사건이다. 도요타자동차 일부 임원은 가속페달 문제를 일부 고객의 책임으로 전가하였다. 또 도요타자동차의 품질은 우수한데 운전자가 문제라는 인식을 가지고 있었다. 사용품질은 절대적인 개념이 아닌 상대적인 개념이다. 그러므로 기업은 고객의 사용품질을 정확하게 파악하여야 한다.

[4] 시장품질

기업은 고객의 사용품질을 잘 파악하여 제품과 서비스의 특성으로 전환시켜야 한다. 이렇게 품질을 제품과 서비스의 총체적인 특성으로 보는 것을 시장품질(市場品質, quality of market)이라고 한다. Feigenbaum(1988)은 "품질은 엔지니어, 마케팅, 경영자가 결정하지 않고, 오직 고객만이 결정한다"고 하였다. 그래서 품질을 "관련된 모든 부서가 고객의 욕구를 충족시키기 위해 만든 제품과 서비스 특성의 총체적인 집합체"라고 정의하였다.

미국의 ANSI(American National Standards Institute: www.ansi.org)와 ASQ(American Society for Quality: www.asq.org)는 "품질이란 사용자의 욕구를 충족시키기 위해 제품 또는 서비스에 있는 특성과 특징들의 총체"라고 정의하였다. ISO(International Organization for Standardization: www.iso.org)는 ISO 8402에서 "품질은 고객의 명시된 또는 내재되어 있는 욕구를 만족시킬 수 있는 제품과 서비스의 속성과 특성의 총체"라고 정의하였다. Albrecht(1992)는 "21세기에 있어서 품질은 고객으로부터 출발하여야 한다"고 하였다. 그리고 "고객은 유형재화와 무형재화로부터 경험하는 총체적인 가치에 의해 품질을 판단한다"고 하였다. Flynn 등(2006)은 "품질은 제품과 서비스의 속성에 내재되어 있는 명확하고 측정할 수 있는 변수"라고 정의하였다.

사실 제품은 기술적으로 많은 품질특성을 지니고 있다. 품질특성(品質特性, quality characteristics)이란 품질을 평가할 때 대상이 되는 제품과 서비스의 성능이나 성질을 말한다. 품질특성으로 Garvin(1987)은 성능, 특징, 신뢰성, 적합성, 내구성, 서비스성, 미관, 그리고 인지된 품질의 여덟 가지를 들었다. 성능(性能, performance)은 제품의 기본적이며 일차적인 기능이다. 컴퓨터의 성능은 빠른 연산속도와 기억 그리고 저장 능력이며, 학교의 성능은 지식의 전달이다. 일반적으로 제품과 서비스의 성능은 계량적으로 측정이 가능하다. 그래서 성능은 주요 경쟁제품과 서비스의 성능과 비교되고 분석된다. 특징(特徵, features)은 제품의 이차적인 기능으로서 제품의 성능을 보조하는 기능이다. 그러나 성능과 특징을 엄격하게 구분하기는 쉽지 않다. 이것은 시간에 따라 특징이 점점 성능으로 변하기 때문이다. 특징도 역시 성능과 마찬가지로 측정되어 경쟁제품과 상호 비교된다. 신뢰성(信賴性, reliability)은 제품이 규정된 조건하에서 특정 기간 동안 고장이 나지 않고 본래의 제 기능을 성공적으로 수행하는 확률이다. 한국공업규격 KS A 3004에서는 신뢰성을 '제품, 기기, 부품 등의 기능의 시간적 안전성을 나타내는 정도 또는 성질'이라고 정의하고, 신뢰도는 '제품, 기기, 부품 등의 규정된 조건하에서 의도하는 기간동안 규정된 기능을 수행할 확률'이라고 정의하고 있다. 내구성(耐久性,

durability)은 제품수명을 측정하는 지표이다. 일반적으로 소비자들은 수명이 긴 제품을 선호한다. 특히 가전제품과 자동차는 내구성이 상당히 중요하다. 내구성은 기술과 경제적 두 관점에서 측정하여야 한다. 기술적인 내구성과 경제적인 내구성은 같을 수도 있고 다를 수도 있다. 더 이상 수리가 불가능한 제품의 경우, 그 제품의 기술적 내구성과 경제적 내구성은 동일하다. 그러나 제품의 수리가 가능하지만 그 제품의 유지비용이 새 제품의 구입비용보다 높을 때, 이 제품의 경제적 내구성과 기술적 내구성은 다르다. 그러므로 경제적 내구성은 제품에 고장이 나서 더 이상 경제적으로 그 제품을 유지하는 것이 바람직하지 않다고 생각되는 경우에 그 제품의 사용기간을 말한다. 대체적으로 신뢰성이 높은 제품이 내구성도 높다. 서비스성(serviceability)은 고장이 발생한 제품을 원래 상태로 회복하는 환원능력을 말하며, 보전성(保全性, maintainability)이라고도 한다. 가전제품과 자동차는 보전성이 상당히 중요하다. 서비스업체에서도 보전성은 중요하다. 전화회사가 잘못된 청구서를 보냈을 때 얼마나 빨리 청구서 내역을 변경시키는가 하는 것은 서비스에서 볼 수 있는 보전성의 예이다. 아무리 초기비용이 낮아도 보전비용이 높은 제품은 비용이 결코 낮은 제품이라고 할 수 없다. 더구나 제품의 내구성이 점차로 증가함에 따라 소비자들은 제품의 보전성을 점점 더 중요시하고 있다. 미관(美觀, aesthetics)은 제품 또는 서비스로부터 소비자가 느끼는 감촉, 소리, 맛, 냄새, 모양 등을 말한다. 그런데 소비자의 미관은 상당히 주관적이어서, 미관을 측정하는 것은 상당히 어렵다. 그러나 기업은 미관을 반드시 측정하여야 한다. 왜냐하면 미관이 제품의 경쟁력을 결정할 수 있기 때문이다. 소비자는 이미지가 좋은 기업으로부터 제품이나 서비스를 구매하려고 한다. 소비자는 여러 소스로부터 제품과 서비스 품질에 대한 정보를 얻는다. 이런 정보로부터 느끼는 품질을 인지품질(認知品質, perceived quality)이라고 한다. 그러므로 기업은 매출과 수익성을 향상하기 위해서 기업의 이미지 관리를 잘 하여야 한다.

이 외에도 안영진(2015)은 중요한 품질특성으로 A/S, 안전성, 그리고 매력 등을 들었다. A/S(after sales service)란 제품을 판매한 다음에 고객에게 행하는 서비스이다. 품질보증, 제품수리나 제품교환은 A/S의 일종이다. 품질이 좋지 않으면 품질보증비용이 많이 든다. 제품과 서비스는 사용할 때 안전하고, 또 공해를 발생해서는 안 된다. 안전성이 결여된 제품과 서비스는 소비자에게 엄청난 피해를 끼칠 뿐만 아니라 사회적인 문제를 야기시킨다. 안전성(安全性, safety)은 제품과 서비스의 품질이 인간과 환경에 끼치는 안전도를 말한다. 매력(魅力, attractiveness)은 고객의 흥미를 끄는 정도를 말한다. 제품과 서비스는 형태에 있어서 고객의 흥미를 끌어야 한다. 고객의 흥미를 끌지 못하는 제품과 서비스는 팔리지 않기 때문에 아무리 품질특성이 좋아도 별 의미가 없다.

[5] 사회품질

일본의 엔지니어인 다구찌 겐이치(田口玄一)는 품질을 사회에 대한 손실로 보고 있다(2000). 그래서 품질이 좋지 않으면 않을수록 사회에 더 많은 해를 끼친다고 하였다. 그래서 다구찌는 품질이 좋은 제품을 생산하여야 한다고 강조하였다. 이렇게 사회품질(社會品質, quality of society)은 품질을 사회에 끼치는 손실로 보는 사회적 차원의 견해이다.

[6] 시그마 품질

Harry와 Schroeder(2000)는 생산자 입장인 제조품질을 강하게 비판하였다. 왜냐하면 제조품질은 설계품질만 중요시하고, 프로세스에 대해선 별 관심을 갖고 있지 않기 때문이다. 6시그마에서는 품질을 생산자 입장과 소비자 입장을 모두 감안하여 정의하고 있다. 이것은 6시그마가 특히 수익성을 강조하고 있기 때문이다. 기업은 고객만족이 아니라 수익성을 중요시하기 때문에 고객과 기업 모두의 욕구를 충족시켜야 한다고 하였다. 그래서 6시그마에서는 품질을 다음처럼 정의하고 있다. 품질이란 모든 비즈니스 관계에 있어서 고객과 기업의 '가치부여(value entitlement)'를 동시에 실현하는 상태이다. 6시그마에 대해서는 15장에서 보다 자세히 설명하도록 한다.

품질의 의미는 위에서 본 것처럼 상당히 다양하다. 정의하는 주체와 또 정의하고자 하는 제품과 서비스의 종류에 따라서 그 의미가 달라진다. 그러므로 품질을 단 하나의 용어로 간결하게 정의할 수는 없다.

품질의 중요성

그러면 품질은 왜 중요한가? 여기에는 다음처럼 다양한 이유가 있다.

1.2.1 국가와 기업의 경쟁력

품질은 국가와 기업의 경쟁력에 엄청난 영향을 끼친다. 여기에 대한 설명은 1.3에서 설명하도록 하겠다.

1.2.2 품질과 가격

과거 소비자가 제품 또는 서비스를 구매할 때 대부분은 품질보다 가격에 더 중점을 두었다. 그래서 기업도 품질을 향상하기보다는 원가를 절감하는 데 중점을 두었다. 그러나 1990년대 들어 변화가 발생하였다. 미국 General Systems(1992)에 의하면, 세계 주요시장에서 소비자와 산업구매자 10명 중 9명은 제품을 구매할 때 "가격보다는 품질을 중요시하거나 또는 가격과 품질을 동등하게 보고 있다"고 하였다. 그런데 1980년대에는 10명 중 3~4명만이 그렇게 하였다. 이렇게 가격에 비해 품질이 더욱더 중요하게 된 현상을 Feigenbaum(1994)은 '품질 스트라이크 (quality strike)"라고 불렀다. 또 Chapple(1990)은 10년 만에 품질이 거의 두 배로 중요하게 된 현상을 제2차 세계대전 이후 미국 시장에서 발생한 가장 중요한 변화라고 하였다.

사실 가격과 품질 둘 다 기업의 경쟁력을 강화하는 중요한 요소이다. 시장에서 경쟁력이 강한 기업은 높은 품질의 제품과 서비스를 경쟁자에 비해 낮은 가격으로 판매하는 기업이다. 품질이 아무리 좋아도 가격이 너무 비싸거나 또는 가격이 아무리 낮아도 품질이 좋지 않은 제품은 고객으로부터 외면당할 것이다.

그러나 여기에서 한 번 생각해 볼 것은 품질과 가격의 효과가 동일하지 않다는 것이다. 어떤 기업이 더 많은 고객을 확보하기 위해 단순히 가격을 인하한다면, 이 기업이 정말로 더 많은 고객을 확보할 수 있을까? 사실 이것은 경쟁자의 반응에 달려 있다. 또 다른 경우를 보자. 어떤 기업이 품질을 향상시켰다고 하자. 그럼 이 기업이 정말로 고객을 더 많이 확보할 수 있을까? 이것도 경쟁자의 반응에 달려 있다. 그런데 여기서 우리가 분명히 인지하여야 할 점은 가격과 품질 중에서 경쟁자가 쉽게 모방할 수 있는 것이 과연 무엇인가 하는 것이다. 가격인하를 경쟁자가 모방하는 것은 단기간 내에 가능하지만, 품질향상은 그렇지 않다. 품질을 향상시키려면 오랜 시간과 노력, 그리고 정열이 필요하다. 이렇게 볼 때, 가격인하와 품질향상의 효과는 다르다. 여기에서 가격이 중요하지 않다는 것은 아니다. 가격도 상당히 중요하다. 그리고 원가절감을 통한 가격인하는 즉흥적인 가격인하에 비해 파괴력이 강하다. 그러나 가격에 비해 품질의 중요성이 점점 더 부각되는 현상을 기업은 반드시 인식하고, 거기에 대응하여야 한다.

위의 사례에서 설명하였듯이, 2010년 발생한 도요타자동차 리콜사태는 비용과 품질의 문제를 적나라하게 보여주고 있다. 도요타자동차는 비용을 감소하기 위해 마른 수건도 짜는 강력한 원가절감을 실천하였다. 그러나 원가를 절감하려는 의도가 결국에는 품질을 저하하는 결과를 가져왔다. 품질과 비용의 균형을 유지하지 못하게 된 것이다. 이런 사태를 야기한 주역으로 2005년부터 2009년까지 도요타자동차의 CEO를 맡은 와타나베 가쓰아키(渡邊捷昭)를 들 수 있다.

1.2.3 국민소득수준

1인당 국민소득 1만 달러와 5만 달러 시대에 있어서의 생활패턴에는 구매하는 제품과 서비스의 질에 있어서 분명히 큰 차이가 있다. 국민소득이 올라가면 갈수록 소비자들은 품질이 좋은 제품과 서비스를 선호하게 된다. 즉, 싼 제품을 원했던 과거에 비해 소비자는 비싸지만 더 좋고, 신뢰성 높고, 오래 사용할 수 있는 품질 좋은 제품을 구입하려고 한다. 이것을 '투자구매(investment buying) 현상'이라고 한다.

1.2.4 제품의 내구성 향상으로 인한 유지비용

제품을 초기에 구입하는 비용보다는 구입한 제품을 사용하면서 발생하는 유지비용이 더 중요하게 되었다. 아무리 초기구입비용이 낮다 하더라도 유지비용이 높으면, 그 제품의 가격이 낮다고 볼 수 없다. 이러한 현상을 '제품수명구매(life-cycle buying) 현상'이라고 한다. 가장 대표적인 예가 프린터이다. 컴퓨터를 구매하면 프린터를 무료로 주는 것을 자주 볼 수 있다. 이것은 바로 프린터의 가격보다는 잉크와 같은 유지비용이 높기 때문이다.

1.2.5 제품의 신뢰성

기술의 발달로 부품의 수가 증가하여 고장이 발생할 가능성이 과거보다 높아졌다. 그래서 소비자는 고장이 잘 발생하지 않는 품질 좋은 제품을 요구하게 되었다(신뢰성에 대해서는 2.4를 참조하기 바란다). 그래서 요즈음을 '품질신시대'라고 부른다. '품질신시대(the new era of quality)'는 오늘날만큼 제품과 서비스의 품질이 과거 그 어느 때보다도 큰 비중을 차지하는 시대는 없다는 것을 말한다.

품질신시대의 특징은 다음과 같다(안영진, 2015).
• 경영목표가 수량에서 품질로 바뀌었다.
• 생산자의 품질보증제도가 점차로 확대되고 있다.
• 품질에 대한 기업의 사회적 책임이 높아졌다.
• 소비자 보호주의가 확산되었다.
• 시장의 방대화로 소비자의 다양한 기호를 충족시켜야 한다.
• 환경에 대한 관심이 높아졌다.

품질이 기업과 국가에
끼치는 영향

1.3.1 품질이 기업에 끼치는 영향

품질향상이 기업의 성과에 아무런 영향을 끼치지 않는다고 주장하는 사람이 있는가 하면(Yavas와 Burrows, 1994; Cottrell, 1992), 오히려 역효과를 끼친다는 사람도 있다(Fisher, 1992). 그러나 대부분의 사람들은 품질향상이 기업의 성과를 향상시킨다고 주장하였다. 이제 품질이 기업에 구체적으로 어떤 영향을 끼치고 있는지 살펴보기로 한다.

[1] 기업의 명성

한번 품질에 대해 신용을 잃은 기업은 신용을 회복하기 위해 막대한 비용과 시간을 필요로 한다. 여기에 대한 사례는 너무 많다. 2000년도 포드(Ford)자동차의 타이어 불량, 2009년도 렉서스의 자동차 매트 불량, 2015년도 폭스바겐(Volkswagen)의 연비조작, 2016년도 삼성 갤럭시 노트7의 배터리 폭파 등 열거하기 힘들 정도이다. 2000년 9월 포드자동차에 비상이 걸렸다. 당시 세계 2위 자동차그룹인 포드자동차는 차량결함과 불량타이어로 인해 포드자동차의 명성에 먹칠을 하게 되었다. 미국고속도로교통인전국(NIITSA)은 2000년 8월에 파이어스톤(Firestone) 타이어를 장착한 포드자동차의 스포츠카 Explorer에서 타이어 파열사고가 발생해 250명의 사상자를 냈다고 발표하였다. 이 발표 후 파이어스톤은 타이어 약 650만 개를 리콜하였다. 이러한 결함으로 포드자동차는 수억 달러의 경제적 손실은 물론이고, 회사의 이미지에 결정적인 타격을 입었다. 일본의 도요타자동차는 2010년 품질문제로 포드자동차보다 더 심각한 위기에 처했다. 그래서 품질이 열악한 제품과 서비스를 판매하는 기업은 단기적으로는 기업의 명성이 떨어지고, 장기적으로는 시장에서 사라지게 된다.

[2] 제조물책임

불량이 있을 때 기업은 소비자에게 손해배상을 하여야 한다. 기업의 이런 책임을 제품책임 또는 제조물책임(製造物責任, PL: Product Liability)이라 한다. 그런데 손해배상은 금전적인 손실뿐만 아니라, 금액으로 표시할 수 없는 손실일 수도 있다. 특히 음료수나 음식물 또는 약품처럼 인체에 영향을 끼치는 경우에 발생하는 손실은 기업의 존폐와 직결될 수 있다. 세계 최대규모의 장난감기업 마텔(Mattel)은 중국에서 생산된 자사의 제품에서 납성분이 검출되어 큰 어려움에 처했다. 우리나라의 제조물책임법은 1999년 12월 국회를 통과하여 2000년 1월 법 제6109호로 공포되었으며, 2002년 7월 1일부터 시행되고 있다. 제조물책임법은 "제품의 결함으로 인해 그 제조물의 소비자 또는 제3자의 신체나 재산에 손해가 발생한 경우, 그 제품의 제조·수입·판매업자 등이 부담해야 하는 법률상 손해배상책임"이다.

보다 구체적으로, 제조물이란 '제조 또는 가공된 동산'을 말한다. 그래서 농수축산물 등의 1차 상품은 영향을 받지 않는다. 다만 부위별 포장육 및 혼합 잡곡류와 같이 가공된 상품은 적용 대상이 된다. 또 책임의 주체는 완성품 제조자, 원재료 및 부품의 제조자, 주문자 상표부착 제조자, 표시자, 수입업자, 그리고 판매업자 등이다. 그리고 결함은 설계와 제조 그리고 경고·표시상의 결함을 말한다. 또 제품 자체의 기능이 제대로 성능을 발휘 못하는 하자와 비교하여, 결함은 제품의 안전성이 없는 상태를 말한다(pl.corcham.net).

[3] 생산성

생산성(生産性, productivity)은 산출물의 가치를 투입물의 비용으로 나눈 비율인데, 품질문제는 투입물의 비율을 증가시킴으로써 생산성을 감소시킨다. 과거에는 품질향상이 오히려 생산성을 떨어뜨린다는 견해가 보편적이었다. Dorfman과 Steiner(1954)는 "품질은 비용의 증가, 즉 생산성의 감소에 의해서만 향상된다"고 하였다. Porter(1990)는 "저비용전략, 고품질에 의한 차별화전략, 그리고 포커스(focus)전략의 세 가지 전략을 언급하였고, 기업이 경쟁력을 구축하기 위해서는 이 중 하나의 전략에 치중하여야 한다"고 하였다. 그래서 "기업이 일반적으로 품질과 생산성을 동시에 향상시키지 못하고, 오직 한쪽에만 치중하여야 한다"고 하였다. 결론적으로 높은 품질을 달성하는 기술은 높은 생산성을 달성하는 기술과 다르고, 또 구분되어야 한다.

또 품질향상과 생산성향상은 서로 아무런 관계가 없다고 주장하는 사람도 있다. PIMS(Profit Impact of Market Strategy) 데이터를 분석한 Jacobson과 Aaker

(1987)는 "생산성과 품질 사이에는 거의 아무런 상관관계가 없다"고 하였다. 그러나 이런 개념들에 대해 반박한 사람이 Crosby와 Deming이었다. Crosby(1979)는 "제품의 결점을 감소함으로써 생산성과 품질을 동시에 향상시킬 수 있다"고 주장하였다. Deming(1986)도 "품질이 좋아지면 생산성이 향상된다"고 하였다. 이것이 「Deming의 연쇄반응(Chain Reaction) 개념」인데, 이 개념은 그 동안 만연되어 왔던 생산성과 품질의 상반관계를 부정하였다. 즉, 생산성의 향상은 품질의 저하를 가져온다는 생각을 부정하였다(그림 <1-3> 참조).

▌그림 1-3 Deming의 연쇄반응

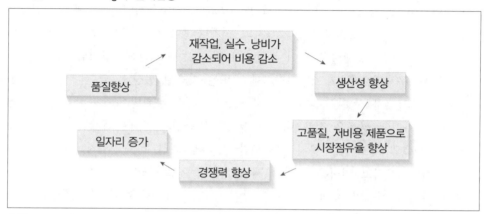

출처: W. Edwards Deming, Out of the crisis, MIT, Center for Advanced Engineering Study, Cambridge, MA 02139, 1986, 3.

「Deming의 연쇄반응 개념」의 초점은 품질이다. 모든 연쇄반응의 출발점은 품질로부터 시작한다. 품질이 향상되면 재작업과 사람의 실수, 그리고 낭비가 감소되며, 기계와 원자재가 보다 능률적으로 사용되어 비용이 감소된다. 비용의 감소는 자원을 보다 능률적으로 사용하게 되어 생산성이 향상된다. 생산성의 향상은 제품의 가격을 낮추어 고객의 욕구를 더 충족시킴으로써 시장점유율이 향상된다. 시장점유율의 향상은 기업의 경쟁력을 강화시키며, 결과적으로 보다 많은 일자리를 창출한다.

[4] 시장점유율

Plsek(1987)은 "1970년대 미국에서 품질우량기업들의 시장점유율이 그렇지 못한 기업들보다 3~6배 정도 높았다"는 연구결과를 발표하였다. GM의 전 CEO인 Smith는 "1980년대에 GM의 시장점유율이 44%에서 35%로 하락한 것은 바로 GM의 낮은 품질" 때문이라고 하였다. Hill(1989)도 "기업전략을 수립할 때, 시장점유율을 결정하는 가장 중요한 요소가 품질"이라고 하였다. Evans와 Lindsay(1996) 그리고 Buzzel과 Gale(1987)도 "품질향상은 기업의 인지된 가치를 향상시켜 시장 점유율을 향상시킨다"고 하였다.

[5] 수익성

Peters와 Waterman(1982)은 "지난 20여 년 동안 수익성이 좋았던 미국의 초 우량기업 대부분이 품질이 높은 기업"이라고 하였다. Reichheld와 Sasser(1990)도 "품질은 조직의 사기뿐만 아니라 수익성을 향상시킨다"라고 하였다. Yilmaz와 Chatterjee(2000)도 "품질이 수익성의 기본"이라고 하였다. Evans와 Lindsay(1996), Elshazly(1999), 그리고 Kelada(1996)도 "품질향상은 기업의 수익성을 향상시킨다" 고 하였다.

[6] 조직원의 사기

고품질의 제품과 서비스는 구성원들의 만족도를 향상하여 사기를 향상한다.

[7] 생산능력

좋은 품질은 생산능력을 확장시킨다. 이것은 높은 품질이 재작업과 폐품을 감 소시키고, 또 설비생산능력의 활용도를 높이기 때문이다.

[8] 비용

높은 품질이 비용의 감소를 가져온다는 사실에 대해서 의문을 갖는 사람들이 많다. 그러나 높은 품질은 폐품과 재작업을 줄이고, 자원낭비를 감소 또는 제거함 으로써 비용을 감소시킨다. 6시그마를 창안한 모토로라(Motorola)에서는 고품질이 비용을 증가한다는 기존의 개념을 과감하게 파괴함으로써 품질 초우량기업의 발 판을 만들었다. 또 Gitlow와 Hertz(1983)도 "품질이 나쁘면 비용이 올라간다"고 하 였다.

[9] 조직 변화

품질은 조직을 변화시킨다. 그래서 직원 간의 관계가 개방적이고 민주적이 된 다. 또 직원 간의 의사소통이 원활하게 이루어져 의사결정이 빠르게 이루어지고, 신뢰감이 형성된다.

종합적으로 품질은 기업의 경쟁력을 강화시킨다. 이렇게 품질은 기업 경쟁력의 가장 기본적인 요소이며 원동력이다. <그림 1-4>는 품질이 기업에 끼치는 영향을 도표화한 것이다.

▌그림 1-4 품질이 기업에 끼치는 영향

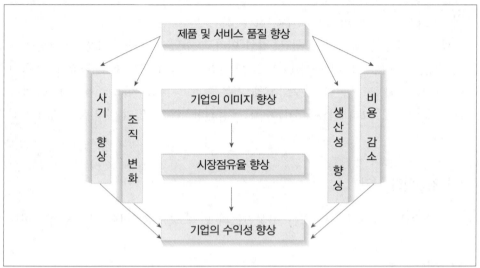

1.3.2 품질이 국가경제에 끼치는 영향

2001년 11월 카타르의 도하에서 합의된 새로운 WTO 무역체제의 출범으로 시장이 대폭적으로 개방되었다. 이것은 품질의 중요성이 국가 간의 장벽을 넘어서는 것을 의미하고 있다.

만약 시장에서 저품질 제품을 가지고 경쟁한다면, 국가경제에 어떤 영향을 끼치게 될까? 저품질 제품은 궁극적으로 국내외시장에서 경쟁력을 상실하여 수요의 감소를 초래하게 될 것이다. 수요감소는 기업의 판매감소를 초래하고, 판매감소는 기업의 재정상태를 어렵게 할 것이다. 자금 상태가 수월치 못한 기업은 신규투자는 물론이고 재투자도 못하게 될 것이다. 투자감소는 곧 노동력의 감소를 의미하므로 실업을 초래하게 된다. 국가경제의 중요한 목표 중 하나가 실업의 감소임을 생각할 때, 품질이 국가경제에 끼치는 영향은 실로 막대하다 할 수 있다.

미국은 20세기 세계 경제를 지배해 온 국가이다. 자유무역주의를 철저히 신봉하는 미국이 비록 1970년대 후반부터 경쟁력이 조금씩 부진하였지만, 1990년대부터 다시 경쟁력을 회복하였다. 그 이유로 많은 사람들은 미국의 적극적인 품질혁신운동을 들고 있다. 과학적인 관리법과 철저한 능률주의를 지향하고, 개인주의와 청교도정신에 입각한 미국인의 기술과 능력은 타의 추종을 불허한다. 미국의 교육 제도는 세계 제일이며, 연구개발에 대한 막대한 투자는 21세기에서도 미국의 우위를 예측할 수 있게 한다.

미국 경쟁력의 약화를 분석하기 위해 MIT 교수진들이 쓴 『Made in America』라는 책이 있다. 이 책에서 Dertouzos, Lester, 그리고 Solow(1989)는 미국의 경쟁력을 강화하기 위한 방안으로 다음처럼 네 가지를 제시하였다.

- 미국이 수입하는 모든 제품과 서비스에 관세와 수량할당을 부여한다.
- 고가 수입품에 대한 수요를 감소시킨다.
- 달러화를 평가절하한다.
- 미국이 생산하는 제품과 서비스의 품질을 향상시킨다.

이 네 가지 방안 중에서 저자들은 미국 제품과 서비스의 품질을 향상시키는 것만이 미국의 경쟁력을 향상시키는 유일한 대안이라는 결론을 내렸다.

우리나라는 21세기에 선진국에 진입하고자 혼신의 힘을 다하고 있다. '한강의 기적'을 창출한 우리나라는 지난 수십 년 동안 급속한 성장을 달성하였다. 그러나 1990년대에 들어서면서 그 전과 다른 새로운 시장환경과 조직 내의 새로운 변화를 맞게 되었다. 수입자유화에 따른 국내시장에서의 수입상품의 증가, 자본집약에서 기술집약산업으로의 전환, 첨단산업시장에서의 고도의 품질 요구, 그리고 자원 비용의 상승으로 인한 저가격전략의 상실 등 일련의 변화는 우리나라 기업이 직면한 현실을 나타내 주고 있다. 그러다가 1997년 11월 우리나라는 외화의 절대적인 부족으로 심각한 경제위기에 처하게 되었다. 달러의 절대적인 부족으로 원화와 주식가치가 급격히 하락하였다. 그래서 IMF(International Monetary Fund)로부터 긴급히 달러를 대출받아 위기를 모면하였다. 2001년 8월에 공식적으로 IMF 체제를 벗어난 우리나라는 2008년 글로벌 금융위기를 잘 견디고, 새로운 경제도약의 길을 가고 있다. 그러나 2010년대에 들어서면서 제조업 중심의 한국경제는 위기에 봉착하였다. 낮은 출산율, 국가와 가계 채무의 급증, 높은 청년 실업율, 서비스업의 부진, 4차 산업혁명 연관기술에 대한 미흡한 투자, 중국 등 일부 국가에 대한 무역의존도 심화 등으로 인하여 한국경제가 휘청거리고 있다. 이러한 시기에 품질은 한국경쟁력 향상에 상당히 중요한 요소로 부각되었다.

품질과 공급사슬

　　공급사슬(supply chain)은 기업의 경쟁력에 상당히 중요하다. 이것은 대기업만 아니고, 공급사슬에 있는 모든 기업들에게 공통으로 적용된다. 보통 대기업은 다단계형식의 공급사슬을 가지고 있다. 대기업이 최종적으로 생산하는 제품의 품질은 1차 협력업체가 보낸 부품의 품질에 의해 결정된다. 마찬가지로 1차 협력업체가 생산하는 제품의 품질은 2차 협력업체가 만드는 제품의 품질에 의해 결정된다. 또 2차 협력업체는 3차 협력업체에 의해 결정된다. 그런데 대부분 대기업들은 지금까지 1차 협력업체에 중점을 두고 관리하였다. 이것은 상당히 잘못된 관행이다. 그러나 최근 많은 기업들은 공급사슬에 있는 모든 협력업체들에게 품질의 중요성을 강조하고 있다. 그래서 1차 협력업체에게 대기업이 요구하는 품질기준을 1차 협력업체도 2차 협력업체에게 요구하고 준수하도록 제도가 변화하고 있다.

　　사실 이 원리는 단순하다. 그러나 그동안 현장에서는 이 단순한 원리를 실현하기가 쉽지 않았다. Apple, HP, Dell 같은 기업들은 환경기준을 준수하지 않는 많은 해외 협력업체들을 발견하였다. 또 Nike와 Adidas는 중국의 해외 협력업체들이 불순물을 중국의 바다에 버린다는 사실을 파악하였다(Villena와 Gioia, 2020). 이것은 대기업은 물론이고 공급사슬안에 있는 모든 기업들의 이미지를 손상시키고 제품의 품질을 저하하는 행태인 것이다. 이제 기업들은 1차 협력업체를 포함한 모든 협력업체들이 품질, 환경, 안전 등 모든 기준을 잘 준수하고 있는지 철저하게 관리하여야 한다. 물론 대기업에게도 문제가 없는 것은 아니다. 대기업도 협력업체의 생산능력을 초과하는 주문이나 무리한 납품기일을 중지하여야 한다. 그래서 협력업체들이 무리하게 조업하는 것을 예방하여야 한다.

품질을 결정할 때
고려하여야 할 다른 요소들

위에서 언급한 품질의 특성들은 주로 제품의 물성에 관련된 요소들이다. 품질을 향상하려는 목적은 소비자에게 제품을 많이 팔려고 하는 것이다. 그러나 품질이 아무리 좋아도 소비자가 사지 않는 제품은 의미가 없다. 그러므로 제품의 물성을 결정할 때, 다음에 나오는 요소들을 반드시 고려하여야 한다. 왜냐하면 품질은 이 요소들과 떨어져서 생각할 수 없기 때문이다.

경영자는 먼저 가격을 반드시 고려하여야 한다. 아무리 품질이 우수해도 가격이 비싸면 제품은 잘 팔리지 않는다. 소비자들은 비용과 구입하는 제품과 서비스의 가치를 비교하여 구매의사를 결정한다. 그러나 품질에 비해 가격이 너무 비싼 제품이나 서비스는 소비자로부터 외면당할 것이다. 팔리지 않는 제품은 기업에게 짐만 될 뿐이지, 아무런 공헌을 하지 못한다. 그래서 기업은 소비자가 요구하는 품질수준을 가장 적정한 가격으로 고객에게 공급하여야 한다. 소비자가 요구하는 이상의 품질수준은 필요가 없다. 이런 품질을 과잉품질이라고 한다. 과잉품질은 기업의 한정된 자원을 고갈시키고, 수익성을 감소시킨다. 그래서 품질은 그 제품의 가격과 분리해서 생각하면 안 된다. 제품은 또 사용하기에 간편하여야 한다. 사용하기 불편한 제품은 아무리 품질이 우수해도 잘 팔리지 않는다. 그러므로 제품을 만들 때, 경영자는 소비자가 사용하기 쉽게 만들어야 한다. 제품은 또 에너지 비용을 적게 하고, 쉽게 처분할 수 있도록 만들어져야 한다.

참고문헌

안영진, 경영품질론, 박영사, 2015.

이순룡, 현대품질경영(제3수정판), 법문사, 2016.

Albrecht, Karl, The Only Thing that Matters, HarperCollins, New York, NY, 1992.

Allen, Derek, "Link Satisfaction to Market Share and Profitability," ASQ, Quality Progress, February 2006, 50−57.

Buzzel, Robert D. and Bradley T. Gale, The PIMS Principles, New York: The Free Press, 1987.

Chapple, A., "Quality Guru Engineer Pursues Quiet Revolution," Engineering Times, National Society of Professional Engineers, Vol. 12, No. 11, November 1990.

Cole, Robert E., "What Really Happened to Toyota?" MIT Sloan Management Review, Vol. 52, No. 4, 2011, 29−35.

Cottrell, J.,"Favorable recipe," TQM Magazine, February 1992, 17−20.

Crosby, Philip B., Quality is Free: The Art of Making Quality Certain, New York: McGraw−Hill, 1979.

Deming, W. Edwards, Out of the Crisis, MIT, Center for Advanced Engineering Study, Cambridge, MA 02139, 1986.

Dertouzos, Michael L., Richard K. Lester., and Robert M. Solow, Made in America: Regaining the Productive Edge, MIT, 1989.

Dorfman, R. and P. O. Steiner, "Optimal Advertising and Optimal Quality," The American Economic Review, December 1954, 826−836.

Elshazly, Talaat A., Quality and Profits," Business & Economic Review, Jan−Mar 1999, 21−24.

Evans, J. R. and W. M. Lindsay, The Management and Control of Quality, 3rd ed., St. Paul: West Publishing, 1996.

Feigenbaum, Armand V., Total Quality Control, McGraw−Hill International Editions, 1988.

Feigenbaum, Armand V., "How Total Quality Counters Three Forces of International Competitiveness," National Productivity Review, Summer 1994, 327−330.

Fisher, T. J., "The Impact of Quality Management on Productivity," International Journal of Quality and Reliability Management, Vol. 9, No. 3, 1992, 44.

Flynn, A., M. L. Harding, C. S. Lallatin, H. M. Pohlig and S. R. Sturzl, Eds., ISM

Glossary of Key Supply Management Terms, 4th ed., 2006.

Garvin, D.A., "What Does Quality Really Mean," Sloan Management Review, Vol. 26, No. 1, 1984, 25-43.

Garvin, D.A., "Competing in the Eight Dimensions of Quality," Harvard Business Review, September-October 1987, 101-109.

Gitlow, Howard S. and Paul T. Hertz, "Product Defects and Productivity," Harvard Business Review, September-October 1983, 131-141.

Hardie, Neil, "The Effects of Quality on Business Performance," Quality Management Journal, Vol. 5, No. 3, 1998, 65-83.

Harry, Mikel and Richard Schroeder, 6 시그마 기업혁명, 안영진 옮김, 김영사, 2000.

Hill, T., Manufacturing Strategy, Homewood, IL: Irwin, 1989.

Jacobson, R. and D. A. Aaker, "The Strategic Role of Product Quality," Journal of Marketing, October 1987, 31-44.

Juran, Joseph M., Juran on Leadership for Quality, New York: Free Press, 1989.

Kelada, Joseph N., Integrating Reengineering with Total Quality, ASQC Quality Press, 1996.

Peters, Thomas J. and Robert H. Waterman, Jr., In Search of Excellence, New York: Harper & Row, 1982.

Plsek, Paul E., "Defining Quality at the Marketing/Development Interface," Quality Progress, June 1987, 28.

Porter, Michael E., Competitive Strategy, Free Press, 1990.

Reichheld, Frederick F. and W. Earl Sasser, Jr., "Zero Defections: Quality Comes to Services," Harvard Business Review, September-October 1990, 105-111.

Ryan, John M., The Quality Team Concept in Total Quality Control, ASQC Quality Press, Milwaukee Wisconsin, 1992.

Schwab, Klaus, The Fourth Industrial Revolution, WEF, 2016.

Shewhart, W.A., Economic Control of Quality Manufactured Product, (originally published by Van Nostrand, 1931), Milwaukee: ASQC, 1980.

Taguchi, Shin, "Different Roads to Auto Quality," Quality Progress, May 2000, 37-38.

Villena, Veronica and Dennis A. Gioia, "A More Sustainable Supply Chain," Harvard Business Review, March-April 2020, 84-93.

Yavas, B. F. and T. M. Burrows, "A Comparative Study of Attitudes Of U.S. and Asian Managers toward Product Quality," Quality Management Journal, Vol. 2, No. 1, 1994, 41-56.

Yilmaz, Mustafa R. and Sangit Chatterjee, "Six Sigma beyond Manufacturing," Quality Management Journal, Vol. 7, No. 3, 2000, 67−78.

pl.corcham.net
www.ansi.org
www.asq.org
www.theguardian.com
www.thewaltdisneycompany.com
www.toyota.com

▌ 메모

오직
통계 연구만이
국가를
바르게
이끌 수 있다.

- Florence Nightingale -

CHAPTER 02

통계와 품질

품질은 저절로 좋아지지 않는다. 품질을 향상하려면 체계적인 계획, 우수한 조직 및 품질시스템, 그리고 과학적인 방법이 요구된다. 특히, 마지막에 언급한 과학적인 방법이 통계이다. 사실 통계는 자연과학이든 사회과학이든 모든 과학에 있어서 기본적인 연구방법론이다. 왜냐하면 통계없이 설정한 연구가설을 검증할 수 없기 때문이다. 그래서 Harry와 Schroeder(2000)는 "산업의 미래는 통계지식에 달려 있다. 그래서 통계학은 이전에 볼 수 없었던 새로운 것들을 볼 수 있도록 해주는 고성능의 현미경과 같다"고 하였다. 또 "통계학은 미래를 보게 해 주고, 우리의 생활을 발전된 방향으로 변화하게 해 준다"고 하였다. 그러므로 통계학은 경영의 필수적인 연구방법론이며, 품질을 개선하는 데에도 중요한 도구이다.

기업들은 통계학을 이용하여 데이터(data)를 수집하고, 수집한 데이터를 정보로 전환한 뒤, 직관 또는 과거의 경험이 아닌 사실에 근거하여 정보를 해석한다. 통계는 품질의 기반을 수립하고, 결국 높은 수익성과 시장점유율로 전환된다. 그래서 경영자는 통계를 알아야 한다. 통계기법을 오직 통계 전문가에게만 맡겨서는 안 된다. 이렇게 통계는 과학적 분석의 필수적인 요소이다. 특히 최근 주목을 받고 있는 빅데이터(Big Data)는 기업의 경쟁력 향상에 대단히 중요한 요소로 떠 올랐다.

이제 제2장에서는 경영품질을 이해하고 알아두어야 할 중요한 통계적 도구들을 설명하고자 한다. 특히 다음과 같은 주제들을 가지고 설명하도록 한다.

2.1 통계적 사고력
2.2 7 QC 도구
2.3 새로운7 QC 도구
2.4 신뢰성
2.5 FMEA
2.6 통계적 품질관리
2.7 빅데이터

통계적 사고력

　　통계(統計, statistics)는 데이터에 있는 변동을 분석하고 결론을 도출하는 과학으로서, 기업의 경쟁력을 강화하는 중요한 도구이다. 제조업체나 서비스업체를 불문하고 변동이 발생하지 않는 기업이나 조직은 없다. 여기에서 변동(變動, variation)은 프로세스(process)의 변동을 의미한다. 변동의 원인을 파악하는 데 있어서 통계의 역할은 상당히 중요하다. 이렇게 통계는 변동을 파악하고, 변동에 대한 추론과 의사결정을 가능하게 한다.

　　통계는 데이터를 필요로 한다. Barabba와 Zaltman(1991)은 "통계는 사람들에게 호기심과 창의력을 유발시킨다. 그래서 의사결정은 데이터에 의해서 이루어져야 한다"고 하였다. 물론 데이터는 시기적절하고 유용하여야 한다.

　　그리고 데이터를 수집할 때에는 편견을 조심하여야 한다. 왜냐하면 편견은 잘못된 의사결정을 도출하기 때문이다. 편견(偏見, bias)에는 다음과 같은 유형이 있다. 첫째, 데이터를 수집하는 사람이 자기의 인지에 의해서 자료를 왜곡되게 수집하는 인지편견(perception bias)이다. 두 번째는 무응답으로 인한 충분하지 못한 샘플(sample) 때문에 발생하는 편견이다. 세 번째는 데이터를 수집하는 방법이 결과에 영향을 끼치는 상호작용편견(interaction bias)이며, 네 번째는 대표성이 없는 샘플을 추출함으로써 발생하는 샘플링 과오(sampling bias)이다. 그러므로 데이터를 수집할 때에는 위와 같은 과오를 범하지 않도록 유의하여야 한다.

　　경영품질에서는 통계를 상당히 많이 사용하므로, 기업에서는 직원들에게 통계에 대해 교육과 훈련을 시켜야 한다. 특히 통계적 사고력을 강조하여야 한다. ASQ(2021)에 의하면, 통계적 사고력(統計的思考力, statistical thinking)은 "모든 활동은 상호연계된 프로세스들의 시스템 안에서 발생하고, 모든 프로세스에는 항상 변동이 존재하고, 이러한 변동을 이해하고 감소하는 것이 성공의 열쇠라는 근본적인 원리에 입각한 학습과 행동의 철학"이라고 하였다. 즉, 통계적 사고력의 3가지 핵심요소는 프로세스와 변동, 그리고 데이터이다. 그래서 단순하게 확률이론이나 가설검증을 무작정 가르칠 것이 아니라, 변동과 프로세스 개선의 실질적인 효과에 대해 가르쳐야 한다. 즉, 먼저 프로세스를 전반적으로 향상시키는 기법을 가르치고, 다음에 세부적인 기법을 가르치는 것이 효과적이다. 일반적으로 사람들은 구체적인 문제에서 추상적인 문제로, 그리고 전체를 배운 다음에 보다 상세한 문제를 배울 때 학습효과가 높다. 그러므로 통계를 교육시킬 때에도 이런 접근방법으로 하는 것이 바람직하며, 또 통계를 전달하는 방법도 다양하게 하는 것이 바람직하다. 왜냐하면 사람들은 다양한 사고과정과 학습스타일을 가지고 있기 때문이다. 이것은 사람들이 각자 뇌의 어떤 부분을 더 많이 사용하느냐에 달려 있다.

Alan Smith: 왜 통계를 좋아하는가?

7QC 도구

일본의 품질대가인 이시가와 가오루는 모든 사람들이 반드시 이수하여야 할 품질의 가장 기본적인 과정으로 기본적 「7QC 도구」를 주장하였다(1986). 이것은 모든 품질의 문제를 야기하는 요소들의 95%는 이 7가지 도구로 해결할 수 있기 때문이다. 이 7가지 도구는 다음과 같다.

① 특성요인도
② 계층기법
③ 체크시트
④ 히스토그램
⑤ 산포도
⑥ 파레토 분석
⑦ 그래프와 흐름도표이다.

이시가와는 이 7가지 기본적인 도구들을 모든 작업자들에게 전파하기 위하여 훈련가이드를 작성하였고, 이 훈련가이드는 일본의 모든 작업자들의 필독서가 되었다.

여기에서 이시가와를 잠깐 소개하기로 한다. 이시가와 가오루((石川馨, 1915-1988)는 1939년 도쿄대학 응용화학과를 졸업한 후, 석탄회사와 해군을 거쳐 1947년 다시 도쿄대학에 들어가 엔지니어링 교수가 되었으며, 1948년부터 통계적 방법을 연구하기 시작하였다. 1949년에는 JUSE에서 통계적 방법을 강의하며 본격적으로 품질에 관심을 갖기 시작하였다. 그리고 1940년대 말과 1950년대 초에 Sarasohn과 Deming으로부터 품질을 배웠다. 제2차 세계대전이 종료된 후 일본은 황폐화되었다. 당시 일본 제품은 품질이 좋지 않았으며, 국제 시장에서 평판이 좋지 않았다. 이러한 열악한 제품을 오늘날의 우수한 제품으로 만든 사람들 중 가장 공헌을 많이 한 사람을 한 명 선정하라면 이시가와를 들 수 있다. 이시가와는 JUSE의 회장으로 활동하면서, 일본의 품질관리 활동을 세계적인 수준으로 이끄는 강력한 리더십을 보여주었다. 또 1975년 한국을 방문하기도 하였다.

품질에 관련된 이시가와의 두 가지 기본적인 개념은 다음과 같다. 첫 번째 개념은 초점을 항상 고객에 맞추어야 한다는 것이다. 두 번째 개념은 조직 전체와 공정에서 품질을 최우선으로 한다는 것이다. 그래서 이시가와는 품질을 작업의 품질, 서비스의 품질, 정보의 품질, 공정의 품질, 부서의 품질, 인간의 품질, 기업의 품질, 그리고 목표의 품질로 구분하고, 이 모든 품질을 전부 달성하여야 한다고 하였다. 또 이시가와는 품질을 소비자와 생산자의 두 가지 관점에서 보았다. 소비자의 관점에서 본 품질을 이시가와는 '본래의 품질'이라고 불렀고, 생산자의 관점에서 본 품질을 '대용품질'이라고 불렀다. 대용품질은 생산자의 기술적인 관점에서 본 품질을 의미한다.

Bowles와 Hammond(1991)는 이시가와의 기본적인 개념을 다음처럼 요약하였다.
• 조직 전체를 통해 품질개선을 지속적으로 추구한다.
• 남을 비난하지 말고 문제를 시정한다.
• 제조업체 또는 서비스업체에 상관없이 품질향상을 저해하는 문제점들을 파악하고 제거하기 위해 프로세스 끝까지 추적한다.
• 내부고객과 외부고객을 파악하고 고객의 욕구를 공정이나 최종제품을 통해서 만족시킨다.
• 모든 낭비를 전부 제거한다.
• 자긍심을 일으키고, 팀워크를 격려하고, 지속적으로 품질을 향상시키는 혁신 분위기를 조성한다.

이시가와에 대해서는 www.skymark.com/resources/leaders/ishikawa.asp를 참조하기 바란다.

2.2.1 특성요인도

1960년 일본 토교대학교의 이시가와 교수에 의해서 처음 고안된 특성요인도(特性要因圖, cause-and-effect diagram)는 문제를 원인과 결과의 관계로 파악해 분석하는 도표로서, 일본뿐만 아니라 전 세계에 걸쳐 널리 사용되는 기법이다. 특성요인도는 품질의 핵심적인 문제를 일으키는 잠재적인 원인들을 파악하고, 그러한 원인들간에 존재하는 상호관계를 분석하는 도표이다. 특성요인도를 작성할 때에는 가능한 잠재적인 원인들을 전부 파악하여야 한다.

특성요인도는 원인결과도표, CE(Cause-and-Effect)도표, 어골도, 또는 이시가와 도표라고도 한다. 어골도(魚骨圖, fishbone diagram)라고 부르는 것은 특성요인도의 모양이 생선뼈와 비슷해서 붙인 이름이다. 그래서 특성요인도의 생선머리에는 핵심적인 품질문제를, 잠재적 원인들의 주요 범주는 생선뼈의 골격에 그리고 구체적인 요인들은 생선의 잔가지에 표시한다.

일반적으로 측정되는 결과는 길이, 강도, 또는 불량률과 같은 품질의 특성이다. 그리고 원인은 결과를 일으키는 화학성분이나 작업자 등과 같은 요소(factors)들이다. 여기서 원인이란 어떤 결과를 발생시키는 또는 어떤 결과에 영향을 끼치는 근본적인 조건이나 또는 자극을 말한다.

예를 들어, 품질을 결정하는 주요한 요소들로 무엇이 있을까? 기계, 원자재, 생산방법, 작업능력 등이 있다고 하자. 그러면 이 예에 대한 특성요인도는 <그림 2-1>과 같다.

▌그림 2-1 품질에 영향을 끼치는 요소들에 관한 특성요인도

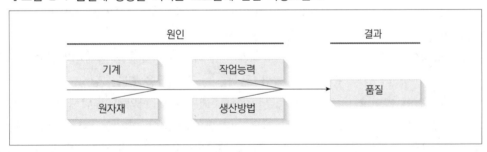

특성요인도는 다음과 같은 성과를 제공한다.

• 교육적으로 매우 유용하다.
• 사용자에게 좋은 문젯거리를 제공한다.
• 문제점을 명확히 표기하고, 또 문제를 야기하는 원인들을 적극적으로 파악하게 한다.
• 공정의 흐름을 보다 명확하게 파악하여 공정을 개선한다.
• 동기를 부여하고, 직원 간의 의사소통을 증진시킨다.

2.2.2 계층기법

계층기법(階層技法, stratification analysis)은 자료를 관심이 있는 범주로 더 세분해 분류하는 기법이다. 그래서 어떤 항목을 더 작은 소항목으로 분류하고, 소항목에 대해 보다 자세한 연구를 한다.

2.2.3 체크시트

체크시트(check sheet)는 자료를 체계적으로 수집하고 분석하는 통계적 방법으로서, 관찰한 자료의 빈도를 기록하고 분류하는 아주 단순한 기법이다. 수집한 자료는 반드시 체크시트의 어떤 범주에 속하게 되며, 이 항목이 실제로 얼마나 발생하였는가를 파악한다. 체크시트의 가로와 세로에는 관심이 있는 자료의 범주를 표시하고, 수집한 자료를 그 자료가 속한 범주 옆에 체크를 한다.

이렇게 체크시트는 자료를 정보로 전환시킨다. 그래서 체크시트는 가끔 자료시트(data sheet)라고도 부른다. 체크시트는 자료를 쉽게 기록하고, 또 일목요연하게 정보를 제공할 수 있도록 설계되어야 한다. 또 체크시트에는 4W(who, what, where, when)와 1H(how)를 표시하여야 한다.

공장에서 사용하는 체크시트는 대개 다음과 같은 것들을 파악하기 위해 사용된다. (1) 생산공정의 분포, (2) 불량 품목, (3) 불량품을 만든 장소, (4) 불량품이 발생한 원인 그리고 (5) 검토가 충분히 이루어졌는지를 파악하기 위해 사용된다.

체크시트를 잘 작성하기 위해서는 관련된 사람들의 의견을 듣는 것이 바람직하다. 예를 들면, 작업장에서 체크시트를 작성하려면 현장에 있는 작업자들의 의견을 들어보는 것이 좋다. 왜냐하면 작업자들이야말로 그들이 하는 작업을 가장 잘 알고 있는 사람들이기 때문이다.

▌그림 2-2 체크시트

<table>
<tr><td colspan="9" align="center">OOO 구매부서 체크시트</td></tr>
<tr><td colspan="9" align="center">기록자: 홍길동 부장, 장소: 경남 창원시 창원공단, 자료수집기간: 2021.03.14-20</td></tr>
<tr><th>문제유형/횟수</th><th>일</th><th>월</th><th>화</th><th>수</th><th>목</th><th>금</th><th>토</th><th>계</th></tr>
<tr><td>수미달</td><td>III</td><td>II</td><td>0</td><td>I</td><td>II</td><td>I</td><td>III</td><td>12</td></tr>
<tr><td>이물질</td><td>0</td><td>I</td><td>0</td><td>0</td><td>II</td><td>I</td><td>0</td><td>4</td></tr>
<tr><td>색상</td><td>I</td><td>II</td><td>III</td><td>I</td><td>II</td><td>IIIII</td><td>0</td><td>14</td></tr>
<tr><td>흠</td><td>IIII</td><td>II</td><td>III</td><td>I</td><td>IIIII</td><td>II</td><td>I</td><td>18</td></tr>
<tr><td>계</td><td>8</td><td>7</td><td>6</td><td>3</td><td>11</td><td>9</td><td>4</td><td>48</td></tr>
</table>

체크리스트(check list)는 완성된 품목을 항목별로 검토하는 도표로서, 체크시트의 특수한 형태이다. 자료수집을 용이하게 하는 체크시트와는 달리 체크리스트는 진척상황을 기록하는 데 그 목적을 두고 있다. 그래서 체크리스트는 어떤 과업을 완수하였는지 또는 아직 못하였는지를 보여줌으로써, 과업의 진행상황을 알아보게 해 주는 도표이다. 또 체크리스트는 체크시트에 비해 작성하기가 쉽다. 왜냐하면 체크리스트는 단순히 진척상황을 체크하지만, 체크시트는 누가, 무엇을, 언제, 어디에서, 어떻게, 이런 것들을 전부 기록하여야 하기 때문이다. 그래서 체크리스트를 작성하기 전에는 무엇을 완성하여야 되고, 또 그것들을 어떤 순서에 의해서 완성하여야 하는지를 결정하여야 한다. 그 다음에는 그 순서에 따라 품목을 체크리스트에 작성하고, 완성한 품목 옆에 체크를 표시한다.

2.2.4 히스토그램

히스토그램(histogram)은 연속척도로 측정된 품질속성 관련자료를 미리 규정한 구간이나 항목에 의해 정리하고 그룹화하는 도표이다. 연속척도로 측정되는 자료는 계량치 자료이다. 히스토그램은 자료의 형태와 중심값, 그리고 분산을 파악하는 데 유용하다.

▎그림 2-3 히스토그램

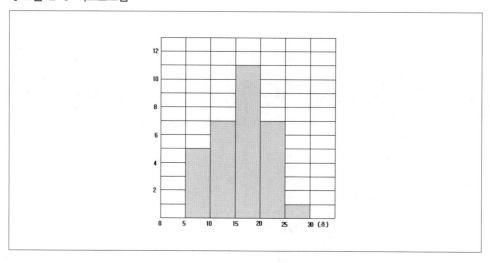

2.2.5 산점도

　산점도(散粘度, scatter diagram)는 두 개 요인 간의 관계를 파악하는 도표로서 XY도표라고도 한다. 산점도는 한 요인이 어떤 특정 품질문제를 일으키는 원인이라고 생각될 때, 이 요인이 품질에 끼치는 영향을 시각적으로 보여주는 도표로서, 어떤 경향이나 밀집현상 또는 원인과 결과의 관계를 파악하는 기법이다.

　산점도에는 문제를 일으키는 요인을 X축에 표시하고, 품질문제를 Y축에 표시한다. 그리고 산점도를 작성하기 위해서는 반드시 자료를 쌍으로 수집하여야 한다. 산점도에 표시하는 각각의 점은 자료 하나에 해당된다. 산점도에서 두 변수 간에는 양의 상관관계, 음의 상관관계, 또는 무관계가 존재한다.

▎그림 2-4 산점도

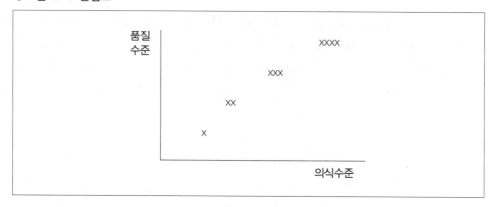

2.2.6 파레토 분석

「파레토(Pareto) 분석」은 품질문제를 일으킨 원인들 중에서 가장 핵심적인 원인들을 파악하게 해 주는 기법이다. 「파레토 분석」은 이탈리아의 경제학자이며 철학자인 Vilfredo Pareto(1848-1923)의 이름을 따서 Juran이 지은 명칭이다. 1906년 파레토는 이탈리아의 밀란(Milan)시에서 '부의 분배'에 관한 연구를 하였다. 연구결과 파레토는 밀란시에서 단지 20%의 주민들이 밀란시 전체 재산의 80%를 소유하고 있다는 사실을 발견하였다. 파레토는 이것을 「80/20 법칙」이라고 하였다. 즉, 80%의 문제점들이 20%의 요인에 의해서 발생한다는 것이다(<그림 2-5> 참조). 이 연구결과는 다른 부문에도 확대 적용되었으며, "소수가 전체의 대부분을 소유하고 있다"는 「파레토 법칙」이 나왔다. 「파레토 법칙」은 "전체 중에서 중요한 것은 단지 소수이고 나머지 대부분은 사소한 것이다(vital few and trivial many)"라는 것이다. 이러한 「파레토 법칙」을 품질관리에 적용한 기법이 「파레토 분석」이다.

▎그림 2-5 파레토 분석

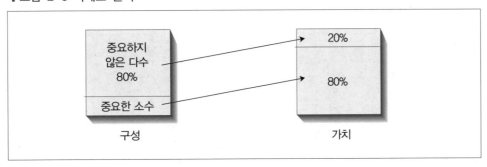

기업에서 개선하고자 하는 품질분야는 상당히 많다. 그러나 한계 때문에 모든 품질문제들을 한 번에 개선할 수 없는 경우가 많다. 그러면 어떤 문제부터 먼저 해결하여야 하는가? 「파레토 분석」은 바로 여기에 대한 해답을 제공해 준다. 즉, 가장 심각한 문제를 일으키는 핵심적인 원인들을 파악하는 데 효과적이다. 가장 핵심적인 원인을 파악하게 함으로써 가장 빠른 시간 내에 고객서비스를 향상시킬 수 있게 한다. 이렇게 「파레토 분석」은 불량의 핵심적인 원인을 발견하는 데 유용하다.

「파레토 분석」은 다음과 같은 효과가 있다.

• 모든 사람들의 협조를 이끄는 데 상당히 효과적이다.
• 기업의 자원을 효과적이고 능률적으로 이용할 수 있게 한다.

- 품질문제만 아니라, 기업에서 발생하는 모든 문제들을 파악하고 개선한다.
- 추진하였던 개선이 실제로 달성되었는지를 확인하게 해 준다.

동영상 Pareto 분석

2.2.7 그래프와 흐름도표

그래프(graph)는 수집한 자료를 간결하고 또 조직적으로 정리함으로써, 유용한 정보를 사용자에게 제공하는 통계기법이다. 그래프를 사용하지 않는 기업은 아마도 이 세상에 하나도 없을 것이다. 그만큼 그래프는 기업에서 가장 많이 사용하는 대표적인 통계적 기법이다. 중요한 그래프로는 다음과 같은 기법들이 있다.

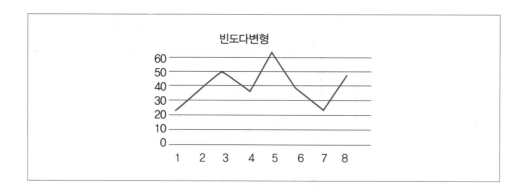

빈도다변형(頻度多邊形, frequency polygon)은 히스토그램의 각 계급구간에 있는 막대그림의 상단 중간점을 서로 직선으로 연결하는 선도표이다. 첫 계급구간의 바로 전구간과 마지막 계급구간의 바로 다음 구간의 막대의 중간점은 0으로 가정한다.

S곡선(ogive)은 상대누적도수를 도표화한 것이다. S곡선은 자료의 중심화 경향을 나타내고 싶을 때 사용한다.

SL도표(the stem-and-leaf plot)는 자료를 도표화하는 중요한 방법이다. SL도표는 그래프를 빨리 그리고 쉽게 작성할 수 있으며, 분포의 특성을 손쉽게 파악하도록 해 준다. 그러나 SL도표는 자료를 시계열에 의해 분석하지 못하기 때문에, 시간의 흐름에 의한 품질관리에는 사용할 수가 없다.

상자도표(box plot)는 자료의 통계적인 특성을 상자를 이용하여 보여주는 도표이다. 여기에서 통계적인 특성은 자료의 중심값과 산포, 또는 대칭성 등을 말한다. 상자도표는 상자에 자료의 사분위수와 최소값, 그리고 최대값을 표시한다. 상자의 왼쪽과 이어진 선에는 자료의 최소값, 그리고 오른쪽에 이어진 선에는 자료의 최대값을 적는다. 최소값과 최대값으로 연결된 선을 수염(whisker)이라고 부른다. 그래서 상자도표를 상자수염도표(box and whisker plot)라고도 한다. 또 상자의 왼쪽에는 일사분위수, 오른쪽에는 삼사분위수, 그리고 그 사이에는 메디안인 이사분위수를 적는다. 상자도표는 이해하기 쉽고 시각적인 효과가 커서, 여러 가지 자료들을 상호 비교하는 데 상당히 유용한 기법이다.

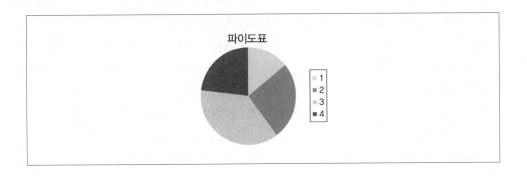

파이도표(pie chart)는 비계량적 또는 계량적인 자료에 모두 사용할 수 있는 도표로서, 원의 형태를 취한다. 파이도표는 원의 면적을 이용하여 각 계급의 상대도수를 면적의 비율로 표시한다. 파이도표는 형태가 파이와 비슷해서 붙여진 이름이다. 파이도표는 계량적인 정보를 알기 쉽게 표시하고, 각 항목들을 비교하기 편하며, 작성하기 쉽다. 또 파이도표는 어떤 항목을 전체와 비교해서, 그 항목이 전체에서 상대적으로 어떤 비중을 차지하고 있는지를 간략하게 보여준다.

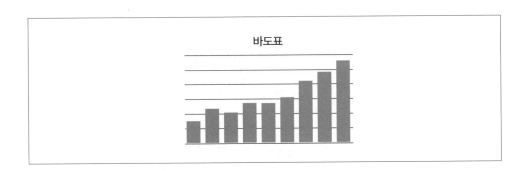

바도표(bar chart)는 명목적인 자료를 분류하는 데 사용한다. 각각의 분류는 X축에 표시하고 Y축에는 각 분류의 빈도수나 비율 또는 퍼센트를 막대로 표시한다. 또 어떤 경우에는 Y축에 각각의 분류를 표시하고, X축에 빈도수나 비율을 막대로 표시하는 때도 있다. 이러한 바도표를 수평적 바도표(horizontal bar chart)라 한다. 바도표에 있어서 막대의 높이는 다를 수 있지만 모든 막대의 넓이는 반드시 같아야 한다. 그래서 바도표는 명목적인 자료의 양적인 차이를 비교하고자 한다. 바도표는 히스토그램과 비슷하나 바도표에서는 막대가 서로 붙어 있지 않다. 이것은 각 품목이 서로 독립적인 것을 강조하기 때문이다. 또 파이도표에 비해 바도표는 몇 가지 장점을 지니고 있다. 첫째, 파이도표에 비해 바도표는 각 항목의 작은 차이라도 분명하게 보여준다. 이것은 바도표에 있어서 각 항목의 높이를 비교하기가 비교적 쉽기 때문이다. 그러나 파이도표에서는 각 항목이 서로 근접하지 않을 때 작은 차이를 비교하기가 그리 용이하지 않다. 둘째, 파이도표에서 막대를 시간별로 표시하면 경향을 관찰할 수 있다. 그러나 각 항목의 비율을 비교할 때에는 바도표보다는 파이도표를 사용하는 것이 좋다.

라인도표(line chart)는 대개 어떤 변수의 변화나 경향을 나타내고자 할 때 사용하는 도표로서, 이해하기 상당히 쉬운 도표이다. 라인도표는 시간의 흐름에 따라 어떤 변수의 변화를 나타내고, 변수의 특이한 현상을 나타내고, 또 어떤 변수와 다른 변수의 행태의 변화를 비교하고자 할 때 사용한다. 라인도표는 런차트(run chart) 또는 시간라인차트(timeline chart)라고도 한다. 그래서 온도의 변화를 표시한다든지, 시간당 발생하는 결점수, 기계의 비가동시간, 또는 어떤 제품의 불량률을 나타내고자 할 때에 라인도표의 사용이 바람직하다. 모든 공정에는 항상 변동이 발생한다. 변동이 크든 또는 작든 항상 변동은 발생한다. 이러한 변동이 정상적인지 또는 비정상적인지를 경영자는 파악하여야 한다. 이러한 경우에 사용할 수 있는 기법 중 하나가 바로 라인도표이다. 이렇게 라인도표는 어떤 변수의 변동

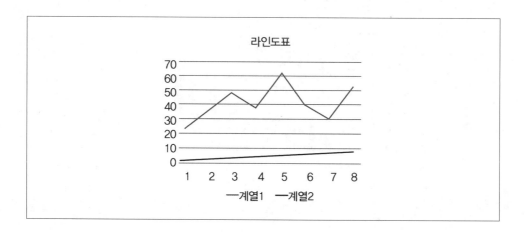

상태를 시간별로 측정하고자 할 때 사용하기에 좋은 방법이다. 또 라인도표는 하나의 항목에 대해 여러 개의 측정치가 동시에 발생할 때 효과적이다.

흐름도표(flow diagram 또는 flow chart)는 프로세스와 절차를 구성하는 요소들을 파악하고, 각 요소들 간에 존재하는 상호관계와 상호작용을 비교 분석하는 도표이다. 어떤 문제를 해결하려면 상황파악을 하여야 한다. 흐름도표는 바로 현재의 상황을 객관적으로 파악하는 데 도움을 주는 프로세스를 구성하는 일련의 과정을 시각적으로 보여주는 그림이다. 그래서 흐름도표는 모든 사람들로 하여금 프로세스의 흐름을 분명히 이해하게 함으로써 프로세스의 개선을 꾀하고 분석하기 위한 예비단계이다. 특히 너무나 복잡한 흐름도표를 피하기 위해 꼭 필요한 요소들만으로 구성된 흐름도표를 매크로도표(macro charts)라 한다.

흐름도표에서는 프로세스의 흐름을 표시하기 위해 다음과 같은 표준화된 기호들을 사용한다.

- ○ 원은 흐름도표의 시작과 끝
- □ 사각형은 진행중인 업무 또는 작업을 표시
- ◇ 다이아몬드는 긍정과 부정을 결정하는 의사결정의 분기점
- → 화살표는 흐름의 방향
- ▽ 역삼각형은 저장 또는 보관
- D D는 지연

흐름도표는 어떤 과업을 완수하기 위해서 수행하여야 할 과업을 나타내는 도표이다. 흐름도표는 다음과 같은 과정에 의해 작성된다.

① 창출하고자 하는 산출물을 명시한다.
② 필요한 투입물을 명시한다.
③ 공정의 첫 번째 과정을 표시한다. 이것은 업무가 될 수도 있고, 의사결정이 될 수도 있다. 이 사각형이나 다이아몬드로부터 다음의 업무나 의사결정까지 선을 긋는다.
④ ③번의 과정을 끝날 때까지 되풀이한다.
⑤ 다른 사람들의 의견을 들어 흐름도표를 개선한다.

흐름도표를 작성한 다음에는 프로세스를 개선하기 위하여 흐름도표를 분석하여야 한다. 그래서 가치를 창조하지 않는 요소들을 찾아내어 제거하여야 한다. 먼저 각각의 의사결정 기호에서 이 체크가 정말로 꼭 필요한지, 체크를 이중으로 해

비용을 증가시키지는 않는지, 또는 과오를 발견하지 않고 그냥 지나치지는 않는지를 분석하여야 한다. 그리고 각 사각형 기호에서는 이 업무가 중복이 되지는 않는지를 분석하여야 한다. 또 저장기호에서는 여기에서 저장이 정말로 필요한지를 분석하여야 한다. 프로세스를 개선하기 위한 하나의 방법으로 McConnel은 이메지니어링을 제안하였다. 이메지니어링(imagineering)은 최상으로 운영되는 프로세스의 흐름도표이다. 그래서 현 프로세스의 흐름도표와 이메지니어링과 비교하여 개선할 부문을 파악하게 해 준다.

열흐름도표(column flow chart)는 비교적 새로운 기법으로서, 작업의 흐름을 개선하고자 하는 기법이다. 열흐름도표는 프로세스의 흐름을 상세하게 작성하는 흐름도표를 만들기 전에 작성하는 개략적인 흐름도표로서, 각 열에 프로세스 흐름의 전반적인 단계를 보여주는 도표이다. 여기에서 각 열에는 부서나 라인 등을 표시할 수 있다. 열흐름도표는 각 프로세스가 어디에서 시작하고 어디에서 끝나는지, 어떤 작업장과 어떤 인력 자원이 필요한지를 분명하게 보여준다. 열흐름도표는 애로 프로세스를 파악하거나, 프로세스의 흐름을 원활히 하고 싶어 하거나, 프로세스에 관련된 부서나 작업장들을 파악하거나, 프로세스를 상세하게 분석하기 전에 필요한 도표이다.

열흐름도표는 다음과 같은 과정에 의하여 작성한다.

① 관련된 프로세스나 주제를 파악한다.
② 프로세스 또는 주제의 산출물을 파악한다. 여기서 산출물은 제품이나 고객이 될 수 있다.
③ 산출물을 생산하기 위해 필요한 투입물과, 그 투입물을 공급하는 공급업자를 파악한다. 투입물은 원자재이거나 정보가 될 수도 있다.
④ 큰 사각형을 그린다. 그리고 오른쪽 하단에 산출물을 표시하고, 왼쪽 상단에 투입물을 표시한다.
⑤ 산출물을 생산하는 데 필요한 부서, 인력자원, 또는 작업장을 파악한다.
⑥ 각 부서 또는 작업장을 분리하여 각 열에 표시한다.
⑦ 각 열에서 발생하는 업무 또는 작업을 표시한다. 업무는 투입물을 산출물로 전환시키는 활동을 일컫는다. 업무를 상세하게 기술하지 말고 간단하게 기술한다.
⑧ 각 업무 또는 작업을 프로세스의 순서대로 선이나 화살표를 이용해 연결한다. 각 업무 또는 작업은 한 개 이상의 다른 업무 또는 작업들과 연결될 수 있다.

동영상 TQC, B7Tools Video:

새로운 7QC 도구

1970년대 말과 1980년대 초 일본에서는 「새로운 7QC 도구」가 개발되었다. 이 「새로운 7가지 도구」는 원래의 7가지 도구들보다 덜 알려졌고, 교육이 덜 되었다. 그러나 이 「새로운 7가지 도구」들은 전략적인 품질계획을 수립하는 데 원래의 7가지 도구들보다 더 중요하다. 하지만 「새로운 7가지 도구」들은 원래의 7가지 도구들보다 이해하기가 어렵고, 보다 비계량적이다. Mizuno(1988)와 Akao(1990)는 "이 새로운 7가지 도구들을 품질의 새로운 시대를 여는 기법들"이라고 하였다. 새로운 품질의 시대는 고객의 욕구를 고객의 기대 이상으로 충족시켜 주고, 고객의 욕구를 만족시키는 데 사후적이 아닌 사전에 불만을 제거하는 시대라고 하였다. 「새로운 7가지 도구」는 세부적인 품질문제를 다루기보다는 보다 전략적인 문제들을 다룬다.

「새로운 7가지 도구」들은 다음과 같다.

- 유사도표
- 상관도표
- 체계적 도표
- 매트릭스 도표
- 매트릭스 자료분석
- PDPC(Process Decision Program Chart)
- 화살도표

2.3.1 유사도표

유사도표(類似圖表, affinity diagram)는 1960년대 일본의 인류학자인 지로 가와기타(二郎川喜田)가 개발하였다. 친화도라고도 하는 유사도표는 유사한 아이디어

(idea)를 수직적인 열로 조직하여, 아이디어와 견해, 그리고 사실들을 수집하고 계열화하기 위해 사용된다. 유사도표의 목적은 참가자들로부터 창의적인 아이디어와 견해를 최대한도로 도출하고, 도출한 아이디어와 견해 중에서 유사한 항목들을 그룹화하고자 하는 기법이다. 그래서 일반적으로 20개 이상의 많은 항목들을 유사한 소수의 항목으로 분류한다. 이렇게 유사도표는 복잡한 문제를 함께 해결하고자 하는 사람들의 생각을 정리하는 데 매우 효과적이다. 유사도표를 작성하기 위해 가장 많이 사용하는 기법은 브레인스토밍이다.

유사도표에서는 각 열의 상단에 그 열에 나열되어 있는 아이디어들의 토픽(topic)을 표시한다. 유사도표는 어떤 목표를 달성하기 위해 필요한 요소들을 파악하고, 그러한 요소들을 적정한 토픽 아래 통합하고, 각 주제에 대한 폭넓은 아이디어를 수집하기 위한 기법이다. 또 유사도표는 브레인스토밍처럼 모든 사람들이 아이디어 창출과정에 참여하게 하여, 적극적인 사고방식과 참여의식을 높인다.

유사도표를 작성하기 전에 많은 준비가 필요하다. 유사도표는 대개 복잡한 전략적인 문제들을 취급하기 위해 사용된다. 또 유사도표는 여러 부서에서 공동으로 어떤 전략적인 문제를 해결하는 데 사용할 수 있는 아주 좋은 방법이다.

2.3.2 상관도표

상관도표(相關圖表, relations diagram)는 어떤 문제의 원인과 결과를 파악하기 위해서 도표를 이용하는데, 하나 또는 여러 개의 문제들을 전부 취급할 수 있다. 품질에 있어서 상관도표는 문제를 파악하고, 전략적인 품질계획을 기술하는 데 사용된다. 적절하게 사용되는 상관도표는 다음과 같은 다섯 가지의 분야에서 많은 효과를 제공한다.

- 문제를 야기시키는 요소들을 파악하고 분리해 낸다.
- 분리된 요소들을 분명하고 간결하게 표현한다.
- 파악한 요소들을 원인과 결과의 관계별로 순서적으로 나열한다.
- 요소들을 조직적으로 문제에 연결시킨다. 그래서 어떤 문제와 원인, 그리고 결과들을 완벽하게 보여준다.
- 각 요소의 중요성의 정도를 파악해 준다.

2.3.3 체계적 도표

체계적 도표(體系的圖表, systematic diagram)는 근본적으로 어떤 목표를 달성하기 위해서 목표와 그 목표를 달성하기 위한 수단을 논리적이고 체계적으로 표시한 나무도표이다. 체계적 도표는 먼저 주요 목표를 설정하고, 다음에 그 목표를 달성하기 위한 방법과 수단을 표시하고, 각 수단과 방법들에 대한 실용성을 세 가지 기호를 이용하여 평가한다. "O"는 실용성이 충분히 있는 것을, "△"는 실용성이 불확실한 것을, 그리고 "X"는 실용성이 전혀 없는 것을 표시한다. "△"는 다시 엄격하게 평가하여 실용성이 있는지 또는 없는지를 결정한다. 다음에는 실용성이 있는 방법과 수단만을 다시 계속적으로 확장시킨다. 이러한 과정을 나무도표가 완성될 때까지 계속한다. 체계적 도표는 순서적으로 구성되어 있는 목표를 달성하고자 할 때 계획을 수립하기에 아주 유용한 기법이다.

2.3.4 매트릭스 도표

전략적인 품질계획을 수립할 때, 우리는 가끔 서로 관련성이 있는 요소들을 볼 수 있다. 그래서 어떤 요소에 변화가 발생하면 다른 요소에 영향을 끼친다. 매트릭스 도표(matrix diagram)는 서로 상호관련성이 있는 요소들을 파악하고, 각 요소 간에 존재하는 영향력을 도표화하는 기법이다. 즉, 매트릭스 도표는 상호관련성이 있는 요소 간에 발생하는 관계들을 원활하게 파악하도록 설계된 도표이다. 매트릭스 도표는 자원계획, 일정계획, 고장예방 등에 유용하게 사용된다. QFD (Quality Function Deployment)도 매트릭스 도표에 의거해 개발된 기법으로서, 고객의 욕구와 제품의 특성, 그리고 비용 등을 고려해 개발된 기법이다.

2.3.5 매트릭스 자료분석

매트릭스 자료분석(matrix data analysis)은 여러 요소들 간에 존재하는 관계의 정도를 계량화하는 기법이다. 하드(hard)자료가 없는 경우에는 반드시 주관적인 가중치를 주고, 있는 경우에는 계량적인 관계를 정립하기 위해 통계적인 분석을 실시한다. 통계적인 분석은 대개 두 개로 구분된다. 첫 번째는 URM(uni-variate response method)이고, 두 번째는 MRM(multi-variate response method)이다. URM

기법은 선형상관분석 기법(linear correlation analysis technique)이나 순위상관분석 기법(rank−based correlation analysis)을 이용한다. 한편, MRM에서는 정준상관분석 기법이나 요소분석(factor analysis) 기법을 사용한다.

2.3.6 PDPC

PDPC(Process Decision Program Chart)는 최선의 공정을 개발하기 위해 여러 유형의 공정을 평가하는 데 아주 유용한 방법이다. PDPC는 문제에 따라 차트 (chart)가 단순하기도 하고, 복잡하기도 하다. 단순한 차트는 일련의 그래픽 (graphic)을 이용하여 공정을 개발하고 정의하는 데 이용된다. 또 단순한 차트는 보다 복잡한 공정을 개발하는 데 전초적인 단계로써 이용된다. 복잡한 PDPC는 특수한 심볼(symbol)과 간단한 설명을 첨부해 사용한다. 또 여러 작업의 순서를 표시하기 위해 라인과 화살표를 이용한다.

2.3.7 화살도표

화살도표(arrow diagram)는 네트워크(network)를 이용해 계획을 가장 신속하고 저렴하게 수행할 수 있는 결과를 알려 주는 기법이다. 화살도표는 어떤 활동과 사건을 연속적으로 표시하는 도표로서, 단순한 Gantt 도표(Gantt chart)보다 훨씬 상세한 자료를 포함하고 있다. 미국 해군이 개발한 PERT(Program Evaluation Review Technique)와 CPM(Critical Path Method)은 화살도표이다. 스케줄을 작성하는 화살도표에서는 어떤 사건의 시작과 끝을 나타내기 위해서 원과 노드(node)를 사용한다. 그래서 누가, 언제, 어디에서 품질계획을 하여야 하는가를 결정한다. 한편 위에서 설명한 여섯 가지 기법들은 전략적인 품질계획의 무엇을, 어떻게, 그리고 왜의 문제들을 취급하는 기법들이다.

신뢰성

　　매일 사용하는 제품과 서비스의 신뢰성은 우리의 일상생활에 엄청난 영향을 끼친다. 신뢰성은 우리 생활 전반에 영향을 끼치지 않는 부문이 없다. 그래서 소비자는 제품을 구입할 때 신뢰성이 높은 제품을 선호한다. 어떤 경우에는 가격이 더 비싸더라도 신뢰성이 높은 제품을 구매한다.

　　특히 21세기의 현대사회는 전자제품과 항공제품, 그리고 컴퓨터와 같은 첨단 제품들이 주종을 이루고 있다. 이러한 제품들의 특성은 수없이 많은 부품들로 구성되어 있다는 것이다. 그러므로 이러한 제품들이 사용 중 고장이 발생하지 않고 제 기능을 발휘하기 위해서는 제품을 구성하는 모든 부품들의 신뢰성이 상당히 중요하다. 신뢰성은 품질을 측정하는 하나의 중요한 요소이다.

　　신뢰성은 1950년대까지만 하더라도 통계적 품질관리의 영역에 속하였다. 그러나 전자산업과 항공산업의 급속한 발달로 신뢰성은 통계적 품질관리에서 벗어나 독자적인 학문으로 성장하였다. 특히 신뢰성에 대해 지대한 관심을 가진 기관은 미국의 국방부였다. 군수무기 부품의 잦은 고장으로 미국의 국방부는 군수무기의 신뢰성에 대해 많은 고민을 하고 있었다. Garvin(1988)은 1950년에 미 해군이 소지하고 있는 전자기기 중 약 1/3만이 제대로 작동하였다고 하였다. 또 Amstadter (1971)에 의하면, 군수무기를 유지하는 데 소요되는 비용이 군수무기를 구입하는 데 드는 비용보다 열 배가량 높다고 하였다.

　　경영품질에 있어서 신뢰성은 절대적으로 중요하다. 제품과 서비스의 높은 신뢰성이 존재하지 않고서는 품질이 향상될 수 없다. 그러므로 신뢰성은 품질의 매우 중요한 요소로서 품질과 격리되어 설명될 수 없다. 또 프로세스를 개선하기 위해서는 프로세스에 사용되는 설비와 기기의 신뢰성에 대해서도 알아야 한다.

2.4.1 신뢰성이란 무엇인가?

　　신뢰성(信賴性, reliability)이란 시스템, 하부시스템, 또는 부품이 특정한 조건하에서 일정한 기간 동안 명시된 기능을 성공적으로 수행할 확률이다. 그래서 신뢰성을 측정하는 것은 정상적인 여건 하에서 시스템이 명시된 기능을 수행하는 능력을 측정하는 것이다. 여기에서 시스템이란 인간, 제품, 부품, 기계 등을 전부 포함한다.

위의 정의에 의하면 신뢰성은 다음과 같은 특성들을 지니고 있는 것을 알 수 있다. 첫째, 신뢰성은 시간과 관련된 품질 개념이다. 그래서 O'Connor(1985)는 신뢰성이란 시간에 근거를 둔 품질의 개념이라고 규정하였다. 둘째, 신뢰성은 확률로 표시된다. 그래서 0.8의 신뢰성을 가진 제품은, 미리 규정한 조건하에서 일정 기간 동안 제 기능을 성공적으로 수행할 확률이 80%이고, 실패할 확률이 20%라는 의미이다. 통계적으로 이것을 다시 설명하면, 생산된 100개의 제품 중 평균적으로 80개는 제 기능을 성공적으로 수행하고, 나머지 20개는 실패하는 것을 말한다. 셋째, 신뢰성은 미리 규정된 조건, 즉 이 제품이 제 기능을 제대로 잘 수행하기 위한 특정한 조건을 명시하고 있다. 이러한 조건을 신뢰성공학에서는 정상운영조건이라고 한다. 정상운영조건에는 제품이 사용되는 여러 가지 조건들, 즉 온도, 습도, 하중량, 보전계획, 운영방침 등이 포함되어 있다. 이러한 정상운영 조건들이 충족되지 않으면 제품은 제 기능을 충분히 발휘하지 못한다. 자동차 타이어를 예로 들어보자. 각 타이어에는 하중량이 표시되어 있다. 그러므로 어떤 타이어를 그 타이어의 하중량을 초과하는 자동차에 장착한다면, 그 타이어는 곧 펑크가 날 것이다. 넷째, 신뢰성은 고장에 대한 개념이다. 신뢰성은 어떤 조건하에서 제품이 고장날 것을 말한다. 여기에서 고장(failure)은 제품이 명시된 기능을 완벽하게 수행하지 못하는 상태를 말한다. 그래서 고장은 완전한 고장부터 아주 미미한 고장까지 전부 포함한다.

신뢰성과 SQC(Statistical Quality Control)는 서로 유사한 점이 있지만 서로 다르다. SQC는 어떤 특정시점에 있어서 프로세스가 처음에 계획하였듯이 잘 진행되는지 샘플링을 통해 제품의 품질이 표준규격에 적합한지를 파악하는 통계적 기법이다. 그러나 신뢰성은 제품의 성능을 어떤 특정 시점에서 관찰하는 것이 아니라 보다 장기적인 관점에서 본다. 그래서 SQC에서는 어떤 특정시점에서 샘플에서 발견한 불량개수와 허용불량개수, 또는 관리한계에 관심을 가지지만, 신뢰성에서는 제품과 서비스에 고장이 발생하는 시간에 관심을 가진다. 이렇게 신뢰성은 어떤 특정한 기간에 있어서 품질을 의미하지만, SQC는 비교적 단기간 내에 있어서의 품질을 의미한다.

2.4.2 신뢰성의 향상

신뢰성의 향상은 다음과 같은 방법들에 의해서 이루어진다.

첫째, 신뢰성은 고객의 욕구에 적합한 제품을 생산하는 것이므로, 고객의 욕구를 반영하여야 한다.

둘째, 제품과 공정에서 발생하는 변동을 감소시켜야 한다. 또 품질이 좋은 원자재를 사용하여야 하고, 적정한 환경하에서 제품이 사용되어야 하고, 또 고객이 제품을 올바르게 사용하여야 한다.

셋째, 신뢰성을 향상시키기 위해서는 부품의 신뢰성을 절대적으로 높여야 한다. 제품의 신뢰성은 부품의 신뢰성에 절대적으로 달려 있다. 그러므로 각 부품의 신뢰성을 먼저 향상시켜야만 제품의 신뢰성이 자동적으로 향상된다.

넷째, 제품에 들어가는 부품의 수를 감소시켜야 한다. 일반적으로 부품의 수가 많으면 많을수록 고장 발생 확률은 높아진다. 요즈음 많은 첨단제품들은 수백 또는 수천 개의 부품으로 구성되어 있다. 그러므로 각 부품의 높은 신뢰성이 얼마나 중요한지는 우리가 충분히 짐작할 수 있다. 아무리 개별 부품의 신뢰성이 높다 하여도 신뢰성이 1이 되지 않는 한, 부품의 수가 많아지면 그 제품의 신뢰성은 현저히 떨어진다. 그러므로 제품에 들어가는 부품의 수를 감소시켜야만 제품의 신뢰성이 향상된다.

다섯째, 제품설계를 잘 하여야 한다. 잘못된 설계는 제품의 신뢰성을 현격하게 떨어뜨린다. 기존 프로세스의 생산능력을 초과하는 정밀한 설계는 제품의 신뢰성을 감소시킨다. 또 여기에서 고려하여야 할 점은 동일한 부품을 중복으로 제품에 장착하는 것이다. 이 방법을 부품의 중복(redundancy)이라 한다.

FMEA

제품과 프로세스는 항상 제 기능을 유지하여야 한다. 그런데 가끔 제품이나 공정에 이상이 생겨 고장이 발생한다. 이때 고객은 불만을 느끼게 된다. 그러므로 기업은 고장을 미리 방지하는 대책을 수립하여 발생할지도 모를 모든 유형의 고장을 사전에 파악하고 예방하여 고객에게 최대 만족감을 주도록 하여야 한다. 이렇게 고장을 사전에 파악하고 예방하기 위한 중요한 기법들 중 하나가 FMEA이다.

FMEA(Failure Mode and Effects Analysis)는 고장의 유형과 메커니즘, 그리고 결과에 대해 중점을 두어, 고장을 사전에 예방하고자 하는 기법이다. 여기에서 유형(mode)이란 고장의 물리적인 형태를 말하고, 메커니즘(mechanism)은 고장을 야기시킨 과정을 말한다. 보다 더 구체적으로 설명하면, FMEA는 발생할 수 있는 가능한 모든 고장의 유형과 메커니즘을 파악하고, 발생한 고장이 제품의 성능에 어떤 영향을 끼치는지, 그리고 각각의 고장을 어떻게 알아내고, 어떻게 해서 고장을 사전에 예방할 수 있는지를 연구하는 기법이다. 영향이란 고장이 발생하였을 때 시스템의 반응을 말한다. 그래서 FMEA는 궁극적으로 고장이 전혀 발생하지 않도록 하거나 또는 적어도 고장의 발생정도를 경감시키려고 한다.

FMEA는 신뢰성공학뿐만 아니라 보전성, 안전성, 그리고 수명을 연장시키는 공학에서 상당히 기본적인 기법이다. 그래서 공정을 개발할 때 공정엔지니어들은 FMEA를 반드시 고려하여 공정을 설계하도록 하여야 한다. 왜냐하면 FMEA는 제품과 공정에 절대적인 영향을 끼치기 때문이다.

그러나 FMEA는 여러가지 문제때문에 복합적으로 발생하는 고장을 파악하지 못한다. 또 작업자의 오류때문에 발생하는 고장도 파악하지 못한다. FMEA는 또 발생하는 여러 유형의 고장들을 전부 동일시한다. 그래서 어떤 고장이 더 중요한 고장인지를 알지 못한다. 그래서 고장의 중요도에 따라 순위를 매기는 기법을 FMECA(Failure Mode Effects and Criticality Analysis)라 한다.

2.6

통계적 품질관리

통계적 품질관리는 근대 품질관리의 출발점으로서, 경영품질의 기본적인 도구이며 품질을 측정하고 평가하는 아주 유용한 기법이다. 통계적 품질관리는 대량생산시대에 나왔지만, 지금도 지속적으로 프로세스를 개선하는 아주 중요한 통계적이며 과학적인 기법이다. Shewhart가 관리도를 개발한 이래 통계적 품질관리는 많은 기업에서 꾸준히 사용되고 있다. 무결점을 추구하는 경영품질의 관점에서 통계적 품질관리가 지니고 있는 한계도 있지만, 아직도 통계적 품질관리는 프로세스의 조직적 변동을 파악하고 개선하는 데 상당히 유용하다.

2.6.1 Walter A. Shewhart

Walter A. Shewhart

엔지니어이며 과학자인 동시에 철학자이기도 한 Walter A. Shewhart(1892 – 1967)는 주로 품질의 변동과 샘플링에 대한 연구를 하였다. 1920~1930년대에 미국의 Bell 전화연구소에서 근무한 Shewhart는 Taylor의 「과학적 관리법」과 Whitney의 「호환성 부품」에 대해 많은 연구를 하였다. 이것은 「호환성 부품」에서 다양한 변동이 많이 발생하였기 때문이다. 연구 결과, Shewhart는 제품의 품질에는 항상 변동이 발생한다는 사실을 발견하였다. 특히 조직적인 변동에 관심이 많았으며, 이 변동을 파악하기 위해 통계기법인 샘플링이론과 확률이론을 사용하였다. 그 결과, 1924년 공정관리도를 개발하였다. 이때까지 사용하였던 허용한계라는 기법은 제품이 이미 생산된 다음에 품질을 측정하기 때문에, 품질을 향상시키는 데에는 한계가 있었다. 그러나 공정관리도는 우연적 변동과 조직적 변동을 구별하여 경영자로 하여금 작업자의 작업을 추적하여 불량품이 언제 발생하였는지를 파악할 수 있도록 하였다. Shewhart는 공정관리도상의 관리한계를 이용함으로써 조직적 변동의 원인을 미리 제거하여 불량품을 사전에 예방할 수 있다고 하였다. 이러한 기법은 경영자로 하여금 과거보다 미래에 관심을 가지게 하였으며, 불량에 대해서 관리의 초점을 불량을 사후에 시정하는 것으로부터 사전에 방지하는 것으로 바꾸게 하였다. Shewhart도 Taylor와 마찬가지로 관리의 초점을 부품에서 시스템으로 전환시켰다. 이렇게 Shewhart는 품질을 관리하기 위해 통계이론을 적용하였다. 이것은 후에 통계적 품질관리의 효시가 되었다.

Shewhart는 그의 연구를 정리하여 1931년 근대 품질관리의 대표적인 『제조물에 관한 경제적 관리(Economic Control of Quality of Manufactured Product)』라는 책을 발간하였다. 이 책은 그 후 품질을 연구하는 학자들의 가장 대표적인 지침서가 되었다. 그래서 Shewhart를 '통계적 품질관리의 아버지'라 부른다.

Shewhart는 또 품질을 객관적 품질과 주관적 품질의 두 가지 관점에서 정의하였다. 객관적 품질이란 품질을 인간의 느낌과 관계없이 단순히 객관적인 실체로 보는 개념이다. 반면에 주관적 품질은 객관적인 실체의 결과로서, 인간이 어떻게 생각하고 느끼는가를 의미한다. Shewhart는 주관적 품질을 가치와 연관시켰다. 후에 Shewhart의 주관적 품질은 이시가와에게 영향을 주어 QFD(Quality Function Deployment)의 이론적 근거를 제공하게 되었다. Shewhart의 연구와 철학에 대해 더 알고 싶으면 www.asq.org/about−asq/who−we−are/bio_shewhart.html를 참조하기 바란다.

2.6.2 통계적 품질관리의 정의

통계적 품질관리(統計的品質管理, Statistical Quality Control: SQC)는 통계적 기법을 사용하여 제품이나 서비스의 품질을 관리하는 것으로서, 고객이 원하는 제품과 서비스를 가장 경제적으로 생산하기 위해 생산시스템의 모든 과정에 추리통계학과 확률이론을 이용하는 품질기법이다. 추리통계학(推理統計學, inferential statistics)은 샘플에 의해 모집단의 속성을 결정하는 통계적 추리(statistical inference)를 이용한다. 모집단(母集團, population)은 정보를 얻고자 하는 대상의 전체이고, 샘플(sample)은 모집단의 일부이다. <그림 2−6>은 모집단과 샘플, 그리고 통계적 추리의 관계를 보여주고 있다.

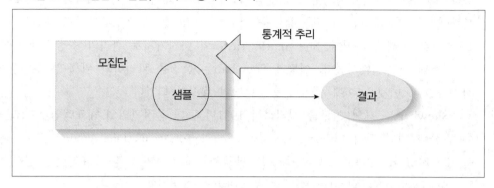

샘플링(sampling)을 할 때 중요한 점은 모집단에 대한 샘플의 대표성이다. 대표성을 확보하는 한 가지 방법으로 모집단의 모든 품목이 샘플로 뽑힐 확률을 동일하게 하는 랜덤 샘플링(random sampling)이 있다. 또 샘플의 대표성은 샘플의 크기에 비례한다. 그래서 샘플의 크기가 증가하면 대표성이 증가하고, 크기가 감소하면 대표성도 감소한다.

SQC는 품질의 균일성을 증가시키고, 검사비용과 불량품을 감소하고, 문제점과 설비능력을 파악하고, 고객과의 관계를 개선시키고, 그리고 모든 품목을 전부 검사할 필요가 없게 한다.

2.6.3 통계적 과오

통계적 추리에서는 반드시 제1종 과오와 제2종 과오의 두 가지 과오가 발생한다. 제1종 과오(type I error)는 실제는 진실인데 거짓으로 판정하는 과오이고, 제2종 과오(type II error)는 실제는 거짓인데 진실로 판정하는 과오이다. 통계적 과오(統計的過誤, statistical error)는 샘플과 모집단에 있는 정보의 차이로서, 샘플이 모집단의 일부이기 때문에 발생한다. SQC에서 제1종 과오란 모집단이 사실은 불량이 아닌데 불량으로 판정하는 과오이고, 제2종 과오는 모집단이 사실은 불량인데 불량이 아닌 것으로 판정하는 과오이다. 경영자가 통계적 과오를 피하는 유일한 방법은 샘플의 크기를 증가하는 것이다. 그러나 샘플의 증가는 비용을 증가시키므로 경영자는 과오와 비용과의 관계를 고려하여 샘플의 크기를 결정하여야 한다.

▼ 표 2-1 통계적 과오

판정		실　제	
		참	거짓
판정	참		제2종 과오
	거짓	제1종 과오	

2.6.4 통계적 공정관리

검사는 절대로 품질을 향상시키지 못하며, 단지 불량품과 양품을 구별할 뿐이다. 불량이 없는 제품을 만들기 위해서는 프로세스가 안정되어야 한다. 통계적 공정관리(統計的工程管理, Statistical Process Control: SPC)는 통계적 기법을 응용하여 프로세스의 산출물이 품질규격과 일치하는지를 평가하기 위해 프로세스를 측정하고 이상유무를 관리하는 것이다. 특히 SPC는 양질의 완제품을 생산하기 위하여 재공품의 품질향상에 주력하는 품질관리 기법으로서, 측정치의 평균이 통계적으로 관리한계 내에 있는지를 파악하는 것이다. 그래서 측정치가 관리한계 내에 있으면 프로세스가 통계적으로 관리상태에 있고, 그렇지 않으면 관리상태에 있지 않다고 결정한다. 이때에는 원인을 반드시 규명하여 시정조치를 취하여야 한다. 이렇게 SPC는 프로세스의 불안전성을 사전에 파악하고 예방함으로써 불량품을 사전에 방지한다. 그리고 SPC는 제조업에만 적용되지 않고, 교육기관이나 정부와 같은 모든 서비스 조직에도 적용된다.

2.6.5 품질변동의 원인

품질에는 항상 변동이 발생한다. 그래서 외견상 아무리 비슷하다 할지라도, 아주 미미한 변동은 항상 존재한다. 이것은 프로세스가 균일한 품질의 제품과 서비스를 연속적으로 산출할 수 있는 능력을 가지고 있지 못하기 때문이다. 이렇게 제품 및 서비스의 품질특성에는 항상 변동이 발생한다. 품질특성(quality characteristics)은 제품 및 서비스의 측정이 가능한 속성으로서, 물리적(길이, 강도, 무게, 전압, 점도, 온도), 감각적(맛, 색깔, 형태), 그리고 시간적(내구성, 신뢰성, 보전성)의 세 유형으로 구분된다.

동일한 작업자가 동일한 원자재를 사용하여 동일한 기계로 작업을 한다고 해서 생산되는 모든 제품의 품질이 항상 동일하지는 않다. 이러한 변동은 원자재,

작업자, 기계상태, 주위환경, 작업방법 등에 의해서 발생한다. 그러나 여기에서 중요한 점은 품질의 변동이 우려할 만한 변동인지 또는 아닌지를 밝히는 것이다. 그래서 변동은 다시 일상적 변동과 조직적 변동의 두 가지로 구분된다.

일상적 변동(common causes)은 분명하지 않은 원인에 의한 변동으로 완전히 확률적이고 늘 발생하는 자연스러운 변동이다. 그래서 어떤 특정의 원인에 의해서 발생한다고 볼 수 없기 때문에 주어진 시스템 안에서 통제할 수가 없다. 사실상 대부분의 변동은 지속적으로 발생하지만 파악하기가 어려워 그냥 생산비용의 일부로서 간주된다. 일상적(만성적) 변동은 대개 설계결함, 부적합한 오차허용, 좋지 않은 프로세스, 낮은 수준의 협력업체, 종업원들의 훈련 부족, 그리고 불충분한 피드백 등에 기인한다. 이렇게 일상적 변동은 자연스럽게 발생하기 때문에 SPC에서 개선의 대상이 되지 않는다. 여기에서 자연스럽다고 하는 것은 주어진 시스템을 두고 하는 말이다. 그러므로 시스템 자체를 바꾸지 않는 한 일상적 변동을 제거할 수 없기 때문에 경영자가 일상적 변동에 책임을 져야 한다.

조직적 변동(special causes)은 어떤 특정한 원인에 의해서 발생하는 변동으로서, 특수한 원인에 의한 변동 또는 산발적 변동이라고도 한다. 조직적 변동의 원인으로는 기계의 심한 마모, 작업자의 능력 부족, 불량한 원자재 및 부품, 작업자의 부주의나 무관심, 또는 작업자의 심리적인 문제 등을 들 수 있다. 일반적으로 조직적 변동은 개별적인 업무 또는 단일 사건 때문에 발생하며, 일상적 변동은 시스템에 공통적으로 발생한다.

품질을 향상하기 위해서는 이 두 개의 변동을 명확하게 구별하여야 한다. Deming(1986)은 "이 두 개의 변동 중에서 조직적 변동은 15%밖에 되지 않고, 나머지 85%는 일상적 변동"이라고 하였다. SQC는 주로 조직적 변동만을 파악하고 개선하는 기법이지만, TQM과 6시그마가 성공적으로 수행되기 위해서는 조직적 변동과 일상적 변동을 전부 파악하고 제거하여야 한다. 특히 조직적 변동을 추적하기 위해서는 반드시 SPC를 이용해야지, 어떤 추측이나 개인적인 판단에 의해서는 안 된다. 그리고 사후조치만 취하는 것이 아니라, 사전에 문제를 발견하여 문제가 발생하지 않도록 미리 예방한다.

2.6.6 품질특성의 측정

기업은 각 제품과 서비스에 대하여 목표로 하는 품질특성의 값, 즉 목표치 (target value)를 가지고 있다. 목표치는 대개 범위로 표시되며, 이 범위 내에 들어 있는 품질특성은 제품의 기능에 별 이상이 없는 것을 의미한다. 목표치의 범위에서 최대값을 USL(Upper Specification Limit), 최소값을 LSL(Lower Specification Limit) 이라 한다.

　품질특성은 계수치와 계량치의 두 가지 방법에 의하여 측정된다. 계수치(計數值, attributes)는 품질특성에 대한 허용여부를 결정하는 척도로서, 비교적 쉽게 측정될 수 있는 방법이다. 만약 어떤 제품의 품질특성을 요약하거나 또는 분류한다면, 그것은 계수치에 의한 측정이다. 계수치 측정은 발생 건수를 세기만 하면 되기 때문에 비계량적인 측정이라고 하며, 계량치로 측정이 불가능하거나, 품질사양이 복잡하거나, 비용이 많이 소요되는 경우에 사용한다. 계수치의 예로는 불량품개수, 결점수, 기계의 작동여부, 타자수의 오타수, 불만족을 느끼는 고객수, 의사의 잘못된 처방전, 고객수, 또는 불량률 등을 들 수 있다. 계수치 측정은 단순히 합격과 불합격의 여부를 결정하기 때문에 품질변동의 변화의 정도에 대한 정보를 얻기가 어렵다. 그러나 측정하는 데 필요한 시간과 노력이 다음에서 설명하는 계량치 측정에 비해 훨씬 적다.

　계량치(計量値, variables)는 연속적인 척도로 측정할 수 있는 제품의 특성으로서 연속적인 값을 가진다. 계량치의 예로는 길이, 높이, 두께, 무게, 부피, 중력, 장력, 온도, 습도, 평균 고장시간, 제품의 수명, 연료의 효율성, 강도, 서비스시간, Likert에 의한 소비자 태도조사, 점도, 그리고 시간 등을 들 수 있다. 계량치 측정은 계수치 측정처럼 단순히 합격과 불합격에 대한 판정을 내리지 않고, 품질특성에 대한 많은 정보를 제공한다. 그래서 계량치 측정은 목표치와의 절대적인 차이를 분명하게 보여준다. 그러나 계수치 측정과 달리 측정하는 데 전문적인 기술을 요하고, 또 시간과 노력이 많이 요구되지만, 계수치 측정에 비해 적은 샘플을 요구한다.

2.6.7 관리도

　SPC에서 가장 자주 활용되는 관리도는 1924년 미국의 벨전화연구소(Bell Telephone Laboratories)에 근무하는 Walter A. Shewhart와 그의 동료들에 의해 개발되었다. 관리도는 SQC 기법 중에서 가장 기본적인 기법이며, 또 최초로 개발된 기법이다. 관리도(管理圖, control chart)는 실제자료를 가지고 프로세스의 상태를 측정하는 단순한 도표로서, 조직적 변동이 시스템 내에 존재하는지를 파악하는 기법이다. 즉, 관리도는 프로세스가 통계적으로 안정 또는 안정되어 있지 않은 상태에 있는지를 밝혀 주는 도표로서, 추출된 샘플이 미리 설정한 관리한계 내에 들어가는지 또는 그렇지 않은지를 보여주는 도표이다. 이렇게 관리도의 목적은 관찰한 변동이 목표치에 적합한 지의 여부와, 또 앞으로도 계속 품질이 정상적으로 유지될 것인지를 결정하여 프로세스의 정상적인 상태 여부를 판단하는 데 있다.

관리도를 작성할 때에는 프로세스가 정상적인 상태에 있다고 가정한다. 그리고 이러한 가정을 반박할 객관적 자료가 있는 경우에만 프로세스가 비정상적 상태에 있다고 결론짓는다. 여기에서 관리도가 정상적 상태에 있다고 하는 것은 변수의 대표값과 분산이 목표치에 부합되는 것을 말한다.

관리도는 중심선, 그리고 관리한계선인 관리상한과 관리하한으로 구성되어 있다. <그림 2-7>은 전형적인 관리도를 보여주고 있다. 중심선(Center Line: CL)은 조직적 변동이 없을 때 품질특성의 평균값을 나타내며, 프로세스가 달성하고자 하는 목표치이다. 관리한계(control limit)는 통계적인 한계로서, 품질변동이 우연인지 또는 조직적인지를 구분하기 위해 설정한 기준이다. 관리한계는 샘플링분포에 의해 결정되며, 관리한계의 값은 제1종 과오와 제2종 과오에 영향을 끼친다. 즉, 관리한계를 중심선으로부터 멀게 하면 할수록 제1종 과오가 감소하고, 제2종 과오는 증가한다. 즉, 프로세스가 실제로는 관리되지 않은 상태인데도 우연적 변동이 있는 것으로 판단하기 쉽다. 반대로 관리한계를 중심선에 가깝게 하면 할수록 제1종 과오는 증가하고, 제2종 과오는 감소한다. 즉, 프로세스가 실제로는 안정적인 상태인데 조직적인 변동이 있는 것으로 판단하여 이상적인 상태로 판단하기가 쉽다. 관리한계 중에서 값이 큰 관리상한(Upper Control Limit: UCL)과 값이 작은 관리하한(Lower Control Limit: LCL)은 중심극한정리와 품질검사비용, 그리고 안정되지 않은 프로세스에서 제품을 생산할 때 발생할지도 모르는 손실을 비교하여 결정된다. 중심극한정리(the central limit theorem)에 의하면, 모집단의 분포에 관계없이 샘플의 크기가 증가함에 따라 샘플 평균의 분포는 정규분포에 접근하고 샘플 평균은 모집단 평균에 접근한다. 즉, 중심극한정리는 샘플의 원래 분포에 관계없이 샘플의 크기가 많아지면, 샘플 평균의 분포는 정규분포를 형성하기 때문에 관리도에서 정규분포를 사용할 수 있다는 것이다. 관리도를 작성하는 데 있어서 관리상한과

▍그림 2-7 관리도

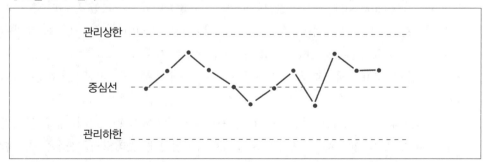

관리하한의 값은 표준편차의 배수를 이용하는데, 보통 배수의 값은 3을 사용한다. 이것을 '3시그마 한계'라고 부른다. 품질특성 또는 관리도의 종류에 관계없이 관리도에서 사용하는 관리한계의 값은 3시그마이다.

관리도는 다음처럼 작성한다. 랜덤(random)으로 추출한 샘플로부터 품질특성을 측정하고, 그 값을 관리도상에 표시한다. 만약 모든 통계량이 전부 관리한계 안에 들어오면 프로세스가 통계적으로 안정된 상태에 있다고 본다. 가장 안정된 프로세스의 관리도는 대부분의 관찰치가 관리도의 중심선을 중심으로 균형 있게 밀집되어 있는 것이다. 여기에서 통계적으로 안정된 프로세스란 현재 시스템하에서는 조직적 변동이 발생하지 않는 프로세스를 말한다. 즉, 모든 조직적 변동이 제거되고 일상적 변동만 남아있는 프로세스이다. 그러나 프로세스가 통계적으로 안정되어 있다고 해서 불량품이 발생하지 않는다는 것은 아니다. Deming(1986)은 "통계적으로 안정된 프로세스는 프로세스의 상태와 비용, 그리고 생산량을 미리 예측할 수 있고, 현재 최적의 생산성을 달성하고 있고, 시스템의 변화가 끼치는 영향을 검토할 수 있고, 그리고 공급업자와의 관계가 단순화되는 장점들을 지니고 있다"고 하였다.

[1] 계량치 관리도

계량치 관리도(control charts for variables)는 관찰치가 계량치로 측정될 때 사용하는 관리도이다. 예를 들면, 측정 단위가 길이, 온도, 습도, 무게, 부피, 중력, 장력 등일 때 계량치 관리도를 사용한다. 그리고 계량치 관리도에는 단지 하나의 품질특성만 표시할 수 있다.

계량치 관리도는 품질특성의 평균과 분산, 그리고 시간의 흐름에 따른 프로세스의 균일성을 동시에 보여준다. 이것은 연속적인 변수를 조사할 때에는 반드시 평균과 분산을 전부 다 조사하여야 하기 때문이다. 품질에 변동이 발생하는 것은 평균 혹은 분산에 변동이 발생하기 때문이다. <그림 2-8>에서는 정상적인 프로세스와 평균에 의해 발생하는 변동, 그리고 분산에 의해 발생하는 변동을 보여주고 있다.

┃ 그림 2-8 정상적인 프로세스, 평균에 의한 변동, 분산에 의한 변동

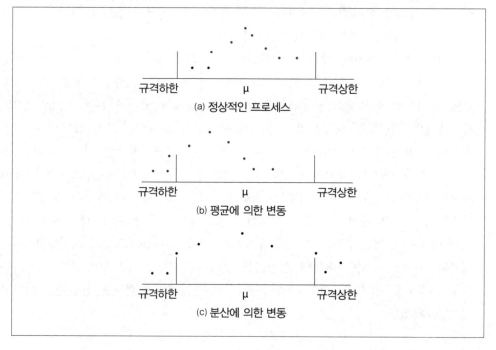

(a)는 프로세스가 정상인 경우의 관리도로서, 관찰치의 대부분이 품질규격의 상한과 하한에 들어있다. (b)는 평균 때문에 그리고 (c)는 분산 때문에 프로세스에 변동이 발생한 경우이다. 그러므로 계량치 자료를 측정하여 프로세스를 관리하고자 할 때에는 품질특성의 평균과 분산을 전부 다 측정하여 계량치 관리도를 작성하여야 한다.

<그림 2-8>의 (a)에서 품질특성이 품질규격의 상한과 하한 사이에 들어오면 품질이 좋다고 하였다. 그러나 모든 측정치들이 전부 적합하다 하더라도, 모든 제품의 품질특성이 전부 똑같다고 볼 수는 없다. <그림 2-9>는 정상적인 프로세스에서의 세 가지의 서로 다른 상황을 보여주고 있다.

▌그림 2-9 정상적인 프로세스에서의 품질특성의 분포

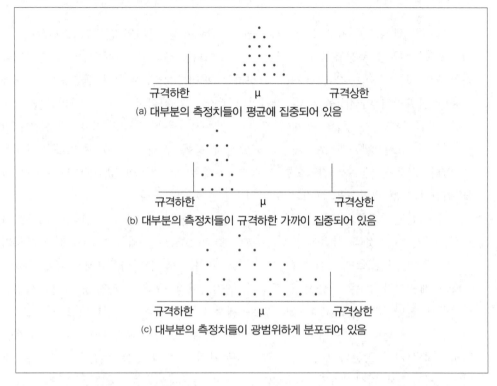

(a)는 대부분의 측정치들이 평균에 몰려 있어, 품질의 균일성이 상당히 높다. (b)는 측정치들이 전부 품질규격 이내에 있지만, 대부분 하한 쪽에 몰려 있다. (c)는 측정치들이 상당히 랜덤 형태의 분포를 보여주고 있다. 이 세 개의 그림에서 비록 모든 측정치들이 전부 품질규격 내에 들어 있다 하더라도, 품질의 차이는 다르다. 즉, (a)가 제일 품질이 좋다. 즉, 품질이 좋은 것은 측정하는 품질특성이 평균에 집중되어야 한다. (c)의 형태에 단순히 만족하는 기업은 절대로 (a)의 기업과 경쟁해서 이길 수가 없다. 그러므로 기업은 모든 측정치들이 품질규격 이내에 있다고 해서 절대로 만족해서는 안 된다. 즉, 품질규격을 자꾸 줄여 품질특성의 분포를 좁게 하여야 한다. 그러나 관리도는 단순히 프로세스가 통계적으로 안정되어 있는지를 검토하는 기법이다. 그러므로 기업은 프로세스가 통계적으로 안정되어 있는 것에 만족해서는 안 되고, 더 나아가 프로세스 능력 자체를 계속적으로 개선하여야 한다. 대표적인 계량치 관리도에는 평균관리도, 범위관리도 등이 있다.

[2] 계수치 관리도

계수치 관리도(control charts for attributes)는 제품 전체의 품질을 고려하며, 논리적으로 분류된 품질특성을 다루는 관리도이다. 그래서 품질특성이 품질규격에 적합한지 또는 적합하지 않은지를 판정하는 관리도이다. 계수치 관리도는 이렇게 제품이 불량인지 아닌지를 미리 판단한 다음에, 그 결과를 가지고 관리도를 작성한다. 예를 들면, 자동차의 차체에 흠집이 있는지, 책에 오타가 있는지, 음식이 맛이 있는지, 또는 제품의 포장이 잘 되었는지 등에 관해 계수치 관리도를 사용할 수 있다. 그래서 계수치 관리도를 사용할 때에는 각 샘플의 값이 1 또는 0의 값을 취한다. 1은 적합성을 그리고 0은 비적합성을 의미한다.

계수치 관리도를 이해하기 위하여 먼저 몇 가지 용어를 소개한다. 자동차 차체의 흠집 같은 것을 결점이라고 부른다. 결점(defect)은 제품의 기능을 저하시키는 개별적인 항목으로서, 설계표준에 비적합한 요소를 말한다. 그래서 무결점(zero defect) 제품이란 모든 기술적인 표준과 엔지니어링 규격을 완전하게 만족시키는 제품을 말한다. 즉, 결점이 하나도 없는 제품을 일컫는다. 또 하나라도 결점을 가진 제품을 불량한 제품이라고 한다. 그러나 결점을 지닌 제품이라고 해서 고객을 전혀 만족시키지 않는다고 볼 수 없다. 자동차의 차체에 있는 흠집은 사실 자동차의 기능을 전혀 저하시키지는 않는다. 고객이 자동차에 있는 흠집을 개의치 않는 한 고객은 만족한다.

그러나 계수치 관리도를 작성할 때 상당히 어려운 문제는 결점의 판단 문제이다. DeVor(1992)도 결점을 파악하는 것은 그리 단순하지 않다고 하였다. 왜냐하면 대부분의 결점들은 눈으로 구분하기가 쉽지 않고, 또 정확하게 측정하기가 어렵기 때문이다. 그래서 결점을 구별할 때 검사자의 주관이 따른다고 하였다.

속성은 분류에 의해 구분된다. 보통 계수치 관리도에서의 속성은 합격과 불합격 또는 적합과 비적합 두 가지에 따라 구분된다. 그래서 계수치 관리도에서 사용하는 샘플링분포는 2항분포와 Poisson분포이다.

일반적으로 제품의 품질을 종합적으로 판단하기 위해서는 계수치 관리도가 유용하다. 그리고 계수치 관리도에서 어떤 문제점이 발견되었을 경우, 그러한 문제를 야기시키는 특별한 원인을 파악하기 위하여 계량치 관리도를 사용한다.

계수치 관리도에서 사용하는 샘플의 크기는 보통 계량치 관리도보다 월등히 크다. 그래서 계수치 관리도를 사용하는 비용이 계량치 관리도보다 높다. 그러나 어떤 관리도를 사용하느냐 하는 것은 비용에 의해서 결정되는 것이 아니라, 사용하는 목적에 의해서 결정되어야 한다. 계량치 관리도에는 p관리도, u관리도 등이 있다.

2.6.8 샘플링검사

샘플링검사(acceptance sampling)는 샘플링이론을 이용해 모집단에서 샘플을 랜덤으로 추출한 다음 검사하고, 검사결과를 그 샘플을 추출한 모집단의 결과로 추정하는 통계적인 품질기법이다. 여기서 모집단은 보통 로트(lot)라 한다. 또 랜덤으로 추출한다고 하는 것은 로트에 있는 모든 품목이 샘플로 추출될 확률이 동일한 것을 말한다. 샘플링검사는 생산이 종료된 제품을 고객에게 수송하기 전에 최종적으로 수행하는 최종검사, 공급업자로부터 원자재나 부품을 구매할 때 실시하는 구매검사, 그리고 완제품이 완성되기 이전에 프로세스 과정에서 발생하는 재공품에 대한 프로세스간 검사처럼 세 가지의 검사과정에 사용된다.

샘플링검사는 생산프로세스가 완전하지 않다는 가정하에서 실시되는 기법이다. 그래서 불량품이 생산될 수밖에 없다는 전제에서 검사를 시행한다. 샘플링검사는 여기서 합격과 불합격을 결정짓는 허용불량개수를 결정한다. 그래서 샘플에서 발견된 불량개수가 허용불량개수보다 같거나 적으면 전체 로트(lot)를 합격으로, 그렇지 않으면 불합격으로 판정한다. 허용불량개수의 결정은 생산자와 소비자에 의해서 결정되며, 일반적으로 %로 표시된다.

샘플링검사의 장점은 다음과 같다. ① 전수검사에 비해 경제적이다. ② 검사하는 데 따르는 파손이 감소한다. ③ 적은 수의 검사자가 필요하다. ④ 파괴적인 검사에 적용할 수 있다. ⑤ 불량품이 아닌 로트 전체를 반환함으로써 품질향상 의욕을 불러일으킨다. 그러나 샘플링검사는 다음과 같은 단점을 지니고 있다. ① 통계적인 과오가 발생한다. ② 샘플링 검사 작성에 많은 시간이 소요된다. ③ 검사하는 제품에 대하여 검사자가 잘 알지 못한다.

그러나 최근에는 허용불량개수라는 개념 자체를 허용하지 않는다. 왜냐하면 경영품질의 궁극적인 목적은 불량률을 제로로 하는 것이지, 불량품 자체를 허용하지 않기 때문이다. 그래서 경영품질을 도입하는 기업에서는 불량률을 백분율로 표시하지 않고, ppm 또는 ppb(parts per billion)라는 단위를 사용한다.

그러나 샘플링검사를 아직도 사용하고 있는 기업들이 많이 있다. 일반적으로 샘플링검사는 실패코스트에 비해 검사비용이 상당히 높을 때 사용한다. 샘플링검사를 사용하기 위해서는 먼저 샘플링검사계획을 수립하여야 한다. 샘플링검사계획에서는 샘플링방법과 판정기준에 관한 계획을 수립한다.

샘플링검사계획에는 계수치와 계량치에 의한 계획이 있다. 계수치에 의한 샘플링검사계획은 속성치 자료를 사용하며, 합격과 불합격을 판정하는 계획이다. 계량치에 의한 샘플링검사계획은 연속적인 자료를 사용하며, 보통 정규분포를 이용한다. 그러나 계량치에 의한 샘플링검사계획을 사용할 때에는 오직 하나의 품질특성만 사용할 수 있다. 계수치에 의한 샘플링검사에는 1회, 2회, 다회, 그리고 축차 샘플링검사의 네 가지가 있다.

빅데이터

　　빅데이터는 통계의 새로운 분야이다. 빅데이터는 IT 기술의 발전으로 발생한 결과이다. 우리는 이제 스마트폰과 컴퓨터 없이는 일상생활을 영위할 수가 없다. 과거에는 없었던 새로운 데이터가 우리가 상상할 수 없을 정도로 많이 발생한다. 컴퓨터에서의 검색어, 이메일, 카카오톡, 페이스북, 트위터, 신용카드, 교통카드, OR 코드, IoT 등을 통하여 엄청난 규모의 데이터가 문자, 동영상, 기호, 그림, 음악 등으로 양산된다.

　　빅데이터라는 용어는 1990년대부터 사용되어 왔는데, 1998년 미국 SGI의 수석과학자 John Mashey가 빅데이터에 관한 보고를 발표하면서 유행되었다(Mashey, 1998). 그러면 빅데이터는 무엇일까? 위키피디아(en.wikipedia.org)는 다음처럼 빅데이터를 설명하고 있다. 빅데이터(Big Data)는 너무 방대하고 복잡하여 기존의 데이터처리 응용소프트웨어로는 처리할 수 없는 데이터 세트(data set)를 분석하고 정보를 체계적으로 추출하는 분야를 말한다.

　　기존의 통계에서는 모집단이 너무 커 랜덤 샘플링(random sampling) 기법을 이용하여 모집단의 속성을 추정하였다. 그러나 빅데이터 시대에는 샘플을 조사하는 것이 아니고 모집단 전체를 분석한다. 그래서 기존의 데이터를 처리하는 소프트웨어로는 빅데이터를 관리할 수 없다.

　　기존의 데이터와 비교할 때 빅데이터의 특징은 초기에 다음처럼 3V로 표현되었다. 첫째, 다양한 소스로부터 오는 데이터의 생성과 저장의 크기(volume)이다. 빅데이터의 규모는 보통 1천GB 인 테라바이트(tera-byte) 규모 이상이다. 예를 들어 Facebook 데이터베이스에는 매일 5백TB 이상의 새로운 데이터가 수집된다. 이 데이터는 주로 사진 및 동영상 업로드, 메시지 교환, 댓글 달기 등의 측면에서 생성된다. 둘째, 데이터의 유형과 속성의 다양성(variety)이다. 유형은 빅데이터의 크기와 복잡도에 따라 정형, 비정형, 그리고 반정형 데이터로 구분된다. 정형(定型, structured) 데이터는 고정된 형식의 형태로 저장, 접근, 처리할 수 있는 데이터로, 주로 급여, 재무, 인사, 거래처 등에 관한 데이터이다. 정형 데이터는 주로 관계형 데이터베이스에 적합하다. 비정형(非定型, unstructured) 데이터는 텍스트, 문서, 이미지, 동영상, SNS 등처럼 전혀 구조화되지 않은 데이터이다. 반정형(半定型, semi-structured) 데이터는 데이터의 구조를 포함하여 파일로 저장하는 데이터로, XML(eXtensible Markup Language)과 같은 데이터이다. 오늘날 빅데이터는 정형화되어 있지 않은 데이터가 대부분이다. 셋째, 데이터 생성과 프로세스 및 전달의 빠른 속도(velocity)이다. 예를 들어 뉴욕증권거래소에서는 매일 1테라 바이트의 새로운 무역 데이터가 생성된다.

그러나 최근 빅데이터의 급속한 사용으로 3V가 추가되어 특징이 6V로 증가되었다. 넷째, 데이터의 진실성과 신뢰성, 곧 정확성(veracity)이다. 다섯째, 수집된 자료가 보유하고 있는 가치(value)이다. 마지막으로 빅데이터가 활용되고 포맷되는 방법인 변동성(variability)이다.

그러므로 빅데이터를 관리한다는 것은 저밀도의 비정형데이터를 대량으로 처리하고, 실시간에 가까운 속도로 운영되고, 그리고 비정형 또는 반정형데이터를 처리하여야 한다(www.oracle.com). 또 빅데이터는 일련의 과정을 거쳐 관리된다. 먼저 빅데이터를 수집하고, 저장하고, 분석하고, 공유하고, 이동하고, 업데이트(update)하여야 한다. 최근에는 인공지능기술, 예측분석, 데이터 마이닝(data mining) 등의 데이터 고급분석기술과 융합하여 사용되어 신뢰성 높은 결과를 제공한다. 또 최근 클라우드 컴퓨팅(cloud computing)으로 빅데이터의 잠재력은 계속 확장하고 있으며, IoT의 발전으로 다양한 기기와 IT의 접속으로 엄청난 빅데이터가 생성되고 있다.

빅데이터는 기업의 품질을 향상시켜 기업의 경쟁력을 강화한다. 기업은 빅데이터를 분석하여 각각의 고객에 대한 맞춤형 마케팅이 가능하고, 고객 니즈의 추세를 파악할 수 있다. 또 고객만족도와 고객의 감성을 분석하여 고객의 욕구를 더 만족시킬 수 있다. 또 SNS를 활용하여 잠재적 고객들을 파악할 수 있다.

글로벌기업들은 빅데이터를 어떻게 활용하는가? 먼저 IBM은 가장 효과적인 빅데이터 기술을 활용하여 증가하는 볼륨, 속도 및 다양한 데이터를 분석함으로써 보다 큰 통찰력을 얻고 있다고 하였다(www.ibm.com). 구체적으로 빅데이터 분석을 통하여 이전에는 사용할 수 없었던 데이터를 활용하여 신속한 의사결정이 가능하게 되었다. 또 기계학습, 데이터 마이닝, 통계 및 자연어 처리 등의 고급 분석 기술을 활용하여 기존의 데이터에 더하여 새로운 통찰력을 얻고 있다. 이렇게 하여 IBM은 고객통합개선, 직원의 사기 감지, 그리고 공급망 효율성 추구 분야에서 큰 성과를 달성하고 있다.

Oracle은 빅데이터를 이용하여 CX(Customer Experience)를 분석하고 있다. 즉, 고객의 SNS, 호출 로그, 웹 방문기록 등의 다양한 소소를 통하여 고객에 대한 데이터를 수집하고 분석하여 상호작용 환경을 개선하고 가치를 극대화한다. 그래서 고객에 대한 맞춤형 서비스를 통하여 고객 이탈을 감소하고, 비즈니스 개선에 선제적으로 대응한다(www.oracle.com). 그 결과 고객만족도가 올라가고, 기업의 경쟁력이 향상되었다.

Philip Evans: 데이터의 등장이 비즈니스에 끼치는 영향

참고문헌

Amstadter, B. L., Reliability Mathematics, New York: McGraw—Hill, 1971.

Barabba, Vincent P. and Gerald Zaltman, Hearing the Voice of the Market, Boston: Harvard Business School Press, 1991.

Bowles, J. and J. Hammond, Beyond Quality: New Standards of Total Performance that can Change the Future of Corporate America, New York: Berkeley Books, 1991.

Deming, W. Edwards, Out of the Crisis, MIT, Center for Advanced Engineering Study, Cambridge, MA 02139, 1986.

DeVor, R. E., T. Chang, and J. W. Sutherland, Statistical Quality Design and Control. New York: Macmillan, 1992.

Garvin, D.A., Managing Quality, New York: The Free Press, 1988.

Harry, Mikel and Richard Schroeder, 6시그마 기업혁명, 안영진 옮김, 김영사, 2000.

Heinrich, George, "Integrating TQM with Statistical and Other Quantitative Techniques," National Productivity Review, Spring 1994, 287－295.

Ishikawa, Karou, Guide to Quality Control, Tokyo: Asian Productivity Organization, 1986.

Mashey, John R., Big Data and the Next Wave of infrastress, SGI, 1998.

O'Connor, P.D.T., Practical Reliability Engineering, 2nd ed., New York: Wiley, 1985.

en.wikipedia.org

http://asq.org/glossary/q.html

www.ibm.com

www.oracle.com

www.skymark.com/resources/leaders/ishikawa.asp

www.youtube.com/watch?v＝LdhC4ziAhgY

┃ 메모

MANAGEMENT QUALITY

처음부터
올바르게
하라

즉,
품질은
예방이다.

- Philip Crosby -

CHAPTER 03

설계와 예방

예방은 품질에 있어서 대단히 중요하다. 사안에 따라 차이는 있지만, 문제가 발생한 다음에 해결하는 것은 비용이 상당히 많이 요구된다. 이것은 다양한 사례를 통하여 어렵지 않게 인지할 수 있다. 우리는 뉴스를 통하여 안전사고가 발생하는 것을 그리 어렵지 않게 볼 수 있다. 이것은 우리의 안전불감증으로 발생하는데, 결국 안전에 대한 관리를 소홀히 한다는 것이다. 안전관리는 안전에 관련된 모든 요소들을 미리 점검하고 또 점검하여 불상사가 발생하지 않도록 하는 것이다. 즉, 예방이 최선인 것이다.

예방하는 중요한 방법 중 하나가 설계이다. 프로세스가 아무리 우수하고 생산기술이 좋아도 설계가 잘못되면 제품 및 서비스의 품질은 좋아지지 않는다. 그러므로 품질을 향상하기 위해서는 설계를 잘 하여야 한다. 그러므로 기업은 제품을 설계할 때부터 품질을 신중하게 고려하여야 한다. 제3장의 핵심 주제는 다음과 같다.

품질의 실패

이미 제1장에서 품질이 좋지 않으면 기업과 국가의 경쟁력이 떨어진다고 하였다. 이제 여기에서 보다 상세하게 품질의 불량이 어떤 결과를 가져오는지 살펴보기로 한다. The Group Capital(www.thecapitalgroup.com)은 불량 품질의 결과를 보여주는 동영상을 제작하였다. 이 동영상은 3개의 사례를 보여주고 있다. 미국의 유인 우주왕복선 챌린저호, 일본의 도요타자동차, 그리고 영국의 석유회사 BP의 사례이다. 모두 품질의 실패가 초래하는 참담한 결과를 보여주고 있다.

먼저 챌린저(Challenger)호이다. 1983년에 이어 1986년 1월 28일 미국의 유인 우주왕복선 챌린저호가 미국 플로리다주 Cape Canaveral 공군기지에서 모든 국민이 TV로 지켜보는 가운데 발사되었다. 그러나 발사된 지 73초만에 공중에서 폭발하였다. 우주선에는 젊은 여교사를 포함하여 7명이 승선하고 있었다. 이 광경은 생방송으로 전국에 중계되어, 그 파장은 이루 말할 수 없이 컸다. 원인은 주엔진에 장착된 2개의 로켓 부스터(rocket booster)의 부품인 오링(O-ring)에 있었다. 그런데 놀라운 사실은 이 부품에 문제가 있다는 것을 이미 NASA가 어느 정도 인지하고 있었다는 점이다. NASA는 공급업자인 Thiokol이 공급하는 부품의 품질을 철저하게 관리하고, 규격에 적합한 부품만 구입하여야 했었다. 그런데 NASA는 그렇게 하지 못하였다. 더구나 낮은 온도에서 기능이 잘 작동하지 않는다는 것을 인지한 오링의 설계자인 Roger Boisjoly가 챌린저호의 발사 연기를 요청하였지만, 거절당하였다. 이 사고로 7명의 승무원이 전원 사망하고, 10억 달러 이상의 금전적 손실을 입었다. 그런데 오링을 재설계하는 비용은 수십만 달러에 불과하였다.

두 번째 사례는 앞에서 이미 언급한 도요타자동차이다. 2009년 도요타자동차는 사상 최대인 900만대의 자동차를 리콜(recall)하였다. 일부 자동차에서 바닥매트와 브레이크 결함으로 가속페달이 빨리 환원되지 않아 사고가 난 것이다. 도요타자동차는 세계 1위의 품질을 자랑하는 회사이며, 지속적인 개선을 하고 있는 대표적인 회사이다. 그런데 품질에 문제가 발생한 것이다. 1990년대 도요타자동차는 품질만 아니라 수량에서도 세계 제1위의 자동차회사가 되는 목표를 수립하였다. 그래서 품질보다는 성장을 중시하는 전략을 수립하게 되었다. 이 전략은 직원들 간에 BP(Best Practices)를 공유하는 문화를 소홀하게 만들었다. 또 의사결정에 직원들의 참여가 점차로 감소하게 되었다. 이 사고로 CEO인 도요다 아키오(豊田章男)는 미국 의회에 나와 고객들에게 진심으로 사과하고 재발방지를 약속하였다. 이 사고로 52 명이 사망하고, 38명이 부상당하였으며, 55억 달러의 금전적 손실을 입었다.

세 번째 사례는 영국의 석유업체인 BP(British Petroleum)이다. 2010년 4월 20일 멕시코만 연안에서 BP의 해저 유정 심해시추선인 Deepwater Horizon호가 폭발하여, 7억5천만 리터의 기름이 바다에 유출되어 플로리다에서 텍사스까지 약 2천km에 이르는 바다를 오염시킨 미국 역사상 최대의 환경사고였다. 원인은 BP가 유정의 안전보다 시간과 돈을 절약한 데 있었다. 또 시추선 폭발 40분 전에 현장 기술자들이 BP 본부에 폭발 위험성을 경고하였으나, BP는 이를 묵살하였다. BP는 해양시추 프

출처: 매일경제, 2015년 10월 7일.

로젝트에 함께 참여하였던 미국 회사 Halliburton과 Transocean을 비난하였고, Halliburton과 Transocean은 BP에게 책임을 돌렸다. 또 미국 정부는 이 3개 기업 전부에게 책임이 있다고 하였다. 시추요원 11명이 사망하였으며, 100억 달러의 금전적 손실을 입었다. 그리고 바닷속에 침전된 기름으로 조류, 어류 등이 떼죽음을 당해 인근 해양생태계가 붕괴되었다. 또 방제작업에 엄청난 돈이 소요되었고, 지역경제가 큰 타격을 받았다. 그런데 시멘트를 검사하는 비용은 12만 8천 달러이며, 10시간이 소요된다. 그로부터 5년 후인 2015년 10월 미국 법무부는 BP에 총 212억 달러의 배상금을 부과하였다고 뉴욕타임즈(www.nytimes.com)가 발표하였다 (2015). 이는 미국에서 단일 기업에게 부과한 최대 액수의 손해배상액이다. 이 중 55억 달러는 미국 수질정화법(CWA) 위반, 88억 달러는 향후 환경 및 생태계 복원 비용, 그리고 69억 달러는 피해지역인 플로리다, 루이지애나, 미시시피 등 5개 주에 대한 배상금이다.

챌린저호는 공급업체 관리를 소홀히 하였으며, 도요타자동차는 품질보다 성장을 중요시하였고, BP는 빠르게 공기를 단축하기 위하여 안전을 소홀히 하였다. 그러나 미미한 비용이 소요되는 예방조치를 취하였더라면, 이러한 비극적인 불상사는 발생하지 않았을 것이다.

이 사례들은 품질의 실패가 얼마나 엄청난 손실을 가져오는지를 명확하게 보여주고 있다. 그런데 이것은 예방에 의하여 방지할 수 있었다.

설계의 중요성

    설계는 보통 제품의 총비용 중 가장 적은 부문을 차지하지만, 실제로 총비용에 미치는 영향은 가장 크다. 그래서 품질코스트를 감소하기 위해서는 제품설계 때부터 품질을 고려하여야 한다. 다구찌 겐이치(1978), Buckle(1992), 그리고 Harry(2000)는 전부 "모든 불량 원인의 80%는 설계에서 이미 결정된다"고 하였다. Deming(1986)도 "품질은 설계단계부터 제품에 적용해야 한다"고 역설하였다. 그래서 "생산이 시작된 다음에 품질을 제품에 적용하는 것은 너무 늦다"고 하였다. "일단 실행에 옮겨진 계획을 나중에 바꾸는 것은 어려우므로 설계에서부터 품질의 중요성을 인식해 모든 낭비를 미리 제거하고 개선하여야 한다"고 하였다. 이렇게 프로세스 단계를 많이 거친 후에 발견된 불량품은 비용을 훨씬 증가시키므로 불량과 관련된 비용을 감소하기 위해서는 초기부터 예방하는 것이 최선이다. 그래서 제품설계부터 관련된 사람들을 설계과정에 참여시켜 후에 발생할지도 모를 문제점들을 미리 방지하여야 한다. 그리고 더 나아가 고객들까지 제품설계 단계에 참여시켜야 한다.

    포드(Ford)자동차에서는 중형차의 경쟁력을 회복하기 위해 토러스(Taurus)를 개발하였다. 토러스를 개발할 때 포드자동차는 마켓인(market-in) 전략을 사용하였다. 그래서 개발초기부터 고객들을 적극적으로 참여시켰다. 포드자동차는 4,500명의 고객들을 조사하여 그들이 원하는 차가 무엇인지를 직접 확인하였다. 더 나아가 그들을 초청해 시운전하게 하였고, 포드자동차가 행한 개조에 대해서 의견을 물었다. 미국의 보잉(Boeing)도 고객들의 의견을 청취해 보잉 777을 개발하였다. 200명을 수용할 수 있는 보잉 747과 400명을 수용하는 보잉 767 사이의 간격을 보완하기 위하여 보잉은 보잉 777을 개발하고자 하였다. 이때 보잉은 항공사, 승객, 조종사, 기술자, 공항 관계자들로부터 보잉 777에 대한 의견을 광범위하게 수집하였다.

    GE의 라이트스피드(Lightspeed) CT 스캐너와 트루템프(TrueTemp) 전자레인지는 고객을 위해 설계되었을 뿐만 아니라, 본질적으로 고객들에 의해 설계되었다. 두 제품 모두 고객들이 그 제품에 대해 원하는 주요품질특성(CTQs)을 모두 갖추고 있었다. 그러나 고객의 욕구는 너무나 다양해서 고객의 모든 욕구를 일시에 충족시키는 것은 상당히 어렵다. 품질설계는 품질예방 이상의 것을 말한다. 품질설계는 단순히 고장을 예방하는 것이 아니라, 기업이 소비자가 무엇을 원하는지를 알고 그것을 합리적이고 경제적으로 생산할 수 있도록 하여야 한다.

또 기업은 프로세스 능력을 평가하고, 이것을 설계에 반영하여야 한다. 그래서 제품이나 서비스가 현재의 기술로 생산될 수 있도록 하여야 한다. 그러나 프로세스 능력이 설계요구에 미치지 못할 때에는 시정을 통해 조정하여야 한다. 불량한 설계로 인한 품질코스트를 평가하기는 쉽지 않지만, 분명한 것은 엄청나게 크다는 것이다.

동시공학

CE(Concurrent Engineering)를 가장 먼저 사용한 국가는 일본이다. 그러나 CE 는 일본만 아니라 세계의 많은 기업들에 의해서 사용되고 있다. 특히 미국의 국방부는 국방부와 거래하는 모든 거래처에게 CE의 사용을 강력하게 권장하고 있다. CE는 국방부가 수행하는 CALS(Computer aided Acquisition and Logistic Support)의 일환으로 사용되고 있다. CE를 사용하는 목적은 모든 군수무기시스템을 CE 환경 하에서 개발하고자 하는 데 있다. 그래서 국방부와 거래하는 모든 서비스, 연방기관, 거래업자, 하청업자들은 CALS를 도입하여야 한다.

CE를 사용하는 세계의 주요 기업들은 일본의 Honda, Mazda, Nissan 자동차, 미국의 GM, Ford, Chrysler, Black & Decker, Xerox, 그리고 유럽의 Volkswagen, Daimler−Benz, BMW, Adam Opel 등이다.

3.3.1 과거의 설계 프로세스

동시공학(同時工學)인 CE는 과거의 개념과는 완전히 다른 새로운 설계 개념이다. 과거에는 설계가 연속적으로 이루어졌다. 즉, 아이디어 창출, 예비설계, 원형개발, 그리고 최종설계의 순서로 설계가 이루어졌다. 그래서 마케팅의 직원은 설계기사와 전혀 상의하지 않은 아이디어를 설계기사에게 전달하였다. 다음에 설계기사는 설계도면을 작성한 다음, 이 설계도면을 제조기사에게 넘겨주었다. 이 설계도는 다른 부서의 사람들의 의견이 전혀 반영되지 않고 순전히 설계기사만의 창작품이다. 즉, 설계기사와 제조기사 사이에 대화가 전혀 이루어지지 않고 설계가 이루어졌다. 그래서 제조기사가 설계를 개선할 수 있는 방법을 안다 하더라도 그 의견이 설계도면에 반영이 잘 되지 않았다. 다음에 이 설계도를 검토한 제조기사는 이 설계도면을 현장에 넘겨주고, 현장에서는 다시 이 설계도를 품질기사에게 넘겨주었다. 역시 여기에서도 제조기사와 현장, 현장과 품질기사 간에 대화가 잘 이루어지지 않았다. 이러한 현상은 <그림 3−1>에서 볼 수 있다.

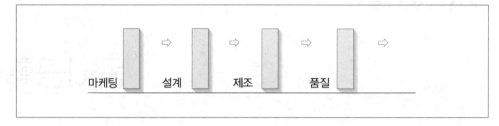
▌그림 3-1 과거의 설계과정

마케팅   설계   제조   품질

이 과정에 의한 제품설계는 다음과 같은 문제점들을 발생시킨다.

• 제품에 대한 정의가 불분명하다.
• 제품비용에 대한 설명이 불충분하다.
• DFMA(Design For Manufacture and Assembly)에 대한 설명이 불충분하다.
• 추후에 설계변경이 잦다.
• 후에 문제가 생겼을 때 서로가 다른 사람들에게 책임을 전가한다.
• 개발 프로세스를 길게 한다.
• 결함발생 기회가 증가한다.
• 부서간 의사소통이 잘 이루어지지 않는다.

그러나 CE는 이 과정을 순서대로 하지 않고 한꺼번에 동시에 한다. 즉, 설계의 초기단계부터 관련된 모든 사람들을 전부 참여시켜 설계를 공동으로 작성한다.

3.3.2 CE란 무엇인가?

CE는 팀워크를 이용하여 제품을 가장 빠르게 그리고 최저비용으로 설계하는 개념이다. APICS(American Production and Inventory Control Society: www.apics.org) 사전에서는 'CE는 모든 부서들을 제품설계와 활동에 참여시키는 개념'이라고 정의하였다. 가끔 이 개념은 외부의 공급업자와 고객까지도 포함시킨다. 일본의 자동차회사들이 미국이나 유럽에 비해 신모형을 훨씬 빠르게 출시한 중요한 이유 중 하나는 제품설계의 초기단계에 공급업자를 포함시킨 것이다. 이렇게 CE는 품질과 관련된 모든 부서와 사람들을 처음부터 설계과정에 참여시킴으로써 설계를 보다 효과적으로 수행하는 개념이다.

CE는 설계와 관련된 모든 분야에 속한 사람들로 구성된 팀에 의해 수행된다. 이 팀은 비교적 수행하는 프로젝트가 종료될 때까지 해체되지 않고 지속된다. 물론 처음부터 참여한 사람이 프로젝트의 마지막 단계까지 계속 참여할 수도 있고, 도중에 다른 사람들로 교체될 수도 있다. 그러나 특정 프로젝트를 위해 결성된 팀은 그 목적이 완수될 때까지 도중에 해체되지 않고 지속되는 것이 일반적이다. 이렇게 CE는 설계 초기단계부터 여러 분야의 사람들을 참여시키기 때문에 초기에 보다 완전한 제품설계를 할 수 있다.

CE는 설계의 후반단계보다 초기단계에 더 많은 시간을 투자한다. 대개 과거에는 설계가 연속으로 이루어졌기 때문에 설계의 문제점들이 설계의 초기보다는 후기에 발생하는 것이 보통이었다. 그러나 이것은 높은 비용을 수반한다. 즉, 문제점이 원형검사나 테스트단계 또는 시작단계에서 발견될 때에는 이미 많은 시간과 비용이 투자된 후이다. 그러므로 이 단계에서 문제점을 고치는 것은 기업에게 많은 타격을 준다. 또 어떤 경우에는 문제점을 고치기가 불가능할 때도 있다. 그러므로 잠재적인 문제점들을 설계의 후기보다는 초기단계에 빨리 발견하여 제거하고 시정하는 것이 기업에게 많은 시간과 비용을 감소시켜 준다. CE는 이러한 점에서 상당히 유용한 개념이라고 할 수 있다.

CE에서는 제품이 먼저 소비자에 의해 정의되고, 다음에 엔지니어링 규격으로 전환된다. 소비자에 의해 정의된 제품을 CE 팀은 다시 기업의 입장에서 보다 명확하게 정의한다. 이때 고객의 소리를 기업의 엔지니어링 규격으로 전환시키는 QFD(Quality Function Deployment)기법을 사용할 수 있다. QFD에 대해서는 3.4에서 설명한다.

CE는 가끔 PE(Parallel Engineering) 또는 SE(Simultaneous Engineering)라고도 불린다. 자동차산업에서는 주로 SE 용어를 많이 사용한다. 그러나 대부분의 기업들은 CE 용어를 가장 많이 사용한다. 그러므로 본 책에서도 CE를 사용한다.

CE는 제품개발과 그 제품을 생산하는 프로세스, 판매와 유통, 구매과정을 동시에 수행함으로써 처음부터 완전한 설계를 할 수가 있으며, 불필요한 시간낭비를 제거할 수 있다.

CE는 다음과 같은 효과를 기업에게 제공한다.

- 제품을 시장에 신속하게 소개한다.
- 개발비용을 감소시킨다.
- 팀워크를 증진시킨다.
- 품질을 향상시킨다.
- 설계변경의 횟수를 감소시킨다.
- 재공품을 감소시킨다.

3.3.3 CE에는 누가 참여하나?

    일본의 혼다자동차와 닛산자동차는 CE를 사용하는 일본의 대표적인 회사들이다. 미국 GM도 1987년도부터 CE를 시작하였다. CE에는 많은 부서의 사람들이 참여한다. 그리고 이 사람들은 CE의 효과를 극대화하기 위해 시간제가 아닌 전임제로 일을 한다. 또 CE는 제품설계 단계부터 공급업자를 참여시킨다. 이것은 공급업자와 구매업자 양쪽에게 상당한 이익을 제공한다. 구매업자에게는 사후의 문제점을 미리 방지할 뿐만 아니라 제품의 품질을 개선시킬 수 있다. 공급업자도 미리 제품설계단계에 참여함으로써 향후 목표를 분명히 설정할 수 있고, 구매업자와의 신뢰성을 향상시킬 수 있다. 이렇게 제품의 설계단계에 공급업자를 참여시킴으로써 구매업자는 공급업자를 한 가족으로 간주하고, 상호 간의 유대관계를 강화한다. 또 초기부터 정보를 교환함으로써 후에 발생할지도 모르는 문제점들을 미리 제거해 제품에 따르는 개발비용과 개발시간을 상당히 감소시킬 수 있다.

    그리고 CE에 참여하는 사람들은 기업의 규모와 목적에 따라 다르다. 그러나 CE에는 제품에 영향을 주는 모든 부서의 사람들이 참여하여야 한다. 그래서 일반적으로 제품설계 엔지니어, 마케팅, 연구개발부, 제조 엔지니어, 자금부, 구매부, 그리고 주요 공급업자가 참여한다. 그러나 기업의 특성에 따라 일부에서만 사람들이 참여할 수도 있다.

품질기능전개

QFD(Quality Function Deployment)는 1966년 일본의 아카오 요지(赤尾洋二)에 의해 처음으로 제안되었고, 1972년 일본 고베에 있는 미쓰비시 조선소에서 제품개발을 위해 처음으로 시작되었다. 그 이후 QFD는 도요타자동차와 협력업체들에 의해서 발전되었으며, 다시 일본의 가전산업, 의류산업, 건축설비 그리고 반도체산업 등에서 사용되어 많은 효과를 보았다. 또 QFD는 일본만 아니라 미국까지 전파되어 미국의 많은 기업들에서 큰 효과를 보았다. QFD를 도입하여 효과를 본 미국의 대표적인 제품으로는 Hewlett−Packard의 레이저−젯(Laser Jet) 프린터, Ford의 Taurus 등을 들 수 있다.

SPC(Statistical Process Control)가 품질의 초점을 검사에서 생산현장으로 옮긴 것과 마찬가지로, QFD는 품질의 초점을 생산에서 설계로 옮겼다고 할 수 있다. 프로세스가 아무리 우수해도 설계가 좋지 않으면 좋은 품질의 제품을 생산할 수 없다.

3.4.1 QFD의 의미

QFD는 제품은 고객의 욕구와 기호를 반영하여야 한다는 믿음에 근거하여 창안된 개념이다. 이러한 목적을 달성하기 위해서는 제품과 서비스의 품질에 영향을 끼치는 조직내부와 외부의 모든 관련자들을 전부 포함시켜 제품과 서비스를 설계하는 초기단계부터 서로 협조하여야 한다.

QFDI(Quality Function Deployment International: www.qfdi.org)에서는 고객의 소리를 설계규격으로 전환하고 상품화하여 고객이 원하는 제품과 서비스를 제공함으로써 고객만족과 가치를 향상시키는 품질기법이라고 QFD를 정의하였다. Lou Cohen(1995)은 QFD를 "개발팀이 고객의 욕구와 니즈를 분명하게 기술할 수 있도록 체계적으로 제품을 계획하고 개발하며, 또 각 제품과 서비스가 고객의 욕구를 얼마나 잘 충족하는지를 조직적으로 평가하는 기법"이라고 정의하였다.

QFD는 품질기능전개(品質機能展開)이다. 즉, 기능과 전개를 합성하였다. 품질전개는 고객의 욕구를 엔지니어의 언어인 제품의 기술적 특성으로 전환시키는 것이고, 품질기능은 조직에서 고객의 사용품질을 만족시키는 조직의 중요한 기능이다. 그러므로 QFD는 기업의 품질기능을 수행하는 중요한 기법이다.

이렇게 QFD는 품질을 설계와 생산의 중요한 요소로 그리고 품질이 설계단계부터 확실하게 제품에 주입되도록 만든다. 그리고 QFD는 제품이 설계단계만 아니라 생산단계에서도 고객의 욕구를 충족시키도록 한다. QFD는 CE의 첫 출발점이다. 그래서 고객의 목소리를 제품설계에 반영시키는 중요한 방법이다.

QFD는 다음과 같은 성과를 기업에 제공한다.

- 부서 간의 장벽을 제거하고 협조심을 일깨워 준다.
- 제품의 품질이 안정화되고 개선된다.
- 매출액이 향상된다.
- 고객만족이 증가한다.
- 전형적인 설계방법에 비해 신제품 개발에 소요되는 시간이 감소된다.
- 기계작동 준비시간과 생산 전에 발생하는 비용이 감소된다.
- 설계비용이 감소된다.
- 조직을 고객이라는 공통된 언어로 통합시킨다.
- 고객의 소리를 기업의 전략에 반영한다.
- 설계변경의 횟수가 줄어든다.

3.4.2 품질의 집

QDF가 추구하는 목적을 달성하기 위하여 개발된 기법이 품질의 집인 HOQ(the House Of Quality)이다. HOQ는 부서와 부서 간의 계획과 의사소통을 원활히 하는 수단을 제공하는 방법으로 일종의 개념적인 지도이다. HOQ는 <그림 3-2>에서 볼 수 있듯이 여러 개의 요소들로 구성되어 있다.

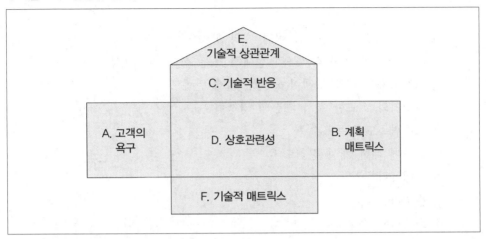

출처: Lou Cohen, Quality Function Deployment: How to Make QFD Work for You, Addison-Wesley Publishing Company, 1995.

■ HOQ를 구성하는 6개의 요소

HOQ는 6개의 요소들에 의해 작성되고 개발되며, 순서도 A에서 F의 순서대로 작성한다. 이 여섯 개의 구성요소는 고객욕구, 계획 매트릭스, 기술적 반응, 상호관련성, 기술적 상관관계, 그리고 기술적 매트릭스이다.

A. 고객욕구

QFD는 고객의 욕구로부터 시작한다. 왜냐하면 고객의 욕구를 파악하지 못하면 아무것도 할 수 없기 때문이다. 고객의 욕구는 대개 고객과의 개별 면담이나 포커스그룹을 통해 비계량적으로 파악된다. 기업은 또 제품을 실제로 사용하는 고객만 아니라, 공급업자, 정부, 판매업자, 그리고 미래 고객의 소리까지도 고려하여야 한다. 수집된 고객의 욕구는 유형별로 분류한 다음, 유사도표를 사용해 조직화한다(유사도표에 대해서는 2.3.1을 참조하기 바란다). 그리고 중요한 순서대로 고객의 욕구를 표기한다.

B. 계획 매트릭스

계획 매트릭스(planning matrix)는 기업이 현재 공급하는 제품 및 서비스에 대해 파악된 고객욕구에 대한 상대적 중요성과 만족도를 표시한다. 그래서 고객의 욕구가 상대적으로 얼마나 중요하고, 우리 조직이 고객의 욕구를 경쟁자들에 비해 얼마나 잘 충족시키고 있는지를 기술한다. 이렇게 계획 매트릭스는 전략적인 마케팅 정보와 계획 의사결정을 다루는 QFD의 중요한 요소이다.

계획 매트릭스는 다음처럼 여덟 개의 항목으로 구성된다.
① A에 나와 있는 고객욕구의 절대적 또는 상대적 중요성
② 고객욕구에 대해 고객이 느끼는 실제 만족도
③ 경쟁자와 비교한 자사 제품의 경쟁력
④ 고객만족도의 목표수준
⑤ 목표에 대한 개선 진척도
⑥ 판매능력
⑦ 순수가중치
⑧ 표준화된 순수가중치

순수가중치는 ①과 ⑤ 그리고 ⑥의 곱에 의해 계산된다. 표준화된 순수가중치는 각 고객욕구의 순수가중치를 순수가중치의 전체의 합으로 나눈 값이다. 그래서 표준화된 순수가중치의 전체의 합은 반드시 1이 되어야 한다. 또 여기에서 고려하여야 할 하나의 문제점은 각 개인의 선호도를 집단선호도로 어떻게 계량화하는가 하는 점이다. 이것은 다음에서 설명하는 '불가능이론'과 연계되어 있다.

C. 기술적 반응

다음에 QFD는 A고객의 욕구를 충족시키기 위해 어떻게 하여야 할 것인가를 결정하여야 한다. 기술적 반응은 조직의 내적이며 기술적인 언어로서, 고객욕구를 조직의 기술적인 언어로 번역하는 단계이다. 기술적 반응이라고 하는 것은 고객의 욕구에 대해 기업이 기술적으로 어떻게 반응할 것인가를 나타내기 때문에 그렇게 표현되었다. 이것을 검토하기 위해서는 고객욕구를 만족시킬 수 있는 기업의 프로세스 능력을 검토하여야 한다. 어떤 원자재 또는 부속품이 필요한가? 어떤 프로세스가 필요한가? 어떤 기술이 필요한가?

D. 상호관련성

상호관련성은 각각의 기술적 반응이 소비자의 욕구에 끼치는 영향력을 측정하여 평가한다. 이러한 영향력은 보통 기호에 의해 표시되며, 이 기호는 다시 영향력의 정도를 나타내는 숫자로도 표시된다. QFD에서 사용하는 기호는 <표 3-1>과 같다.

기호	의미	부여된 수치	다른 수치들
	관련성이 없음	0	
△	관련성이 약간 있음	1	
○	관련성이 보통 있음	3	
◎	관련성이 상당히 많음	9	10, 7, 5

음의 상호관련성이 있을 때에는 각각의 기호 앞에 − 부호를 붙이면 된다. 그래서 음의 관련성이 약간 있는 경우에는 −△, 음의 관련성이 보통 있다고 판단되었을 때에는 −○, 그리고 음의 관련성이 강하다고 믿는 경우에는 −◎의 기호를 사용하면 된다.

E. 기술적 상관관계

여러 부서의 사람들이 서로 협의하고 상의하는 것은 제품설계에 있어서 상당히 중요하다고 하였다. 이런 역할을 담당하는 부문이 바로 E인 기술적 상관관계이다. 기술적 상관관계에서는 어떤 부서와 부서가 서로 협의하여야 하는가를 시각적으로 보여준다. 즉, C의 각 항목 간에 있어서의 상호관련성과 상호의존성을 보여준다. E는 QFD의 제일 위쪽에 있기 때문에 QFD의 지붕이라고 불린다. 기술적 상관관계는 양의 상관관계, 음의 상관관계, 그리고 무상관관계가 존재한다. 음의 상관관계가 있는 경우에는 기술들이 상호간 장애가 되는 것을 의미한다. 이러한 기술장애들에 대해 대처하는 방법을 보틀넥공학(bottleneck engineering)이라 한다. QFD에서는 각각의 기술적 반응 간의 기술적 상관관계를 표시하는데 보통 <표 3-2>에 있는 것처럼 5개의 범주를 사용한다.

▼ 표 3-2 기술적 상관관계 범주

기호	의미
▲	강력한 양의 상관관계
△	보통의 양의 상관관계
〈빈칸〉	상관관계가 없음
▽	보통의 음의 상관관계
▼	강력한 음의 상관관계

F. 기술적 매트릭스

기술적 매트릭스는 경쟁자와 자사를 비교하고 경쟁자와 경쟁하기 위해 어떻게 하여야 할 것인가를 보여준다. 기술적 매트릭스에서는 다음과 같은 4개의 항목을 포함한다. (1) 기술적 반응의 우선순위, (2) 벤치마킹, (3) 자사의 현재 위치, 그리고 (4) 목표 등이다.

이제 위에서 설명한 QFD의 요소들과 각 요소에 포함된 항목들을 전부 사용하여 QFD를 작성하면 <그림 3-3>과 같다. <그림 3-3>은 <그림 3-2>를 확장한 도표이다.

▌그림 3-3 확장한 QFD 도표

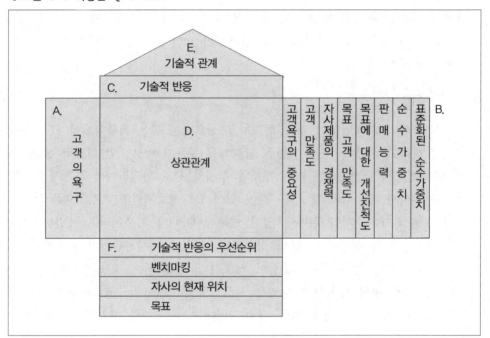

3.4.3 불가능이론

Hazerlrigg(1996)는 QFD가 제품을 설계하는 데 있어서 갈등을 가져오고, 비합리적인 요구를 한다고 주장하였다. Hazerlrigg의 주장은 '불가능이론(Impossibility Theorem)'에 근거를 두고 있다. Arrow(1963)가 처음으로 기술한 '불가능이론'이란 사회적 선택과 개인적 가치의 갈등에 관한 이론이다. Arrow는 대부분의 경우 집단의 선호도를 표현하는 데 개인의 효용이 사용되지 않는다고 하였다. <표 3-3>을 이용하여 '불가능이론'을 설명하고자 한다.

▼ 표 3-3 세 사람의 선호도

개인	선호도	A 대 B	B 대 C	C 대 A
I	A>B>C, A>C	A	B	A
II	B>C>A, B>A	B	B	C
III	C>A>B, C>B	A	C	C
집단 선호도		A>B	B>C	C>A

효용이론을 이용하여 세 사람 각자의 선호도를 통합하면, u(A)>u(B)>
u(C)>u(A)가 된다. 여기서 u(A)는 A에 대한 효용(utility)이다. 각 개인은 합리적인
선호도를 가지고 있지만, 이 세 사람의 선호도를 합한 효용을 표현하는 것은 사실
불가능하다. 그래서 이러한 현상을 '불가능이론'이라 부른다. Hazerlrigg는 이 현상
은 예외적인 현상이기보다는 상당히 자주 나타나는 현상이기 때문에 집단 내에서
개인의 선호도를 자세하게 정의하면 할수록 집단의 선호도를 표시하는 것이 상당
히 어렵다고 하였다. 그래서 사실은 조사한 고객들 그 누구도 만족시키지 못하는
제품을 설계할 수도 있다고 하였다. Hazerlrigg가 만든 <표 3-4>를 이용하여
이 말을 다시 설명하도록 한다.

▼ 표 3-4 제품에 대한 세 사람의 효용

고객	색 상		크 기		형 태	
	빨강	초록	대	소	울퉁	매끈
I	1.0	0.9	1.0	0.9	0.0	1.0
II	1.0	0.9	0.0	1.0	1.0	0.9
III	0.0	1.0	1.0	0.9	1.0	0.9
집단선호도	빨강		대		울퉁	

출처: George A. Hazerlrigg, "The Implications of Arrow"s 'Impossibility Theorem' on
Approaches to Optimal Engineering Design," Journal of Mechanical Design, June 1996.

색상과 크기, 그리고 형태, 세 가지의 속성을 지닌 제품이 있다. 각각의 속성
에는 빨강과 초록, 대와 소, 그리고 울퉁불퉁한 것과 미끈한 것 2개의 유형이 있
다. 그리고 <표 3-4>에는 세 사람의 선호도가 표시되어 있다. 여기에서 수치를
이용해 선호도를 표시한 것은 제품에 대한 개인의 효용을 각 수치의 곱으로 나타
내기 위한 것이다. 예를 들어, 빨갛고, 작고, 매끈매끈한 제품에 대한 I의 선호도
는 0.9(1 0.9 1)이다. 여기에서 0은 소비자가 구매하지 않을 최저의 효용이며, 1은

최대의 효용을 나타낸다. 이 예에서 이 제품에 대한 집단선호도는 빨갛고, 크고, 울퉁불퉁한 제품이다. 그러나 이 제품은 세 사람 모두에게 전부 0의 효용을 나타낸다. 그러므로 이 세 사람 모두에게 최악의 제품이 된다. 그래서 Hazerlrigg는 집단의 선호도를 이용해 제품설계를 하는 QFD는 적절하지 않다고 주장하고 있다.

이런 문제를 해결하기 위해 Lowe와 Ridgway(2000)는 '가중평균기법'을 제시하였다. '가중평균기법'은 각 개인의 최상의 선호도만 고려하는 문제점을 제거하고, 계량적으로 집단의 효용을 계산해 내는 방법이다. <표 3-5>는 '가중평균기법'을 보여주고 있다.

▼ 표 3-5 가중평균기법

고객	제품 속성에 대한 효용					
	색 상		크 기		형 태	
	빨강	초록	대	소	울퉁	매끈
I	1.0	0.9	1.0	0.9	0.0	1.0
II	1.0	0.9	0.0	1.0	1.0	0.9
III	0.0	1.0	1.0	0.9	1.0	0.9
가중평균성과	0.667	0.933	0.677	0.933	0.677	0.933
집단선호도	초록		소		매끈	

출처: A. J. Lowe and K. Ridgway, "Optimization Impossible?" Quality Progress, July 2000, 62.

가중평균기법을 사용하면 집단선호도가 초록색의 작고, 매끈매끈한 제품으로 바뀌게 되었다. 그러나 계량적인 방법은 전부 최적의 해법을 제공하지는 않는다. 그래서 이런 문제점들을 보다 극소화하기 위해 Hunter와 Landingham(1994)이 제시한 '시장세분화' 방법을 사용하는 것도 고려할 만하다.

 사례 ▎ QFD 사례

다음은 Hauser와 Clausing이 1988년에 HBR(Harvard Business Review)에 게재한 논문에서 발췌한 QFD의 예이다. 이 예에서는 자동차의 문짝에 대해 QFD를 작성하였다.

A. 고객욕구

자동차 문짝에 대해 고객의 욕구를 수집한 결과 다음처럼 6개의 욕구를 파악하였다.

① 밖에서 문을 닫기가 편해야 한다.
② 언덕에서도 잘 열려야 한다.
③ 밖에서 문을 열기가 편해야 한다.
④ 반동이 있어서는 안 된다.
⑤ 비가 새서는 안 된다.
⑥ 주행 중 소음이 나서는 안 된다.

이 6개의 항목은 다시 '개폐의 편이성'과 '외부와의 격리' 두 개의 요소로 분류하였다. 그래서 처음 4개의 항목은 '개폐의 편이성' 그리고 나머지 2개 항목은 '외부와의 격리'에 포함시켰다. 또 위에 열거한 순서대로 상대적 중요성이 파악되었다.

B. 계획 매트릭스

계획 매트릭스에서는 고객의 욕구를 그 중요도에 따라 순서를 매긴다고 하였다. 이 사례에서는 위에서 열거한 8개의 항목을 전부 다루지 않고 단지 자사 제품과 경쟁자 A와 B의 제품을 소비자들이 비교한 느낌만을 표현하고 있다. <그림 3-4>는 각각의 고객 욕구에 대한 계획 매트릭스이다. 여기에서는 1-5의 수치를 사용하여 평가하고 있다. 1은 가장 최악의 평가이고, 5는 최선의 평가이다.

▌그림 3-4 각각의 고객 욕구에 대한 계획 매트릭스

	고객의 느낌				
	1	2	3	4	5
밖에서 문을 닫기가 편해야 한다.		자	A	B	
언덕에서 개문을 유지하여야 한다.	B	자	A		
밖에서 문을 열기가 편해야 한다.			자	B	A
반동이 있어서는 안 된다.		A자	B		
비가 새서는 안 된다.			A자B		
주행 중 소음이 나서는 안 된다.		B	A		자

계획 매트릭스를 보면, 우리 자동차는 경쟁자 A와 B보다 밖에서 문을 열고 닫기가 상당히 불편한 것을 알 수 있다. 반동과 비가 새는 것, 그리고 언덕에서의 문제점은 경쟁자와 비슷하며, 주행 중 소음은 경쟁자들보다 우수한 것으로 나타났다.

C. 기술적 반응

이 사례에서는 고객의 욕구를 만족시키기 위해 다음처럼 기술적인 반응을 파악하였다. ① 문 닫는 에너지, ② 평지 정지력, ③ 10° 언덕에서의 정지력, ④ 문 여는 에너지, ⑤ 언덕에서 문 닫는 힘, ⑥ 문짝 밀폐 저항, ⑦변속기 소리, ⑧ 도로 소음 감소, ⑨ 물의 저항력이다. 다시 이 9개의 기술적 반응은 개폐기술과 밀폐기술로 구분되었고, 앞의 5개는 개폐기술로 그리고 나머지 4개는 밀폐기술에 포함되었다.

D. 상호관련성

이제 여기에서는 6개의 고객요구와 9개의 기술적 반응이 상호간에 어떤 관련성이 있는지를 분석하여야 한다. 상호관련성은 각각의 기술적 반응

┃그림 3-5 상호관련성

		개폐기술					밀폐기술			
		문을 닫는 에너지	평지의 정지력	언덕의 정지력	문을 여는 에너지	언덕의 문닫는 힘	문짝 밀폐저항	변속기의 소리	도로 소음감소	물의 저항력
개폐의 편이성	밖에서 문을 닫기가 편해야 한다	◎				◎	-◎			
	언덕에서 개문이 유지되어야 한다		◎	◎						
	밖에서 문을 열기가 편해야 한다				◎					
외부와 의격리	반동이 있어서는 안 된다						◎			
	비가 새서는 안 된다						◎			◎
	주행 중 소음이 나서는 안 된다								◎	

출처: Hauser, John R. and Don Clausing,"The House of Quality," Harvard Business Review, May-June 1988, 63-73.

이 각각의 소비자의 욕구에 끼치는 영향력을 측정한다고 하였다. 상호관련성은 <그림 3-5>와 같다.

　밖에서 문을 닫을 때의 편이성을 강화하기 위해서는 문을 닫는 에너지가, 그리고 밖에서 문을 열 때의 편이성을 향상시키기 위해서는 문을 열 때의 에너지가 필요하다. 또 언덕에서도 문을 잘 열기 위해서는 평지와 언덕에서의 정지력이 상당히 필요하다. 빗물이 새는 것을 방지하기 위해서는 물의 저항에 대한 기술이 필요하다. 그러나 밖에서 문을 닫을 때의 편이성은 문짝의 밀폐저항과 강한 음의 관련성이 존재한다. 즉, 밀폐저항을 작게 하여야 문을 닫기가 편해진다.

　E. 기술적 상관관계

　다음에는 C의 각 항목 간에 있어서의 상호관련성과 상호의존성을 보여주는 기술적 상관관계를 작성하여야 한다. 기술적 상관관계는 양의 상관관계, 음의 상관관계, 그리고 무상관관계가 존재한다. 이 사례의 기술적 상관관계는 <그림 3-6>과 같다.

▌그림 3-6 기술적 상관관계

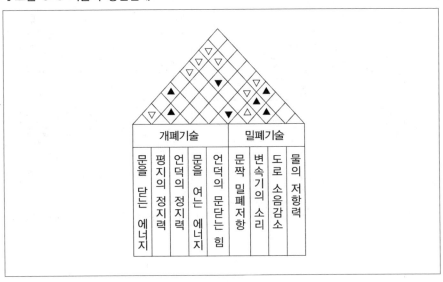

　문을 닫는 에너지는 평지에서의 정지력과 강한 음의 상관관계에 있고, 문을 여는 에너지와는 강력한 양의 상관관계에 있다. 또 도로 소음감소는

문짝의 밀폐저항과 강한 양의 상관관계에 그리고 문을 여는 에너지와는 강한 음의 상관관계에 있다.

F. 기술적 매트릭스

기술적 매트릭스에서는 벤치마킹을 다루고 있다. 그래서 이 사례에서도 자사와 경쟁자 A와 B의 제품을 서로 비교하고 있다. 비교하기 위해서는 각각의 기술적인 반응을 측정하여야 한다. 그리고 자사와 경쟁자와의 제품을 측정하고 비교한다. 여기에서는 객관적인 측정치, 기술적인 난이도, 상대적 중요성, 예상비용, 그리고 목표치를 <그림 3-7>처럼 표기하였다.

┃그림 3-7 기술적 매트릭스

		개폐기술					밀폐기술			
		문을 닫는 에너지	평지의 정지력	언덕의 정지력	문을 여는 에너지	언덕의 문닫는 힘	문짝 밀폐저항	변속기의 소리	도로 소음감소	물의 저항력
측정단위		ft lb	lb	lb	ft lb	lb	lb/ ft	-	db	psi
객관적 측정치	우리 자동차	11	12	6	10	18	3	.1	9	70
	경쟁자 A	9	12	6	9	13	2	.1	9	70
	경쟁자 B	9	11	7	11	14	2	.1	6	60
기술적 난이도		4	5	1	1	3	1	3	3	5
상대적 중요성(%)		22	13	9	20	2	13	4	9	7
추정비용(%)		11	4	4	20	11	13	13	20	4
목표치		7	9	6	7	12	3	.1	9	70

출처: Hauser, John R. and Don Clausing, "The House of Quality," Harvard Business Review, May-June 1988, 63-73.

이제 QFD 도표를 종합적으로 그려보면, <그림 3-8>과 같다.

▌그림 3-8 사례의 QFD 도표

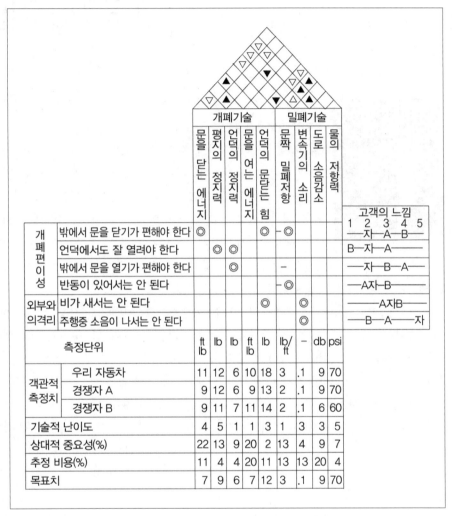

		문을 닫는 에너지	평지의 정지력	언덕의 정지력	문을 여는 에너지	언덕의 문닫는 힘	문짝 밀폐저항	변속기의 소리	도로 소음감소	물의 저항력	고객의 느낌 1 2 3 4 5
개폐편이성	밖에서 문을 닫기가 편해야 한다	◎				◎	−	◎			──자─A─B─
	언덕에서도 잘 열려야 한다			◎	◎						B─자──A──
	밖에서 문을 열기가 편해야 한다				◎		−				──자─B─A──
	반동이 있어서는 안 된다					−	◎				──A자─B──
외부와 의격리	비가 새서는 안 된다						◎		◎		───A자B──
	주행중 소음이 나서는 안 된다							◎			─B──A───자
측정단위		ft lb	lb	lb	ft lb	lb	lb/ ft	−	db	psi	
객관적 측정치	우리 자동차	11	12	6	10	18	3	.1	9	70	
	경쟁자 A	9	12	6	9	13	2	.1	9	70	
	경쟁자 B	9	11	7	11	14	2	.1	6	60	
기술적 난이도		4	5	1	1	3	1	3	3	5	
상대적 중요성(%)		22	13	9	20	2	13	4	9	7	
추정 비용(%)		11	4	4	20	11	13	13	20	4	
목표치		7	9	6	7	12	3	.1	9	70	

3.5

다구찌 기법

다구찌 겐이치(1924-2012)

다구찌 겐이치(田口玄一)는 일본의 전기통신연구소에서 1950년부터 근무하였다. 1962년 데밍 개인상을 받았으며, 1980년 미국 벨연구소(Bell Laboratory)에서 다구찌 기법을 개발하였다. 다구찌 기법은 곧 미국 NBC 방송국을 통해 소개되었고, 미국의 많은 기업들이 큰 관심을 갖게 되었다. 그 중 하나인 포드자동차는 일본에 직원을 파견하여 자세하게 다구찌 기법을 연구하였으며, 기업의 경쟁력을 크게 향상하였다. 이런 성공에 힘입어 다구찌 박사는 1997년 '미국 자동차산업 명예의 전당'에 입당하였다.

다구찌(1978)는 품질을 "제품이 고객에게 판매된 후부터 발생되는 사회에 끼치는 손실"이라고 정의하였다. 여기에서 손실이라는 개념이 다구찌 기법의 핵심이다. 물론 제품으로 인해 발생하는 공해나 소음은 전부 사회에 끼치는 손실이다. 그러나 다구찌는 사회에 끼치는 손실을 이보다 훨씬 광범위하게 보았다. 즉, 고객의 불만족, 제품보증비, 하락한 시장점유율, 그리고 제품이 사회에 끼치는 부작용처럼 불량한 품질이 사회에 끼치는 모든 형태의 손실을 사회에 끼치는 손실이라고 하였다. 그래서 기업의 목표는 이러한 사회적인 손실을 감소하는 것이라고 하였다. 또 이 목적은 사회에 기여하는 혁신적인 기법들을 발견하고 실행에 옮김으로써 달성된다고 하였다.

품질의 향상은 지속적으로 제품의 품질특성이 목표값에서 이탈하는 변동을 감소시킴으로써 달성된다. 제품의 품질특성이 파악되지 않거나 측정되지 않는다면, 품질은 향상될 수 없다. 그러므로 제품의 품질특성은 항상 파악되고 측정되어야 한다. 그러면 품질특성에 대한 목표값은 어떻게 정하는가? 목표값(target specification)은 목표규격을 결정하는 것이다. 목표값을 결정하는 데 있어서 생산시간과 변동이 적으면 적을수록 좋으며, 고장이 발생할 때까지의 시간과 작동시간은 길면 길수록 좋다. 목표값은 대개 목표값의 위치와 분산의 두 가지 변수에 의해서 측정된다. 위치는 목표값의 특정한 위치를 말한다. 그리고 분산은 중심값을 축으로 값들이 어떻게 분산되어 있는가를 말한다. 목표값은 가장 바람직한 목표지만, 고정되어 있지 않고 변하며, 또 제품마다 다르고 동일한 제품이라 하더라도 시간에 따라 변한다. 그런데 제품에는 하나의 품질특성만 존재하는 것이 아니고, 다양한 품질특성이 존재한다. 그리고 기업에서는 이 모든 품질특성을 전부 개선하지 않는다. 왜냐하면 기업에 있어서 모든 품질특성이 동일하게 중요하지 않기 때문이다. 품질특성 중에서 고객의 욕구를 만족시키는 가장 기본적인 품질특성을 성능특성(performance characteristics)이라 한다. 기업은 바로 이 성능특성을 개선하고자 한다. 그리고 이 성능특성의 가장 이상적인 값을 목표값이라 부른다. 그래서 어떤 제품의 품질이 좋다고 하는 것은 그 제품의 수명에 걸쳐서 성능특성의 값이 항상 목표값에 거의 일치하는 현상을 말한다. 또 목표값에 대한 성능특성의 변동을 성능변동(performance variation)이라 부른다. 그래서 성능변동이 적으면 적을수록 제품의 품질은 좋아진다.

3.5.1 다구찌 기법이란 무엇인가?

다구찌 기법은 이러한 새로운 품질 개념에 입각해서 개발된 품질 철학이며, 동시에 이 철학을 달성하기 위한 기법들의 집합체이다. 품질에 대한 다구찌 철학은 다음과 같이 요약할 수 있다.

- 품질에 영향을 주지 않고서는 비용을 감소시킬 수 없다.
- 비용을 증가하지 않고도 품질을 향상시킬 수 있다.
- 품질을 향상함으로써 비용을 감소시킬 수 있다.
- 품질 변동을 감소함으로써 비용을 감소시킬 수 있다.
- 품질 변동이 감소되면, 성능과 품질은 자동적으로 개선된다.

원래 다구찌 기법은 설계의 생산성을 향상시키기 위해서 개발되었다. 그러나 다구찌 기법은 설계만 아니라, 최상의 공정을 파악하는 데에도 적용된다. 그래서 다구찌 기법은 최적의 제품설계와 제조공정을 통해 급격하게 비용을 감소시키고, 품질을 향상시키고자 엔지니어링과 통계적 방법을 혼합한 기법이다. 그러나 다구찌 기법은 통계적 품질관리 기법과는 다른 사고방식에서 출발한다. SQC에서는 관리한계 내에 있는 제품이면, 일단 모두 양질의 제품으로 판정한다. 그러나 가까스로 관리한계 내에 있는 제품과, 가까스로 관리한계 밖에 있는 제품에는 무슨 큰 차이가 있는가? 또 관리한계 내에 있다고 해서 모든 제품의 품질이 다 동일하지는 않다. 그러므로 다구찌 기법은 최소의 비용으로 품질이 균일한 제품을 생산하기 위하여 제품과 공정간의 최상의 조합을 구하는 통계적인 방법이다.

3.5.2 로바스트 설계

파라미터 설계에 의해서 생산된 제품이 품질 로바스트 제품이다. 품질 로바스트(quality robustness) 제품은 불리한 작업과 환경조건에서도, 지속적으로 성능특성이 균일한 제품을 말한다. Phadke(1989)는 파라미터 설계의 기본적인 이념을 실험계획에 근거한 기법이라고 하면서, 로바스트 설계를 다음처럼 설명하였다. 로바스트 설계(robust design)는 변동을 발생시키는 원인 자체를 직접 제거하지 않고, 단지 변동의 원인이 끼치는 영향을 극소화함으로써 제품의 품질을 향상시키는 것이다. 이것은 변동을 야기하는 여러가지 원인들에 의해 제품의 성능이 변동하지 않도록 제품과 공정에 대한 설계를 최적화함으로써 달성된다. 이것은 불리한 조건을 유발시키는 원인을 제거하는 것보다는 불리한 조건이 끼치는 영향을 제거하자는 것이다. 왜냐하면 이것이 비용을 더 감소하기 때문이다. 그리고 소비자는 바로 이러한 제품을 원한다. 어떠한 환경조건에서도 소비자는 소비자가 원하는 성능을 그리 큰 변동 없이 발휘하는 제품을 절대적으로 원한다. 예를 들면, 자동차 제동장치에 있어서 소비자가 원하는 것은 제동장치의 자연스러운 제동력이다. 바로 이러한 기능을 로바스트 설계는 추구한다. 로바스트 설계는 로바스트 엔지니어링(robust engineering)이라고도 한다.

로바스트 설계는 자동차산업에서 광범위하게 사용되고 있다. 그래서 미국의 주요 자동차 생산업자들은 로바스트 설계를 ISO/TS 16949에 의무조항으로 규정하고 있다.

3.5.3 Quality Loss Function

다구찌는 불량제품은 수리되거나 또는 다른 정상적인 제품으로 교환되어야 하기 때문에 사회에 손실을 끼친다고 하였다. 그리고 이 손실은 제조업자가 계량적으로 파악할 수 있다고 하였다. 그래서 QLF(Quality Loss Function)는 제품에서 결점을 제거하는 경우에 감소할 수 있는 비용을 계량적으로 파악하는 기법이다.

전형적인 표준규격의 한계모형은 골대모형인 데 비해 다구찌의 QLF 모형은 이차식 모형이다. 골대모형이라고 명명한 것은 모형의 형태가 축구골대와 비슷해서 지어진 이름이다. <그림 3-9>는 전형적인 공차의 한계와 다구찌의 QLF개념을 비교한 그림이다.

■ 그림 3-9 전형적인 허용오차한계와 다구찌의 QLF 모형의 비교

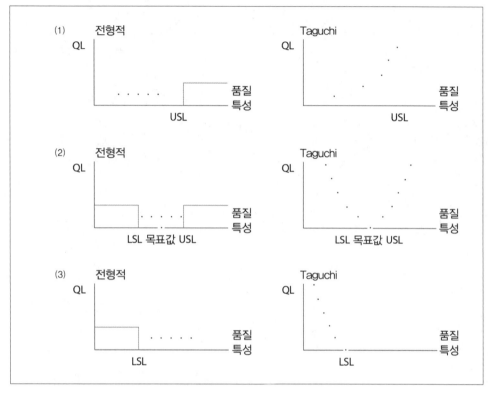

전형적인 모형에서는 골대 안에 들어가는 공은 어떻게 들어가든 똑같은 품질로 인정받는다. 가장 중앙으로 들어가든 또는 골대를 튀기면서 들어가든 양자에는 하등의 차이가 없다. 그래서 전형적인 모형에서는 품질수준이 허용한계 이내에 있는 한, 아무런 손실이 발생하지 않는다. 그림 (1)에서는 왼쪽에서부터 USL까지, 그림 (2)에서는 LSL과 USL사이, 그림 (3)에서는 LSL에서 오른쪽 방향으로만 있으면 아무런 손실이 발생하지 않는다. 이것이 바로 전형적 모형의 품질허용한계에 대한 개념이다.

그러나 다구찌는 품질규격이 비록 허용한계 이내에 있다 하더라도, 목표값에서 떨어진 정도에 따라 비용이 증가한다고 보았다. 이러한 다구찌의 개념을 그림 (1)과 (2), 그리고 (3)에서 볼 수 있다. 그림 (1)에서는 특성치가 작으면 작을수록 좋다. 그러므로 목표치는 0이다. 다구찌의 QLF는 0에서 멀어지면 멀어질수록 비용이 기하급수적으로 증가한다고 하였다. 그림 (2)에서도 품질특성이 비록 허용한

계 이내에 있다 하더라도, 품질비용이 목표값에서 멀어지면 멀어질수록, 비용이 기하급수적으로 증가하는 것을 볼 수 있다. 그림 (3)에서는 측정치가 크면 클수록 좋은 상태이다. 여기서도 품질특성이 작으면 작을수록, 비용이 기하급수적으로 증가하는 것을 볼 수 있다.

품질코스트

 사례 | 리츠칼튼호텔

이미지 출처: www.ritzcarlton.com

미국 메릴랜드(Maryland)주 Bethesda에 본사를 둔 리츠칼튼(Ritz-Carlton)호텔(www.ritzcarlton.com)은 Colgate Holmes를 비롯한 5명에 의해 1983년 8월에 창립되었다. 사실은 기존의 Ritz-Carlton, Boston으로부터 호텔과 브랜드 사용권을 구매하였다. 2년 안에 5개 호텔로 확장되었고, 1992년 말에는 23개로 빠르게 증가하였다. 그리고 같은 해에 호텔업계에서는 최초로 MBNQA(Malcolm Baldrige National Quality Award) 상을 수상하였다. 1993년에는 홍콩에 호텔을 설립함으로써 아시아에 진출하였다. 1998년에는 Marriott International이 리츠칼튼호텔을 인수하였다. 2000년에는 주거개념의 리츠칼튼 Residence, 2001년에는 클럽회원용 리츠칼튼 Destination Club을 세웠다. 그리고 2000년에 리츠칼튼 리더십센터를 세워, 모든 기업에게 리더십 교육을 실시하고 있다. 특히 벤치마킹에 대하여 정평이 나 있다.

리츠칼튼호텔은 고객에게 중요한 것들을 전부 측정한다. 측정하는 자료의 50%는 마케팅과 재무에 관한 것이고, 나머지 50%는 직원 품질과 관련된 것이다. 리츠칼튼호텔의 고객만족시스템은 고객 서베이와 피드백을 하며, 고객의 주요 욕구를 파악한다. 또 포커스그룹을 사용하여 고객의 욕구를 파악한다. FedEx와 마찬가지로 리츠칼튼호텔도 벤치마킹을 하는데, 대상

역시 호텔업 이외의 기업을 주로 하고 있다. 측정된 자료는 일, 주, 월, 분기, 년 보고서로 작성되고, 문제점을 파악한다. 그리고 표준화된 보고서를 작성하는데, 그 중 가장 중요한 보고서가 품질코스트분석 보고서이다. 이 보고서는 고객에게 중요한 개선부문과 빠르게 수익성을 창출하는 부문을 파악한다. 그래서 투자코스트와 가치를 비교하여 투자를 결정한다.

2021년 현재 CEO는 Herve Humler로 COO(Chief Operations Officer) 직도 겸직하고 있다. 현재 우리나라를 포함한 세계 30개 국가에서 97개의 호텔을 운영하고 있으며, 총 직원 수는 4만명이다.

품질코스트(Cost of Quality)라는 용어는 1956년 Feigenbaum이 처음으로 기술하였다. 품질코스트가 중요한 것은 품질을 계수적으로 측정하기 때문이다. 품질측정은 경영품질의 중요한 기능이다. Motorola, Westinghouse, 그리고 Xerox는 품질코스트를 측정하여 괄목할 만한 성과를 거둔 세계적 기업들이다. 이 기업들은 COQ 시스템을 도입하여 매출액의 30%나 되었던 품질코스트를 2~3%까지 감소시켰다.

품질을 관리하기 위해서는 품질을 금액으로 측정하여야 한다. 측정하지 않는 경영은 경영이 아니다. 그래서 품질코스트의 측정은 경영품질의 첫걸음이며, 경영자에 대한 중요한 보고서이며, 비용을 관리하는 중요한 활동이다.

품질코스트는 제조업체에서만 사용하는 것이 아니라, 서비스업체에서도 사용한다. 그래서 많은 서비스기업들도 품질이 수익성과 고객만족에 핵심적인 요소인 것을 인지하고, COQ 개념을 사용하고 있다. 앞에서 사례로 든 리츠칼튼호텔은 COQ 개념을 사용하여 성공한 대표적 기업이다.

3.6.1 품질코스트의 의미

'품질코스트'는 번역을 조심하여야 한다. 지금도 많은 사람들은 이것을 '품질비용'이라 부르고 있다. 그러나 이렇게 부르는 것은 마치 품질이 비용과 관련이 있는 것처럼 오해할 수 있다. 그래서 1963년 미국 국방부 MIL－Q－9858A에서도 그냥 '품질과 관련된 코스트'라고 말하고 있다. 1982년에 열린 NCQ(the National Conference for Quality)에서도 "품질은 수익성을 창출하는 개념이지 비용의 개념이 아니기 때문에 '품질비용'이라는 용어를 사용하지 말자"고 결의하였다. Harrington(1987)과 Juran(1988)도 '품질비용' 대신 '나쁜 품질의 코스트' 또는 '좋지 않은 품질의 코스트'라는 용어를 사용하였다. MQ(Management Quality)에서도 '품질비용'이라는 용어 대신에 '품질코스트'를 사용하기로 하였다(안영진 등, 2002). 그래서 여기에서도 품질코스트란 용어를 사용하기로 한다.

Juran(1992)은 "품질코스트는 제품과 프로세스가 완전하였다면 발생하지 않았을 비용, 즉 비적합성의 비용"으로 보았다. 즉, 처음부터 고객의 요구에 적합한 제품과 서비스를 생산하지 않음으로써 발생하는 비용이라고 보았다. 이렇게 Juran은 품질코스트를 제품이 설계표준에 적합하지 않았기 때문에 발생하는 비용으로 보았다. ASQ(American Society for Quality: www.asq.org)에서도 "품질이 좋았더라면 발생하지 않았을 모든 비용을 품질코스트"라고 정의하였다. 3M(www.3m.com)은 실제 코스트에서 실패하지 않았을 때의 코스트를 삭감한 것을 품질코스트라고 하였다.

그러나 품질코스트에 대한 위의 모든 정의들을 보면, 품질코스트는 품질이 완전하지 않았기 때문에 발생하는 비용과 또 완전하게 하기 위하여 노력하는 비용까지 포함하고 있는 것을 알 수 있다. 왜냐하면 품질코스트에는 품질을 보다 완벽하게 하기 위해서 투자한 비용도 포함되기 때문이다.

3.6.2 COQ 시스템의 중요성

COQ 시스템은 고객만족을 달성하기 위하여 품질과 관련된 코스트를 측정하고 관리하는 시스템이다. 그래서 기업이 제공하는 제품과 서비스로부터 최대의 가치를 고객이 창출할 수 있도록 한다. 좋지 않은 COQ 시스템은 기업에게는 높은 비용을, 그리고 고객에게는 불량한 제품과 서비스를 제공해 기업과 고객 모두를 불만족스럽게 만든다.

Bottorff(1997)는 "COQ 시스템이 품질을 향상하고자 하는 조직의 가장 기본적인 시스템"이라고 하였다. 그리고 "COQ 시스템은 기업의 수익성과 고객만족을 향상시키며, 또 다음과 같은 이유로 경영자들에게 상당히 중요하다"고 하였다.

첫째, 경영성과를 화폐 단위로 측정한다.
둘째, 도입하는 비용이 많지 않다.
셋째, 개선할 품질문제를 제시한다.
넷째, 고객만족을 향상시키며 기업의 경쟁력을 강화시킨다.

다섯째, 품질문제를 돈으로 환산해 계층 간의 의사소통을 원활하게 한다.

여섯째, 앞으로 닥칠 금전적인 상황에 대해 사전 경고를 한다.

　미국의 국방부에서는 품질코스트의 중요성을 인지하고, 국방부와 계약하는 모든 업체들에게 COQ의 측정과 사용을 요구하였다. 그래서 MIL−Q−9858A의 조항 3.6에는 다음과 같은 구절이 있다. "국방부와 계약하는 모든 업체는 품질코스트에 관한 자료를 품질프로그램의 관리요소로서 유지하고 사용하여야 한다. 이 자료는 품질이 좋지 않은 공급물자의 예방코스트와 시정코스트를 파악하는 데 그 목적이 있다. 품질코스트의 유형은 전적으로 계약업체에게 달려있지만, 공장을 방문하는 정부 대표자의 자료에 대한 요구가 있는 즉시, 계약업체는 품질코스트 자료를 제출하여야 한다."

　위의 규정에 의하면 품질코스트 자료는 정부 대표자가 공장을 방문하는 경우에만 적용되었다. 그래서 공장 이외의 장소에서는 품질코스트 자료를 제출할 의무가 계약업체에게 없었다. 그러나 이 규정도 1985년 3월 8일에 수정되어 품질코스트에 대한 규제가 더 엄격해졌다. 새로운 규정은 다음과 같다. "계약업체의 품질프로그램의 효율성을 결정하기 위하여 정부의 대표자가 품질코스트 자료를 요구하는 즉시 계약업체는 사용하고 있는 기존의 품질코스트 자료를 제시하여야 한다." 그래서 이제는 미국의 국방부와 계약하기 원하는 모든 업체들은 반드시 COQ 자료를 기본적으로 작성하고, 사용하고 있다는 증거를 국방부에 제시하여야 한다. 이것은 품질코스트가 점차로 중요해지고 있다는 것을 말해주고 있다.

　COQ 시스템의 중요성을 감안하여 ASQ, IMA(the Institute of Management Accountants), APICS(the American Production and Inventory Control Societies: www.apics.org)와 같은 조직의 인증시험에 COQ가 포함되어 있다.

　6시그마를 도입하는 회사에서도 COQ 시스템은 상당히 중요하다. 왜냐하면 COQ 시스템은 6시그마의 정의단계에서 많이 활용되고 있을 뿐 아니라, 6시그마 프로젝트를 선정하고 평가하는 합리적인 기준으로 사용되고 있기 때문이다.

3.6.3 품질코스트의 유형

　<그림 3−10>에서 볼 수 있듯이, 총품질코스트는 생산자품질코스트, 사용자품질코스트, 그리고 사회품질코스트의 세 가지 유형으로 분류된다(이순룡, 2016). 생산자품질코스트는 생산기업의 입장에서, 사용자품질코스트는 소비자의 입장에서, 그리고 사회품질코스트는 사회의 입장에서 본 품질코스트이다.

▌ 그림 3-10 품질코스트의 체계

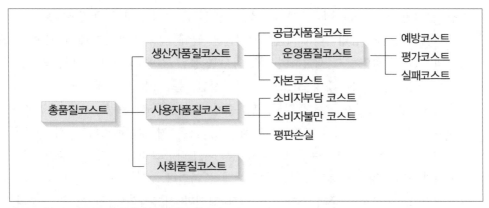

출처: 이순룡, 현대품질경영(제3수정판), 법문사, 2016.

그런데 보통 품질코스트라고 하면, 생산자품질코스트 중에서 운영품질코스트를 의미한다(ASQ, 1999). 사실 운영품질코스트는 Feigenbaum이 1956년에 개발한 모형으로서, PAF모형으로 알려져 있다.

품질코스트는 보통 통제코스트와 실패코스트로 구분한다. 또 통제코스트는 예방코스트와 평가코스트로 분류되고, 실패코스트는 내부실패코스트와 외부실패코스트로 분류된다. 기업의 단기적인 목적은 예방코스트의 증가로 평가코스트와 실패코스트를 감소하는 것이며, 장기적인 목적은 품질코스트 전체를 지속적으로 감소하는 것이다.

[1] 통제코스트

통제코스트는 생산의 흐름에서 불량품을 제거하는 활동과 관련된 코스트로서, 경영자가 스스로 통제할 수 있는 코스트이다. 통제코스트는 다시 예방코스트와 평가코스트로 구분된다.

A. 예방코스트

예방코스트(prevention cost)는 P-cost라고도 하며, 제품 및 서비스에서 불량품이 발생하지 않도록 예방하는 일체의 코스트를 말한다. 예방코스트는 불량의 원인을 분석하고, 그 원인을 제거하는 코스트로서, 제품을 실제로 생산하기 이전에 발생한다. 그래서 예방코스트는 대개 제품설계나 프로세스 개발 단계에서 발생한다. 불량품을 방지하기 위해서는 처음부터 품질이 좋은 제품과 서비스를 만들어야 한다. 그래야만 코스트도 감소되고 불량률도 감소된다.

일본 제품이 높은 품질수준을 유지하는 한 가지 이유는 바로 예방코스트에 대한 강렬한 관심 때문이다. 불량품을 사전에 방지하는 것이 품질코스트를 가장 적게 하는 최선의 방법이라고 일본 기업들은 굳게 믿고 있다. 그래서 지속적으로 불량의 원인을 파악하고 제거하여 불량의 원인을 사전에 방지한다. 일본의 경영자들은 품질을 향상하는 것이 코스트를 감소시킨다는 사실을 일찍부터 터득하였다. 그래서 일본의 경영자들은 품질코스트 중에서도 예방코스트를 특히 강조하였다. 그래서 품질코스트 중에서 예방코스트에 가장 많은 예산을 배정하고, 예방에 주력하고 있다. 이것은 물론 예방코스트를 증가시킨다. 그러나 예방코스트의 증가는 매출액과 시장점유율의 증가로 인해 상쇄되어 버린다.

예방코스트로는 제품과 서비스에 대한 고객과 사용자의 욕구 조사, 제품과 서비스 설계와 개발, 구매 예방, 교육 및 개선, 품질계획과 통제, 시스템 개선, 품질 전략과 방침, 그리고 품질보고 등에 소요되는 코스트들이 있다.

B. 평가코스트

평가코스트(appraisal cost)는 제품의 품질특성이 기술적인 표준규격에 적합한지를 측정 및 평가하는 코스트로 일명 A-cost라고 부른다. 그래서 원자재, 부품, 완제품의 품질특성이 설계표준에 적합한지, 그리고 설계표준에 적합한 제품을 프로세스에서 생산할 수 있는지를 측정하고, 검사하고, 분석하는 데 소요되는 모든 코스트가 평가코스트이다. 평가코스트는 소비자에게 제품을 판매하기 이전에 발생하는 코스트이다.

평가코스트의 예로는 원자재 평가, 검사/테스트/감사, 특수테스트(제조), 공정 통제 측정, 실험실, 검사측정기기와 테스트 측정기구, 외부검사, 외부평가, 테스트와 검사자료에 대한 평가, 그리고 다양한 품질평가에 소요되는 코스트 등이 있다.

[2] 실패코스트

실패코스트(failure cost)는 일명 F-cost라고도 하며, 제품의 품질이 설계표준에 미달되기 때문에 발생하는 코스트이다. 실패코스트는 공정 중에 발생하거나 또는 제품이 고객에게 판매된 후에 발생한다. 대부분의 제조업체에 있어서 실패코스트는 총품질코스트의 70% 이상을 차지하고 있다. 그러나 실패코스트가 당연히 받아야 할 관심을 받지 못하는 이유는 실패코스트를 측정하기가 어렵기 때문이다. 불량에는 반드시 원인이 있다. 그래서 실패코스트를 측정하는 이유는 실패를 야기한 원인들을 파악하고, 그 원인을 제거하여 품질을 향상시키려고 하는 것이다. 실패코스트는 다시 내부실패코스트와 외부실패코스트로 구분된다.

A. 내부실패코스트

내부실패코스트(internal failure cost)는 불량품이 고객에게 전달되기 이전에 기업 내에서 발생하는 코스트이다. 내부실패코스트는 제품 또는 서비스 설계 실패, 구매와 관련된 실패, 폐품, 실패분석, 시정조치, 재가공과 수리, 재검사와 재테스트, 부가적인 작업, 재가공을 다시 할 수 없어 발생하는 폐품, 등급조정, 그리고 불량품 때문에 발생하는 근로자와 기계의 유휴시간 등에 소요되는 코스트들이다.

B. 외부실패코스트

외부실패코스트(external failure cost)는 불량품이 고객에게 판매된 다음에 발생하며, 고객서비스와 관련된 코스트이다. 외부실패코스트의 예로는 소비자 불만조사와 고객서비스, 반환품, 재조정, 리콜, 품질보증, 위약금, 벌금, 이미지 훼손, 그리고 판매량 감소 등이 있다.

3.6.4 숨겨진 실패코스트

좋지 않은 품질은 기업의 경영성과와 이미지에 나쁜 영향을 끼치며, 실패코스트를 증가시킨다. 나쁜 품질은 지금까지 설명한 실패코스트 이외에 또 다른 실패코스트를 발생시킨다. 이 코스트가 숨겨진 실패코스트(hidden quality costs)이다. 숨겨진 실패코스트는 기업에게 상당한 손실을 발생시키지만, 경영자가 잘 인식하지 못하는 코스트이며, 실패코스트에 비해 불가능하지는 않지만 파악하고 측정하기가 상당히 어려워 대부분 파악되지 않는다.

<그림 3-11>은 숨겨진 실패코스트를 보여주고 있다. 이 그림을 보면, 기업이 보통 측정하는 실패코스트는 전체 실패코스트의 빙산의 일각에 지나지 않는다는 사실을 알 수 있다. 정말로 기업들이 이 숨겨진 코스트까지 측정한다면, 그들의 품질코스트가 상당히 증가하게 될 것이다(DeFeo, 2001). 그러므로 경영자는 경쟁력에 크게 영향을 끼치는 숨겨진 실패코스트를 가급적 정확하게 파악하고 측정하여 기업의 성과를 개선하도록 하여야 한다.

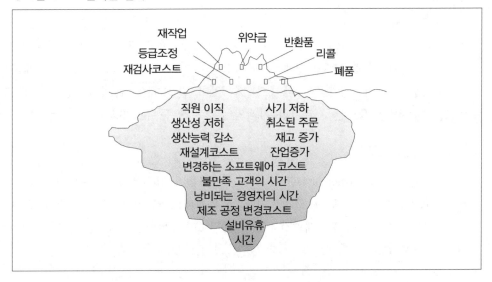

3.6.5 품질코스트의 측정

품질코스트는 경영자에게 보고되어야 한다. 그러나 단순히 품질코스트만을 절대액으로 보고하는 것은 최고경영자의 관심을 끌지 못한다. 그래서 최고경영자에게 보고되는 품질코스트는 다른 중요한 경영수치와 비교하여, 지수형태로 보고하는 것이 바람직하다. 지수는 다른 기본적인 경영성과에 대비한 비율이다. 일반적으로 품질코스트를 보고할 때 사용하는 지수는 여러 가지가 있지만, 매출지수를 가장 많이 사용한다. 매출지수는 총매출액에 대한 품질코스트의 비율로서, 계산하기가 비교적 간편하다. 하지만 가격이나 비용에 의해 크게 영향을 받는 문제점을 지니고 있다.

한국에서는 1981년 한국시그네틱이 처음으로 COQ 시스템을 도입하였다(매일경제신문, 1987). 그래서 1981년 매출액의 21%였던 품질코스트를 5년 후인 1986년에는 12%로 감소시켰다. 그 이후 한국의 많은 기업들이 품질코스트를 측정하고 있다.

품질코스트를 측정하기 위해서는 COQ 팀을 구성하여야 한다. 이 팀에는 영업/생산, 구매, 엔지니어링, 회계/재무, 마케팅과 같은 다양한 부서의 사람들이 포함되어야 한다. 팀이 형성된 다음에는 필요한 자료를 어디에서 수집할 것인가를 결정하여야 한다. 어떤 자료는 기존 회계시스템으로부터 쉽게 수집할 수 있지만, 어떤 자료는 수집하기가 그리 쉽지 않다. 예를 들어, 폐품이나 재작업과 같은 자료는 기존의 표준원가제도에서 쉽게 구할 수 있지만, 고객이탈로 인한 외부실패코스트는 측정하기가 거의 불가능하거나 또는 상당히 어렵다. 그러나 품질코스트를 측정하고 관리하기 위해서는 모든 품질코스트를 관찰이나 면담 또는 감사를 통해서 측정하도록 하여야 한다.

 사례 | 현대중공업

　　최악의 수주로 어려움을 겪고 있는 현대중공업이 2015년 품질관리를 잘못해 허비한 비용이 무려 6,000억 원이 넘는 것으로 조사됐다. 현대중공업 품질기획부는 2016년 사보 4월호에 게재한 '실패코스트 관리로 품질의 현대 만든다'란 글을 통해 "지난해 현대중공업의 품질실패코스트는 약 6,076억 원에 달하는 것으로 나타났다. 이는 매출의 2.54%에 해당되는 금액"이라며, "처음부터 원칙대로 작업했다면 지출하지 않아도 될 비용이 발생해 회사 경쟁력을 악화시켰다"고 밝혔다.
　　품질관리만 잘 하였어도 2015년 영업손실 1조5,401억원의 40%를 감소할 수 있었다는 말이다. 실제 매출액 대비 영업이익률이 최근 6년간 3.2%임을 감안하면 매출액 대비 2.54%라는 품질코스트는 현재 현대중공업의 경영을 감안할 때 큰 부담감으로 작용할 수밖에 없다.

　　　　　　　출처: 증권일보, 현대중공업 지난해 품질관리 못해 버린 비용 6,076억, 2016.04.19.

 사례 | 현대자동차

　　2020년 6월 현대자동차에서는 품질문제로 노사간에 공방이 벌어졌다. 최근 출고된 제네시스 GV80 디젤엔진에서 떨림 현상이 발생한 것이다. GV80에 장착한 엔진은 디젤 직렬 6기통 엔진으로 현대자동차가 최근에 개발한 신형 엔진이며, 차량 가격은 약 8천만 원대이다. 현대자동차는 엔진의 결함으로 럭셔리 브랜드의 시작부터 명성이 손상되었다.
　　이 품질문제를 해결하기 위해 노사가 머리를 마주하였다. 현대자동차의 품질코스트는 연 3조 원에 이른다. 품질코스트를 감소하자는 데에는 서로

동의하였지만, 감소하는 방법에 있어서는 현격한 차이가 있었다. 사측은 단순 작업자 부주의로 발생하는 클레임이 많다며 품질에 관한 작업자들의 의식이 강화되어야 한다고 주장하였다. 반면 노조측은 설비개선에 미흡한 투자와 작업자에 대한 인색한 인센티브가 이런 결과를 가져왔다고 주장하였다.

현대자동차는 불량을 인정하고 공식적으로 고객들에게 사과하였다. 그리고 이 차의 출시를 중지하고 품질본부와 남양연구소에서 원인 파악에 나섰다.

출처: 아시아타임즈 https://www.asiatime.co.kr/news/newsview.php?ncode
=1065587017954774

3.6.6 총품질코스트곡선

총품질코스트는 통제코스트와 실패코스트의 합이다. 과거에 대부분의 경영자들은 품질향상이 비용의 증가를 초래한다고 하였다(<그림 3-12> 참조).

▌그림 3-12 전형적인 총품질코스트곡선 모형

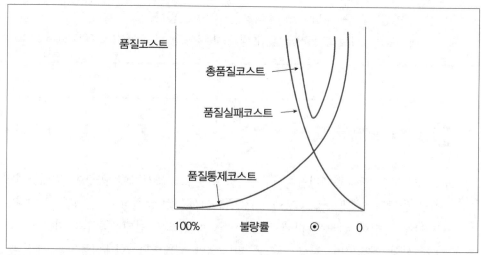

출처: Joseph M. Juran and Frank M. Gryna, Quality Planning and Analysis, Third Edition, McGraw-Hill International Editions, 1993, 25.

<그림 3-12>에서는 y축에 품질코스트, x축에 불량률을 표시하였고, 통제코스트가 증가할수록 불량률이 감소한다. 그리고 x축의 오른쪽으로 이동하면 할수

록 통제코스트가 기하급수적으로 증가한다. 이것은 인간의 능력에는 한계가 있기 때문에 아무리 노력을 하여도 완전한 품질수준을 달성하지 못한다는 가정에 입각하였기 때문이다. 그리고 품질이 향상되면 실패코스트는 감소한다. 과거의 총품질코스트 곡선의 목적은 총품질코스트를 가장 낮게 하는 불량률을 찾는 것이다. <그림 3-13>에서 총품질코스트를 가장 낮게 하는 점은 ⊙이다. 그래서 경영자는 ⊙을 추구한다. 총품질코스트 곡선의 최저점을 추구하는 것은 기업으로 하여금 0%의 불량률을 실천하지 못하게 한다. 이것은 과거에 비용이 많이 소요되더라도 불량률 0%는 불가능하다는 경영자의 주장과 일치한다. 그래서 불량률이 0%인 완전한 품질수준을 달성한다고 하는 것은 하나의 꿈이지, 현실적으로는 가능하지 않다고 많은 경영자들은 믿고 있었다. 그래서 일정한 비율의 불량품은 현실적으로 불가피하게 발생한다고 믿었다.

이것은 품질과 비용을 상반된 관계로 보기 때문에 발생한다. 그러나 최근 품질향상은 비용감소를 가져온다는 새로운 설이 제기되었다. 그러므로 <그림 3-12>는 <그림 3-13>처럼 수정되어야 한다.

┃그림 3-13 새로운 총품질코스트곡선 모형

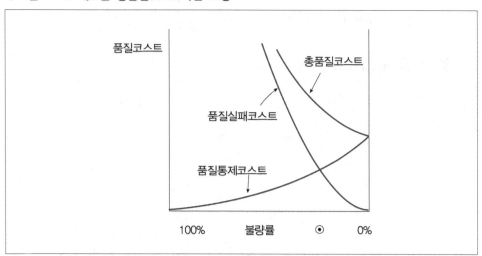

출처: Joseph M. Juran and Frank M. Gryna, Quality Planning and Analysis, Third Edition, McGraw-Hill International Editions, 1993, 25.

<그림 3-13>처럼 품질과 비용은 서로 상반관계에 있지 않으며, 품질향상이 비용의 증가를 초래한다는 것도 이제는 옳지 않다. 이제 새로운 총품질코스트 곡선의 최저점은 0%의 불량률과 일치한다. 이러한 현상은 점차로 향상되는 새로운 기술로 원자재 및 부품의 품질수준이 높아졌고, 산업로봇이나 자동화로 인간의

실수를 방지할 수 있으며, 또 자동화된 검사로 인간의 오류를 방지할 수 있기 때문에 가능하다. 그리고 이러한 현상은 한정된 평가코스트로 완전한 품질수준을 달성할 수 있게 만들었다(Cole, 1992; Juran & Gryna, 1993; Schneiderman, 1988).

실제로 세계의 많은 기업들이 품질의 향상으로 비용이 감소하는 경험을 많이 하고 있다는 사실을 다양한 문헌을 통해 알 수가 있다. 특히 모토로라(Motorola)의 예는 많이 인용되고 있다. <그림 3-14>에서 볼 수 있는 것처럼 품질의 향상은 비용을 점점 감소시킨다. 특히 모토로라에서 실시하는 6시그마 경영혁신은 품질코스트를 상당히 낮추었다. 이것은 다시 6시그마를 도입하여 품질코스트를 엄청나게 감소한 GE의 사례로부터 품질코스트가 품질향상으로 감소된다는 사실을 확인할 수 있다.

6시그마는 품질코스트를 극적으로 개선한다. 3시그마에서 품질코스트는 대략 매출액의 25~40% 정도이며, 6시그마에서 품질코스트는 매출액의 1% 이하로 떨어진다. 이것은 매출액의 20~30%만큼 수익을 증가시켜 막대한 비용절감과 함께 극적인 수익의 증가를 가져오기 때문이다. 또 품질코스트의 감소는 수익성을 엄청나게 증가시킨다. GE가 품질코스트를 20%에서 10% 이하로 줄였을 때 – 역시 전반적 시그마 수준이 4시그마에서 5시그마로 올랐다 – 단 2년 만에 순이익이 10억 달러 이상 증가되었다.

▌그림 3-14 품질과 코스트의 실제 관계

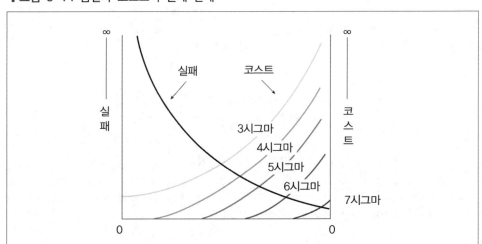

출처: James A. Belohlav, "Quality, Strategy, and Competitiveness," California Management Review, Spring 1993, 61.

3.6.7 품질코스트와 혁신

　3.2.2에서 COQ시스템은 고객만족을 달성하기 위하여 품질과 관련된 코스트를 측정하고 관리하는 시스템이라고 하였다. 즉, COQ시스템은 불량을 시정하여 개선하는 시스템이다. 그런데 최근 COQ시스템을 단순한 개선에서 혁신의 개념으로 승화시켜야 한다는 주장이 제기되었다. Merrill(2018)은 COQ시스템을 왜 혁신의 개념으로 사용하지 않는가 하고 반문하였다. 그래서 COQ시스템을 혁신으로 전환하여 보다 강력한 개념으로 승화하여야 한다고 하였다. 다시 말하면, Merrill은 COQ시스템이 잘못된 부분을 지적하고 시정하는 시스템이므로, 여기에서 단순히 점진적 개선인 시정에 그치지 않고 창의적인 아이디어를 추출하고 개발하여 혁신을 하여야 한다는 의미이다.

　그러면 개선과 혁신의 차이는 무엇인가? Merrill은 개선과 혁신의 차이는 시정과 예방이라고 하였다. 즉, 개선은 단지 시정에 그치지만, 혁신은 시스템을 바꿔 그러한 오류가 다시는 발생하지 않도록 완벽한 시스템을 구축하는 것이다. 시정은 조금씩 개선하는 것이다. 여기에 비해 혁신은 완전히 새로운 시스템을 구축하는 것이다. Merrill은 혁신을 하기 위해서는 해결책을 찾는 것보다 문제의 원인이 무엇인지 규명하는 것이 훨씬 중요하다고 하였다. 해결책은 원인을 규명한 후 구하면 된다. 이때 창의적인 아이디어가 중요하다. 아이디어는 개인보다는 집단으로 추구할 때 훨씬 효과적이다. 왜냐하면, 집단의 다양성이 훨씬 도움을 주기 때문이다. 아이디어를 창출하는 방법으로는 브레인스토밍이나 수평적 사고를 활용한다. 수평적 사고는 1967년 Edward de Bono에 의해 나온 용어이다(de Bono, 2015). 수평적 사고(lateral thinking)는 고정관념 또는 상식의 틀에 얽매이지 않는 새로운 사고방식이다. 여기에 비하여 수직적 사고(vertical thinking)는 정형적인 문제를 해결하는 기법으로서, 논리적 사고로 수학이나 논리학, 컴퓨터 프로그래밍 등이 대표적인 예이다. 수직적 사고의 단점은 정해진 길로만 가지 새로운 길로는 가지 않는다는 것이다. 그러나 여기에서 수평적 사고와 수직적 사고를 반대의 개념으로 보기보다는 상호 보완하는 개념으로 봐야 한다. 즉, 새로운 아이디어 창출은 이 두 개의 개념을 전부 필요로 한다.

Activity-Based Costing

대부분의 기업에서 사용하는 전통적인 원가회계시스템은 제품의 종류가 적었던 과거의 회계시스템으로, 약 90여 년 전 GM(General Motors)에서 개발되었다. 각 제품의 원가를 결정하는 중요한 요소는 직접비용과 간접비용이다. 당시 직접비용의 가장 중요한 요소는 노무비와 자재비였다. 간접비용은 공장 전체에서 발생하는 총간접비용을 각 제품에 일정한 비율로 할당하였다. 그러나 당시 간접비용은 규모가 그리 크지 않았고, 수집비용이 높아 간접비용에 대한 관심이 대체적으로 적었다.

그러나 과거에 비하여 최근 제품과 부품의 종류가 크게 증가하였으며, 자동화 공정으로 제조간접비의 비중이 증가하였다. 여기에다 간접비의 발생이 복잡해져 제조간접비 배부방식에 문제점이 발생하였다. 그래서 직접노무비가 총원가 중에서 차지하는 비중도 크게 감소하게 되었다. 반대로, 마케팅, 유통, 엔지니어링처럼 생산을 지원하는 간접비용이 점차로 증가하게 되었다.

그럼에도 불구하고 아직까지도 많은 기업들이 과거의 원가회계시스템에 의하여 엄청나게 증가한 간접비용을 직접노무비에 의해 할당하고 있다. 더구나 정보시스템의 급속한 발전은 필요한 자료의 수집비용을 급격하게 감소시켰다. 그래서 과거의 원가회계시스템에 의한 제품의 원가계산은 기업이 절대적으로 필요로 하는 원가에 대한 정보를 잘못 제공하게 되었다. 그래서 나온 개념이 ABC 개념이다.

3.7.1 ABC 개념

일반적으로 기업에서 수행하는 대부분의 활동은 제품과 서비스를 생산하고 공급하는 것을 지원하기 위해 있다. 그러므로 이러한 활동을 전부 생산비용으로 간주하고, 이것을 상세하게 분류하여 관련된 활동이나 제품에 할당하는 것이 합리적이다. 여기에서 생산비용에 포함되는 활동으로는 생산, 물류, 마케팅과 판매, 유통, 서비스, 테크놀러지, 자금, 정보, 그리고 총무 활동 등이 있다.

ABC 시스템은 간접비의 실체를 상세하게 규명하기 위해 어떤 활동이 실제로 어떤 간접비를 발생시켰는가를 파악하기 위하여 각각의 간접비 항목을 세부적으로 분석하는 것이다. 활동(activity)과 원가라는 단어를 결부시켜 최초로 사용한 사람은 Stabus(1971)이다. 간접비용을 발생시키거나 또는 간접비의 발생 정도에 영향을 미치는 활동을 ABC 시스템에서는 '원가발생원(cost driver)'이라 한다. '원가발생원'에는 생산량, 작업준비횟수, 자재구매횟수 등이 있다. '원가발생원'을 확인한 다음에는 이것을 해당제품에 할당하여 원가를 보다 정확하게 산정한다.

Cooper와 Kaplan(1988)은 ABC 시스템을 사용할 때 다음처럼 두 종류의 비용을 제품비용에 포함하지 말 것을 권유하였다. 즉, 여분의 생산능력에 대한 비용과 완전한 신제품이나 라인에 투자하는 연구개발비용이다. 기존의 제품과 관련된 연구개발비용은 물론 포함시켜야 하지만, 그렇지 않은 새로운 제품과 라인에 사용되는 연구개발비용을 기존 제품의 원가에 산정하는 것은 바람직하지 않다. Cokins(2006)도 COQ 시스템을 운영할 때 반드시 ABC 개념을 활용하여야 한다고 주장하였다. 이렇게 ABC 시스템은 품질코스트를 측정할 때 상당히 중요하다.

그러나 ABC 시스템은 제조간접비의 비중이 상대적으로 낮거나, 또는 제품별로 요구되는 활동량에 그리 큰 차이가 없는 경우에는 효과가 없다. 현재 IBM, Hewlett—Packard, American Bank, DHL International, Xerox 등과 같은 세계의 많은 기업들이 ABC를 도입하고 있다. 한국에서도 ABC 시스템이 많이 보급되고 있다.

3.7.2 사례

Baykasoglu와 Kaplanoglu(2008)은 로지스틱스와 수송분야의 사례를 들었다. 그런데 그동안 이 분야에서 ABC를 적용하기가 어려웠다. 그것은 오퍼레이션과 서비스의 실제 코스트를 결정하고 평가하는 것이 쉽지 않았기 때문이다. 이들은 터키의 사례를 연구하였으며, ABC와 비즈니스 프로세스 모델링을 통합하여 ABC의 효과성을 증진시켰다. 또 Arnaboldi와 Lapsley(2005)는 영국 병원에서의 사례를 소개하였다. 이 병원은 ABC 개념을 도입하여 비용을 정확하게 산정함으로써 의사결정과 통제를 효과적으로 수행할 수 있었다. Campanela 등(2014)도 공공병원에서의 투명성 향상과 효율적인 자원분배를 하기 위하여 ABC 개념을 도입한 사례를 소개하였다. 이들은 병원의 데이터베이스와 면담을 통한 자료를 이용하였다.

품질과 비용의 관계

　　과거에는 품질관리를 공정의 개선보다는 주로 검사에 의존하였기 때문에, 어느 정도의 불량품과 실패코스트는 항상 발생한다고 보았다. 그리고 불량품을 감소하기 위해서는 예방코스트가 많이 발생하므로 오히려 손해를 본다고 생각하였다. 이러한 생각은 실패코스트를 너무나 소홀히 생각하고, 예방코스트만 많이 발생한다는 잘못된 고정관념 때문에 발생하였다. 또 실패코스트를 측정하기가 어렵기 때문에 많은 경영자들은 실패코스트를 단순화시켜 버렸다. 품질과 비용을 상반된 관계로 보는 또 다른 이유는 품질코스트를 측정할 수 있는 능력이 없었기 때문이다. 그래서 품질코스트는 계량적으로 쉽게 측정할 수 없는 비용이고, 또 실질적으로 측정이 불가능한 비용이라고 단정지었다. 위에서 본 것처럼 총품질코스트를 극소화시키는 점은 어느 정도의 불량품을 가져야 한다고 생각하였다. 그러나 최근 이런 생각은 바뀌었다. 이제 경영자는 실패코스트가 기업에 끼치는 손실과 예방코스트에 비해 상당히 크다는 사실을 인식하게 되었다.

　　실제로 불량품이 발견되는 시기와 품질코스트 간에는 상당히 높은 상관관계가 존재한다. 고객이 제품을 사용하는 중에 발견되는 불량품은 품질코스트를 가장 많이 발생시킨다. 그리고 고객에게 제품이나 서비스를 인도하기 전에 기업 내에서 발견되는 불량품은 고객에게 인도된 후보다는 적은 품질코스트를 발생시킨다. 가장 적은 품질코스트는 불량품이 예방될 때 발생한다. Bohan과 Horney(1991)는 "대부분의 조직에 있어서 예방코스트에 투자하는 1달러는 10달러의 내부실패코스트와 100달러의 외부실패코스트의 가치를 갖는다"고 강조하였다. 이것을 '1:10:100의 법칙'이라 부른다. 이렇게 품질코스트에 쓰여지는 비용 중에서 가장 효과가 큰 항목은 예방코스트이다. 그러므로 경영자들은 품질코스트의 가장 많은 부분을 예방코스트에 할당하여야 한다. 예방코스트 다음으로는 평가코스트, 가장 적게 할당하여야 할 항목은 실패코스트이다. 그러므로 품질코스트를 최소화하기 위해서는 불량품을 만들고 후에 불량을 시정하기보다는 불량품을 예방하는 데 주력하도록 하여야 한다.

　　그럼 많은 기업들이 실제로 예방코스트를 왜 소홀히 하고 있는가? 이것은 불량품을 색출하고 검사하는 것이 불량품을 예방하는 것보다 실행하기가 쉽기 때문이다. 또 불량품의 색출과 처리에 대한 결과는 금방 나타나지만, 예방의 효과는 즉각적으로 발생하지 않고 시간이 걸리기 때문이다. 또 예방코스트의 결과는 측정하기도 힘들고, 금방 눈에 띄지도 않는다. 그래서 많은 기업들은 예방 대신 검사에 의존하고 있다. 검사를 많이 하면 할수록 외부실패코스트가 가시적으로 감소하고, 내부실패코스트가 증가하게 된다. 이것은 하나의 악순환이 되어 기업으로 하여금 예방보다 검사에 치중하게 함으로써 궁극적으로 품질코스트를 높이는 결과를 만든다. 그러나 예방이야말로 불량의 원인을 근본적으로 치유하는 방법이라는 것을 깨달아야 한다. 검사는 단순히 불량을 색출만 할 뿐이지, 불량 자체를 제거하지 못한다. Ittner(1996)는 적합코스트가 감소되면서 비적합코스트도 감소된다는 연구결과를 발표하였다. Elshazly(1999)는 "품질을 향상시키려면 예방코스트에 많은 투자를 하여야 한다"고 하였다. 또 Gupta와 Campbell(1995)도 "품질코스트를 감소하면서 품질을 향상할 수 있다"고 하였다.

경영품질은 품질향상을 위해 예방을 중요시한다. 사후적보다는 사전적인 조치를 취하여야 한다. Crosby(1984)는 "고객의 욕구를 충족시키기 위해서는 생산자의 품질시스템이 검사에 의존하면 안 되고 예방에 의존하여야 한다"고 강조하였다. 그리고 작업자 자신이 품질에 책임을 져야 한다고 하였다. 이러한 현상은 품질코스트에 있어서 예방코스트의 중요성을 말해 주는 것이다.

불량의 전기저항기를 사용하기 전에 발견하면 2센트 손해가 발생한다. 그러나 컴퓨터 부품에 들어가면 그 부품을 수리하는 데 10달러가 소요된다. 그리고 컴퓨터가 소비자의 손에 들어간 다음에는 수백 달러가 소요된다. 그리고 만약 5,000달러짜리 컴퓨터를 수리하여야 한다면, 수리비용이 오히려 제조원가보다도 높을 수 있다(Roth와 Morse, 1983).

▍참고문헌

매일경제신문, "생산서비스까지 무결점 추구," 1987. 4.7.

안영진, "6 시그마가 품질코스트에 끼치는 영향에 관한 연구," 2001년도 춘계 한국품질경영학회 발표, 한국품질경영학회, 2001.

안영진, 이순룡, 정영배, MQ 품질비용 보고서, 한국산업자원부, 2002.

이순룡, 현대품질경영(제3수정판), 법문사, 2016.

증권일보, 현대중공업 지난해 품질관리 못해 버린 비용 6,076억, 2016.04.19.

赤尾洋二, 신제품 개발의 품질전개 활용의 실제, 일본규격협회, 1986.

Arnaboldi, Michela and Irvine Lapsley, "Activity Based Costing in Healthcare: A UK Case Study, Research in Healthcare Financial Management, Vol.10, No.1, 2005, 61−71.

Arrow, Kenneth J., Social Choice and Individual Values, 2nd edition, New York: John Wiley and Sons, 1963.

ASQ Quality Costs Committee, "Profiting from Quality in the Service Arena," Quality Progress, ASQ, May 1999, 81−84.

ASQ Quality Costs Committee, Principles of Quality Costs, Third Edition, ASQC Quality Press, 1999.

Baykasoglu, Adil and Vahit Kaplanoglu, "Application of Activity−Based Costing to a Land Transportation Company: A Case Study," International Journal of Production Economics, Vol.116, Issue2, December 2008.

Belohlav, James A., "Quality, Strategy, and Competitiveness," California Management Review, Spring 1993, 55−67.

Bohan, G. P. and N. F. Horney, "Pinpointing the Real Cost of Quality in a Service Company," National Productivity Review, Summer 1991, 309−317.

Bottorff, Dean L., "COQ systems: The Right Stuff," Quality Progress, ASQ, March 1997, 33−35.

British Standards Institute, BS 6143, The Determination and Use of Quality−Related Costs," London, BSI, 1981.

Buckle, Tom, Technology Transfer Council, Personal Communication, October 1992.

Campanela, Cristina, Lino Cinquini and Andrea Tenucci, "Time−Driven ABC to Improve Transparency and Decision−Making in Healthcare," Qualitative Research in Accounting & Management, Vol.11, No.2, 2014, 165−186.

Cohen, Lou, Quality Function Deployment: How to Make QFD Work for You,

Addison－Wesley Publishing Company, 1995.

Cokins, Gary, "Measuring the Cost of Quality for Management," Quality Progress, *ASQ*, September 2006, 45－51.

Cole, R. E., "The Quality Revolution," Production and Operations Management, 1, 1992, 118－120.

Cooper, Robin and Robert S. Kaplan, "Measure Costs Right: Make the Right Decisions," Harvard Business Review, September－October 1988, 96－103.

Crosby, Philip B., Quality without Tears, New York: McGraw－Hill, 1984.

De Bono, Edward, Lateral Thinking: Creativity Step by Step, Harper Colophon, 2015.

DeFeo, Joseph A., "The Tip of the Iceberg," Quality Progress, May 2001, 29－37.

Elshazly, Talaat A., "Quality and Profits," Business & Economic Review, Jan－Mar, 1999, 21－24.

Feigenbaum, Armand V., "Total Quality Control," Harvard Business Review, November－December, 1956, 93－101.

Gupta, Mahesh and Vickie S. Campbell, "The Cost of Quality," Production and Inventory Management Journal, Third Quarter 1995, 43－49.

Harrington, H. J., Poor－Quality Cost, Milwaukee: ASQC Quality Press, 1987.

Harry Mikel and Richard Schroeder, 6 시그마 기업혁명, 안영진 옮김, 김영사, 2000.

Hauser, John R., "How Puritan－Bennett Used the House of Quality," Sloan Management Review, Spring 1993, 61－70.

Hazerlrigg, George A., "The Implications of Arrow's Impossibility Theorem' on Approaches to Optimal Engineering Design," Journal of Mechanical Design, June 1996.

Ittner, C. D., "Exploratory Evidence on the Behavior of Quality Costs," Operations Research, 44, 1996, 114－130.

Juran, Joseph M., Juran on Quality by Design: The New Steps for Planning Quality into Goods and Services, The Free Press, 1992.

Juran, Joseph M. and Frank M. Gryna, Juran's Quality Control Handbook, 4th ed., New York: McGraw－Hill Book Company, 1988.

Juran, Joseph M. and Frank M. Gryna, Quality Planning and Analysis, Third Edition, McGraw－Hill International Editions, 1993.

Lowe, A.J. and K. Ridgway, "Optimization Impossible?" Quality Progress, July 2000, 59－64.

Merrill, Peter, "Need a Jumpstart?" Quality Progress, May 2018, 52－55.

MIL－Q－9858A, Quality Program Requirements. Department of Defense, 1963.
    New York Times, October 7, 2015.

Phadke, M.S., Quality Engineering Using Robust Design, Englewood Cliffs, NJ:
    Prentice Hall, 1989.

Roth, H. P. and W. J. Morse, "Let's Help Measure and Report Quality Costs,"
    Management Accounting, April 1983, 226－229.

Schneiderman, A. M., "Setting Quality Goals," Quality Progress, April 1988, 51－57.

Stabus, G., Activity Costing and Input Output Accounting, Richard D. Irwin Inc,
    1971.

Taguchi, G., "Off－line and On－line Quality Control Systems," Proceedings of
    International Conference on Quality Control, Tokyo, Japan, 1978.

café.naver.com

www.apics.org

www.asq.org

www.nytimes.com

www.qfdi.org

www.ritzcarlton.com

www.thecapitalgroup.com

www.3m.com

www.youtube.com/watch?v＝nN4FbIgQFcQ

▌메모

MANAGEMENTQUALITY

미소 짓지
않으려거든
가게 문을
열지 마라

- 유대인 속담 -

CHAPTER 04

서비스품질

국가경제에서 서비스산업이 차지하는 비중은 선진국가일수록 점점 높아진다. 왜 그럴까? 사람은 소득수준이 높아지면, 서비스에 투자하는 비중이 높아진다. 국가도 국민소득수준이 올라갈수록 제조업체에 비하여 서비스업체의 중요성이 올라간다. 또 제조업체가 점점 무인화되고 자동화됨에 따라 생산성이 향상되어 제조업체에서 근무하는 사람들의 숫자가 계속 감소한다. 포브스(Forbes)의「글로벌 500대 기업」들을 보면 과거에 비하여 제조업체보다 서비스기업들이 점점 더 증가하고 있는 것을 볼 수 있다. 이것은 서비스업체가 점차로 우리 생활에서 중요해지고 있다는 현상을 반영하고 있는 것이다. 이 장에서는 서비스품질에 대해 설명하고자 한다. 특히 다음과 주제들을 다루고자 한다.

4.1 서비스산업의 중요성
4.2 서비스품질의 의미
4.3 서비스품질과 대기행렬이론
4.4 한국서비스품질지수
4.5 4차 산업혁명시대의 서비스품질 사례

ⓘ 사례 ▌ 월트디즈니

이미지 출처: www.thewaltdisneycompany.com

The Walt Disney Company는 Walter Elias Disney(1901－1966)와 Roy Disney 형제에 의하여 설립되었다. 어릴 때부터 그림에 소질이 있던 Walter 는 1919년 만화가가 되기 위해 결심하였고, 캔자스(Kansas)로 이주하여 광고 용 애니메이션(animation) 회사에 취직하였다. 그리고 형 Roy와 함께 1923년 Disney Brothers Studio를 창립하였다. 그 후, 미키 마우스(Micky Mouse), 증 기선 윌리를 통하여 시장을 확대하였다. 1930~1940년대에 크게 번성하였지 만, 1970년대에 일본의 애니메이션으로 위기에 처하기도 하였다. 그러나 1989년 인어공주(the Little Mermaid)를 시작으로, 미녀와 야수, 알라딘, 라이 언킹(the Lion King) 등의 작품으로 경쟁력을 회복하였다(www.wikipedia.org). 현재 월트디즈니는 세계에서 가장 경쟁력이 강한 애니메이션 회사가 되었다.

2013년 포브스가 발표한 「미국의 가장 유명한 25대 기업」에서 1위를 차지한 The Walt Disney Company의 디즈니월드(Disney World)에서는 재미 있는 놀이기구 앞에 서 있는 고객들이 타기 전에 오랫동안 기다려야 하는 시간을 감소하기 위하여 디즈니 캐릭터를 보내 다양한 쇼를 연출하고 있다. 이렇게 디즈니월드는 고객이 불평하는 시간을 감소시키거나 또는 흥미를 유 발함으로써 고객들이 즐거운 경험을 가질 수 있도록 하고 있다.

또 디즈니월드에서는 모든 직원들이 배우처럼 행동하라고 교육을 받는 다. 사람은 항상 기쁘고 행복하지 않다. 그런데 고객들을 상대하는 직원들 이 우울한 얼굴을 하고 있으면, 고객들은 싫어 할 것이다. 그래서 직원들은 배우처럼 연기하라고, 즉 항상 행복한 얼굴 표정으로 고객을 대하도록 교육과 훈련을 받는다.

이렇게 볼 때, 서비스업체에서의 품질은 표준을 만족시키고, 적절한 서비스를 제공하고, 또 고객들이 경험을 통해 만족을 느낄 수 있도록 창의적이 되어야 한다.

서비스산업의 중요성

국가의 소득수준이 올라갈수록 그 국가의 경제에서 서비스산업이 차지하는 비중이 점점 높아진다. 딜로이트(Deloitte)가 발표한 자료를 살펴보자(2018). 세계 GDP에서 서비스가 차지하는 비중이 1997년에는 63%였는데, 2015년에는 69%로 상승하였다. 또 모든 OECD 국가에서 서비스산업이 차지하는 고용비율이 70%를 상회하였다. 또 세계무역수출에서 서비스수출이 차지하는 비율이 1980년도에는 17%였는데, 2016년도에는 24%로 증가하였다. 미국의 통계를 살펴보자. 2017년 미국 부가가치 창출에 있어서 서비스가 차지하는 비율이 79%이었다. 또 2017년 미국의 고용에 있어서 서비스가 차지하는 비율이 86%이었다. 2007년에는 81.6%로 10년 동안 5.4%가 증가하였다.

그래서 대부분의 선진국가들은 신성장 동력의 방법으로 서비스산업의 경쟁력을 강화하기 위하여 서비스에 대한 투자를 확대하고 있다. 예를 들면, 영국은 법률컨설팅, 고등교육, 그리고 최첨단 의료기술에, 미국은 인공지능, IT, 나노기술 등에, 일본은 음식, 컨텐츠, 역사관광 등에 투자를 하고 있다.

그러면 우리나라의 서비스 경쟁력 현황은 어떠한가? 우리나라는 서비스산업 경쟁력이 OECD의 다른 국가들에 비하여 현저하게 낮다. 노동생산성도 제조업에서는 경쟁력이 있지만, 서비스산업은 약하다. 2014년 우리나라의 서비스산업 노동생산성은 제조업 대비 45.1%로 OECD 국가 중에서 제일 낮았다(한국경제신문, 2017). 같은 연도에 프랑스는 87.8%, 미국은 82.6%, 영국은 80.8%였다. 우리나라는 전통적으로 제조업에 강한 국가이긴 하지만, 서비스산업 노동생산성은 세계 선진국가의 절반 수준에 있다는 것은 우리나라에 경종을 울리고 있다. 우리나라의 서비스산업 성장률도 상승세를 타지 못하고 있다. 2014년 3.3%, 2015년 2.8%, 그리고 2016년에는 2.3%였다. 오히려 점점 감소하고 있는 실정이다.

서비스품질의 의미

4.2.1 서비스재화

서비스재화는 제조업의 재화와 다르다. 이것은 제조업의 재화에 비하여 서비스재화가 지니는 고유의 특성 때문이다. 그러면 서비스는 무엇인가? Berry(1999)는 "서비스는 어떤 행위에 대한 실천"이라고 하였다. Juran(2002)은 "서비스는 다른 사람을 위해 수행하는 일"이라고 정의하였다. Patton(2002)은 "서비스는 단순히 고객의 주문을 받거나, 고객에게 제품을 파는 행위가 아니라 고객을 위해 봉사하는 것"이라고 하였다. 위키피디아 사전에서는 '서비스란 물질적 재화 이외의 생산이나 소비에 관련된 모든 경제활동'이라고 정의하고 있다(www.wikipedia.org).

그러면 서비스재화와 제조업체의 재화와는 어떤 차이가 있나? Olson 등(1978)은 서비스재화의 특성을 다음처럼 네 가지를 들었다.

① 서비스는 무형의 형태를 지니고 있다.
② 서비스는 보관이 쉽지 않아 빠르게 소멸한다.
③ 서비스는 가끔 이질적인 산출물을 만들어낸다.
④ 서비스는 가끔 생산과 소비가 동시에 발생한다

그런데 사실 제품은 전부 유형인 데 비해 서비스는 유형과 무형으로 구성되어 있다. 이런 점에서 Collier와 Bienstock(2006)는 서비스업체가 판매하는 서비스재화를 CBP(consumer benefit package)라고 하였다. 즉, CBP는 유형과 무형의 속성을 전부 지닌 재화이다.

이렇게 서비스의 의미는 다양하지만, 핵심은 고객을 위해 봉사하는 행위이다. 가끔 우리나라 식당에서 손님들이 자주 하는 말 중에 "여기는 뭐 서비스 없어요?"라는 말이 있다. 여기에서 서비스는 무료로 주는 것을 말하는데, 서비스의 정의와 완전히 다른 한국식 용어이다. 그렇다. 서비스는 고객에게 화를 내거나, 고객을 속이거나, 귀찮아 하는 것이 아니다. 서비스는 고객의 욕구를 충족시켜 고객을 기쁘게 하는 행위이다. 그러므로 서비스업체에서 행하는 서비스 행위는 서비스기업의 부수적인 활동이 아니고, 핵심적인 활동이다. 그래서 서비스기업은 고객을 대하는 직원의 언어, 정성, 지식, 기술, 능력 등이 대단히 중요하다.

4.2.2 서비스품질

Gronroos(1983)는 서비스품질을 기술품질과 기능품질로 구분하였다. 기술품질 (technical quality)은 고객에게 공급되는 서비스의 결과이며, 기능품질(functional quality)은 서비스가 고객에게 공급되는 프로세스에서 발생하는 품질이다. 즉, 서비스품질은 서비스 자체의 품질과 서비스가 고객에게 전달되는 과정에 의한 품질에 의해 이루어진다고 보고 있다. 식당을 예로 들어보자. 음식은 기술품질이고, 음식을 가져오는 직원의 태도와 언행은 기능품질이다.

또 Lehtinen(1983)은 서비스품질을 프로세스품질과 산출량품질로 구분하였다. 프로세스품질(process quality)은 서비스를 받는 동안 고객에 의해 평가되는 품질이며, 산출량품질(output quality)은 서비스를 받은 후 고객에 의해 평가되는 품질이다. 이렇게 서비스는 서비스를 받는 도중에 고객이 감지하는 품질과 서비스를 받은 후 고객이 느끼는 품질로 구분된다.

서비스품질은 또 여러 단계에서 발생한다. 고객이 서비스를 받기 전 지니고 있는 기대감, 서비스를 받는 동안 고객이 느끼는 경험, 서비스를 받은 후 고객이 느끼는 서비스의 기능품질, 그리고 문제가 발생하였을 때 고객이 겪는 경험의 네 가지이다. 그러므로 서비스품질은 어떤 한 시점에서 결정되지 않고, 위에서 언급한 네 단계에서 복합적으로 발생한다.

또 제품품질에 비해 서비스품질은 여러 가지 다른 특성들을 지니고 있다.

첫째, 소비자는 서비스를 받기 전 소비자의 기대감과 서비스를 실제로 받은 후의 경험을 비교하여 서비스품질을 판단한다. 기대감이 충족된 소비자는 만족을 느낄 것이고, 그렇지 않은 소비자는 만족을 느끼지 못할 것이다. 경험이 기대보다 더 나은 경우에는 만족을 훨씬 더 느낄 것이다.

둘째, 서비스품질은 서비스를 받는 동안 소비자가 느끼는 경험과 서비스를 받은 후 소비자가 느끼는 결과에 의해서 결정된다. 서비스를 받는 동안 소비자가 느끼는 경험은 서비스를 제공하는 직원과의 접촉에 의해서 이루어진다. 바로 이런 것 때문에 고객과 직접 접촉하는 직원의 태도와 언어가 상당히 중요하다. 고객은 공장에서 직원이 어떤 복장을 하고, 어떤 대화를 하든지 별 관심이 없다. 단지 구매하는 제품의 품질에만 관심을 가질 뿐이다. 그러나 서비스를 구매하는 소비자는 직원과 직접 접촉하여야 한다. 그래서 직원의 언행과 복장이 고객에게 영향을 많이 끼친다. Peters(1993)는 "서비스를 제공하는 사람의 인간적인 측면이 경영의 성과에 상당히 중요하다"고 하였다.

셋째, 서비스품질은 소비자가 정상적으로 서비스를 받는 품질수준과, 또 서비스에 대한 문제가 발생하였을 때 기업이 그 문제를 어떻게 해결하는가 하는 두 가지에 의해서 결정된다.

넷째, 고객과의 접촉이 그리 많지 않은 서비스업체에서도 품질에 문제가 발생하면 고객과의 접촉이 많아진다. 이때 고객문제를 처리하는 방법이 서비스품질을 결정한다.

다섯째, 사이클타임과 고객만족이 서비스 품질코스트를 결정하는 중요한 두 가지 요소이다.

이런 점에서 서비스품질은 사실 제조업체의 품질보다 더 확대된 의미를 지녀야 한다. 서비스품질은 단순히 표준과의 적합성만이 아니라, 시시각각 변하는 고객의 감정을 만족시키는 창의적인 요소까지 포함하여야 한다. 즉, 고객의 경험에 의해 품질이 결정되므로 고객에게 좋은 인상을 심어주도록 품질을 해석하여야 한다. 여기에서 창의적이라는 말은 고객의 불평을 오히려 하나의 기회로 전환시키는 발상을 말한다.

여기에서 우리는 경험이란 용어를 많이 사용하였다. 사실 스타벅스(Starbucks) 회장인 Howard Schultz는 '서비스의 핵심은 경험'이라고 주장하였다. 제조업체이지만 애플(Apple)의 Steve Jobs도 경험을 매우 중시하였다.

서비스품질과 대기행렬이론

　　기업은 서비스품질 수준을 지속적으로 향상하여야 한다. 그래야 고객만족이 올라가기 때문이다. 서비스품질을 향상하는 방법은 무수히 많다. 여기에서는 대기행렬이론을 통하여 서비스품질을 어떻게 향상하는지 설명하고자 한다.

　　대부분의 서비스업체에서 우리가 흔히 볼 수 있는 현상은 서비스를 받기 위해 형성된 긴 줄이다. 물론 항상 줄을 서는 것은 아니다. 그러나 주말 고속도로 톨게이트, 성수기 인천국제공항 체크인 카운터, 대형마트 계산대, 종합병원 진료실 대기, 출퇴근 버스정류소나 지하철역 등 많은 곳에서 우리는 서비스를 받기 위해 대기하고 있는 사람들을 쉽게 볼 수 있다. 긴 줄은 고객만족을 감소시켜, 기업의 경쟁력을 약화시킨다. 그러므로 기업은 긴 줄에 대한 대책을 강구하여야 한다.

　　이렇게 줄에 대한 이론이 대기행렬이론이다. 대기행렬이론은 덴마크의 수학자 Agner Krarup Erlang이 1905년 코펜하겐(Copenhagen) 전화국에서 수행한 연구에 의해 나왔다. 즉, 일정한 고객에게 가장 효율적인 서비스를 제공할 수 있는 적합한 전화교환기 숫자를 결정하기 위한 모델이었다.

　　대기행렬이론(queuing theory)은 말 그대로 대기하고 있는 행렬에 관한 수학적 연구이다. 즉, 대기행렬의 길이와 시간이 중요한 요소이다. 하나의 예를 들어 보겠다. 대형마트에서 물건값을 지불하기 위해 10번 카운터에 서 있다고 하자. 우선 내 순서가 될 때까지 기다려야 한다. 내 순서가 되면 서버가 기계를 이용하여 계산을 한다. 계산이 끝나고 영수증과 신용카드를 받으면 종료된다. 그러면 왜 대기행렬이 발생하는가? 이것은 고객이 계산대에 도착하는 도착률과 서버(server)가 필요한 서비스를 제공하는 서비스시간 사이에 균형이 맞지 않기 때문이다.

　　서비스품질이 향상되어야 고객만족이 올라가는 것은 당연하다. 그러므로 대기행렬을 효율적으로 관리하여야 서비스품질이 향상된다. Flerro(2018)는 서비스품질을 다음처럼 3가지 요소로 정의하였다. 첫째, 고객이 원하는 서비스의 결과. 둘째, 고객이 원하는 또는 감지하는 서비스 내용. 셋째, 고객이 서비스를 받기 위해 지불한 가격. 그리고 Flerro는 고객이 느끼는 서비스가치를 결과와 서비스내용을 더한 것에서 지불한 가격을 제한 것으로 정의하였다. 그리고 이 서비스가치가 고객이 가지고 있는 기대치를 초과하면 고객만족이 발생하고, 서비스가치가 기대치에 못 미치면 고객불만이 발생한다고 하였다.

대기행렬이론은 고객의 대기행렬시간을 감소하여 고객만족을 향상시키고자 한다. Flerro는 이 목적을 달성하기 위해 AD곡선을 추천하였다. AD곡선(Arrival and Departure curves)은 고객의 대기행렬 시간과 대기행렬 길이를 보여주는 도표로써, 대기행렬에서 발생하는 다양한 현상들을 시뮬레이션으로 보여준다. 그리고 대기행렬 시간이 길어 고객불만이 자주 발생하게 되면, 반드시 그 원인을 파악하고, 서비스품질을 개선하는 방법을 강구하여야 한다고 하였다. 그리고 서비스를 제공하는 시스템인 SDS(Service Delivery System)을 구축하여야 한다고 하였다. SDS는 다음처럼 3가지 요소로 구성되어 있다. 즉, 서버의 숫자, 프로세스, 인프라이다. 그래서 적정한 서버의 수, 프로세스 개선, 그리고 인프라구조를 개선하여야 한다고 주장하였다.

한국서비스품질지수

한국서비스품질지수(KS-SQI: Korean Standard Service Quality Index)는 국가경제에서 서비스산업의 중요성이 증대됨에 따라 서비스품질 수준을 정확하게 측정 및 개선하여 우리나라 서비스산업의 경쟁력을 향상하기 위해 한국표준협회가 개발한 지표이다(www.ksa.or.kr). 이 지표는 먼저 서비스품질 수준을 명확하게 측정하고, 다음에 개선 방향을 제시하고자 개발되었다.

KS-SQI 모델은 유명한 SERVQUAL 모델에 기반하고 있다. SERVQUAL 모델은 Parasuraman, Zeithaml, 그리고 Leonard(1988)가 개발한 모형으로써, 고객이 서비스품질을 평가하는 5가지 차원으로 구성되어 있다. 그 이후 서비스품질에 대한 연구에서 가장 많이 사용되는 모델로 유명하다. 5가지 차원은 <표 4-1>에 나와 있다.

▼ 표 4-1 SERVQUAL의 5가지 차원

차원	질문 개수	정의
신뢰성	5	약속한 서비스를 확실하고 정확하게 수행하는 능력
확신성	4	종업원의 지식과 예의 그리고 믿음과 확신을 주는 능력
유형성	4	물적 시설, 설비, 서비스 제공자, 그리고 의사소통의 외형
공감성	5	서비스 제공자의 고객 배려 및 개인적인 관심
대응성	4	고객을 도와주고 신속한 서비스를 제공하고자 하는 의지

각 차원에 대한 예를 들어보자. 신뢰성(信賴性, reliability)은 24시간 내에 수리를 해 주겠다는 약속을 지키는 것이다. 확신성(確信性, assurance)은 고객에게 믿음을 주는 서비스 제공자의 전문성, 말투, 예의, 태도 등이다. 유형성(有形性, tangibles)은 아늑하고 고급스러운 분위기가 있는 식당이다. 공감성(共感性, empathy)은 영업시간을 배려하는 은행이며, 대응성(大應性, responsiveness)은 10분 이내에 도착하는 보험회사 응급서비스를 예로 들 수 있다.

KS-SQI 모델은 기본적으로 SERVQUAL의 5개 차원 22개 항목에 근거하여, 서비스성과와 관련된 성과 차원 4개, 서비스제공 과정에서 고객이 경험하는 4개 측정 요인으로 분류한 모델이다.

4차 산업혁명시대의 서비스품질

4.5.1 빅데이터를 활용한 신한카드의 서비스품질

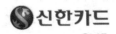 신한카드는 2,400만 명의 고객에 대한 상담을 빅데이터화하여 고객의 상담품질을 개선하고 있다. 신한카드는 텔레마케팅(Tele Marketing)으로 판매하는 금융상품에 대한 불완전 판매를 감소하기 위해 TA(Text Analytics) 알고리즘을 활용하고 있다. TA(Text Analytics) 알고리즘은 다음처럼 작동한다. 먼저 고객과의 통화 내역을 텍스트로 전환한다. 다음에 고객에게 필수항목이 제대로 설명되었는지, 또 고객의 동의를 받았는지를 모니터링(monitoring)한다. 다음에 결과값을 산출한다. 마지막으로 미흡한 상담항목을 확인한다.

TA 알고리즘은 기계가 하기 때문에 모니터링에 대한 시간과 장소에 제약이 없으며, 불완전 판매 건수를 즉각 확인한다. 또 이것은 상담원을 통하여 즉시 고객에게 피드백 된다. 또 각 상담원별로 나온 결과에 의하여 상담원의 서비스품질을 향상시킨다.

신한카드는 빅데이터를 활용하여 2020년 8월 금융상품에 대한 모니터링 규모가 지난 5월과 비교할 때 250% 증가하였다. 또 상담 내용도 즉시 분석하여 고객의 불만을 미리 인지하고 선제적으로 대처하고 있다. 또 고객들의 주요 불만을 도출하여 경영자가 볼 수 있는 고객불만통합관리 시스템을 개발하였다. 이 시스템을 통하여 고객의 불평이 확인되면 즉각 담당자들이 상담내용을 파악하여 고객만족도를 향상하고 있다. 신한카드는 고객 상담에 대한 빅데이터를 상품서비스 개발과 대고객 마케팅분야로 확대하여 경쟁자들과 차별화된 서비스를 제공하겠다고 하였다.

출처: 뉴스핌, 신한카드; 고객 데이터 분석해 상담 품질 개선, 2020.9.10.

4.5.2 인공지능을 활용한 핀에어의 서비스품질

핀에어(Finnair)는 전 세계 125개 목적지로 매년 1,200만 명의 승객들을 운반하는 핀란드 최대 항공사이다. 핀에어에는 매달 수만 건의 질문을 처리하는 250명의 고객상담사가 있다. 이들이 사용하는 주언어는 영어를 비롯하여 핀란드어, 스웨덴어이다. 핀에어는 상담사들의 기술과 다국어 기능의 강점을 보다 더 강화하여 상담사들의 효율성을 개선하고, 고객만족을 향상하기 위하여 인공지능을 도입하였다.

그래서 도입한 인공지능 솔루션이 얼티메이트(ultimate)였다. 얼티메이트는 처음에 150만 줄의 정형화되지 않은 채팅 대화를 학습하였다. 그리고 5개월 동안 고객들에게 50만개 이상의 메시지를 전송하였다. 얼티메이트는 딥러닝(deep learning)을 이용하여 수백만 줄의 정형화되지 않은 대화를 지능적으로 클러스팅(clustering)하고 분류한다. 그리고 상담원에게 실시간으로 고객에 대한 답변을 추천하여 서비스품질을 향상시킨다. 즉, 상담원들이 얼티메이트가 제안한 답변을 사용함에 따라 정확성을 높임으로, 상담시간을 감소하고 상담원들의 생산성을 향상시키고, 고객만족을 향상시킨다. 또 상담원들도 보다 중요한 고객들에게 집중할 수 있게 되었다.

아래의 첫 번째 도표는 얼티메이트의 사용이 계속 증가하여 19주 만에 사용률이 약 30%가 되었다. 두 번째 도표는 고객의 질문에 대한 첫 번째 응답에 걸린 시간인데, 계속 감소하는 것을 볼 수 있다. 세 번째 도표는 평균 응답시간으로, 역시 꾸준히 감소하고 있는 것을 볼 수 있다.

얼티메이트도 계속 진화하고 있다. 학습을 통하여 모든 사례에 대해 30% 더 빠르게 응답하여, 상담원들의 만족과 생산성을 향상시키고 있다.

┃ 그림 4-1 인공지능 사용률

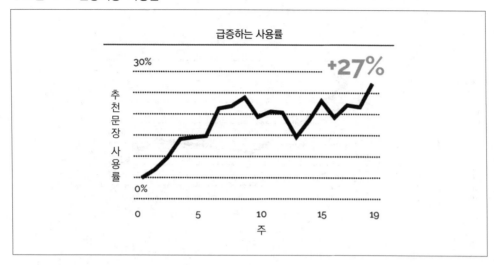

┃ 그림 4-2 고객 질문에 대한 1번째 응답시간

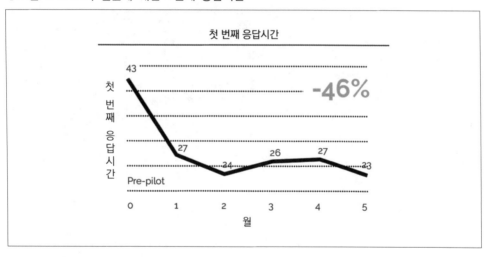

┃ 그림 4-3 고객의 질문에 대한 평균 응답시간

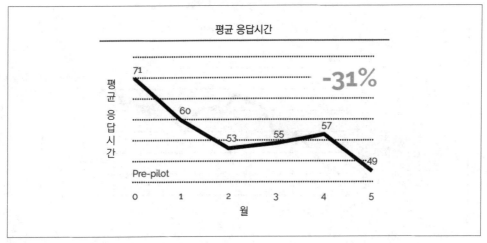

출처: ultimate.ai/customer-stories/finnair

참고문헌

뉴스핌, 신한카드; 고객 데이터 분석해 상담 품질 개선, 2020.9.10.
안영진, 경영품질론, 박영사, 2015.
한국경제신문, "한국 서비스업 생산성: OECD 국가 꼴찌 수준," 2017.11.26.

Berry, Leonard L., 초일류 서비스기업의 조건, 은종학 옮김, 김앤김북스, 1999.

Collier, Joel E. and Carol Bienstock, "Measuring Service Quality in E−Retailing," Journal of Service Research, February, 2006.

Deloitte, The Services Powerhouse: Increasingly Vital to World Economic Growth, Deloitte Insights, 2018.7.12.

Flerro, Ricardo G., "Line Work," Quality Progress, May 2018, 18−27.

Gronroos, Christian, Strategic Management and Marketing in the Service Sector, Boston: Marketing Science Institute, May 1983.

Juran, Joseph M., Quality Control in Service Industries, 2002.

Lehtinen, Jarmo R., "Consumer Oriented Service System," Service Management Institute working paper. Helsinki, Finland, 1983.

Olson, Paul, Darly Wyckoff and E. Sasser, Management of Service Operations, Allyn and Bacon, 1978.

Parasuraman, A., V. Zeithaml, and L. Berry, "SERVQUAL: A Multiple−item Scale for Measuring Consumer of Service Quality," Journal of Retailing, Vol.62, no.1, 1988, 22−29.

Patton, Mark E., Dancing Services: 서비스 경영론, 이하나 옮김, 현학사, 2002.

Peters, Thomas, The Pursuit of WOW! Vintage, 1993.

ultimate.ai/customer−stories/finnair
www.deloitte.com
www.ksa.or.kr
www.oecd.org
www.thewaltdisneycompany.com
www.wikipedia.org

재고는
자산이 아니라
악이다.

- Just-in Time System -

일본의 품질

일본은 현대 경영사에 큰 족적을 남겼다. 경영이론만 아니라, 실무에서도 큰 영향을 끼쳤다. 일본의 품질 및 생산시스템을 이해하지 못하면, 현대 경영학을 이해하기 어렵다고 말해도 틀린 말은 아닐 것이다.

우리나라도 일본의 경영시스템에 많은 영향을 받은 국가 중 하나이다. 1970년대에 들어서면서, 일본 제품의 경쟁력이 국제시장에서 빠르게 강화되었다. 제2차 세계대전에서 패한 일본이 30여 년이 지난 후에 모든 사람들의 예측보다 훨씬 빠르게 강력한 국가로 국제시장에 모습을 나타냈다. 물론 2010년 도요타자동차의 대대적인 리콜로 도요타 자동차의 명성이 크게 훼손되긴 하였지만, 일본의 경영 및 품질시스템은 경영학을 공부하는 사람으로서는 반드시 알아야 할 중요한 주제이다. 제5장에서는 다음과 같은 주제를 다루고자 한다.

5.1 일본의 품질 역사
5.2 일본 기업의 특성
5.3 일본 품질관리의 특성
5.4 린 개념

일본의 품질 역사

제2차 세계대전 직후 일본 제품의 품질은 형편없었다. 전쟁으로 모든 산업시설은 철저히 파괴되었고, 생활에 필요한 음식과 의복, 주택도 거의 부족하였다. 오히려 일본에서 품질에 불을 당긴 사람들은 일본인들이 아닌 MacArthur, Deming 그리고 Juran과 같은 미국인들이었다. 당시 미군 사령관이었던 Douglas MacArthur는 전쟁에 패한 일본에게 품질의 기반을 심어 주었다. 일본의 품질운동은 MacArthur가 만든 CCS(the Civil Communication Section) 위원장인 H. Sarasohn이라는 사람에 의해 주도되었다. CCS의 설치는 당시 일본 전화통화의 신뢰성이 너무 열악해 통신에 어려움을 겪었기 때문이다. 그래서 미군은 일본의 통신산업에 최근의 SQC 기법을 사용할 것을 제안하였고, 그 결과 1946년 일본에서 SQC가 처음으로 시작되었다. 1948년 MacArthur는 미국 벨연구소(Bell Laboratories)의 엔지니어들을 일본에 초청하였다. 이들은 JUSE(The Japanese Union of Scientists and Engineers; www.juse.or.jp)의 엔지니어와 과학자들에게 품질관리에 관한 자료들을 건네주었다. 이 자료 중에는 Shewhart의 『Economic Control of Quality of Manufactured Product』라는 책도 포함되었다. Sarasohn은 일본의 경영자들에게 품질교육을 시키기 위하여 Shewhart의 SQC 개념을 포함한 8주 과정의 교육을 1949년에 처음으로 시작하였고, Shewhart를 일본에 초청하였다. 그러나 건강이 좋지 않은 Shewhart 대신 Deming이 일본에 왔다. 당시 MacArthur는 한국전 때문에 일본에 신경을 쓸 수가 없었고, Sarasohn도 1950년 가을 모든 것을 Deming에게 인계하고 일본을 떠났다.

Deming은 JUSE의 협조를 얻어 1951년 경영자와 엔지니어를 위한 8일간의 품질과정을 개설하였다. 통계적 샘플링을 강조한 품질과정에서 Deming은 품질향상을 위한 PDCA 사이클과 분산의 중요성, 그리고 공정관리도를 이용한 공정관리를 강조하였다. 또 JUSE에서는 일본의 최고경영자를 위해 1일간의 특별세미나를 개최하기도 하였다.

1954년 JUSE의 초청을 받은 Juran은 품질향상에 경영자의 책임을 강조하였다. QCRG(Quality Control Research Group)의 품질교육에 큰 반응을 보이지 않았던 일본의 경영자들은 Juran의 강의에는 비교적 호응을 보였다. Juran의 교육은 일본의 품질관리를 기술위주의 품질에서 경영위주의 품질로 전환시키는 데 많은 공헌을 하였다.

일본을 부흥시키기 위해서는 먼저 일본 제품의 품질을 향상시켜야 한다고 일본은 결정하였다. 그래서 경영기법을 선진국인 서구에서 수입하였다. 이러한 목적을 달성하는 데 주도적인 역할을 한 기관이 일본 표준협회와 JUSE, 그리고 일본 전체경제연합회이다.

이러한 노력으로 일본은 높은 품질과 생산성을 달성하게 되었다. 여기에는 도요타자동차와 혼다자동차의 탁월함을 들 수 있다. 도요타자동차는 린 시스템의 원천이 되었고, 혼다자동차는 다양한 신제품개발의 리너가 되었다.

일본 기업의 특성

일찍부터 일본의 높은 잠재력을 간파하고 일본경영을 연구한 Abegglen(1958)은 학문적인 관점이 아닌 실증적 관점에서 일본의 공업화 과정을 분석하였다. Abegglen은 일본의 공업화는 미국과 소련의 방식이 아닌 일본의 독자적인 방식에 의해 이루어졌다고 주장하였다. 그래서 일본은 선진 기술을 외국에서 도입하였지만, 일본의 사회제도와 관습은 그대로 유지하였다.

Abegglen은 일본 조직의 특징을 다음처럼 여섯 가지로 요약하였다.

첫째, 종신고용제도이다. 미국과 유럽에서의 고용은 계약직처럼 경제적인 관점에서 이루어진다. 그래서 필요가 없으면 직원을 수시로 해고한다. 또 직원도 다른 회사로 비교적 수월하게 이동한다. 물론 미국에도 IBM처럼 종신고용을 주장하는 기업도 있다. 하지만 대부분의 기업들은 종신고용을 선택하지 않고 있다. 그래서 종신고용제도를 도입하고 있는 일본에서는 이동성이 높지 않다. 그러나 최근 종신고용제도는 점차로 일본에서도 희박해지고 있다.

둘째, 개인의 일반적 특성에 의한 취업이다. 일본은 개인의 어떤 특별한 능력에 의해 신입사원을 선발하지 않고, 단순히 개인의 일반적인 배경에 입각해 선발한다. 여기에 비해 미국에서는 어떤 직무를 수행할 수 있는 능력을 가진 자를 선발한다.

셋째, 학력주의이다. 일본에서는 개인의 학력에 의해 기업에서의 신분이 결정된다. 그래서 공원과 직원으로 구분된다. 또 직원도 낮은 지위와 높은 지위의 직원으로 구분된다. 이 구분은 대개 졸업한 학교에 의해 결정된다.

넷째, 연공서열제에 의한 임금제도이다. 일본은 임금의 상당 부분이 이미 개인의 학력과 근속연수에 의해 결정되며, 개인이 수행하는 직무와는 그리 큰 관련이 없다. 그래서 연공서열을 중시하며, 직원의 회사에 대한 충성심을 중요시한다.

다섯째, 집단책임제도이다. 일본은 조직이 기능적으로 분명하지 않고, 개인의 책임이 상당히 모호하게 되어 있다. 또 의사결정은 개인에 의해 독단적으로 이루어지지 않고 집단에 의해 이루어진다. 그래서 결과에 대한 책임도 개인에게 있지 않고, 집단에게 있다.

여섯째, 가족주의이다. 일본의 직원들은 회사를 가정처럼 여긴다. 그래서 늦게까지 일하는 것을 개의치 않으며, 집에서도 회사 일을 기꺼이 수행한다.

물론 이 특징은 오래전에 관찰된 것이다. 지금은 이러한 특징에 변화가 발생하였다. 2007년 12월 1일자 이코노미스트지는 "일본의 경영"이란 특집기사에서 일본 기업들의 새로운 특징인 하이브리드 경영을 언급하였다. 하이브리드 경영이란 일본의 전통적인 경영방식에 미국식 경영방식을 도입한 것이다. 즉, 일본경영과 미국경영의 장점을 접목시킨 새로운 형태의 경영방식이다. 이 보고에 의하면, 조사한 723개 일본 기업 중 24%가 하이브리드 경영을 도입하였다. 비록 24%이지만, 전체 고용에서 차지하는 비중은 67%나 된다. 이런 대표적인 회사들로는 도요타자동차, 야마하, 캐논, 하다찌, NTT 도모코 등을 들 수 있다. 이들 기업들은 종신고용제를 주장하면서 미국의 성과급 제도를 도입하였다.

일본 품질관리의 특성

일본은 서구에서 수입한 기법들을 일본의 특유한 문화에 맞춰 그들만의 독특한 품질기법을 만들어 냈다. 여기에 가장 공헌을 많이 한 사람이 이시가와이다. 이시가와 가오루((石川馨, 1915-1988)는 1967년에 이미 일본이 품질에 있어서 서구와 다른 특성을 지니게 되었다고 하였다(1985). 이시가와는 이러한 특성으로 다음처럼 6가지를 들었다.

① 전사적 품질관리
② 품질에 대한 교육과 훈련
③ 품질분임조 활동
④ 품질 감사
⑤ 통계적 기법의 사용
⑥ 전국적 품질 진흥 활동

여기에서는 전사적 품질관리와 품질분임조에 대해서만 설명하기로 한다.

5.3.1 전사적 품질관리

제2차 세계대전 후 일본은 미국으로부터 많은 경영기법을 전수받았다. 일본은 이런 기법들을 일본화시켰는데, 그 중에서 가장 대표적인 기법 중 하나가 바로 전사적 품질관리이다.

전사적 품질관리(CWQC: Company-Wide Quality Control)는 품질향상뿐만 아니라, 생산성향상, 안전성, 품질보증, 납기준수, 신제품 개발 등 모든 부문에 있어서의 관리를 의미한다. 또 최근에 CWQC는 조직개발, 목표관리, 기능별관리, 품질기능전개와 같은 분야까지로 확대되었다. 즉, 전사적 품질관리는 제품의 품질뿐만 아니라, 인간 그리고 조직 전체의 품질을 향상시키는 관리이다. 그래서 CWQC를 경영의 질을 향상시키는 경영혁신으로 보고 있다.

이시가와(1985)는 전사적 품질관리의 기본적인 원리로 다음처럼 여섯 가지를 들었다.

① 단기적인 이익보다는 품질이 제일 우선이다.
② 생산자가 아닌 소비자의 관점에서 품질을 보아야 한다.
③ 다음 공정은 바로 너의 고객이다.
④ 통계적인 기법을 사용한다.
⑤ 경영철학으로 인간을 존중하여야 한다.
⑥ 부서간의 벽을 허물어야 한다.

전사적 품질관리의 특성은 다음과 같다.

• 고객우선주의
• 비용감소보다는 품질향상 중시
• 낭비제거
• 의사결정 과정에 직원의 참여
• 과학적인 문제해결기법 사용
• 설계의 중요성
• 정보의 공유
• 품질에 대한 최고경영자들의 각별한 관심
• 품질교육과 훈련
• 공급업자와의 장기적이며 지속적인 관계
• 자주설비보전

[1] 고객 우선주의

일본 기업은 일찍부터 고객을 중요시하여서, 단순히 설계표준의 적합성보다는 고객의 욕구를 파악하고 만족시키는 데 주력하였다. 그래서 생산자 중심이 아닌 고객지향의 품질경영을 하였다. 고객은 품질에 대해 단지 두 가지 결정을 할 뿐이다. 만족과 불만족이다. 그러므로 기업이 고객에게 제공할 수 있는 유일한 것은 품질이다. 이것을 마켓인 전략이라 한다. 마켓인(market-in) 전략은 단순히 생산하는 제품을 파는 것이 아니고, 팔리는 물건을 생산하는 전략이다. 즉, 시장의 수요에 응하는 전략이다. 반면에, 프로덕트아웃(product-out) 전략은 생산된 제품을 그냥 시장에 파는 전략이다. 또 전사적 품질관리는 다음 공정을 고객으로 본다. 즉, 꼭 기업 외부에 있는 고객만이 고객이 아니고, 자기 옆에서 일하는 사람도 고객이라는 것이다. 그러므로 옆의 고객에게 절대로 불량품을 보내지 않겠다는 의식이 강화되어 있어야 한다.

일본의 시스템은 풀시스템이다. 풀시스템(pull system)은 푸시시스템(push system)과 반대되는 시스템으로서, 수요가 생산을 이끄는 시스템이다. JIT와 칸반시스템 등이 대표적인 풀 시스템이다. 푸시시스템은 수요에 상관없이 생산계획에 의거하여 생산하는 시스템으로서, MRP(Material Requirements Planning) 시스템이 대표적인 푸시시스템이다. 풀시스템은 고객의 수요가 있는 경우에만 생산하기 때문에 불필요한 재고를 양산하지 않는다. 그러나 푸시시스템은 과거의 수요에 의해, 즉 수요예측에 의해 생산하기 때문에 불필요한 재고가 많이 산출된다.

[2] 비용감소보다는 품질향상 중시

전사적 품질관리는 비용이나 생산성보다는 품질을 강조하였다. 그래서 단기적인 이익보다는 품질을 최우선으로 하였다. 품질을 우선 좋게 하고 다음에 비용을 생각하는 것이 전사적 품질관리의 방침이다. 전사적 품질관리에서는 최고 품질의 제품을 먼저 만들고, 다음에 대량생산을 하여 비용을 감소시킨다. 품질중시의 대표적인 예로 지도카(自働化)를 들 수 있다. 지도카는 라인스톱(line-stop)제도로 불량품이 발생하는 즉시 공정을 중단하는 제도이다. 이것은 생산량과 납기의 달성보다는 눈에 보이는 관리와 품질의 중요성을 보여주는 예이다. 일본에서는 이것을 사람 '人'자를 덧붙인 자동화(自働化)로 사용한다. 또 하나 높은 품질을 달성하기 위한 기법 중 하나가 바로 포카요케(ポカヨケ)이다. 포카요케는 인간이나 기계의 실수를 방지하는 기법으로서, 불량품이 생산과 검사대를 통과하는 것을 자동으로 방지하는 시스템이다.

[3] 낭비제거

낭비(浪費, waste)는 일본 경영의 최대 관심사 중 하나이다. 일본의 기업들은 낭비를 제거하기 위해 모든 노력을 다 한다. 그래서 모든 유형의 낭비를 찾아 제거한다. 일본 기업들은 필요 이상 또는 필요 이하의 모든 것을 낭비로 간주한다. 만약 100개의 부품이 필요하다고 하자. 이때 101개 또는 99개를 생산하는 것은 전부 낭비이다. 정확하게 필요한 수의 제품만 만들어야 한다. 그리고 또 다른 낭비가 되지 않기 위해서는 생산된 100개의 제품 모두의 품질이 좋아야 한다. 그렇지 않으면 또 다른 낭비가 된다. 그래서 일본은 품질과 수량이 같이 간다. 이러한 낭비는 많은 곳에서 발생한다. 즉, 공간, 재고, 인력자원, 시간, 설비, 업무, 사무 등 기업의 모든 곳에서 낭비가 발생한다. 이렇게 볼 때, 낭비는 부가가치를 향상하지 못한다. 그래서 부가가치를 향상하지 못하는 모든 생산, 활동, 업무 등은 전부 낭비이다. 일본의 JIT와 TPS는 철저하게 모든 유형의 낭비를 파악하여 제거하는 시스템이다.

Levinson과 Rerick(2002)는 과잉생산, 대기시간, 수송시간, 비부가가치 프로세스, 재고, 동작, 그리고 품질코스트 등 7가지 낭비를 지적하였다. 그러나 여기에서는 오노 다이이찌(大野耐一)가 주장한 7가지 낭비와 여기에 하나를 더 추가하여 8가지 낭비를 파악하고 제거하고자 한다.

첫째, 과잉생산이다. 과잉생산은 다음 공정에서 제품이 실제로 필요한지 여부에 관계없이 무조건 설비나 기계를 이용하여 미리 생산하는 것이다. 둘째, 기계 또는 작업자의 대기시간이다. 작동할 기계나 설비가 없어 대기하는 작업자의 시간 또는 처리할 작업자가 없어 대기하는 기계의 시간 등을 말한다. 셋째, 불필요한 운송시간이다. 이것은 생산현장에서 불필요하게 이동하는 기계, 부품, 작업자들의 시간이다. 넷째, 잘못된 프로세스 설계로 인해 발생하는 일의 중복 또는 검사 시간 등이다. 다섯째, 과잉재고이다. 과잉재고는 필요 이상으로 생산된 완제품 및 재공품 등을 말한다. 여섯째, 불필요한 또는 필요 이상의 작업자 동작이다. 일곱째, 불량으로 인해 발생하는 재작업과 폐품이다. 여덟째, 직원의 저활용이다. 이것은 직원의 창의력을 높이는 것이다. 그래서 직원의 최대 잠재력을 활용하는 것이다.

[4] 의사결정 과정에 구성원의 참여

전사적 품질관리는 의사결정 과정에 모든 구성원들을 참여시킨다. 이것은 품질분임조 또는 제안제도를 통해 활성화되고 있다. 제안제도(提案制度, suggestion system)는 일본 기업이 상당히 중요시하는 제도이다. 경영자는 구성원이 제출한 제안을 진지하게 평가하고, 필요한 경우 즉각 실천에 옮긴다. 채택된 제안은 곧 새로운 작업의 표준이 되어 공포되고, 채택되지 않은 제안은 그 이유를 즉시 제안자에게 통보하고 설명한다. 그렇지 않으면 제안제도는 유명무실하게 된다. 제안제도는 구성원과 상사와의 솔직한 대화를 가능하게 한다. 또 구성원의 창의력을 개발해 구성원의 만족감을 증진시킨다. 일본의 관리자가 제안을 받아들이는 7가지 동기를 Imai(1988)는 다음처럼 설명하였다. 첫째, 일하기 쉽게 한다. 둘째, 일에서 어려움을 제거한다. 셋째, 일에서 불쾌감을 제거한다. 넷째, 일을 보다 안전하게 한다. 다섯째, 일을 보다 생산적인 것으로 한다. 여섯째, 제품의 품질을 향상시킨다. 일곱째, 시간과 비용을 절약한다.

일본의 일부 기업들은 구성원의 참여를 의사결정에만 국한시키지 않고 보다 넓은 영역으로 확대시키고 있다. 이때 구성원의 참여는 의사결정뿐만 아니라 목표, 실천, 자본, 그리고 분배의 참여로까지 확대시킨다. 실천의 참여는 인간의 질을 높이는 것을 목표로 한다. 인간의 질은 실천을 통해서만 증진된다. 그러나 실천의 참여는 두뇌와 마음, 그리고 몸의 세 가지가 전부 참여하여야 한다. 자본의 참여는 소유의 참여를 말한다. 또 분배의 참여는 경제적인 분배와 정신적인 분배의 참여를 말한다. 이렇게 전사적 품질관리는 구성원에게 동기를 부여하고 감동을 끌어내어 구성원의 욕구를 충족시키고자 한다.

[5] 과학적인 문제해결기법 사용

과학은 현상의 원인을 찾아내고, 원인에 의한 원칙을 발견하고, 그 원칙에 의해 행동하는 것을 말한다. 전사적 품질관리에서는 현상을 정확하게 파악하고, 현상을 일으킨 원인을 분석한다. 원인이 없는 결과는 없다. 그러므로 모든 현상에는 반드시 그 현상을 일으킨 원인이 존재한다. 다음에 전사적 품질관리에서는 그 원인이 진행된 경과를 분석한다. 어떤 경과를 거쳐서 그러한 결과가 발생하였는지를 조사한다. 다음에는 어떻게 하면 문제를 시정할 수 있는지 개선대책을 수립한다. 여러 가지 대안 중에서 물론 최선의 대안을 선택한다. 그리고 마지막으로 앞으로의 대책을 결정한다. 일종의 미래의 사태에 대비한 대책이다. 이렇게 과학적 방법은 대증요법이 아니고 대인요법을 추구한다. 즉, 과학적 방법은 어떤 문제점에 일시적으로 대응하는 것이 아니고, 문제의 원인을 발견하여 분석하는 방법이다. 전사적 품질관리에서는 또 자료를 중시한다. 그래서 자료에 의한 경영을 한다. 이시가와(1985)는 '자료는 전사적 품질관리의 가장 기본'이라고 하였다.

전사적 품질관리에서는 모든 결정은 사실이 말을 하지, 어떤 추측에 의해서 이루어지지 않는다. 이러한 주의를 사실주의라 한다. 사실주의에서는 5W2H를 많이 사용한다. 5W란 언제(when), 누가(who), 어디에서(where), 무엇을(what), 왜(why)를 말하고, 2H란 어떻게(how)와 어떤 정도의 비용으로(how much)를 말한다. 최근에는 3개를 더 해 5H를 주장한다. 추가된 3개의 H는 조화(harmony)와 정직(honesty), 그리고 높은 정신(high spirit)이다.

또 하나 일본에서 많이 사용하는 방법은 '5번씩 왜' 기법이다. '5번씩 왜(5 why)' 기법은 도요타자동차에서 개발되었는데, 문제의 근원을 파악하기 위해 왜를 다섯 번 실행하라는 방법이다. 사실 다섯 번은 그냥 이름이고 실제로는 문제의 원인을 규명할 때까지 계속 의구심을 가지고 문제를 해결하는 방법이다. 그래서 피상적인 현상을 보지 말고 문제의 본질적인 요인을 발견하라는 것이다. 예를 들어 퓨즈(fuse)에 이상이 생겨 기계에 고장이 발생하였다고 하자. 그러면 당신은 퓨즈만 갈아주고 말 것인가? '5번씩 왜' 기법은 여기에서 그치지 않고 계속 그 원인을 규명해 간다. 퓨즈는 왜 나갔는가? (베어링이 너무 과부하되어서 퓨즈가 나갔다) 베어링은 왜 과부하 되었는가? (기름칠을 잘 하지 않아서 베어링이 과부하되었다) 왜 기름칠을 잘 하지 못하였는가? (기름펌프가 작동을 잘 하지 못하기 때문이다) 기름펌프가 왜 작동을 잘 하지 못하는가? (샤프트가 낡아서 그렇다) 샤프트가 왜 낡았는가? (여과기가 없어서 그렇다)

[6] 설계의 중요성

일본 기업은 제품의 흐름에 있어서 초기단계의 중요성을 일찍부터 깨달았다. 그래서 설계의 중요성을 깨닫고, 처음부터 일을 잘 하여야 한다는 것을 철칙으로 삼았다. 그래서 제품을 개발할 때부터 고객의 만족도를 염두에 두고 개발하였다. 또 초기 설계단계부터 품질을 고려하는 것이 결국에는 비용을 감소하는 최선의 방법이라는 사실을 인식하고 있었다. 이것은 공정의 후단계에서 발견되는 불량품이 그 전 단계에서 발견되는 불량품보다 품질비용을 훨씬 더 유발시키기 때문이다. 다구찌도 품질불량의 상당한 부분은 설계의 잘못으로 인해서 발생한다고 하였다(Flynn, 1992). 그래서 제품의 품질특성을 결정하는 설계를 중요시하고 있다.

[7] 정보의 공유

생산공정에서 고품질의 제품을 생산하기 위해서는 모든 사람들끼리 의사소통이 신속하고 정확하게 이루어져야 한다. 정보의 공유와 실시의 방법으로 방침관리가 있다. 방침관리는 기업의 목표와 정책을 최고경영자부터 경영계층의 가장 마지막 단계에 있는 모든 종업원들까지 전달하고, 각 종업원이 기업의 목표와 정책을 실천하기 위해 스스로 계획을 수립하고, 계획에 의거하여 계획을 수행하며, 실시 결과를 계획과 비교하고 평가하고 시정 조치하는 과정을 말한다.

[8] 품질에 대한 최고경영자의 각별한 관심

일본 기업의 최고경영자는 품질에 대한 책임을 부하 직원에게 일임하지 않고, 직접 참여하여 품질의 중요성을 강조하였다. 그래서 대개 일본에서는 품질에 대한 책임이 전문적인 스태프에 있지 않고 최고경영자에게 있다. 경영자는 품질에 대한 교육도 상당한 기간 동안 받으며, 품질에 대한 높은 열의를 가지고 있다. 또 최고경영자가 작업자들의 회의에도 직접 참여하여 그들의 소리를 듣고 최대한의 지원을 한다.

다께하라 요시로오(竹原義郎)는 최고경영자가 지녀야 할 기본 자세를 다음과 같이 제시하였다. 자사의 경영이념과 경영방침을 명확히 제시한다. 전사적 품질관리를 경영의 입장에서 이해한다. 대증요법이 아니고 대인요법으로써 도전한다. 장기적 시야에 서서 전사적 품질관리를 계속한다. 현실, 현장, 현품의 3현주의로 도전한다. 결과를 낳는 절차를 중시한다. 사원의 자주성을 끌어내고 동기부여를 배려한다. 체크(check) – 어드바이스(advice) – 헬프(help)의 기본자세로 인재를 육성한다. 사람의 질을 높인다. 구심력이 작용하는 '구심력 경영'을 준수한다.

[9] 품질교육과 훈련

전사적 품질관리는 품질에 대한 교육과 훈련으로부터 시작하여 교육과 훈련으로 끝난다. 전사적 품질관리에서는 모든 종업원들이 품질문제를 발견하고 해결할 수 있는 기술과 능력을 지녀야 한다. 이러한 능력과 기술은 교육과 훈련에 의해서만 달성될 수 있다. 교육과 훈련은 장기적인 투자로서 기업의 경쟁력을 향상시키는 강력한 무기이다. 교육과 훈련은 최고경영자로부터 현장에 있는 작업자까지 조직의 계층과 직함에 관계없이 모든 종업원이 받는다. 품질교육 프로그램도 각 직급에 따라 전부 상세하게 분류되어 있다. 그래서 최고경영자, 중간경영자, 엔지니어, 직장, 작업자, 품질분임조에 맞는 품질프로그램이 설정되어 있다. 이러한 프로그램에 대한 안내서는 JUSE에 의해 보급된다. 특히 엔지니어에게는 통계적 품질관리에 대한 교육을 집중적으로 실시한다. 또 전사적 품질관리에 있어서 품질교육은 일정기간에 걸쳐 시행되고 끝나는 것이 아니고 장기간 시행된다.

이시가와 일본의 많은 품질전문가들은 일본의 작업자들이 아마 세계에서 가장 우수한 능력을 지니고 있고, 또 가장 많은 교육을 받았다고 공공연하게 말하고 있다. 이러한 교육 중 일본의 작업자들이 필수적으로 받는 교육은 현장에서의 계량적인 기법과 의식구조를 바꾸게 하는 조직적인 사고력이다.

[10] 공급업자와의 장기적이며 지속적인 관계

일본 기업은 공급업자를 협상의 대상으로 보지 않고, 가족의 일원으로 본다. 그래서 공급업자와 단기간에 가격을 위주로 협상을 하지 않고, 장기간에 걸쳐 서로 협동하고 신뢰를 바탕으로 한 지속적인 관계를 유지한다. 그래서 일본 기업은 서구에 비해 공급업자의 수가 상당히 적고, 장기계약관계를 맺고 있다.

[11] 자주설비보전

전사적 품질관리는 설비의 고장을 사전에 예방하고 방지하는 데 주력하는데, 이것을 일본에서는 TPM이라고 한다. 즉, TPM(Total Productive Maintenance)은 전원참가의 설비보전을 말한다. 일본공장보전협회는 TPM을 다음과 같이 정의하고 있다. TPM이란 설비의 전체 내용 연도에 관련된 예방적인 종합적 보전시스템에 의해 설비의 유효성을 최대한으로 하는 것을 목표로 한다." 또 Ho(1994)는 TPM의 기본적인 기능을 다음처럼 설명하였다. 장비의 고장을 줄이고, 양적으로 질적으로 장비의 능력을 제고시키고, 안전/보건/환경 요인을 개선하여 질과 이윤을 높이고, 소그룹의 활동과 예방을 활용하는 것이다. 그리고 TPM의 목표는 공장과 설비의 생산을 높이는 데 있다.

TPM에서는 3정 5S를 강조한다. 먼저 3정(3定)은 정확한 품목이 얼마만큼 어디에서 어떠한 상태로 있는지를 바로 알 수 있도록 '눈으로 보는 관리'를 정착시키는 활동이다.

- 정품(定品): 보관해야 할 물품을 정하고, 어떤 방법으로 보관할 지를 결정하여 품명을 표시하는 것
- 정량(定量): 현장에서 물품을 파악하고 적정한 수량을 보관하는 활동
- 정위치(定位置): 보관한 장소의 위치를 표시하는 활동

5S는 TPM 활동의 근간이 되는 기본활동이며, 일본어로 표시된 5개 단어의 첫 글자를 따서 나온 이름이다.

- 정리(seiri): 쓸모 없는 것은 버린다.
- 정돈(seiton): 필요한 물건을 간결하게 한다.
- 청소(seisoh): 직장을 언제나 깨끗하게 한다.
- 표준화(seitsuke): 위의 3가지를 지속적, 반복적으로 계속한다.
- 습관화(shitsuke): 따라야 할 방식대로 일하는 능력을 가르친다.

5.3.2 품질분임조

1950년대 일본에서 통계적 품질관리를 교육시킬 만한 사람들이 절대적으로 부족하였다. 그래서 JUSE와 일본표준협회는 1956년에 단파방송을 이용하여 직장들에게 품질을 교육시켰고, 1957년에는 NHK와 계약을 맺어 품질교육을 실시하였다. 이때부터 1962년까지 6년 동안 JUSE와 표준협회는 방송을 이용하여 기본적인 품질관리와 생산관리, 그리고 표준화에 대한 교육과 홍보를 하였다.

1961년 7월, 일본의 많은 직공들이 품질심포지엄에 대대적으로 참가하기 시작하였다. 그리고 그들은 쉽게 이해할 수 있는 품질에 관련된 간행물의 필요성을 느꼈다. 그래서 JUSE는 새로운 간행물을 출판하기로 결정하였다. 그러나 JUSE는 공장의 직공들이 간행물을 이해하고 품질을 향상시킬 수 있는지에 대해서 불신감을 가지고 있었다. 그러나 분명한 것은 공장의 직공들이 소집단으로 모여 품질에 대해 서로 대화를 갖는다는 그 자체만으로도 상당한 효과가 있다는 사실이었다. 그래서 1962년 4월에 JUSE는 처음으로 『직장을 위한 품질관리』라는 간행물을 발간하였다. JUSE는 새로운 간행물을 직장과 작업자들이 소집단을 구성하여 같이 연구하라고 대대적으로 홍보하기 시작하였다. 그리고 이 소집단을 품질분임조(quality control circles)라고 불렀다. 이것이 품질분임조의 출발점이었다.

JUSE는 품질분임조를 두 가지 이유에서 주장하였다. 첫 번째는 대부분의 직장들이 책을 읽는 데 익숙해 있지 않았기 때문이었다. 그러므로 직장이 혼자서 간행물을 본다는 확신을 할 수가 없었다. 그러므로 소집단을 구성하여 직장들로 하여금 책을 보게끔 하는 것이 바람직하다고 생각하였다. 두 번째는 직장들이 책만 보아서는 별 효과가 없고, 실제로 작업장에서 품질을 향상시켜야 한다는 것이다. 그래서 스스로 책을 읽고, 거기에서 배운 통계적 기법을 스스로 현장에 적용시키게 하려고 하였다.

이렇게 해서 1962년 일본에서 20개의 분임조와 400여 명의 분임조원으로 공식적으로 시작된 품질분임조는 품질개선을 위한 일선 감독자들의 지도력과 능력의 향상을 위한 소집단의 정기적 모임에서 출발하였다. 일본에서 가장 먼저 시작한 품질분임조는 NTT사였다. NTT사의 기계부서장인 마나베는 JUSE에서 발행된 잡지를 읽고 1962년 6월 6명의 조원으로 즉시 품질분임조를 결성하였다. 이 분임조가 일본에서는 공식적으로 협회에 등록된 최초의 품질분임조이다.

1962년에 발간된 『직장을 위한 품질관리』에서 Ishikawa(1985)는 품질분임조의 정책을 다음처럼 표현하였다.

① 모든 사람들이 이해하도록 내용을 쉽게 만든다. 우리의 목적은 현장에 있는 직장과 작업자들에게 품질을 교육시키고, 훈련시키고, 홍보하여, 그들의 품질관리

와 개선 능력을 향상시키는 것이다.

② 간행물의 가격을 낮게 책정해서 가급적 많은 사람들이 이 책을 보고 도움을 얻을 수 있도록 한다.

③ 작업장에서 직장을 리더로 그리고 작업자들을 조원으로 해 품질분임조인 소집 단을 조직하고, 이 책을 사용해 그들의 문제들을 해결하고, 그리고 품질분임조 가 작업장에서 품질관리의 핵심이 된다.

그리고 이시가와(1985)는 품질분임조를 작업장 내에서 자발적으로 품질활동을 수행하는 소집단이라고 정의하였다. 즉, 품질분임조는 공장 내 각 작업장 단위로 직장과 직원을 포함한 소규모의 자치적인 집단이다. 이론적으로 가장 바람직한 분임조의 규모는 3~6인으로 알려져 있다. 이 집단은 반드시 직원의 자발적인 의사에 의해서 이루어져야 한다. 품질분임조는 상부관리자의 통제나 간섭없이 자체 내에서 선출한 분임조장을 중심으로 품질 또는 생산에 관한 문제들을 발견하고, 분석하고, 스스로 해결한다. 분임조장은 회사에서 임명할 수도 있으나, 대체적으로 직장이나 반장이 분임조장의 직책을 맡는 것이 관례화되어 있다. 분임조 토의는 주로 작업 후에 이루어지며, 토의는 의사결정과정과 비슷하게 이루어진다. 이렇게 품질분임조는 같은 직장 내에서 품질활동을 자발적으로 그리고 자주적으로 행하기 위해 직원들이 참여하는 소규모의 집단이다.

품질분임조는 처음에 품질 향상만을 위한 프로그램이었지만 점점 인력자원의 동기유발을 통해 품질향상(Gibson, 1982), 생산성향상(Gibson, 1982), 비용감소와 안전성(Bradley와 Hill, 1987; Watanabe, 1990), 인간관계 개선(Shea, 1986), 개인능력 향상(Barrick과 Alexander, 1987) 등을 위한 종합적인 프로그램으로 발전하였다. 또 품질분임조는 직원들로 하여금 직접 의사결정과정에 참여하게 함으로써 일하는 보람을 느끼게 하고, 직원의 만족감을 증진시켜 보다 더 일을 잘 하도록 한다(Shelby와 Werner, 1980; Yager 1981; Rafaeli, 1985; Munchus, 1983). 그러나 품질분임조가 항상 성공하는 것은 아니다. 그래서 Blair와 Ramsing(1983)은 노사분규가 심한 기업이나 조직개발이 필요하지 않은 기업에서는 품질분임조를 도입하지 않는 것이 바람직하다고 하였다. 또 문화 갈등이 있는 경우에도 품질분임조를 도입하지 않는 것이 바람직하다. 그래서 일본의 마쓰시타전기는 미국 시카고지점에 품질분임조를 도입하지 않았다(Cole, 1979). 한편 품질분임조의 효과에 대해 양면적인 입장을 취하는 연구도 있다. Steel 등(1990)은 품질분임조가 제안, 불평, 평가 등에는 효과가 있지만, 태도, 안전사고 등에는 별 효과가 없다고 하였다.

안영진(2016)은 품질분임조의 특성을 다음처럼 설명하였다. 첫째, 품질분임조는 자발성을 강조한다. 그래서 회사에서 강제적으로 직원들에게 품질분임조의 가입을 강요해서는 안 된다. 상사가 강제적으로 직원을 회유하거나 협박해 품질분임조에 가입시키는 것은 효과가 적을 뿐더러, 잘못하면 역효과까지 발생한다. 강제적인 가입은 인간의 의욕을 상실케 하고, 자주성을 훼손해 품질분임조의 목표를 달성하는 데 비효과적이다. 그러므로 지속적으로 직원에게 동기를 부여해 품질분임조에 가입하도록 한다. 이러한 동기는 그 기업의 다른 부서나 다른 기업에 의해 달성된 업적을 보여주고 설득함으로써 이루어진다. 그러므로 품질분임조를 처음 시작할 때에는 자발적으로 가입한 사람들로 이루어진 품질분임조로만 시작하여야 한다. 그렇지 않고 강제적으로 설정한 품질분임조는 곧 실패할 것이다. 둘째, 품질분임조는 문제를 발견하고, 분석하고, 해결하는 기본적인 기법들에 대한 훈련과 교육의 실시가 필수적이다. 셋째, 품질분임조는 직원들에 의한 자주적인 활동이다. 자주적인 활동은 개선과 개량을 낳는다. 그러나 여기에서 자주와 방임은 구별되어야 한다. 자주에는 이상과 목표가 있다. 스스로 수립한 목표를 달성하려는 의지가 있다. 그러나 방임에는 목표가 없다. 방임에는 단지 독선밖에 존재하지 않는다. 넷째, 품질분임조는 개인보다는 팀의 결과를 중시하는 철저한 팀 위주의 기법이다. 그래서 품질분임조는 팀워크를 중요시하고, 팀원간의 단합을 도모한다. 다섯째, 품질분임조는 창의성을 중요시한다. 수동적으로 지시받고 어떤 일을 수행하는 것이 아니라 능동적이고 적극적으로 새로운 문제를 발견한다. 창의력이란 기본적으로 새롭고, 재미있고, 유익한 결과를 창출하는 능력이다. 창의력은 새로운 사실이나, 법칙, 그리고 관계를 발견한다. 창의력은 상상력과 신선함을 요구한다. 창의력은 인간의 만족감을 증진시키며, 자아발견의 욕구를 만족시킨다. 마지막으로 품질분임조는 자율성을 중시한다. 자율성이란 스스로 자기를 이성적으로 통제할 수 있는 능력을 말한다. 인간은 일반적으로 남을 비판하기는 쉽지만, 자기 잘못을 반성하기는 어렵다. 자율성은 자기반성을 하는 통제력을 말한다. 그래서 품질분임조에서는 작업자들이 스스로 문제를 파악하고, 분석하고, 해결하도록 한다.

린 개념

5.4.1 린의 기원

1910년 포드(Ford)자동차는 유명한 T모형 자동차생산을 디트로이트(Detroit)시의 피케애브뉴(Piquette Avenue) 공장에서 근교의 새로운 공장인 하이랜드파크(Highland Park)로 이전하였다. 그리고 이 공장에서 이동조립식의 새로운 기술을 선보였다. Henry Ford의 새로운 생산방식은 프로세스에 있어서 대변혁을 가져왔다. T모형 자동차 한 대 생산시간이 12시간에서 93분으로 크게 단축되었던 것이다. 포드자동차의 생산방시은 모든 사람들이 자동차를 구매할 수 있도록 싼 가격대의 T모형 자동차생산을 가능하게 한 생산프로세스의 혁신이었다. 당시 포드는 이 대량생산시스템을 '흐름생산(flow manufacturing)'이라고 불렀다. 흐름생산에 의해 나온 '이동식조립라인(moving assembly line)'은 생산의 흐름을 원활하게 하기 위한 방식이었다. 그래서 컨베이어(conveyor)를 이용하여 생산의 흐름을 조절하고, 작업자가 움직이는 것이 아니라 부품을 작업자에게 공급하는 시스템이다(컨베이어 시스템은 지금도 많은 기업들이 사용하는 생산방식이다. 그러나 삼성전자는 안전성의 결여로 2013년부터 중대형 가전제품의 컨베이어 시스템을 점진적으로 MPS(Modular Production System)로 대체하겠다고 발표하였다. 그리고 가장 먼저 15일 동안 광주공장 가동을 중지하고 광주사업장의 라인을 전면 교체하였다).

이러한 프로세스의 대변혁은 그 후 일본 도요타자동차의 TPS로 이어졌다. TPS(Toyota Production System)는 도요타자동차의 탁월한 생산시스템으로서, 제2차 세계대전 후에 오노 다이이찌(大野耐一)에 의해 개발되었다. 그래서 오노(1912-1990)를 'TPS의 아버지'라 부른다. TPS는 후에 미국 린시스템의 근간이 되었다. 사실 제2차 세계대전 이전에 당시 도요타자동차의 CEO인 도요다 키이치로(豊田喜一郎)는 선진기업의 생산기술을 배우기 위하여 미국 포드자동차를 방문하여 '이동식조립라인'을 배우고, 도요타자동차에 도입하였다. 그러나 미국과는 달리 공장의 공간이

좁고, 원자재도 부족하여 포드자동차의 생산시스템을 도입하기에 애로가 많았다. 그래서 도요다 키이치로는 대량의 원자재를 포드자동차처럼 쌓아 놓지 않고 소량의 원자재를 생산 직전에 필요할 때 공급하여 사용하기로 하였다. 이것이 JIT(Just-in Time)의 출발점이 되었다.

오노는 제2차 세계대전이 끝난 후 생산엔지니어로 도요타자동차에 입사하였다. 오노는 도요차자동차에서 특히 낭비가 되는 요소들에 관심을 가졌다. 그래서 제품의 부가가치를 향상하지 않는 요소들을 파악하고, 그런 요소들을 제거하는 데 모든 노력을 하였다. 특히 프로세스를 가장 잘 아는 사람들이 프로세스를 가장 잘 개선할 수 있다고 믿었다. 그래서 그는 지속적으로 이들과 같이 프로세스를 표준화하고, 개선하여 개선된 프로세스를 지속적으로 창출하였다. 이런 노력의 결과로 오노는 SMED(Single-Minute Exchange of Dies) 및 풀시스템(Pull System) 등을 개발하였다. 이런 노력은 도요타자동차를 세계의 굴지의 회사로 키웠으며, JIT 시스템은 모든 기업들의 벤치마킹의 대상이 되는 시스템이 되었다.

그러나 사실 TPS의 원천은 1897년 도요다 사기찌(豊田佐吉, 1867-1930)의 목제동력직기에 의해 시작되었다고 볼 수 있다. 이렇게 도요타자동차는 일찍부터 제품의 품질은 프로세스의 품질에 의해 결정된다고 믿었다. 즉 프로세스의 중요성을 일찍부터 인식하고 있었다. 그래서 프로세스에 관심을 갖고 프로세스 경영에 총력을 기울였다. 오노는 포드의 흐름생산의 강점을 일본식 경영에 접목하고자 하였다. 그러나 흐름생산에 문제점이 없는 것이 아니었다. 흐름생산은 가공기계를 특정의 독립된 장소에 설치하여 많은 재공품을 양산하는 문제점을 지니고 있었다. 1956년 오노는 미국의 슈퍼마켓(supermarket)을 방문하여, 고객이 원하는 모든 제품을 영수증 하나로 한 장소에서 전부 구매하는 것을 보았다. 이 당시 일본에서는 시장에서 사고 싶은 물품을 판매하는 가게를 전부 가야만 하였다. 또 진열장에 상품이 떨어지면, 곧 보충하는 것을 보았다. 상품은 많지도 적지도 아니하였으며, 재고수준도 적정하게 잘 관리되고 있었다. 오노는 미국 슈퍼마켓의 시스템을 도요타자동차에 적용하였다. 이것이 TPS의 출발점이 되었다.

시바타와 가네다(2001)는 포드자동차 방식은 대량생산을 통하여 제품을 싸게 만드는 방법인 데 비하여, TPS는 다품종소량생산 시스템으로서, 생산비용을 최소화하는 방식이라고 하였다. 또 가타야마(2002)는 TPS를 더 확대 해석하여 자주적인 문제해결 방법으로 보았다. 즉, 작업자 스스로 문제를 발견하고 최종적으로 문제를 해결하는 시스템이라고 하였다. 그리고 TPS가 광의적으로 JIT(Just-in-Time) 시스템이 되었다.

1980년대 프로세스의 중요성을 깨달은 미국의 기업들은 일본의 JIT와 TPS에 관심을 갖기 시작하였다. 1970년대 미국의 MRP 시스템을 일본의 JIT 시스템과 비교해 볼 때, 일본의 JIT 시스템의 성과가 더 컸다. 그래서 미국의 기업들은 JIT에 관심을 갖고, 그 핵심적인 원리를 도입하고자 하였다. 즉, 미국 기업들은 미국과는 전혀 다른 경영과 생산원칙들에 의해 운영되는 일본 기업, 특히 도요타자동차의 생산과 경영방식에 큰 관심을 가졌다. 그래서 도요타자동차의 TPS와 JIT를 미국 기업에 도입하려고 하였다. 그래서 JIT와 TPS를 미국식 환경에 맞추어서 재정립한 것이 린시스템이다.

5.4.2 린시스템

[1] 린시스템이 무엇인가?

그러면 린(lean)이란 용어는 어떻게 나왔는가? 사전에서 린이라는 일상적인 용어는 '군더더기 없는,' '군살 없는,' '얇은,' '마른'이라고 풀이되어 있다. 즉, 린은 군살이 없는 아주 간결한 상태를 말한다.

전문적인 용어인 린은 미국 MIT 대학의 Womack, Jones 그리고 Roos 교수가 1990년 그들의 저서에서 처음으로 '린생산(lean production)'이라는 용어를 처음 소개하였다. 이것은 기존의 전통적인 생산방식인 대량생산방식에 대하여 혁신적인 생산방식을 표현하는 말로서, 일본의 TPS(Toyota Production System)를 의미하였다. Womack과 Jones는 1996년에 린생산을 더 확대하여 '린사고방식(lean thinking)'이라는 논문을 발표하게 되었다(Womack과 Jones, 2003). 또 1996년 이후 4년 동안 미국의 MIT에서 LEM(Lean Enterprise Model), TTL(Transition to LEAN Roadmap), LESAT(LEAN Enterprise Self Assessment Tool)의 3가지 요소로 구성된 LEAN Enterprise 경영혁신기법을 연구하였다.

그 후 린생산은 학계, 정부 및 산업계에서 사용되는 일반적인 용어가 되었다. 그리고 1990년대 세계의 많은 제조업체에 의해 문제해결기법으로 급격히 도입되기 시작하였다. 미국 ASQ에서는 린시스템을 다음처럼 정의하고 있다(www.asq.org). 린시스템은 제조 또는 서비스업체를 운영하는 기법과 활동시스템으로서, 비즈니스에서 부가가치를 창출하지 않는 활동과 낭비를 제거하는 시스템이다. 또 Hayler와 Nichols(2006)는 린의 개념이 최적의 프로세스설계와 풀프로세싱의 원칙에 의해 나왔다고 하였다.

그래서 린은 생산에서는 '낭비 없는 생산,' 경영에서는 '낭비 없는 경영'을 의미한다. 그러므로 린시스템은 부가가치가 없는데 투입되는 자원의 낭비를 지속적으로 줄이고, 고부가가치를 생산할 수 있는 합리적 프로세스를 구축하여 조직성과를 제고하도록 하는 시스템이다.

이렇게 린시스템의 목적은 생산프로세스에서 부가가치를 창출하지 않는 모든 유형의 낭비를 제거하고, 사이클타임을 감소하는 시스템이다. 이렇게 하기 위해서는 프로세스의 흐름이 전체적으로 원활하여야 한다. 그래서 린시스템은 한 부서, 부문, 혹은 프로세스에 초점을 맞추지 않고, 고객으로부터 주문을 받아서 완제품을 배달할 때까지의 전체 프로세스 흐름의 최적화에 초점을 맞춘다. 전체 프로세스가 최적화되면, 제품이나 자재의 흐름이 빨라지고 사이클타임이 감소된다.

[2] 린시스템의 요소

린시스템을 이해하기 위해서는 일본의 JIT와 TPS를 잘 이해하여야 한다. 여기에 대해서는 이미 앞에서 설명하였다. 즉, 린시스템을 효과적으로 도입하기 위해서는 JIT와 TPS의 핵심적인 원리들을 잘 이해하여야 한다.

Womack과 Jones(2003)는 린시스템은 다음처럼 5개의 요소들을 가지고 있다고 하였다. 가치, 가치의 흐름, 유연한 프로세스 흐름, 풀, 그리고 완벽이다. 첫째, 가치이다. 이 가치는 지속적으로 고객에게 물어보아야 한다. 왜냐하면 가치는 고객이 느끼는 가치이기 때문이다. 둘째, 가치의 흐름이다. 이것은 과업의 흐름을 그려 보는 것이다. 그리고 그 흐름을 더 빠르게 할 수 있는 방법을 찾거나 또는 비용, 낭비, 재공품을 감소할 수 있는 방법을 파악한다. 셋째, 유연한 프로세스 흐름이다. 유연한 프로세스 흐름은 프로세스가 유연하게 흘러가는 흐름을 말한다. 이것은 재공품, 오류, 불량품 등을 제거함으로써 발생한다. 넷째, 풀이다. 풀(pull)은 단순히 고객이 원하는 수량의 제품을 그대로 정확하게 생산하는 것이다. 여기에 대해서는 잠시 후에 설명하도록 한다. 다섯째, 완벽이다. 완벽은 지속적인 개선이다. 이것은 쉽게 달성할 수 없겠지만 지속적으로 노력하여 완벽을 추구하는 자세를 말한다.

Tapping, Shuker, 그리고 Luyster(2002)는 린시스템을 도입하기 위해서는 이 시스템을 3단계로 구분하여 도입하여야 한다고 하였다. 수요단계, 흐름단계, 그리고 균형단계이다. 첫째, 수요단계이다. 수요단계는 고객이 무엇을 언제 원하는가를 아는 것이다. 그리고 그것을 가장 빠르게 만들 수 있는 시간을 결정한다. 둘째, 흐름단계이다. 흐름단계에서는 가장 빠르게 만들 수 있는 방법을 강구한다. 셋째, 균형단계이다. 이 단계에서는 고객 수요와 생산속도의 균형을 맞춘다.

[3] 린시스템의 효과

부가가치를 창출하지 않는 낭비를 제거하는 린시스템은 먼저 프로세스의 흐름에 따르는 생산 및 서비스시간을 줄임으로써 사이클타임을 감소한다. 이렇게 되면 프로세스의 흐름이 좋아지고, 작업환경이 좋아진다. 그리고 단축된 사이클타임은 고객에게 제품 및 서비스를 공급하는 시간을 감소하여 고객만족을 증가시킨다. 이것은 생산과 유통에 따르는 비용을 감소시켜, 기업의 원가를 크게 절감한다.

그런데 린시스템이 단점이 없는 것은 아니다. Cusumano(1994)는 잦은 공급계획으로 물류의 정체현상이 발생한다고 하였다. 특히 도시에서는 극심한 정체가 생긴다고 하였다. 이것은 물류비용을 증가시키고, 교통체증을 일으키며, 공해를 발생한다. 그래서 일본 정부는 기업체들에게 공급횟수를 감소하라고 지시하기도 하였다. 또 하나의 문제점은 능력 있는 공급업자를 필요로 한다는 것이다. 그러나 공급네트워크가 점차로 글로벌화되어 어려움이 증가하고 있다.

참고문헌

안영진, 유영목, 홍석기, 생산운영관리 3개정판, 박영사, 2016.

Barrick, Murray R. and Ralph A. Alexander, "A Review of Quality Circle Efficacy and the Existence of Positive—Findings Bias," Personnel Psychology, 1987, 579—592.

Blair, John D. and Kenneth D. Ramsing, "Quality Circles and Production/Operations Management: Concerns and Caveats," Journal of Operations Management, Vol. 4, No. 1, November 1983, 1—10.

Bradley, Keith and Stephen Hill, "Quality Circles and Managerial Interests," Industrial Relations, Vol. 26, No. 1, 68—82.

Cole, R. E., "Made in Japan - Quality Control Circles," Across the board, Vol. 16, No. 11, 1979, 72—78.

Cusumano, Michael A., "The Limits of 'Lean'," Sloan Management Review, Summer 1994, 27—32.

Gibson, P., Quality Circles: An Approach to Productivity Improvement, New York: Pergamon Press, 1982.

Hayler, Rowland and Michael Nichols, Six Sigma for Financial Services: How Leading Companies are Driving Results Using Lean, Six Sigma, and Process Management, McGraw Hill, 2006.

Imai. Masaaki, Kaizen, Kaizen Institute Ltd, 1988.

Ishikawa, Kaoru, What is Total Quality Control? The Japanese Way, Englewood Cliffs, NJ: Prentice—Hall, 1985.

Ishikawa, Karou, Guide to Quality Control, Tokyo: Asian Productivity Organization, 1986.

Levinson, William A. and Raymond A. Rerick, Lean Enterprise: A Synergistic Approach to Minimizing Waste, ASQ Quality Press, 2002.

Munchus, George, "Employer—Employee Based Quality Circles in Japan: Human Resource Policy Implications for American Firms," Academy of Management Review, Vol. 8, No. 2, 1983, 255—261.

Ohno, Taiichi, Toyota Production System, Cambridge, MA, Productivity Press, 1988.

Rafaeli, Anat, "Quality Circles and Employee Attitudes," Personnel Psychology, 1985, 603—615.

Shibata Masaharu and Kaneda Hideharu, 도요타 최강경영, 고정아 옮김, 일송미디어, 2001.

Shea, Gregory P., "Quality Circles: The Danger of Bottled Change," Sloan

Management Review, Spring 1986, 33−46.

Shelby, L. and R. A. Werner, "Quality Circles Forge a Link between Labor and Management," Defense Management Journal, 19, 1980, 195−211.

Steel, Robert P., Kenneth R. Jennings, and James T. Lindsay, "Quality Circle Problem Solving and Common Cents: Evaluation Study Findings from A United States Federal Mint," The Journal of Applied Behavioral Science, Vol. 26, No. 3, 1990, 365−381.

Tapping, Don, Tom Shuker and Tom Luyster, Value Stream Management, Productivity Press, 2002.

Watanbe, Susumu, "The Japanese Quality Control Circle: Why it Works," International Labour Review, Vol. 130, No. 1, 1991, 57−80.

Womack, James P. and Daniel T. Jones, Lean Thinking: Banish Waste and Create Wealth In Your Corporation, Second edition, Free Press, 2003.

Womack, James P., Jones, Daniel T., and Roos, Daniel, The Machine that Changed the World: The Story of Lean Production, HarperPerennial, New York, 1990.

Yager, E. G., "The QC Explosion," Training and Development Journal, Vol. 35, No. 4, 1981, 98−105.

www.asq.org

www.toyota.com

❙ 메모

MANAGEMENTQUALITY

품질이란
우연히 만들어지는 것이 아니라,
언제나
지적 노력의 결과이다.

Quality is
never an accident,
it is always
the result of intelligent effort.

- John Ruskin -

TQM

1970년대 미국의 경영자들은 미국 제품의 경쟁력이 저하되는 것을 인식하고, 그 원인을 밝히고자 하였다. 그리고 품질이 근본적인 원인이라는 것을 알았다. 사실 품질만 좋지 않은 것이 아니라, 비용과 신제품개발에 있어서도 미국이 열세인 사실을 인식하였다. 그래서 나온 방법이 TQM(Total Quality Management)이다. TQM은 기업과 정부에 의해서 개발되고 보급되었다. 또 TQM 보급에 공헌한 사람들 대부분은 산업공학, 물리학 또는 통계학을 전공한 사람들이 많았다.

TQM이라는 용어가 비록 1980년대에 처음으로 나왔지만, TQM의 기본적인 원리는 Shewhart, Deming, Juran, Feigenbaum 그리고 Crosby와 같은 품질 대가들로부터 생성되었다. 그래서 TQM은 TQC(Total Quality Control)와 일본의 CWQC(Company-Wide Quality Control)의 기본적인 원리들을 계승하고 있다. Deming은 1950년대부터 TQM의 기본원리를 역설하였으며, PDCA 사이클을 개발하였다. 그런데도 불구하고 TQM이 1980년대에 발생한 이유는 단순히 미국의 경영자들이 품질을 소홀히 하였기 때문이었다. 그러나 지금 TQM은 미국 기업들이 가장 많이 사용하는 개념 중 하나가 되었다. 제6장에서는 다음과 같은 주제들을 다루고자 한다.

6.1 TQC
6.2 TQM
6.3 품질경영과 경영품질

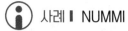
사례 ▌ NUMMI

이미지 출처: www.toyotainthenews.com

NUMMI(New United Motor Manufacturing Incorporation)는 상당히 독특한 조직이다. 미국의 GM과 일본의 도요타자동차가 합작하여 설립한 회사이기 때문이다. 그러나 2010년에 폐쇄되었다.

그러면 NUMMI는 왜 설립되었을까? GM과 도요타자동차의 이해가 서로 맞아 떨어졌기 때문이다. 먼저 GM은 당시 경영성과가 말이 아니었다. 특히 소형차시장에서 엄청난 손실을 보았으며, 확고한 목표도 없이 그냥 덩치 큰 기업을 끌고 가기 바빴다. GM은 비가동중인 많은 공장들을 재가동하여 일자리를 재창출해야 했다. 그러나 어떻게 하여야 할지 몰랐다. 그때 GM은 탁월한 도요타자동차 생산시스템을 통하여 이 위기를 타개하고자 하였다. 한편 도요타자동차는 미국에서 자동차를 생산해야 했었다. 이미 일본의 Nissan(Tennessee주)과 Honda(Ohio주)는 미국에서 자동차를 생산하고 있어, 도요타로서는 이미 한 발짝 늦은 감이 없지 않아 있었다. 물론 도요타자동차는 단독으로 미국에 자동차 공장을 세울 수 있었다. 이 방법이 가장 간단하면서 빠른 방법이었다. 그러나 도요타자동차는 기존의 미국 공장인 GM 프리몬트(Fremont) 공장을 통하여 빠르게 미국을 배우고자 하였다. 이러한 양 기업의 이해가 맞아 떨어져 NUMMI가 탄생한 것이다.

이제 도요타자동차는 도요타의 생산시스템을 프리몬트 공장에 심어야 했다. 그런데 1980년대 초 프리몬트 공장은 GM 공장 중에서도 최악의 공장이었다. 파업이 빈번하게 발생하였고, 품질을 담보로 자주 태업을 하곤 했다. 결근율은 평균 20% 이상이었으며, 생산된 자동차의 품질은 최악이었다. 도요타자동차의 최대 고민은 이렇게 최악의 공장의 종업원들에게 품질이 좋은 자동차를 어떻게 생산하도록 전환하는가 하는 것이었다.

도요타자동차는 TPS(Toyota Production System)를 도입하였다. 즉, GM의 문화를 바꾸지 않고, 단순히 TPS를 도입하였다. 사람들이 생각하는 방법을 바꾸지 않고, 사람들의 행동을 바꾸고자 하였다. 하나의 중요한 방법이 'ANDON(Stop the Line)'이다. ANDON은 조립라인에서 문제가 발생하면 그 누구도 라인을 정지시킬 수 있는 제도이다. 도요타에서 ANDON은 기본적인 활동이었다. 사실 ANDON의 개념은 사람을 존중하는 마음에서 비롯된다. 그 사람의 능력을 믿고 신뢰하기 때문에 막대한 비용의 위험을 무릅쓰고 라인을 정지할 수 있는 권한을 주는 것이다. ANDON은 프리몬트 공장의 종업원들에게 동기부여가 되었다. 자기들의 역량을 회사에서 믿는다는 사실은 이들을 상당히 고무시켰다.

이렇게 해서 1년 만에 프리몬트 공장은 완전히 새로운 공장이 되었다. 결근율은 2%대로 떨어졌으며, 품질은 GM에서 최고가 되었다. 이러한 사실을 믿을 수 있는가? 동일한 인력으로 1년 안에 이렇게 바뀌다니. 이것은 단지 문화가 바뀌었기 때문이다.

NUMMI Toyota와 General Motors

이 사례는 다음의 자료들에 의거하여 저자가 재구성하였다.

John Shook, "How to Change a Culture: Lessons From NUMMI," MIT Sloan Management Review, Vol. 51, No. 2, 63−68.

Total Quality Control

A.V. Feigenbaum

    TQC는 제조 및 통계 전문가 이외의 많은 사람들도 품질에 대해 책임이 있다는 것을 주장하는 중요한 개념이다. Armand V. Feigenbaum (1922 – 2014)은 TQC(Total Quality Control)를 1951년 출판된 『Total Quality Control』에서 처음으로 소개하면서, 품질에 대한 책임이 단지 제조부서에만 있는 것이 아니라, 모든 부서에 전부 있다고 하였다. TQC는 품질에 대한 단기적인 사고방식을 확대하였다. 과거에는 품질이 주로 제조품질을 의미하여 검사에 중점을 두었지만, TQC는 품질의 책임을 기업 전체로 확장하였다. 이렇게 파이겐바움(Feigenbaum)은 SQC보다는 조직구조와 시스템 개혁을 통해 품질을 향상시키는 데 주력하였다.

    파이겐바움은 24살에 GE(General Electric)에서 제조 및 품질관리자로 일하면서, 품질에 대한 책임이 품질부서에만 있지 않고, 다른 부서들도 책임이 있다고 주장하였다. 즉, 품질은 설계, 마케팅, 엔지니어링, 그리고 생산을 포함한 전 부서들의 협조로 향상된다고 하였다. TQC는 후에 일본의 전사적 품질관리에 영향을 끼쳤다.

    파이겐바움은 일반적으로 제품이 '8단계의 사이클'을 거쳐 소비자의 손에 들어간다고 하였다. 이 '8단계 사이클'은 마케팅, 설계 엔지니어링, 구매, 제조 엔지니어링, 감독과 생산, 검사와 기능 테스트, 반출, 판매와 서비스이다.

    또 제품과 서비스의 품질은 아홉 가지 요소에 의해서 직접 영향을 받는다고 하였다. 이 아홉 가지 요소가 「파이겐바움의 9M」이다. 이것들은 markets(고객), money(자본), management(경영), men(인력자원), motivation(동기부여), materials(자재), machine and mechanization(자동화), modern information methods(현대정보기술), 그리고 mounting product requirements(청결)이다.

    또 파이겐바움은 e – business 시대에 있어서 고객의 중요성을 다시 한 번 강조하였다. 2000년 5월11일에 파이겐바움은 Financial Times에서 다음처럼 말하였다. "e-business 시대에 경쟁자보다 하루라도 빨리 온라인에 들어가는 것이 중요하지만, 보다 더 중요한 것은 고객만족이라고 하였다. 즉, 늦더라도 고객의 불만을 야기시켜 이미지를 훼손하여서는 안 된다"고 하였다. 그래서 "아무리 웹(web)이 비즈니스의 변혁을 가져온다 하더라도 가장 중요한 것은 고객만족"이라고 하였다. 이것은 품질은 고객이 결정한다는 파이겐바움의 철학과 일치하는 것이다.

Total Quality Management

TQC가 TQM으로 변하였다. 즉, 통제가 경영으로 바뀌었다. 단순히 단어 하나의 변화이지만, 그 효과는 엄청났다. 이제 여기에서 TQM을 소개하고자 한다.

TQM(Total Quality Management)은 TQ(Total Quality) 또는 단순히 QM(Quality Management)과 동의어로 사용된다. TQM은 종합적 품질경영, QM은 품질경영으로 많이 불린다. 그러나 본 저서에서는 품질경영 또는 종합적 품질경영이라는 말 대신 그냥 TQM으로 사용하고자 한다. 왜냐하면 TQM은 품질경영이기보다는 6시그마와 함께 경영품질의 중요한 개념이기 때문이다. 즉, 단순하게 품질을 관리하는 방법이 아니고, 조직과 시스템의 품질을 경영하는 방법이기 때문이다.

6.2.1 TQM의 의미

TQM에 대한 합의된 정의는 없다. 그래서 TQM은 안개 같고 애매한 개념이라고 Dean과 Bowen(1994)은 말하였다. 그러나 공통된 점은 TQM이 품질을 단순히 개선하는 기법이 아닌 기업 전체의 경쟁력을 향상시키는 철학이라는 것이다. 왜냐하면 TQM은 품질을 제품 및 서비스에만 주입시키는 것이 아니라, 조직의 모든 부문, 즉 설계, 생산, 마케팅, 구매, 검사, 품질, 연구개발, 소비자조사, 판매, 기획 등에 주입시키기 때문이다. 그래서 TQM은 경영품질을 다루는 경영혁신이다.

TQM은 과거의 품질기법들과 다르다. 과거에 품질은 주로 생산되는 제품에 국한되었고, 품질에 대한 책임도 주로 품질부서에 있었다. 그러나 TQM은 고객의 기대를 만족시키며, 검사보다는 불량품을 예방한다. 또 품질은 최종적으로 고객이 결정하며, 제품이 아닌 모든 업무에 적용되고, 책임도 품질부서를 포함한 모든 사람들에게 있다.

미국의 GAO(General Accounting Office)는 "TQM은 경영예술의 비교적 새로운 방법으로서, 전통적으로 수행해 온 경영방식을 재구축하여 제품의 품질과 고객만족을 향상시키는 방법"이라고 정의하였다. 그리고 "TQM은 고객중심의 품질과 경영자의 강력한 리더십을 필요로 하고, 지속적인 개선과 자료에 입각한 행동, 그리고 직원의 참여를 중요시한다"고 하였다(1991). Juran(1994)은 "TQM은 단순히 품질변동의 원인을 파악하고 개선하는 것이 아니라, 고객욕구를 만족시키는 것"이라고 하였다. Crosby(1984)는 "TQM은 결함예방에 모든 역량을 집중시키고, 고객과 공급업자 그리고 직원을 만족시키는 것이며, 또 전 직원의 참여를 전제로 하기 때문에 현장근로자를 중심으로 하는 과거의 품질관리와는 다르다"고 하였다. 미국의 국방부에서는 TQM을 다음처럼 정의하였다. "TQM은 조직을 지속적으로 개선하는 시스템을 구축하는 철학이며 원리이다. 동시에 고객을 만족시키고, 자원을 효율적으로 이용하고, 모든 업무를 개선하기 위하여 계량적인 방법과 인력자원을 응용하고, 또 지속적인 개선을 달성하기 위해 기본적인 경영기법과 기존의 경영개선 방법, 그리고 기술적인 방법들을 통합하여 운영하는 것이다." Ciampa(1992)는 "TQM은 기업의 전략, 계획 그리고 모든 활동을 이끌어 가는 기본적인 하나의 통합된 원리"라고 정의하였다. 여기에서 통합된 원리란 고객에 대한 철저한 봉사를 의미한다. Main(1994)은 "TQM은 기업이나 조직에서 수행하는 모든 과업의 품질을 지속적으로 향상시키기 위하여 조직적이고 논리적인 방법으로 기업이나 조직을 운영하는 방법"이라고 정의하였다.

기업들도 다양하게 TQM을 정의하고 있다. MBNQA(Malcolm Baldrige National Quality Award)를 수상한 미국의 Westinghouse는 "TQM이란 올바른 일을 처음에 실행함으로써 고객의 욕구를 만족시키는 기능의 리더십"이라고 정의하였다. 여기에서 '기능의 리더십'이란 지속적인 공정의 개선을 의미한다. 그리고 '올바른 일'은 고객을 기쁘게 하는 프로세스를 말하며, '처음에'라는 말은 허용하는 변동 내에서 운영되는 프로세스를 말한다. 역시 MBNQA를 받은 미국의 Xerox는 "TQM이란 경쟁력 있는 비용으로 고객만족을 극대화하고, 지속적인 개선을 달성하기 위해 기업 전체를 움직이는 전략으로 조직된 원리와 기법들의 집합체"라고 하였다(www.xerox.com).

여기에서는 위의 다양한 정의들에 의거해 TQM을 다음처럼 정의하고자 한다.

TQM은 고객의 욕구를 만족시키기 위해 전사적으로
자원의 효과적인 이용과 지속적인 개선을 추구하는
기업의 전략적이며 통합적인 철학이며 원리이다.

TQM은 새로운 조직을 창출하는 기업의 근본적인 철학이며, 전략의 가장 핵심적인 원리로서 작용하여야 한다. 이렇게 TQM은 품질향상을 위한 기업의 철학이다. TQM은 품질을 향상시키는 기법이 아니고, 기업의 경쟁력을 강화시키는 철학이다. TQM은 기업이 살아 남기 위해 모든 계층의 사람들이 반드시 이해하고 실천해야 할 철학이다. 기업문화를 변화시키고, 조직을 지속적으로 변화시키는 개념이다. 그래서 기업의 성공을 약속하는 확실한 방법이다.

또 TQM은 경영학을 구성하는 두 학파를 연계시킨다. 경영학은 과학적인 방법을 중요시하는 합리주의파와 조직을 사회적인 시스템으로 보는 인간관계학파로 크게 나누어져 있다. 합리주의는 Taylor에 의해 주도되었고, 인간관계학파는 Mayo에 의해서 주도되었다. 아마도 TQM은 이 두 유형을 전부 포함하고 있다고 볼 수 있다. 즉, TQM은 과학적인 방법과 동시에 인간의 행동적인 측면을 중요시한다. 이렇게 TQM은 경영학의 큰 두 학파를 연결시키는 개념으로 볼 수 있다.

이렇게 볼 때, 우리는 TQM의 특성으로 다음처럼 다섯 가지를 들 수 있다.

(1) 최고경영자의 리더십과 경쟁전략
(2) 고객만족
(3) 구성원 만족
(4) 프로세스의 지속적인 개선
(5) 설계를 통한 품질향상

6.2.2 TQM의 성공 요건

TQM의 원리는 그리 복잡하지 않지만, TQM이 성공하는 것은 그리 쉽지 않다. 왜냐하면 TQM은 단순히 도입해서 실천하는 기술적인 방법이 아니고, 가치관과 조직의 문화가 변화해야 하기 때문이다. 그래서 TQM을 도입하는 조직에서는 인내와 끈기를 가지고 계획성 있게 장기적으로 TQM을 추진해야 한다. 사실 TQM은 도중에 완성되어 끝나는 일시적인 프로그램이 아니고, 지속적으로 추구해야 하는 철학이다. 그래서 TQM을 하나의 프로그램으로 시작한 조직에서는 단기간에 어떤 성과를 잠시 얻을 수 있지만, 곧 TQM이 시들해져 조직에서 사라지게 된다. 보통 일시적인 프로그램으로 시작한 TQM이 12개월 동안 유지할 확률은 1/3밖에 되지 않는다. Barry(1994)는 품질상을 받기 위한 품질개선은 목적을 달성하면 대개 시들해져 잘 되지 않는다고 하였다.

그래서 TQM을 도입하였지만, 실패한 기업들이 많다. 실패하는 가장 주요한 이유는 TQM을 종합적이 아닌 부분적으로 실행하는 기업들이 많았기 때문이다. Peters(1987)는 "대부분의 품질프로그램은 열정이 없는 시스템을 운영하거나 또는 시스템이 결여된 열정만을 가지고 있기 때문에 실패한다"고 하였다. 또 Fuchs (1993)는 "기업이 실패하는 두 가지 중요한 이유는 전략적인 계획과 경쟁우위능력의 결여, 그리고 구습의 문화"라고 지적하였다. Garvin(1988)은 "TQM이 성공하기 위해서는 우선 품질전략과 정책들이 기업의 목표와 일치하여야 한다"고 하였다. 이렇게 "기업의 근본적인 방향과 품질정책이 일치하지 않는 경우, 품질프로그램은 품질기술만을 제시할 뿐이지, 조직원들의 사기를 얻는 데 실패해 궁극적으로 실패한다"고 하였다.

Masters(1996)와 Tamimi(1998)는 TQM을 도입할 때 기업들이 부딪히는 장애물들을 다음처럼 말하였다. 특히 Tamimi는 "TQM을 새로 도입하고자 하는 기업은 아래의 장애물 중에서도 신뢰성과 고객중심문화, 그리고 정치적인 장애물을 우선 처리해야 한다"고 하였다. 품질에 대한 전사적인 정의 결여, 변화를 위한 공식적인 전략계획 결여, 고객중심 결여, 조직간 원활하지 않은 커뮤니케이션, 조직원의 실제 권한이양 부재, 조직원에 대한 임원의 신뢰 결여, 품질프로그램의 단기처방 인식, 단기 재무성과에 대한 집착, 동기부여 결여, 성급한 추진, 정치적 문제, 리더십 결여 등이다.

Feigenbaum(1992-1993)도 TQM의 성공을 위한 열 가지 기본직인 지침을 다음처럼 설명하였다.

- 품질은 전사적인 활동이다.
- 품질은 고객이 말한다.
- 품질과 비용은 적이 아니라 동지이다.
- 품질을 향상시키기 위해서는 개인적인 열정과 광적인 팀워크가 모두 필요하다.
- 품질은 관리하는 것이다.
- 품질과 혁신은 상호 보완적이다.
- 품질은 보편적인 윤리이다.
- 품질은 지속적으로 개선하는 것이다.
- 품질은 비용을 절감하고, 생산성을 가장 향상시키는 지름길이다.
- 품질은 고객과 공급업자를 연계하는 토털 시스템(total system)으로 운영되어야 한다.

Crosby(1984)는 TQM이 성공하기 위한 조건으로 다음처럼 세 가지 점을 지적하였다.

근로자로 하여금 성공토록 한다. 이를 위해서는 무엇보다 근로자를 존중하고, 근로자가 성공할 수 있는 기회를 마련해줘야 한다. 구체적으로 객관적인 업무평가, 지속적인 교육, 업무의 명확한 정의, 포상제도 등이 전제되어야 하며, 조직원이 자신의 역할에 대해 긍지를 가질 수 있도록 대우해줘야 한다.

공급업자로 하여금 성공토록 한다. 이를 위해서는 공급업자에게 회사방침을 분명히 알려줘야 한다. 즉, 업무방식과 지향하는 목표가 우리와 조화를 이룰 수 있는 공급자를 선정하여 쌍방에게 유익한 장기적인 관계를 맺어 나간다.

고객으로 하여금 성공토록 한다. 고객이 원하는 것이 무엇인지를 정확히 파악한 다음 그것을 제공한다.

6.2.3 TQM의 성과

대부분의 연구에서는 TQM의 효과를 긍정적으로 보고 있지만(Saraph, 1989; Ahire, 1996; GAO, 1992; George와 Weimerskirch, 1994; Shiller 등 1994; Lowery, 2000; Salegna, 2000), 예외도 있다(Fisher, 1992; Miller, 1992). 특히 Van der Wiele(2000)는 "조직의 변화가 수반되어야 TQM이 성공할 수 있다"고 하였다. 일반적으로 TQM을 효과적으로 수행하는 기업은 다음과 같은 성과들을 기대할 수 있다. 그러나 이러한 성과는 단기간에 발생하지 않고 장기간에 걸쳐 발생한다.

- 조직원이 고객중심적인 가치관을 가진다.
- 고객만족이 증가한다.
- 구매하는 원자재 및 부품의 품질이 향상된다.
- 노사관계가 원만해진다.
- 생산성이 향상된다.
- 부가가치를 창출하지 않는 업무를 제거하여 비용을 감소시킨다.
- 부품 공급업자와의 관계가 개선된다.
- 조직원의 사기가 향상된다.
- 조직원에게 혁신적인 사고의식을 심어준다.
- 고객에 대한 서비스시간이 빨라진다.
- 재고가 감소된다.
- 개선이 지속적으로 발생한다.
- 조직원의 기업에 대한 소유의식이 높아진다.

- 제품과 서비스를 보다 신속하게 고객에게 공급한다.
- 생산비용과 유통비용이 감소된다.

6.2.4 TQM의 최대 실패 원인

"TQM이 실패하는 가장 중요한 이유는 최고경영자의 결의 부족"이라고 Crosby(1984)는 말하였다. "품질에 문제가 생겼을 때 책임을 져야 할 사람은 작업자가 아닌 경영자"라고 Deming(1986)은 말하였다. 이렇게 Deming은 "품질에 있어서 경영자의 임무를 특히 강조하였으며, 경영자는 작업자가 작업을 효과적으로 수행할 수 있는 시스템을 제공할 의무가 있다"고 하였다. Deming은 구체적으로 "작업자의 책임은 15%이고 나머지 85%는 기업의 품질시스템을 잘못 구축한 경영자의 책임"이라고 하였다. 불량한 원료를 사용하거나, 기계 수리를 잘 하지 못하거나, 작업환경이 좋지 못하거나, 표준규격이 너무 높거나, 조직원의 생산량 완수에 대한 불안감이 높거나 하는 것은 모두 작업자의 책임이 아니고 경영자의 책임이다. 또 사실 나머지 15%의 책임도 어떻게 보면 작업자의 책임이라고 보기 어렵다. 교육과 훈련의 부족, 조직원의 능력을 충분히 도출하지 못하는 경영자의 리더십 등에 의하여 작업자가 불량품을 만든다면 이것 또한 경영자의 책임이라고 볼 수 있다. 즉, 경영자가 열등한 시스템을 만들었다는 데 근본적인 책임이 있는 것이다. 그래서 Deming은 "할당량, 목표량 또는 슬로건 등을 없애야 한다"고 하였다. 이렇게 품질을 향상시키기 위하여 경영자의 역할이 말할 필요도 없이 상당히 중요하다. 경영자는 품질향상을 하는 데 있어서 그 누구보다도 앞장을 서야 한다.

Juran(1994)도 품질에 있어서 최고경영자의 역할을 상당히 강조하였다. 즉, "품질향상은 조직의 큰 변화를 요구하기 때문에 최고경영자의 강력한 리더십 없이는 품질을 향상할 수 없다"고 하였다. 그래서 "최고경영자는 먼저 매년 품질향상과 비용감소에 대한 계획을 수립하고, 모든 계층의 경영자에게 품질 개념과 기법들을 교육시키고 훈련시키는 프로그램을 제공하여야 한다"고 하였다.

TQM이 성공하기 위해서는 최고경영자의 역할은 제조업체에만 적용되는 것이 아니고, 서비스업체에도 적용된다. 더구나 비영리 서비스업체인 교육기관에서도 TQM이 성공하기 위해서는 최고 위치에 있는 사람의 TQM에 대한 적극적인 의지와 이해가 필수적이다. 이것은 미국 버지니아(Virginia)주의 교육기관에서 TQM을 도입하면서 얻은 결론 중의 하나이다.

품질경영과 경영품질

환경의 변화에 따라 품질도 변한다. 기업은 품질만 우수하다고 되는 것이 아니고, 경영시스템 전체의 질이 높아지는 초일류기업으로 변하여야 한다. GE의 Welch 전 회장은 이미 1980년대 워크아웃(Work-out)을 단행할 때, 시장에서 1위 또는 2위가 아닌 모든 사업부는 정리할 것이라고 하였다. 이것은 이제 초일류기업만이 시장에서 살아남을 수 있다는 명백한 증거를 보여주는 것이다.

그러면 품질경영과 경영품질은 무엇이 다른가? MAP자문교수단(2005)은 경영품질에 대한 연구를 하면서 품질경영과 경영품질의 차이에 대해 설명하였다. 이것은 단순히 단어를 서로 바꾼 것은 아니다.

품질경영은 품질시스템의 향상을 목적으로 한다. 그러니 어떻게 보면 부분적이고, 결과를 중시하는 개념이라고 할 수 있다. 그러나 제품과 서비스의 품질이 우수하다고 해서 반드시 기업이 돈을 버는 것이 아니다. 이미 앞에서 언급하였듯이, 품질은 단지 기업경쟁력을 강화하는 하나의 요소에 불과하다. 기업은 수익성을 창출하여야 한다. 여기에 비해 경영품질은 초점이 경영시스템의 향상이다. 경영시스템은 다양한 요소로 구성되어 있다. 예를 들어, ISO 9000은 품질시스템을 관리하는 것이다. 여기에 비해 MB와 같은 경영품질 모형은 경영시스템의 품질을 관리하는 것이다.

품질경영은 주체가 주로 품질과 관련된 부서이다. 그래서 품질경영은 제조 또는 생산이 하는 개념이라고 이해되어 전사적으로 도입되기가 쉽지 않다. 여기에 비해 경영품질은 경영시스템이 주체이므로 경영시스템을 구성하는 모든 요소가 전부 주체이다. 즉, 제품 및 서비스의 품질이 아니라 최고경영자를 비롯하여 각 사람, 부서, 사업부, 더 나아가 전체 조직의 품질이 향상되어야 하는 것이다. 그리고 품질경영은 단순히 제품 및 서비스의 품질을 향상시키는 개념으로 보기 때문에 부분적이고 한시적으로 운영될 수 있다. 그러나 경영품질은 기업의 문화를 완전히 바꾸는 개념이다. 즉, 기업의 모든 이해관계자들의 새로운 가치를 창조하는 것이다. 그래서 조직을 학습조직으로 바꾸고, 조직원의 사고방식을 바꾸고, 조직의 새로운 DNA를 형성하는 것이다. 즉, 기업의 프레임워크(framework)를 전사적으로 혁신하는 개념이다. 따라서 경영품질이 조직 내에 정착되려면 시간이 걸린다.

품질경영에 비해 경영품질은 기업의 성과를 중시한다. 아무리 프로세스가 좋아도 기업의 성과가 좋지 않으면 아무런 의미가 없다. 성과는 부분적인 성과가 아니라 상당히 포괄적이다. 즉, 모든 이해관계자와 환경을 포함하고 있다. 이것은 6 시그마도 마찬가지이다.

품질경영에 비해 경영품질은 미래지향적이다. 품질경영과는 달리 경영품질은 변하는 미래를 중요시한다. 그래서 조직이 미래를 어떻게 예측하고, 또 어떻게 적절하게 적응해 나가는가 하는 것을 대단히 중요시한다. 이것은 초일류기업들이 항상 변하는 시장 환경을 관찰하고 잘 예측하고 있는 것을 보면 알 수 있다.

품질경영에 비해 경영품질은 환경과 사회적 책임을 중요시한다. 이것은 조직이 사회의 구성원으로서 책임이 있기 때문이다. 그러므로 경영품질은 단순히 기업의 성과만 강조하는 것이 아니라, 획득한 부를 어떻게 사회에 환원하는가에 대해서도 큰 관심을 가지고 있다. 그래서 사회적 책임을 어떻게 수행하며, 또 환경에 어떻게 투자하는가를 중요시하고 있다.

이렇게 경영품질과 품질경영은 단순히 단어를 바꾼 것이 아니고 개념적으로 큰 차이가 있다. 이 차이를 분명히 인식하지 않는 조직은 품질경영과 경영품질의 차이를 인식하지 못할 것이며, 기업의 성과에도 역시 큰 차이가 없을 것이다. <표 6-1>은 품질경영과 경영품질의 차이를 설명한 표이다.

▼ 표 6-1 품질경영과 경영품질의 차이

품질경영		경영품질
품질시스템	초점	경영시스템
품질관련부서	주체	경영시스템을 구성하는 모든 요소
한시적	변화	기업문화
부서 결과	중시	기업성과
품질	관심	환경, 미래, 사회적 책임

참고문헌

MAP 자문교수단, 말콤 볼드리지 성공법칙, 김영사, 2005.

Ahire, L., D. Golhan, and M. Waller, "Development and Validation of TQM Implementation Construct," Decision Sciences, No. 1, 1996, 23−56.

Barry, Thomas J., Excellence is a Habit: How to Avoid Quality Burnout, ASQC, Quality Press, 1994.

Ciampa, Dan, Total Quality: A User's Guide for Implementation, Addison Wesley Publishing Company, 1992.

Crosby, Philip B., Quality is Free, McGraw−Hill, 1979.

Crosby, Philip B., Quality without Tears, New York: McGraw−Hill, 1984.

Dean, J. Jr. and D. Bowen, "Management Theory and Total Quality: Improving Research and Practice through Theory Development," Academy of Management Review, Vol. 19, No. 3, 1994, 392−418.

Deming, W. Edwards, Out of the Crisis, Cambridge, MA: Massachusetts Institute of Technology Center for Advanced Engineering Study, 1986.

Department of Defense, "Total Quality Management," publication DOD5000.51−G.

Feigenbaum, Armand V., Quality Control: Principles, Practice and Administration, McGraw−Hill Book Company, New York, 1951.

Feigenbaum, Armand V., "Thinking, Acting, and Deciding," National Productivity Review, Winter 1992/93, 9−12.

Fisher, T. J., "The Impact of Quality Management of Productivity," International Journal of Quality and Reliability Management, Vol. 9, No. 3, 1992, 44−52.

Fuchs, Edward, "Total Quality Management from the Future: Practices and Paradigms," Quality Management Journal, October 1993, 26−34.

GAO, Management Practices: U.S. Companies Improve Performance through Quality Efforts, U.S. General Accounting Office, Report GAO/NSIAD−91−190, 1991

Garvin, David A., Managing Quality, New York: The Free Press, 1988.

George, Stephen and Arnold Weimerskirch, Total Quality Management: Strategies and Techniques Proven at Today's Most Successful Companies, New York: John Wiley and Sons, 1994.

Juran, Joseph M., "The Upcoming Century of Quality," Quality Progress, August 1994.

Lowery, Christopher M. Nicholas Beadles II and James Carpenter, "TQM's Human Resource Component," Quality Progress, February 2000, 55−59.

Main, Jeremy, Quality Wars: The Triumphs and Defeats of American Business, The Free Press, 1994.

Masters, Robert J., "Overcoming the Barriers to TQM's Success," Quality Progress, May 1996, 53−55.

Miller, C., TQM's Value Criticized in New Report, Chicago: American Marketing Association, November 9, 1992.

Peters, Tom, Thriving on Chaos, New York: Alfres A. Knopf, 1987.

Salegna, Gary and Farzaneh Fazel, "Obstacles to Implementing Quality," Quality Progress, July 2000, 53−57.

Saraph, J. V., P. Benson, and R. Schroeder, "An Instrument for Measuring the Critical Factors of TQM," Decision Sciences, Vol. 20, No. 4, 1989, 810−829.

Shook, John, "How to Change a Culture: Lessons from NUMMI," MIT Sloan Management Review, Vol. 51, No. 2, 63−68.

Tamimi, Nabil and Rose Sebastianelli, "The Barriers to Total Quality Management," Quality Progress, June 1998, 57−60.

U.S. General Accounting Office, "Management Practices− U.S. Companies Improve Performance through Quality Efforts," report GAO/NSIAD−91−190, 1991.

Van der Wiele, A. A.R.T. Williams, and B. Dale, "Total Quality Management: Is It a fad, Fashion, or Fit?" Quality Management Journal, Vol.7, No.2, 2000, 65−79.

www.qualitygurus.com/gurus/list−of−gurus/armand−v−feigenbaum/
www.toyotainthenews.com
www.xerox.com

l 메모

사람을 쓸 때 일하다 생긴
작은 실수를 용서하라.
작은 잘못을 용서해 주면
형벌이 남용되지 않고
구성원이 기뻐할 것이다.
작은 허물을 용서하지 아니하면
아래로 온전한 사람이 없게 될 것이다.

(赦小過, 小者赦之 則刑不濫而 人心悅矣,
不赦小過 則下無全人矣)

- 논어 자로(子路)편 -

품질역사

제1장에서 언급하였듯이, 품질은 기업과 국가의 경쟁력을 결정한다. 그래서 국가가 선진국 대열에 합류하기 위해서는 반드시 그 국가에서 창출하는 제품과 서비스의 품질을 향상하여야 한다. 품질이 열악한 제품과 서비스로는 국제시장에서 경쟁을 할 수 없다. 1980년대 경쟁력이 떨어진 미국이 다시 세계 무대로 회귀할 수 있었던 이유 중 중요한 요소는 바로 품질에 대한 국가차원의 강력한 드라이브였다. 1980년대 미국에서는 TQM, MBNQA, 그리고 6시그마가 탄생하였다. 제7장에서는 한국, 미국, 일본, 그리고 유럽에서의 품질제도에 대해 살펴보기로 한다.

7.1 품질역사
7.2 품질제도

품질역사

7.1.1 한국의 품질역사

공식적으로 우리나라 최초의 기업은 1896년 8월에 종로4가인 배오개에 개업한 현재 두산그룹의 전신인 '박승직 상점'이라는 포목점이다. 한국의 품질역사는 그렇게 길지 않다. 그러나 최근 한국은 품질에 있어서도 선진국 못지않은 명성을 듣고 있다. 한국은 오래전부터 기업보다는 국가가 품질을 주도하여 왔다. 특히 1975년부터 시작된 국가품질경영대회는 한국 제품 및 서비스품질에 엄청난 영향을 끼쳤다.

한국 품질역사는 선진국들에 비해 역사가 비교적 일천한 편이다. 김기영 등(1999)은 한국 품질역사를 1960년대 초부터 1980년대 말까지의 품질관리시대(1960년대 초 – 1980년대 말)와 1990년대 이후의 품질경영시대로 구분하였다. Park(2000)은 도입기(1961 – 1972), 개발기(1973 – 1986), 확대기(1987 – 현재)의 3단계로 구분하였다. 그러나 여기에서는 한국 품질의 역사를 다음처럼 6단계로 구분한다.

[1] 준비시대(1949-1960)

우리나라에 산업표준화가 도입된 것은 규격이나 기술수준을 처음 명문화한 1949년 농산물 검사법 및 상표법이다. 그리고 1950년에 수산품 검사법이 공포·시행되었다. 한국의 품질관리는 민간자금으로 충주비료공장을 건설하는 과정에서, 한국 기술자들이 미국 기술자들로부터 전수받은 품질관리가 효시였다. 이것을 계기로 서서히 품질관리 기법들이 기업들에게 전파되기 시작하였다. 이 시대에는 품질에 대한 의식이 결여되었으며, 별 관심도 없는 시대였다.

[2] 국내표준화시대(1961-1974)

1961년에 들어서면서부터 서서히 품질에 대한 인식을 갖기 시작하였다. 그러나 이 시기에는 국내산업의 표준화를 장려하기 위하여 품질활동이 거의 정부 주도로 이루어졌으며, 기업들은 아직까지 품질에 대한 의식이 비교적 약하였다. 선진국은 공업화와 더불어 표준화를 추구하였지만, 우리나라는 경제개발 장기계획을 달성하기 위한 기초수단으로 표준화를 추구하였다. 1961년에는 경제개발5개년계획의 일환으로 공업표준화법을 제정·공포하였다. 1962년에는 300종의 KS규격이 제정되었고, 한국표준규격협회(www.ksa.or.kr: 현 한국표준협회)가 발족되었다. 1963년에는 KS표시제도가 실시되어 마포산업(현 금호전기)이 처음으로 백열전구로 KS 허가를 받았으며, KS규격으로 수출이 증대되고 품질이 급격히 향상되었다. 또 한국표준규격협회와 한국생산성본부에서 품질관리를 보급하기 위해 합동으로 품질강좌를 개설하였다. 이때부터 우리나라에서 품질관리 활동이 시작되었다고 할 수 있다. 그리고 국제표준화기구인 ISO와 국제전기기술위원회인 IEC에 가입하였다. 그리고 1965년에는 한국품질관리학회(현 한국품질경영학회; www.ksqm.org)가 창립되었고, 사내표준화를 체계적으로 실시하기 시작했으며, 1967년에는 공산품 품질관리법과 규격표시제도가 제정되었다. 1971년에는 정부에서 공업표준화 10개년 계획(1971-1980)을 수립하였으며, 1973년에는 상공부에서 공업진흥청을 발족하여 표준화를 널리 장려하였다. 그리고 1974년에는 전기용품 안전관리법이 제정되었다.

[3] 품질분임조시대(1975-1978)

이 시기부터 한국에는 품질분임조를 중심으로 본격적인 품질관리활동이 시작되었다고 볼 수 있다. 1975년에는 정부가 그 해를 '품질관리의 해'로 정해 공업진흥청에 품질관리추진본부를 설치하였고, 한국표준협회가 사무국으로 지정되었다. 그리고 역시 이 해에 제1회 '전국품질관리 및 표준화 대회'와 제1회 '전국품질관리 서클경진대회'를 개최하여 처음으로 품질관리대상(현 품질대상)을 수여하였다. 또 품질분임조 활동이 본격적으로 시작되었다. 1977년에는 공업표준화법의 개정과 함께 한국표준규격협회가 한국공업표준협회로 이름을 바꾸었다. 그리고 1977년을 품질관리 정착의 해, 1978년을 품질관리 심화의 해로 규정하였다.

[4] 생산현장 품질관리시대(1979-1988)

이 시기부터는 기업체가 본격적으로 품질관리 활동을 선포하였다. 그래서 관 위주의 품질활동이 기업체로 이전되었다. 특히 1980년대에는 신기술, 신소재 및 정보화 등 고도로 다양화된 산업환경의 변화로 표준화가 매우 중요하였다. 또 GATT 표준코드로 공업표준화에 대한 국제화가 요구되었다. 1981년에는 처음으로 분임조가 사무, 판매, 서비스 분야로 확대되었다. 1984년에는 KS규격의 국제화 사업이 추진되었다. 그래서 1980년대의 산업표준화 추진은 회사규격, 단체규격, 국가규격으로 이어지는 체계적인 공업표준화를 산업계에 정착시켰다. 그러나 이 시기의 품질활동은 주로 생산현장 중심의 운동이었다.

[5] 국제표준화 및 품질경영시대(1989-1995)

한국의 품질운동은 기업의 능동적이고 자발적인 행동보다는 정부의 주도하에 이끌려 수동적이고 소극적으로 시행되었다. 그래서 한국 제품의 품질에 한계가 있었다. 정규석(1993)은 이 시기에 한국의 품질활동은 경영자의 참여 및 의지가 부족했고, 추진방법에 있어서 품질을 위한 종합적인 접근이 부족하였다고 하였다. 이 시기부터는 국제경쟁이 치열해지고 국제표준화가 발생하기 시작하였다. 그래서 정부에서도 1990년부터 국가표준화를 국제표준화로 추진하였다. 1992년부터는 품질관리의 개념을 확대해 품질경영이라는 명칭이 사용되었다. 즉, ISO 9000시리즈를 받아들여 한국산업규격인 KS A 9000 – 9004를 이용하면서부터이다. 또 품질관리분임조를 품질기술분임조로 명칭을 바꾸었고, 공업표준화법을 산업표준화법으로 개정하였다. 1993년에는 공산품품질관리법을 품질경영촉진법으로, 그리고 공업표준화법을 산업표준화법으로 개정하였다. 또 ISO 9000 품질인증제도를 도입하였으며, 종래의 품질관리분임조 경진대회를 품질기술분임조 경진대회로 명칭을 바꾸었다. 1994년에는 국내산업기술수준의 선진화를 통해 품질경영의 기반을 구축하기 위해 품질경영 5개년계획(1994 – 1998)을 추진하였다. 그리고 또 품질기술분임조 경진대회를 품질분임조 경진대회로 이름을 바꾸었다. 1995년에는 다시 산업표준화법을 개정하여 100PPM 인증제도를 실시하였다.

[6] 경영품질혁신시대(1996-2013)

1996년에는 삼성전관이 우리나라 기업으로는 최초로 6시그마 경영혁신을 도입하였다. 2000년에는 싱글PPM운동을 실시하였고, 12월 산업자원부는 품질경영촉진법을 '품질경영 및 공산품안전관리법'으로 개정·공포하였으며, 2001년 7월부터 시행에 들어갔다. 2000년에는 또 한국표준협회가 서비스품질대상을 실시하였다. 2002년에는 한국품질재단이 품질의 중요성을 강조하기 위해 신품질이라는 개념을 들고 나와 신품질포럼을 창설하였으나, 2013년 사회적책임경영품질원으로 명칭을 바꾸었다. 2013년에는 서비스품질 우수기업 인증제도가 도입되었고, 제조물책임법을 법 제6109호로 공포하였다.

[7] 스마트품질시대 (2014-현재)

빅데이터, 사물인터넷 등의 출현으로 디지털환경이 조성되어 품질에 대한 인식이 급격하게 바뀌었다. 국가기술표준원은 표준을 주도하기 위해 2014년 11월 도쿄에서 IEC SMB(표준화관리이사회)에서 웨어러블 스마트 기기 분야의 TC 설립을 제안하여 전문가그룹(ad-hoc group 56)이 구성되었고, 2015년 6월에는 SMB adG 56의 검토 결과를 바탕으로 전략그룹 10(SG 10)을 신설하여 TC 설립의 타당성을 구체화하도록 조치하였다.

<표 7-1>은 한국의 품질에 있어서 중요한 역사를 연대순으로 표시하였다.

▼ 표 7-1 한국 품질의 역사

연도	사건
1955	충주 비료공장 설립 후 미국 기술자들로부터 품질관리 기법 전수
1961	미국의 Wash 교수가 서울 상공회의소에서 품질관리 세미나 개최
1962	공업표준화법 제정·공포, 국가 표준화법 시행령 공포
	한국 생산성본부와 표준규격협회가 처음으로 품질관리 강좌 개설
	300종의 KS규격 제정
1963	KS 표시제도 실시, 한국 ISO 가입
1965	한국공업규격표시 제도 실시, 한국품질관리학회 창립
1967	공산품 품질관리법 제정, 규격표시제도 제정
1970	제1회 전국 QC 서클 대회
1973	공업진흥청 발족
1974	전기용품 안전관리법 제정
1975	품질관리 추진본부 설치, 제1회 전국품질관리 및 표준화대회
1981	품질관리 등급인 품자 마크 사용
1992	KS A 9000-9004 제정
1993	품질경영촉진법 시행, ISO 9000 품질인증제도 도입
1995	산업표준화법을 개정하여 100PPM 인증제도 실시
1996	공업진흥청 폐쇄, 삼성전관 6시그마 도입
2000	품질경영촉진법을 품질경영 및 공산품안전관리법으로 개정
	제조물책임(PL)법을 법 제6109호로 공포
	중소기업청 싱글 PPM 운동 실시
2001	한국표준협회 서비스품질 대상

2002	산업자원부 기술표준원 서비스품질 우수기업 인증 제도
	신품질포럼 창립
2010	경영품질상이 국가품질상으로 변경
2013	사회적책임경영품질원 창립
2014	국가기술표준원은 동경에서 개최된 IEC SMB(표준화관리이사회)에서 웨어러블 스마트 기기 분야의 TC 설립을 제안 및 전문가그룹 구성
2015	제4차 국가표준기본계획수립 (2016~2020)
	ISO 서울 총회 개최

7.1.2 세계의 품질역사

세계 품질의 역사는 멀리 고대까지 거슬러 갈 수 있지만, 실질적으로는 산업혁명 이후부터 발생하였다고 볼 수 있다. Feigenbaum(1988)은 품질의 발전과정을 작업자에 의한 품질관리시대, 직장에 의한 품질관리시대, 검사에 의한 품질관리시대, 통계적 품질관리시대, 종합적 품질관리시대, 그리고 종합적 품질경영시대 등 여섯 가지로 구분하였다. 또 Garvin(1988)은 비공식검사시대, 공식검사시대, 통계적 품질관리시대, 품질보증시대, 그리고 전략적 품질경영시대 등 다섯 가지로 구분하였다. 그러나 여기에서는 품질의 역사를 더 세분화하여 다음처럼 11가지로 구분한다.

[1] 무검사시대

고대에 천연자원은 인간에게 유일한 양식이었고 생활수단이었다. 당시 인간이 먹을 수 있는 유일한 자원은 식물 또는 동물이었으며, 이러한 자원들의 품질이 인간의 생사를 결정하였다. 그러나 인간은 곡물을 재배하는 기술을 터득하여 곡식을 먹게 되었는데, 곡물의 품질은 토지의 비옥도에 의해 전적으로 결정되었다. 그러나 아직도 품질문제는 그리 심각하지 않았다. 왜냐하면 생산자가 곧 소비자였기 때문이다.

[2] 장인자주검사시대

산업혁명 전에는 공산품이 대량생산되지 않았고, 고객의 개별적인 주문에 의해 생산되었다. 그래서 공산품의 품질도 대부분 각 장인(匠人, master craftsman)의 개별적인 기술과 노력에 의해 거의 결정되었다. 그러나 18세기 말 영국에서 발생한 산업혁명은 인간의 문명을 획기적으로 바꿔 놓았다. 영국의 Adam Smith가 제창한 「분업의 개념」에 의하여 생산의 전문화가 구축되었다. 이렇게 되자 생산자와 소비자가 전처럼 동일하지 않고 분리되기 시작하였다. 그러나 아직도 품질에 대한 책임은 생산자가 아닌 소비자에게 있었다. 그래서 물건을 살 때 소비자는 물건을 잘 골라야만 했다. 왜냐하면 잘못 산 물건에 대한 책임이 생산자가 아닌 소비자에게 있기 때문이었다. 그러나 제품이 단순하여 소비자가 제품의 품질을 측정하는 데에는 그리 큰 문제가 없었다.

분업에 의한 국가 간의 무역이 활발해지면서 품질은 생산자와 구매자 간의 중요한 문제로 부각되기 시작하였다. 이제는 구매자가 제품의 품질을 식별하는 다양한 기법들을 필요로 하게 되었다. 왜냐하면 생산자와 소비자가 이제는 서로 얼굴을 마주 보고 흥정할 수 없기 때문이다. 그래서 품질을 검사하는 샘플문제, 품질보증, 법적 계약, 측정도구, 검사방법 등에 관한 문제들이 발생하였으며, 품질에 관한 전문적인 부서가 탄생하게 되었다.

19세기 말까지 검사는 작업자 자신에 의하여 직접 수행되었다. 이것이 가능했던 이유는 생산량이 적고, 수작업이고 주문생산이어서, 작업자가 자기의 작업 전체에 대해 전적으로 혼자 책임을 질 수 있었기 때문이었다. 이것은 자기가 만든 제품은 자기가 책임을 진다는 '장인정신'을 불러 일으켰다. 그래서 당시 작업자의 주된 관심은 생산량이 아니고, 자기가 만든 제품의 성능이 고객의 요구조건과 얼마나 잘 일치하는가에 있었다. 당연히 고객의 관심도 가격보다는 제품의 성능에 집중되었다. 물론 당시에는 작업자와 고객 간의 의사소통이 비교적 원활하였고, 작업자의 기술수준이 높았으며, 자기가 만든 제품을 자율적으로 검사하고 통제할 수 있는 능력을 작업자가 지니고 있었다.

[3] 감독자시대

Taylor의 과학적 관리법이 시작된 20세기 초, 공장규모가 커지고 생산량이 증가하기 시작하였다. 또 시간연구와 동작연구에 의한 작업방법의 획기적인 개선과 표준화는 생산성을 더욱더 향상시켜 대량생산을 촉진하여 공장제공업을 탄생시켰다. 이제 작업자는 자기가 생산한 모든 제품을 혼자서 전부 통제할 수 없게 되었다. 그리고 직공들의 수가 많아져서 직공들을 통제할 감독자가 필요하게 되었다. 감독자는 직공들이 지시대로 잘 하는지 감독하고, 또 미숙련공들에게 작업기술을 교육시켰다. 그래서 품질은 이제 작업자가 아닌 감독자에 의해 관리되었다. 그리고 당시 공장의 목적은 품질이 아니라, 납기준수와 목표생산량의 달성이었다. 그래서 불량품은 항상 많이 발생하였고, 검사를 통해서 불량품을 색출하는 데도 많은 시간이 걸렸다.

[4] 품질전문가시대

1920년대에 들어서면서 생산시스템과 제품이 점점 더 복잡해지기 시작하였고, 작업도 점점 전문화되어 감독자에 의한 검사도 한계점에 도달하게 되었다. 이것은 생산량의 증가로 감독하는 데에도 한계가 생겼기 때문이었다. 그래서 검사를 전문으로 수행하는 검사자가 필요하게 되었다. 즉, 이제는 전문적인 검사원에 의한 품질관리가 이루어지게 되었다. 이것은 조직 내에 검사부라는 새로운 부서를 만드는 계기가 되었고, 모든 검사는 검사부에 의해서 이루어지게 되었다. 그리고 검사부의 책임자가 이제 검사에 관한 보고를 공장장이나 제조책임자에게 직접 보고하였다.

[5] 통계적 품질관리시대

완제품에 대한 검사는 불량의 원인을 발견하는 데 그리 유용하지 못하였다. 검사는 단지 검사일 뿐이지, 제품의 품질을 향상시킬 수 없었다. 즉, 품질은 검사에 의해서 달성되는 것이 아니고, 프로세스의 개선에 의해서 달성되었다. 또 생산량의 급격한 증가는 이제 생산량 전체에 대한 검사를 불가능하게 만들었다. 그래서 샘플링이론에 의한 통계적 품질관리(SQC; Statistical Quality Control)가 발생하게 되었다. 1924년 벨전화연구소(Bell Telephone Laboratories)의 Walter Shewhart 박사가 공정관리도를 개발하였고, 1920년대 말에는 역시 같은 회사의 Dodge와 Romig가 전수검사를 대체하는 샘플링 검사법을 개발하였다. 그래서 1940년대에는 공정관리도와 샘플링 검사법과 같은 SQC가 많은 기업체들에 의해 사용되었다. SQC는 검사원의 수를 감소시켰을 뿐만 아니라, 불량의 변동을 제거하여 품질을 향상시켰다. 그리고 이 방법들은 대량생산체제 하에서 품질을 효과적으로 관리할 수 있게 하였다.

SQC로 검사부의 명칭이 품질관리부로 바뀌게 되었다. 그러나 품질관리부의 탄생은 다른 문제점을 가져왔다. 최고경영자는 이제 품질은 최고경영자가 아닌 품질관리부에서 전적으로 책임질 문제라고 생각하게 되었다. 이렇게 되자 최고경영자는 품질에 대한 결정을 품질관리부에 완전히 이전시켜 버렸고, 품질은 생산에서 점점 더 멀어지게 되었다. 그래서 생산관리부는 품질보다는 생산성 향상에 더 치중하게 되었다.

제2차 세계대전은 품질의 중요성을 크게 부각시켰다. 군수무기의 신뢰성은 전쟁에서 인간의 생사를 결정하는 중요한 요소였다. 전쟁은 모든 자원을 전쟁에 사용하게 하였고, 일반산업재 생산은 거의 중단되었다. 이때 SQC에 대한 교육이 많이 시행되었다. 또 SQC가 제품의 품질을 향상시키는 중요한 기법이라는 것이 확인되었다. 그러나 제2차 세계대전이 끝나자, 품질에 대한 인식이 바뀌게 되었다. 전쟁으로 인해 일반물자가 너무 부족하였으며, 그래서 모든 산업에서 군수무기에 대한 생산이 중단되었고, 일상용품들을 만들기에 급급하였다. 그러나 기업의 공급능력에 비해 높은 수요는 기업으로 하여금 품질보다는 생산량 달성과 납기준수에 초점을 맞추게 하였다. 그리고 공급을 초과하는 수요는 자질이 없는 새로운 기업들을 산업에 유입시켰고, 이것은 다시 제품의 품질을 점점 더 나쁘게 만들었으며, 이러한 악순환은 계속되었다.

[6] 품질보증시대

수요와 공급의 균형이 점차로 이루어지자 기업들은 서서히 품질의 중요성을 인식하기 시작하였다. 그래서 기업 내에서 품질관리부의 위치를 강화하였으며, 품질관리부서의 권한을 강화하고 품질을 강조하기 위한 시도로 품질관리부의 이름을 품질보증부로 바꿨다. 사실 품질보증(QA: Quality Assurance)이라는 용어는 SQC가 나온 1920년대부터 사용되기 시작하였다. QA라는 용어를 가장 먼저 사용한 사람은 후에 설립된 미국 ASQC 초대 회장인 G. Edwards이었다. Edwards는 품질은 작업자가 아닌 경영자가 책임을 져야 한다는 의미로 QA라는 말을 사용하였다. Flynn 등(2006)은 품질보증을 "제품 및 서비스의 품질을 보증하기 위하여 생산이 끝난 다음에 실시하는 검사"라고 정의하였다. 그리고 품질보증 활동의 한 부분이 품질통제(quality control)이다.

[7] 종합적 품질관리시대

SQC는 품질관리부라는 전문적인 부서를 통해 품질을 통제하였지만, 그 전문성 때문에 한계에 부딪혔다. 그래서 1951년 GE(General Electric)의 품질 책임자였던 Feigenbaum이 종합적 품질관리(TQC: Total Quality Control)라는 개념을 제창하였다. 종합적(total)이란 품질이 어떤 한 부서에만 국한되는 것이 아니라, 기업의 모든 부서와 직원들까지 확대되는 것을 말한다. 그래서 Feigenbaum(1988)은 TQC를 다음처럼 정의하였다. "TQC란 기업 내에 있는 다양한 그룹들이 품질을 개발하고, 유지하고, 개선하는 활동을 통합하는 효과적인 시스템이다. 그래서 마케팅, 엔지니어링, 생산, 그리고 서비스 부서들이 협력하여 고객만족을 가장 경제적으로 달성하도록 하는 시스템이다."

SQC는 품질향상을 오직 공정의 통계적인 안정에 초점을 두고 있었다. 그러나 품질향상은 통계적 기법만으로는 충분한 성과를 달성하기가 어렵고, 품질에 영향을 끼치는 기업 내의 모든 부문들을 전부 참여시켜야 한다. 품질은 공정에 의해서만 형성되는 것이 아니고, 여러 단계를 통해서 이루어진다. 그런데 과거에는 품질이 주로 생산부와 품질관리부에 의해서 이루어진다고 보았다. 그래서 품질에 대한 책임도 이 두 부서가 주로 전담하였고, 나머지 부서들은 품질과 관련이 없는 것으로 간주되었다.

[8] 무결점시대

무결점운동은 1962년 미국의 Martin-Marietta사의 올란도(Orlando) 사업부에서 미사일의 신뢰도 향상과 원가절감을 목적으로 전개된 품질향상기법이다. 무결점운동은 인간이 완전함을 바라는 욕구를 가졌다는 전제 아래 직원으로부터 품질에 대한 완전성을 추구하는 개념이다. 결점은 반드시 어떤 원인에 의해서 발생하기 때문에 이러한 원인을 조직적이고 체계적으로 제거하는 이른바 ECR(Error Cause Removal)이 무결점운동의 요체이다. 즉, ECR은 결점의 원인을 파악하고, 그 원인을 제거하는 것이다.

무결점운동을 효과적으로 추진하려면 다음의 네 가지 요건을 충족시켜야 한다. 첫째, 작업자에게 제품 품질의 중요성을 확실하게 인식시켜야 한다. 둘째, 작업자로 하여금 결점을 스스로 찾고 제거하는 노력을 하도록 한다. 셋째, ECR을 적극적으로 활용하도록 노력한다. 넷째, 표창제도를 실시한다.

무결점운동을 주창하는 사람들은 인간은 궁극적으로 실수를 하게끔 되어 있다고 가정하였다. 이러한 가정은 작업장에서 불량품이 발생하는 것을 인정하고 있다. 그러나 작업장에서의 불량품은 인정하지만, 인간의 다른 활동에서는 사람들이 인간의 실수를 잘 인정하지 않는 경향이 있다. 예를 들면, 사람들은 의사나 비행기의 조종사 또는 연주가의 실수는 잘 용인하려고 하지 않는다. 그런데 유독 왜 작업자의 실수는 인정하려고 하는가? 이것은 품질코스트가 상당히 높기 때문이라고 하였다. 그러면 정말로 제품의 품질을 향상시키는 것이 비용을 많이 발생시키는가? 대답은 그렇지 않다는 것이다. 왜냐하면 불량품을 만든 다음에 발생하는 품질코스트는 높지만, 초기단계에 양질의 제품을 생산하게 되면 품질코스트가 그리 높지 않기 때문이다. 그래서 작업장에서도 인간의 실수를 용납해서는 안 된다고 하였다.

ITT사에서 14년 동안 품질책임자로 근무하였던 Crosby(1979)는 "품질코스트를 감소하기 위해서 가장 중요한 것은 바로 초기부터 품질문제의 원인을 제거하는 것"이라고 하였다.

[9] 전사적 품질관리시대

제2차 세계대전에서 패한 일본은 JUSE(The Union of Japanese Scientists and Engineers: www.juse.or.jp)의 강력한 지원 아래 품질에 대해 많은 관심을 가졌다. 그래서 일찍부터 미국의 품질기법들을 Deming과 Juran을 통해 전수받았다. 이런 열정적인 노력은 1970년대에 들어서면서부터 빛을 발하였다. 자동차와 전자제품을 선두로 일본 제품이 서서히 세계시장의 점유율을 높이기 시작한 것이다. 수십 년 동안 품질을 중요하게 생각하고 강화해 온 일본의 노력이 우수한 일본 제품으로 나타나기 시작한 것이다. 일본은 품질을 향상시키기 위해 전사적 품질관리(CWQC: Company-Wide Quality Control)를 개발하였다. CWQC는 Feigenbaum의 TQC 개념을 일본이 확장시킨 개념이다.

[10] 품질경영시대

1970년대에 들어서면서 미국의 경쟁력은 국제시장에서 점점 약화되었고, 일본과 독일의 경쟁력은 점점 더 강화되었다. 그래서 1970년대 말 미국의 경영자들은 경쟁력을 강화하기 위한 노력을 구체화하기 시작하였다. 이때 나온 방안 중 하나가 품질의 강화였으며, 여기에서 나온 개념이 바로 품질경영인 QM(Quality Management)이다. 품질경영은 용어대로 품질을 경영의 개념에 접목시킨 것이다. 그래서 Flynn 등(2006)은 품질경영을 다음처럼 정의하였다. "품질경영은 제품의 품질과 프로세스에 대한 계획, 조직, 통제 그리고 개선하는 기업의 기능이다."

[11] 경영품질시대

품질경영의 개념을 훨씬 확대한 것이 미국의 MBNQA(Malcolm Baldrige National Quality Award)이다. MBNQA는 품질을 전략적으로 승화하였으며, 최고경영자의 강력한 리더십 아래 전사적인 참여와 기업의 성과를 중요시하였다. 그래서 단순한 제품의 품질이 아닌 시스템의 품질을 향상시키는 것이 중요하다는 것을 강조하였다. 이렇게 해서 QM의 개념을 확대시킨 TQM(Total Quality Management)이 나오게 되었다. TQM은 품질의 초점을 기술적이고 통계적인 방법에서 보다 관리적인 면으로 전환시켰다. TQM은 기업의 기본적인 전략으로서 품질을 기업의 최우선 순위에 두는 개념이며, 고객을 중요시하고, 고객의 욕구를 파악하고 만족시키는 개념이다. TQM에 대해서는 제5장을 참조하기 바란다.

또 불량률을 획기적으로 개선하고자 하는 노력이 1980년대에 미국의 모토로라(Motorola)에서 개발되었다. 이것이 바로 6시그마다. 6시그마는 경영의 전반적인 프로세스를 개선함으로써 수익성을 획기적으로 개선하여 기업의 경쟁력을 강화하는 경영혁신 전략이다. 6시그마는 GE의 전 회장 Jack Welch에 의해서 그 우수성이 입증되어 세계의 많은 기업들에 의해 도입되기 시작하였다. 이전 기법들과는 달리 6시그마는 획기적으로 수익성을 증가시킨다는 것이다.

[12] 스마트품질시대

2010년대 중반 4차 산업혁명이라는 용어가 나오면서 품질에 대한 인식도 크게 바뀌었다. 4차 산업혁명은 제조업의 부활을 의미한다. 이 부활은 상당히 다양한 분야에서의 기술들의 융합으로 이루어진다. 특히 정보와 물리적 융합이 빅데이터와 인공지능에 의해서 이루어진다. 이렇게 되면 품질의 개념은 또 다른 차원으로 들어가게 된다. 설계, 생산, 포장, 물류가 최적의 조합으로 이루어지기 때문에 품질의 수준이 과거 그 어느 때보다도 크게 향상된다. 그래서 2014년 ISO와 IEC의 JTC1(Joint Technical Committee 1)이 합동으로 빅데이터 표준화를 위한 워킹그룹이 신설되었으며, ISO 등을 비롯하여 사물인터넷 표준화도 개발되고 있다.

<표 7-2>는 세계적으로 품질의 중요한 사건들을 연대순으로 보여주고 있다.

▼ 표 7-2 세계 품질의 역사

연도	사건
1911	Taylor 과학적 관리법
1912	Ford 자율검사와 재공품 검사 기법
1920	AT&T Bell 연구소 처음으로 품질부서 창설
1922	Edwards 품질보증이라는 말을 처음으로 사용
1924	Shewhart 공정관리도
1926	미국표준협회 ASA(American Standards Association) 발족
1928	Dodge와 Romig 샘플링이론
1946	ASQC(American Society for Quality Control) 창립 JUSE(The Japanese Union of Scientists and Engineers) 설립
1947	국제표준화 기구 ISO 발족
1950	미국방성 샘플링 검사를 위한 MIL-STD-105A 제정 Ishikawa 교수 특성요인도
1951	Feigenbaum TQC

	일본 Deming상 제정
1957	Juran과 Gryna Quality Control Handbook 발간
1960	Ishikawa 교수 품질분임조
1962	무결점개념 소개 미국방성 MIL-STD-105D 발표
1972	JUSE 제1회 QC 서클대회 개최
1977	미국 소비자제품안전법(PL) 제정
1980	제1회 PL 세계대회 개최(런던)
1985	TQM 탄생 미국 품질 심볼 'Q' 마크' 제정
1987	APQCO(아시아태평양 품질관리기구) 창립 6시그마 탄생 미국 상원 Malcolm Baldrige 국가상 제정
1988	ISO 9000 시리즈 제정, 공포 ASQC가 ASQ(American Society for Quality)로 바뀜
1991	제1회 유럽 소프트웨어 품질보증대회 개최(벨기에)
1996	제1회 TPM 세계대회 개최(동경), 일본 신뢰성학회 발족
2000	JUSE TQM 선언
21세기 초	ISO 9000:2000 개정 린 6시그마, ISO 26000
2010	스마트 팩토리
2014	ISO 등을 비롯하여 사물인터넷 표준화 개발
2015	ISO와JTC1 합동으로 빅데이터 표준화를 위한 워킹그룹 신설

품질제도

7.2.1 한국의 품질제도

7.2.1.1 국가품질경영대회

이미지 출처: www.ksa.or.kr

국가품질경영대회는 한국표준협회(www.ksa.or.kr)가 주관하고 산업통상자원부 기술표준원이 주최하는 시상제도이다. 지난 1975년 전국품질관리대회로 출발하여 1992년부터 전국품질경영대회로 격상되었다가, 2000년부터 국가품질경영대회로 명칭이 다시 바뀌었다.

1994년도부터 시행되어 온 국가품질대상(2010년에 한국품질대상에서 국가품질대상으로 변경)은 품질경영상 수상 후 전사적 품질경영활동을 지속적으로 추진하여 품질혁신 및 생산성 향상에 매우 탁월한 성과를 거둔 기업 및 단체에게 포상한다. 대상은 제조(대), 제조(중견), 제조(중소), 공공, 서비스, 의료 및 교육 등으로 구분한다.

[1] 심사기준

국가품질대상의 심사기준과 품질경영상의 심사기준은 동일하다. 단, 국가품질대상은 1000점 만점 중에서 700점(중견·중소기업은 600점) 이상 최우수단체, 국가품질경영상은 650점(중견·중소기업은 575점) 이상 우수단체에게 수여한다. 2020년도 국가품질대상과 국가품질경영상(제조, 공공, 서비스 부문)의 심사기준은 <표 7-3>과 같다.

▼ 표 7-3 국가품질대상(제조 공공 서비스 부문) 심사기준

심사항목	배점	소항목
Ⅰ. 리더십 경영진의 리더십 지배구조와 사회적 책임	(120) 70 50	1-1 비전과 가치 1-2 커뮤니케이션과 조직성과 2-1 조직의 지배구조 2-2 합법적 및 윤리적 사업수행 2-3 사회공헌
Ⅱ. 전략 기획 전략의 개발 전략의 전개	(85) 40 45	1-1 전략개발 프로세스 1-2 전략목표 2-1 실행계획 개발과 전개 2-2 성과 추정
Ⅲ. 고객과 시장 중시 고객과 시장 지식 고객관계와 고객만족	(85) 40 45	1-1 고객과 시장 지식 2-1 고객관계 구축 2-2 고객만족 관리
Ⅳ. 측정, 분석 및 지식경영 측정, 분석 및 조직 성과의 개선 정보, 정보기술 및 지식의 관리	(90) 45 45	1-1 성과의 측정 1-2 성과의 분석, 검토 및 개선 2-1 정보자원의 관리 2-2 데이터, 정보 및 지식의 관리
Ⅴ. 인적자원 중시 인적자원관리 체계 인적자원 복지와 근무환경	(85) 45 40	1-1 인적자원 충실화 1-2 인적자원 개발 1-3 인적자원 헌신과 평가 2-1 인적자원 잠재력과 수용능력 2-2 근무환경
Ⅵ. 운영관리 중시 업무시스템 설계 업무프로세스 관리와 개선	(85) 40 45	1-1 핵심역량 1-2 업무프로세스 설계 1-3 긴급사태 대비 2-1 업무프로세스 관리 2-2 업무프로세스 개선
Ⅶ. 경영성과 제품과 서비스 성과 고객 중시 성과 재무와 마케팅 성과 인적자원 중시 성과 프로세스 성과 리더십 성과	(450) 100 70 70 70 70 70	1-1 제품과 서비스 성과의 수준과 경향 2-1 고객 중시 성과의 수준과 경향 3-1 재무와 마케팅 성과의 수준과 경향 4-1 인적자원 중시 성과의 수준과 경향 5-1 프로세스 성과의 수준과 경향 6-1 리더십 성과의 수준과 경향
계	1,000	

출처: http://knqa.ksa.or.kr

[2] 국가품질대상 수상업체

1975년부터 2020년까지 국가품질상을 수상한 업체들은 <표 7-4>와 같다.

▼ 표 7-4 국가품질대상 수상업체(1975-2020)

연도	회사명	연도	회사명
		2020	한국수력원자력
2019		2018	울산항만공사
2017	한국남부발전	2016	한국전력기술
2015	동부화재해상보험	2014	대한솔루션, 한국중부발전
2013	LS산전, 한국남동발전	2012	S&T 중공업
2011	성우하이텍	2010	없음
2009	한전KPS, 유라코퍼레이션	2008	없음
2007	없음	2006	LS산전
2005	한국서부발전, 삼진엘앤디	2004	도레이 새한
2003	유니슨	2002	삼성전자 TN총괄 무선사업부
2001	기아자동차, 한국OSG	2000	한국중공업
1999	인천제철	1998	새한
1997	현대중공업조선사업부문 삼성전관	1996	대우중공업 종합기기부문
1995	쌍용양회공업	1994	삼성전자
1993	한국중공업, 광진상공	1992	계양전기, 기아서비스
1991	기아자동차, 에이스침대, 남양공업, 한미	1990	두산기계, 아시아자동차공업, 로케트보일러 공업
1989	한남화학, 대우전자	1988	경남모직공업, 금성계전, 동우정기
1987	기아기공, 대우정밀공업, 두산유리	1986	동양맥주, 럭키
1985	삼성전관, 현대중전기	1984	삼성물산, 효성중공업
1983	제일합섬	1982	한국타이어
1981	쌍용양회공업, 유성기업	1980	신한발브
1979	동양나이론, 금호타이어	1978	제일제당, 금성사, 삼성전자
1977	제일합섬	1976	현대조선
1975	제일모직공업		

7.2.1.2 Single PPM 품질혁신

Single PPM 품질혁신운동은 선진기업들과 경쟁하기 위해 우리나라 기업들의 제품 품질경쟁력을 높이고자 1995년부터 지식경제부, 중소기업청의 후원 아래 대한상공회의소를 비롯한 경제단체가 추진하는 품질혁신운동이다. 처음에는 100PPM 품질혁신운동으로 출발하였으나, 2000년부터 Single PPM 품질혁신운동으로 전환하였다.

Single PPM운동은 단기로는 제품 100만 개 생산 시 불량품을 10개 미만으로 감소하는 것이고, 장기로는 불량률 제로(0)를 달성하기 위하여 조직원 전원이 참여하는 우리나라 고유의 품질혁신운동이다. 이를 실천에 옮기기 위해 중소기업청은 'Single PPM 품질인증업체'를 지정하여, 이들에게 기술지도 및 교육비 지원, 정책자금 우선지원, 병역특례업체 지정 평가시 우대 등의 혜택을 제공하고 있다. PPM은 Parts Per Million의 약자인데, 지금은 이 의미를 확대하여 Perfect Production Movement로 사용하고 있다.

또 SINGLE은 품질혁신을 추진할 때 일련의 절차를 보여준다. 즉, S(Scope)는 혁신활동의 범위, I(Illumination)는 현재 품질현상 파악, N(Nonconformity)는 부적합에 대한 원인 조사, G(Goal)는 달성하고자 하는 목표 설정, L(Level up)은 개선, 그리고 E(Evaluation)는 평가이다.

다음 동영상을 참조하기 바란다.

7.2.2 일본의 품질제도

일본은 전후 막강한 국가경쟁력을 구축하여 왔다. 그래서 일본의 강력한 경쟁력에 대해 많은 연구가 있었다(Abegglen, 1985; Vogel, 1979). 일본은 오랜 기간 동안 품질에 주력하였다. 특히 지난 30여 년간에 걸쳐 일본은 전사적 품질관리를 발전시켜 왔다. 그러나 1995년 일본 JUSE에 의하여 TQM으로 명칭을 바꾸었다.

7.2.2.1 데밍상

[1] 데밍상의 출현

데밍상(The Deming Prize)은 1951년 일본의 JUSE(the Union of Japanese Scientists and Engineers; www.juse.or.jp)가 Deming의 업적을 기리기 위해 제정되었다. 1950년 일본에 건너온 데밍은 일본의 많은 경영자들과 기술자들에게 통계적 품질관리에 대해 교육을 시켰고, 통계적 품질관리에 대한 책을 저술하였다. 여기에서 얻은 수익금을 데밍은 전부 JUSE에 기부하였다. 이 기부금을 기금으로, 일본의 일부 신문사와 개인적인 기부금을 받아 일본의 JUSE가 제정한 상이 바로 데밍상이다.

[2] W. Edwards Deming

 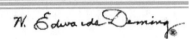

THE W. EDWARDS DEMING INSTITUTE®

W. Edwards Deming(1900－1993)은 통계학자로서 '현대 품질운동의 아버지'로 널리 알려져 있다. 데밍은 "기업이 공정과 생산시스템을 분석하고 개선하기 위해서는 통계적인 방법을 사용하여야 한다"고 주장하였다. 이렇게 품질에 관한 데밍의 철학과 개념은 거의 SQC에 기반을 두고 있다.

데밍은 1900년 10월 14일 미국 아이오와(Iowa)주의 Sioux City에서 태어났다. 1907년 와이오밍(Wyoming)주로 이주한 데밍은 1917년 와이오밍대학에 입학해 엔지니어링을 공부하였다. 1927년 미국의 예일(Yale) 대학에서 수리물리학으로 박사학위를 취득한 후, 워싱턴(Washington)시에 있는 미국 농무부에 취직하였다. 농무부에서 데밍은 질소가 농작물 수확에 끼치는 영향을 알아보기 위해 통계적인 기법을 적용하였다. 또 농무부에서 Shewhart와 함께 일하면서 Shewhart의 통계적인 방법에 깊은 감명을 받았다. 그래서 데밍도 샘플링이론에 대해 많은 연구를 하였으며, '연쇄반응'이라는 개념을 도출하였다.

1930년 데밍은 농무부를 그만두고, 인구조사를 하기 위해 인구조사국에 취직하였다. 그래서 제2차 세계대전 동안 전시부와 인구조사국에서 근무하게 되었다. 이 기간 중 데밍은 미국의 많은 엔지니어들에게 전쟁을 효율적으로 수행하기 위해 SQC를 집중적으로 교육시켰다. 그러나 전쟁이 끝나자 미국 엔지니어들은 SQC에 대해 더 이상 관심을 가지지 않게 되었다. 전쟁 직후 시장에서는 수요에 비해 공급이 절대적으로 부족하였다. 그래서 미국의 경영자들은 품질보다는 생산량 달성에 더 많은 비중을 두었고, SQC는 단지 시간낭비라고 생각하게 되었다.

전쟁이 끝난 후 Douglas MacArthur 장군은 일본의 인구조사업무를 돕기 위해 데밍을 일본에 초청하였다. 사실 데밍은 모국인 미국보다 일본에서 더 유명해진 사람이다. 1950년 여름 JUSE의 초청을 받고 일본에 간 데밍은 일본의 경영자들과 기술자들에게 SQC에 대한 교육을 집중적으로 실시하였다. 그리고 그 강의내용을 『통계적 품질기법에 관한 데밍 박사의 강의록(Dr. W. E. Deming's Lectures on Statistical Control on Quality)』이라는 책으로 발간하였다. 데밍은 이 책의 수익금을 JUSE에 전액 기부하였고, JUSE는 이 기부금을 바탕으로 하여 데밍상을 1951년에 제정하였다. 이런 업적으로 데밍은 1960년에 미국 사람으로서는 처음으로 일본의 대장성으로부터 훈장을 수여받았다. 그리고 1975년 10월에는 우리나라를 방문하기도 하였다.

이런 품질에 대한 노력의 대가로 데밍은 1983년에 미국 NAE(National Academy of Engineering) 회장이 되었고, 1986년에는 미국 과학과 엔지니어링 협회 명예의 전당에 헌액 되었고, 당시 레이건(Reagan)대통령으로부터 국가기술메달을 받았다. 데밍에 대해서는 deming.org를 참조하기 바란다.

[3] 데밍상의 종류

데밍상에는 네 종류의 상이 있다. TQM 보급 및 공헌한 개인에게 수여하는 개인상, 일본 해외에 있는 사람에게 수여하는 우수 서비스상, 기업에게 수여하는 상, 그리고 데밍상을 받은 후 3년이 경과한 우수한 기업에게 수여하는 대상이 있다. 제1회 데밍대상은 1970년 도요타(Toyota) 자동차가 받았다. 데밍상은 사기업이나 공기업, 그리고 제조업체와 서비스업체 모두에게 수여되는 상으로서, 중소기업과 대기업, 그리고 해외기업으로 분류해서 수여된다.

[4] 평가기준

다른 품질상들과는 달리 데밍상은 심사기준에 대한 평가모형을 제시하지 않고 있다. 일본 JUSE가 발표한 데밍상의 평가기준은 다음과 같으며, 각 기준에 대한 가중치는 동일하다. (1) 최고경영자의 리더십, 비전, 전략, (2) TQM의 관리시스템, (3) 품질보증시스템, (4) 관리시스템, (5) 인재육성, (6) 정보 활용, (7) TQM의 개념과 가치관, (8) 과학적 방법, (9) 조직력, 그리고 (10) 기업 목적 달성을 위한 공헌이다.

데밍상을 받기 위해서는 먼저 1,000쪽에 이르는 안내서를 보고, 심사절차를 밟아야 한다. 이 심사는 JUSE에 의해서 실시되는데, 문서와 현장검사로 이루어져 있다.

[5] 데밍상의 효과

데밍상은 공정을 관리하는 통계적 품질관리의 응용에 주로 초점을 두고 있으며, 매년 11월 중에 시상식을 갖는다. 개인은 품질 명인으로서 그리고 기업은 품질에 대한 확고한 명성을 획득하고 있다. 이렇게 데밍상은 일본 품질의 간판주자로서 전 세계적으로 널리 알려진 상이다.

[6] 데밍상을 받은 기업들

가장 먼저 데밍상을 받은 사람은 1951년 고바야시 고지이다. 그리고 그동안 데밍상을 받은 일본의 유명한 기업들로는 도요타자동차(1970), Nippon Steel Corporation(1975), Komatsu 제작소(1981), Maeda(1995), Cataler(2018), 그리고 도요타자동차 큐슈(2019) 등이 있다. 서비스업체로서는 처음으로 1979년 건축설계회사인 Takenaka Komuten이 있다. 데밍상은 외국의 기업들에게도 그 문호가 개방되어, 데밍상에 관심을 가지고 있는 국가들이 증가하고 있다. 특히 인도와 태국이 그 대표적인 예이다. 이것은 인도와 태국이 점차적으로 제조업체의 강력한 경쟁자가 될 것이라는 것을 암시하고 있다고 볼 수 있다.

7.2.3 유럽의 품질제도

이미지 출처: www.efqm.org

7.2.3.1 EFQM

품질의 중요성을 인식한 유럽에서도 품질상의 필요성을 느끼게 되었다. 그래서 벨기에 브뤼셀(Brussel에서 1988년 9월15일 유럽의 14개 다국적기업들의 최고경영자들이 함께 모여, 서유럽에 TQM의 개념을 보급하기 위해 EFQM(the European Foundation for Quality Management: www.efqm.org) 설립에 서명하였으며, 1989년 67명의 회원으로 재단이 설립되었다.

EFQM은 EC(European Commission)와 EOQ(the European Organization for Quality), 그리고 25개 유럽 국가의 품질협회가 후원하고 있다. 1957년에 설립된 EOQ는 제품과 서비스의 품질과 신뢰성 향상을 목표로 하는 31개 조직으로 구성된 연맹이다. EFQM은 비록 역사는 짧지만 유럽의 기업들로 하여금 국제경쟁력을 회복하고 강화하기 위해 TQM을 도입하고 실시하는 데 중요한 역할을 담당하고 있다.

EFQM은 다음처럼 두 가지 사명을 지니고 있다. 첫째, 유럽의 모든 조직들로 하여금 궁극적으로 고객과 직원의 최대 만족과 사회에 대한 기여 그리고 탁월한 경영성과를 가져오는 개선활동의 참여를 적극 자극하고 후원하기 위하여, 둘째, 유럽 경영자들이 국제경쟁력의 우위를 달성하기 위해 TQM을 신속하게 도입하는 것을 지원하기 위해서이다.

7.2.3.2 EEA

[1] EEA란 무엇인가?

1991년 EFQM은 EQP와 EQA의 2개의 상을 제정하였다. EQP(the European Quality Prize)는 지속적인 개선의 기본적인 수단으로서 경영품질을 응용하여 괄목할 만한 성과를 거둔 모든 조직들에게 수여하는 상이다. EQP는 매년 4개 범주(대기업, 독립 중소기업, 대기업 사업단위, 공기업)의 조직들 중에서 자격이 있는 모든 조직들에게 수여된다. EQA(the European Quality Award)는 각각의 범주에 있어서 EQP를 받은 조직 중 가장 우수한 조직에게 매년 수여하는 상이다. 기업과 기업의 사업단위 그리고 공기업 부문에 적용되는 신청자는 다음과 같은 자격을 갖춰야 한다.

- 적어도 250명 이상의 직원을 고용하여야 한다.
- 신청자의 영업행위 중 적어도 50%는 유럽에서 최소 5년간 운영되어야 한다.
- 지난 5년 동안 EQA를 수상한 경력이 없어야 한다.
- 한 해에 동종의 모기업에서 3개 이상의 신청자가 있어서는 안 된다.

그러나 다른 품질상들과는 달리 EQP와 EQA는 특정국가가 아닌 유럽 지역을 대상으로 수여하는 상이다. 즉, 유럽의 16개 국가(오스트리아, 벨기에, 체코, 덴마크, 독일, 헝가리, 아일랜드, 이탈리아, 네덜란드, 노르웨이, 포르투갈, 러시아, 슬로베니아, 스페인, 터키, 그리고 영국)를 대상으로 수여한다. 이 2개의 상을 통틀어 EEA(EFQM Excellence Award)라 부른다.

[2] EEA의 효과

1992년 유럽에서는 처음으로 4개의 기업이 EQP상을, 그리고 1개의 기업이 EQA상을 받았다. EQA를 수상한 조직은 유럽에서 TQM을 가장 성공적으로 수행한 조직으로 영예를 지니게 된다. 그뿐 아니라 EQA에 도전하는 조직은 다음과 같은 성과를 부가적으로 얻는다.

- 조직의 초점과 개선활동이 무엇인지를 명확하게 알게 한다.
- 정해진 짧은 기간 내에 EQA에 도전함으로써 조직원들로 하여금 명확한 목적의식을 갖게 하고 도전의식을 키워 생활에 활력소를 불러일으켜 팀워크를 조장한다.
- 조직원들에게 TQM에 대한 인식을 고취시키고 많은 사람들을 참여시킨다.
- 도전 자체가 훈련과 의사소통의 도구로서 가치 있는 역할을 수행한다.
- EQA 심사위원들로부터 심사에 대한 결과를 통고를 받아 조직의 장단점과 문제점을 알 수 있다.
- 다른 경쟁자들의 평가점수를 보고 받음으로써 벤치마킹을 할 수 있다.
- 심사위원을 직접 조직의 회의에 참여시켜 그들의 의견을 청취할 수 있다.

EEA는 사회에 대한 기여와 직원만족에 대한 기준 등 다른 상들에 비해 품질의 의미를 확대해석하고 있다. 또 EEA는 품질정책과 품질실무와의 관계에 많은 중점을 두고 있다. 그래서 품질정책이 기업의 수익성에 끼치는 영향을 중시하고 있다. 이것을 EEA에서는 원인과 결과의 관계로 본다.

[3] EEA 모델

최초의 모델은 1990 EEA 모델로 조직의 전략 수립과 실행의 효과를 조사하기 위해 만들어졌다. 그러다가 2009년 9월 브뤼셀 EFQM 포럼에서 새로운 2010 EEA 모델이 결정되었다. 기본적인 틀은 이전과 같지만, 속도경쟁, 지속적인 혁신, 그리고 지속가능성 등을 강조하였다. 다시 2013년 새로운 EEA 모델이 나왔다. 이전의 모델과 비교할 때 2013 EEA 모델은 다음처럼 5가지 특성을 지녔다. 첫째, 목적을 달성하기 위해서는 사람들에 대한 동기부여가 중요하다고 인식하여 조직문화를 강조하였다. 둘째, 목적과 비전을 달성하기 위해서는 모든 직급에 있어서 리더십의 중요성을 강조하였다. 셋째, 변혁과 성과의 균형을 중요시하였다. 넷째, 동일한 조직은 없다. 그래서 EEA 모델은 다양한 조직에 유연성과 적응성을 동시에 제공하였다. 미래를 강조하였다.

<그림 7-1>은 EFQM에서 작성한 EEA의 평가기준에 대한 EM(Excellence Model)이다. 이 모델에 의하면, EEA의 심사기준에서 처음 다섯 개 기준을 원인 (Enablers)으로 본다. 전략과 프로세스처럼 조직의 활동과 이를 수행하는 리더와 직원들을 측정한다. 그리고 나머지 네 개의 기준을 결과(Results)로 본다. 이렇게 EEA 모델은 인과관계를 보여준다.

EEA 모델은 혁신과 학습을 통하여 지속적으로 개선을 추구하도록 한다. 즉, 기업의 현재 상황을 측정하고, 문제점을 파악하여 지속적으로 개선하도록 하는 평가도구의 역할을 한다. 현재 이 모형은 전 세계적으로 약 3만여 개의 조직에서 사용하고 있다.

┃그림 7-1 EFQM Excellence Model

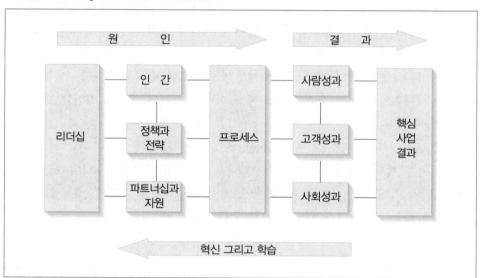

출처: www.efqm.org

EEA 모델은 성과를 향상하기 위하여 지속적으로 학습하고 개선하는데, 이것을 레이더(radar)로 표현하였다. 레이더는 단순하지만 조직의 모든 분야에서 시스템을 개선하는 강력한 도구이다. 즉, EEA 모델은 규모나 성숙도에 관계없이 모든 조직에 적용할 수 있다. 이 모델을 이용하여 모든 직원들이 그들의 지식과 경험을 공유할 수 있다. <그림 7-2>는 이 레이더를 보여주고 있다.

이 모델에 의하면, EEA는 크게 방향, 실행, 그리고 성과 등 3개의 순서로 구분된다. 가장 먼저 목표로 하는 성과를 결정한다. 다음에 그 성과를 달성하기 위한 계획을 수립하고, 계획을 실행에 옮긴다. 그리고 목표 대비 성과를 평가하고,

개선한다. 이러한 사이클을 계속 반복한다.

　　보다 구체적으로, 성과(results)는 '이해관계자의 통찰력'과 '전략적 및 운영적
성과" 등으로 결정된다. 방향(direction)은 '조직문화 및 리더십', 그리고 '목적, 비전,
전략'에 의해 정해지며, 실행(execution)은 '이해관계자의 참여', '지속가능한 가치 창
출' 그리고 '성과와 변혁 주도'로 이뤄진다. 여기에서 방향과 실행은 ADAR, 성과는
RUP의 사이클을 사용한다. ADAR(approach−deployment−assessment/refinement)는
접근방법−전개−평가/개선의 사이클이며, RUP(Relevance/Usability−Performance)는
관련성/편리함−성과의 사이클이다.

▌그림 7-2 EFQM Excellence Model Radar

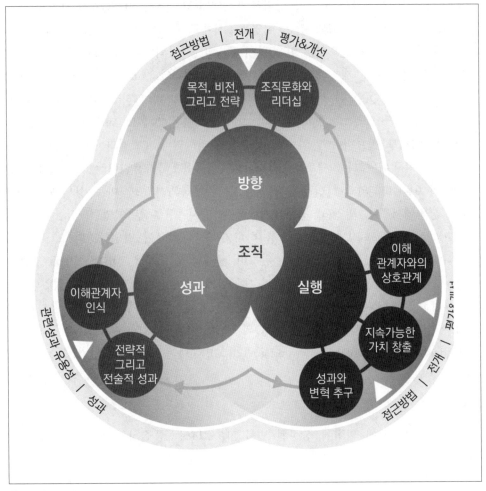

출처: www.efqm.org

7.2.4 미국의 품질제도

[1] MBNQA의 출현

　　MBNQA(Malcolm Baldrige National Quality Award)는 1987년 8월 미국의 로널드 레이건(Ronald Reagan) 대통령에 의해서 제정되었으며, 미국의 제품과 서비스의 품질을 향상시키기 위한 범국가적인 운동의 일환으로서 시작되었다. 즉, MBNQA는 품질과 생산성에 대한 인식을 고취시키고, 성공한 품질전략과 기법을 다른 기업들과 공유하고, 품질향상에 대한 지침서와 기준을 설정하기 위해 미국 정부에서 제정한 상이다. MBNQA는 미국의 기업이 품질에 관해 받을 수 있는 최고의 상으로서, 미국의 상무부에 의하여 강력하게 추진되고 있다. MBNQA는 기업체뿐만 아니라, 의료기관이나 학교와 같은 비영리조직에도 동일하게 적용되고 있다.

　　품질상에 대한 필요성은 1980년대 초부터 시작되었다. 1981년 품질상에 대한 필요성을 강력하게 제기하고 추진한 세 그룹은 ASQC(American Society for Quality Control)와 NACQ(National Advisory Council for Quality), 그리고 APQC(the American Productivity and Quality Center)이었다. 이 세 그룹은 일본의 데밍상과 같은 품질상이 미국에서도 필요하다고 의회와 정부에 건의하였다. 그 결과 품질위원회가 구성되었고, 품질위원회는 새로운 품질상의 이름을 국가품질대상으로 결정하였다. 1987년 6월 8일 의회에 상정된 법안은 하원을 통과하였고, 바로 상원에 이송되었다. 상원에서 이 법안을 통과하기 직전 당시 상무장관이었던 말콤 볼드리지(Malcolm Baldrige) 장관이 로데오를 하다가 죽는 비극이 발생하였다. 그러자 상원은 볼드리지의 이름을 기념하기 위하여 품질상의 이름을 MBNQA으로 결정하였다. 그리고 1987년 8월 20일 레이건 대통령에 의해 역사적인 조인이 있었다. 그리고 매해 말 MBNQA 수상 기업이 발표되고, 다음 해 초에 대통령이 참석한 가운데 시상식이 거행된다. 지금은 ASQ의 협조 아래 NIST(The National Institute of Standards and Technology: www.nist.gov)가 MBNQA를 주관하고 있다.

[2] 목적

　　1986년 8월에 의회에 상정된 법률 제5321호는 품질상의 목적을 다음과 같이 기술하였다.

• 제품과 프로세스의 품질에 있어서 미국의 리더십은 외국의 경쟁자들에 의해 강력하게 도전 받고 있다.

- 미국의 기업들이 단기 수익성을 너무 강조한 나머지 외국의 경쟁자들에 비해 미국의 생산성 증가가 점점 감소되고 있다.
- 이러한 문제점을 시정하지 않는 한 미국의 생활수준은 점차로 떨어지고, 고용 기회도 점차로 감소할 것이다.
- 여러 가지 이유가 있겠지만 1985년도에 있어서 일본은 세계 최대 채권국이 되었고, 미국은 사상 처음으로 채무국이 되었다.
- 일본에서는 JUSE가 일본 기업들의 품질을 획기적으로 향상시키는 국가적인 품질대상을 전폭적으로 지원하고 있다.
- 이제 미국의 기업과 산업은 제품과 서비스의 향상된 품질이 생산성을 향상시키고, 비용을 감소시키며, 수익성을 증가시킨다는 사실을 인식하게 되었다.

[3] 상의 종류

　　MBNQA는 매년 제조, 서비스, 중소기업, 교육(1999), 보건의료(1999), 비영리/정부(2007) 등 6개 부문으로 구분하고, 각 부문에서 최대 2개의 신청업체를 선정하여 MBNQA를 수여한다. 그러나 자격이 있는 업체가 없을 때에는 상을 수여하지 않는다. 미국 내에 본사를 두고 있는 모든 조직은 그 기업의 국적에 관계없이 MBNQA를 신청할 자격이 있다.

[4] MBNQA 수상업체

　　TQM을 추구하는 많은 기업들은 품질의 명성을 얻기 위해 또는 현재 상태를 점검하기 위해 MBNQA에 도전한다. 또 상에 도전하지 않고 단순히 심사기준을 활용하는 기업들도 상당히 많다. 이것은 기업들이 MBNQA의 심사기준을 품질시스템을 점검하는 최상의 지침서로 여기기 때문이다. 신청하는 업체들은 일차적으로 민간부문에서 선발된 400여 명의 심사위원들로부터 300시간에서 1,000시간에 걸쳐 엄격한 심사를 받는다. 그리고 심사가 끝난 후 자사의 강·약점과 개선의 기회에 대한 보고서를 받는다. MBNQA 수상업체는 그들의 품질경영 전략을 다른 기업들이나 조직들에게 알려 줄 의무를 지니고 있다. 그렇게 함으로써 수상업체는 품질경영의 중요성을 미국 기업들에게 인식시켜 미국의 경쟁력을 향상시키는 데 일조하고 있다.

　　MB상을 수여받은 기업은 상당한 교훈을 얻는다. 하나의 예로 2003년도에 MB상을 수상한 Boeing은 지도층이 다음과 같은 9가지 교훈을 얻었다고 하였다(Aarns, 2006). 첫째, 리드하는 데 필요한 비전, 가치 그리고 시스템 개발. 둘째, 변화를 받아들이고 적극적으로 지지함. 셋째, 비전, 전략, 목표 그리고 성취도 측정을 정렬시킴. 넷째, 품질, 일정계획 그리고 비용의 우선순위를 제도화함. 다섯째, 모든 투자자 그룹과의 관계를 재수립함. 여섯째, 고객을 이해하고 고객만족에 전념함. 일곱째, 결과를 최적화시키기 위해 팀에게 권한을 부여함. 여덟째, 체계적인 공정을 통해 경영. 마지막으로 MB 평가기준으로 조직을 평가. 또 같은 해에 상을 받은 의료기기업체인 Medrad는 MB상을 받기 위하여 15년간 준비하였는데, MB 모델을 적용하여 고객만족 향상, 수익성 증가, 직원만족이 향상되는 성과를 거두었다(Daniels, 2004).

Porto(2018)에 의하면, 1987년 이래 약 1,700개 이상의 기업들이 신청하였지만, 겨우 110여 개의 기업만이 이 상을 수상하였다. 구체적으로 1988년부터 2020년까지 27년간 총 127개의 조직이 MB상을 받았다. 제조업체로서는 Motorola와 Westinghouse Electric, 중소기업으로는 Globe Metallurgical, 서비스업체로는 Federal Express, 교육으로는 Chugach School District, Pearl River School District, Wisconsin대학(Stout)이, 보건의료로는 SSM Health Care, 그리고 비영리조직으로는 Coral Springs시와 ARDEC이 최초로 MB상을 받았다. <표 7-5>는 MBNQA를 1988년부터 2020년까지 수상한 업체들의 명단이다.

▼ 표 7-5 MBNQA 수상업체(1988~2020)

연도	분야	조직명
2020	중소 보건의료 비영리	MESA2020 GBMC HealthCare, Inc., Wellstar Paulding Hospital AARP, Elevations Credit Union
2019	교육 보건의료 비영리	Howard Community College Adventist Health White Memorial, Mary Greeley Medical Center CORE, City of Germantown, Illinois Municipal Retirement Fund
2018	중소 교육 보건의료 비영리	Integrated Project Management Company, Inc. Alamo Colleges District, Tri County Tech Memorial Hospital and Health Care Center Donor Alliance
2017	중소 보건의료 비영리	Bristol Tennessee Essential Services, Stella Solurions Adventist Health Castle, Southcentral Foundation City of Fort Collins
2016	중소 보건의료	Don Chalmers Ford, Momentum Group Kindred Nursing and Rehabilitation Center - Mountain Valley Memorial Hermann Sugar Land Hospital

연도	분야	조직명
2015	중소 교육 보건의료 비영리	MidwayUSA Charter School of San Diego Charleston Area Medical Center Health System Mid-America Transplant Services
2014	서비스 보건의료 비영리	PricewaterhouseCoopers Public Sector Practice Hill Country Memorial, St. David's Healthcare Elevations Credit Union
2013	교육 보건의료	Pewaukee School District Baylor Regional Medical Center at Plano, Sutter Davis Hospital
2012	제조 중소 보건의료 비영리	Lockheed Missiles and Fire Control MESA North Mississippi Health Services City of Irving, Texas
2011	보건의료 비영리	Henry Ford Health System, Schneck Medical Center, Southcentral Foundation Concordia Publishing House
2010	제조 중소 교육 보건의료	MEDRAD, Nestlé Purina PetCare Co. Freese and Nichols Inc., K&N Management, Studer Group Montgomery County Public Schools Advocate Good Samaritan Hospital
2009	제조 중소 교육 비영리	Honeywell Federal Manufacturing & Technologies, LLC Midway USA Atlantic Care, Heartland Health VA Cooperative Studies Program Clinical Research Pharmacy Coordinating Center
2008	제조 교육 보건의료	Cargill Corn Milling Iredell-Statesville Schools Poudre Valley Health System
2007	중소 보건의료 비영리	PRO-TEC Coating Company Mercy Health System, Sharp HealthCare City of Coral Springs, U.S. Army Armament Research, Development and Engineering Center(ARDEC) (비영리조직으로는 처음)
2006	중소 서비스 보건의료	MESA Products, Inc. Premier, Inc. North Mississippi Medical Center

연도	분야	조직명
2005	제조 서비스 교육 보건의료	Sunny Fresh Foods DynMcDermott Petroleum Operations, Park Place Lexus Jenks Public Schools, Richland College Bronson Methodist Hospital
2004	제조 중소 교육 보건의료	The Bama Companies Texas Nameplate Company, Inc Kenneth W. Monfort College of Business Robert Wood Johnson University Hospital Hamilton
2003	제조 서비스 중소 교육 보건의료	Medrad, Inc. Boeing Aerospace Support, Caterpillar Financial Services Corp Stoner Inc. Community Consolidated School District 15 Baptist Hospital, Inc., and Saint Luke's Hospital of Kansas Ci
2002	제조 중소 보건의료	Motorola, Commercial, Government and Industrial Solutions Sector Branch-Smith Printing Division SSM Health Care (의료로는 처음)
2001	제조 중소 교육	Clarke American Checks, Inc. Pal's Sudden Service Chugach School District, Pearl River School District, University of Wisconsin-Stout (교육으로는 처음)
2000	제조 서비스 중소	Dana Corporation-Spicer Driveshaft Division KARLEE Company, Inc. Operations Management International, Inc.(용수회사로는 처음) Los Alamos National Bank (은행으로는 처음)
1999	제조 서비스 중소	STMicroelectronics, Inc. BI, The Ritz-Carlton Hotel Company. Sunny Fresh Foods
1998	제조 중소	Boeing A&T, Solar Turbin Texas Nameplate Company
1997	제조 서비스	3M Dental Products Division, Solectron Corp. Merrill Lynch Credit Corp., Xerox Business Services
1996	제조 서비스 중소	ADAC Laboratories Dana Commercial Credit Corporation Custom Research Inc., Trident Precision Manufacturing Inc.
1995	제조	Armstrong World Industries' Building Products Operation Corning Telecommunications Products Division

연도	분야	조직명
1994	서비스	AT&T Consumer Communications Services, GTE Directories Corporation
	중소	Wainwright Industries Inc.
1993	제조	Eastman Chemical Co. (화학업체로는 처음)
	중소	Ames Rubber Corporation
1992	제조	Texas Instruments Inc.'s Defense Systems & Electronics Group, AT&T Network Systems Group's Transmission Systems Business Unit
	서비스	AT&T Universal Card Services The Ritz-Carlton Hotel Company (호텔로는 처음)
	중소	Granite Rock Company
1991	제조	Solectron Corporation, Zytec Corporation
	중소	Marlow Industries
1990	제조 서비스	Cadillac Motor Car Division, IBM Rochester Federal Express Corporation (서비스업체로는 처음)
	중소	Wallace Company Inc.
1989	제조	Milliken & Company Xerox Corporation's Business Products and Systems
1988	제조	Motorola Inc., Westinghouse Electric Corporation's Commercial Nuclear Fuel Division (제조업체로는 처음)
	중소	Globe Metallurgical Inc. (중소기업체로는 처음)

출처: http://www.nist.gov

▌참고문헌

김기영 외, 품질경영, 박영사, 1999.

정규석, "TQC 추진의 반성과 QM 추진 과제," 한국품질경영학회 제1회 학술발표회, 1993.

Aarns, Ronald A., "A Journey to Excellence," 신품질컨벤션, 2006.

Abegglen, James C. and George Stalk, Jr., KAISHA: The Japanese Corporation, ew York: Basic Books, 1985.

Crosby, Philip B., Quality is Free: The Art of Making Quality Certain, New York: McGraw－Hill, 1979.

Feigenbaum, Armand V., Total Quality Control, McGraw－Hill International Editions, 3rd edition, 1988.

Flynn, A., M. Harding, C. Lallatin, H. Pohlig and S. Sturzl, Eds., ISM Glossary of Key Supply Management Terms, 4th ed., 2006.

Garvin, David A., Managing Quality, New York: The Free Press, 1988.

Malcolm Baldrige National Quality Award 2019－2020 Criteria for Performance Excellence, NIST.

Park, Sunghyun, "Quality Management in Korea," The Asian Journal on Quality, December 2000, Vol. 1, No.1, 1－7.

Porto, Lindsay Dal, "Giant among Men," Quality Progress, Sep 2018, 34－40.

Vogel, Ezra F., Japan as Number One: Lessons for America, Cambridge, Mass.: Harvard University Press, 1979.

http://knqa.ksa.or.kr

www.deming.org

www.efqm.org

www.juse.or.jp

www.kfq.or.kr

www.ksa.or.kr

www.nqf.or.kr

www.nist.gov

▌메모

우리 삶의
최대 영광은
한 번도
실패하지 않는 데
있는 것이 아니라
넘어질 때마다
다시
일어나는 데 있다.

- Oliver Goldsmith -

CHAPTER 08

말콤 볼드리지 모델

MBNQA(Malcolm Baldrige National Quality Award) 모델은 경영품질 모델로, 세계 기업들의 CEO들이 기업의 경쟁력을 평가하기 위하여 가장 많이 활용하는 모델이다. 유럽 국가들과 일본을 제외한 대부분의 국가들이 MBNQA 모델을 사용한다. 우리나라에서도 기업이나 공공기관, NGO등을 평가할 때 가장 많이 활용하는 모델이 MBNQA 모델이다. 제8장은 다음처럼 구성된다.

8.1 MBNQA 모델이란?
8.2 MBNQA 모델의 11가지 핵심가치
8.3 조직 프로필
8.4 MBNQA 모델의 7가지 범주
8.5 MBNQA 모델 심사기준

MBNQA 모델이란?

　　MBNQA 모델은 조직의 탁월한 성과 달성에 가장 핵심적인 요소들을 개선하기 위하여 조직의 강점과 기회를 평가하는 모형이다(www.nist.gov). 조직을 평가하기 위해 MBNQA 모델을 사용하는 기업은 사명 달성과 성과 개선을 효과적으로 할 수 있고, 경쟁력을 강화할 수 있다. 이것은 지난 30여 년 동안 MBNQA 모델을 사용한 기업들의 사례로 이미 검증된 사실이다.

　　보다 구체적으로 MBNQA 모델은 다음과 같은 목적을 시스템적 관점에서 효과적으로 달성하고자 한다.

- 프로세스가 동일하게 효과적인가?
- 사용하는 접근방법이 조직의 니즈를 잘 다루고 있는가?
- 성과가 만족스러운가?
- 조직이 학습하고, 혁신하고, 개선하고 있는가?

MBNQA 모델의 11가지 핵심가치

MBNQA 모델은 다음처럼 11가지 핵심가치를 지니고 있다(www.nist.gov).

[1] 시스템 접근방법(Systems Perspective)

사명을 달성하고 비전을 추구하기 위하여 조직의 모든 부서를 개별로 보지 않고 하나의 통합된 전체로 경영한다.

[2] 비전을 지닌 리더십(Visionary Leadership)

조직의 임원들은 조직의 비전을 수립하고, 고객중심경영을 하고, 명백하고 가시적인 조직의 가치와 윤리관을 구축하고, 구성원들에게 높은 성과 목표를 제시한다.

[3] 탁월한 고객중심(Customer-focused Excellence)

성과와 제품 및 서비스품질을 최종적으로 판단하는 사람은 고객이다. 그러므로 고객만족, 고객충성, 긍정적 추천, 그리고 조직의 지속적인 성공에 공헌하는 모든 제품 및 서비스품질의 특성과 고객접촉 및 지원의 유형을 기업은 고려한다.

[4] 사람을 중요시함(Valuing People)

성공하는 조직은 조직의 구성원과 이해관계자(고객, 지역사회, 공급업자, 파트너 등)들을 존중한다.

[5] 조직학습과 민첩성(Organizational Learning and Agility)

조직학습은 기존 접근방법의 지속적인 개선과 혁신과 같은 대규모의 변화를 통하여 새로운 목표, 접근방법, 제품, 시장을 추구한다. 조직학습은 반드시 급격한 변화에 대비하는 능력과 오퍼레이션(operation)의 유연성을 수용하는 민첩성을 구비한다.

[6] 성공 중시(Focus on Success)

조직의 현재 및 미래의 성공을 보증하기 위해서는 조직과 시장에 영향을 끼치는 장·단기 요소들을 이해하고, 환경의 불확실성과 위험을 관리하고, 그리고 일부 이해관계자들의 단기 니즈와 조직 및 이해관계자들의 지속적인 성공에 대한 투자에 대한 균형을 이룬다.

[7] 혁신경영(Managing for Innovation)

혁신은 이해관계자들의 새로운 가치를 창출하기 위하여 조직의 제품, 서비스, 프로그램, 프로세스, 오퍼레이션, 그리고 비즈니스 모델을 개선하여 의미 있는 변화를 만든다.

[8] 팩트경영(Management by Fact)

팩트경영은 조직의 내부와 외부의 성과를 측정하고 분석하는 것을 요구한다. 성과측정과 지수의 분석은 조직의 평가, 조정, 그리고 의사결정을 지원한다.

[9] 사회적 공헌(Societal Contributions)

조직의 리더들은 공공에 대한 공헌, 사회 행복, 그리고 혜택을 강조하여야 한다. 그리고 리더들은 지역사회 행복을 위한 롤모델이 되어야 한다.

[10] 윤리와 투명성(Ethics and Transparency)

조직의 리더들은 모든 구성원들이 이해관계자들과 거래하거나 접촉할 때 윤리적 행동을 강조하여야 한다. 특별히 임원들은 윤리적 행동의 롤모델이 되어야 한다. 그래서 리더십과 경영에 있어서 솔직하고 개방적인 의사소통을 통하여 투명하여야 하고, 정확한 정보를 공유하여야 한다.

[11] 가치와 성과 창출(Delivering value and results)

조직은 핵심 이해관계자들의 가치를 균형 있게 달성하는 성과를 선정하고 분석하여야 한다. 그래서 성과는 재무적 성과만 아니라, 제품 및 프로세스 성과, 고객 만족과 구성원 만족, 헌신, 리더십, 전략, 그리고 사회적 공헌도 포함하여야 한다(www.nist.gov).

조직 프로필

MBNQA 모델은 먼저 조직 프로필을 요구한다. 조직 프로필(Organizational Profile)은 조직의 특성과 전략적 상황에 대한 기술로서, <표 8-1>을 참조하기 바란다.

▼ 표 8-1 조직 프로필

P1 조직 기술: 핵심적인 조직의 특성은 무엇인가?

조직 환경(Organizational Environment)

(1) 공급하는 제품(Product Offerings)
- 공급하는 주요한 제품은 무엇인가?
- 각각의 제품이 조직의 성공에 얼마나 기여하는가?
- 제품을 공급하기 위하여 어떤 메커니즘을 사용하는가?

(2) 사명, 비전, 가치, 그리고 문화(Mission, Vision, Values, and Culture)
- 조직의 사명, 비전, 그리고 가치는 무엇인가?
- 가치 이외에 혹시 있다면 조직 문화의 특성은 무엇인가?
- 조직의 핵심역량은 무엇이고, 핵심역량과 사명과의 관계는 무엇인가?

(3) 인적자원 프로필(Workforce Profile)
- 인적자원의 프로필은 무엇인가?
- 최근 인적자원 구성에 또는 필요성에 의해 인적자원에 어떤 변화가 있었는가?
- 다음 질문에 대하여 답하라.
  - 인적자원 또는 종업원 그룹과 세그먼트
  - 상이한 인적자원 그룹과 분류에 대한 교육 요건
  - 인적자원을 헌신하게 하는 핵심 드라이버
  - 공인된 노동조합
  - 건강과 안전에 대한 특별한 요구

(4) 자산(Assets)
- 조직의 주요한 설비, 기계, 테크놀로지, 그리고 지식 자산은 무엇인가?

(5) 환경 규정(Regulatory Environment)
- 조직의 주요한 직업 건강과 안전 규정은 무엇인가; 공인, 인증, 등록 요건; 산업표준; 그리고 환경, 재무, 제품 규정

조직 관계(Organizational Relationships)

(1) 조직 구조(Organizational Structure)
- 조직의 리더십 구조와 거버넌스 구조는 무엇인가?
- 조직의 리더십 시스템을 형성하는 구조와 메커니즘은 무엇인가?
- 조직의 거버넌스 이사회와 임원, 그리고 지주 기업과의 보고 관계는 무엇인가?

(2) 고객과 이해관계자(Customers and Stakeholders)
- 조직의 주요한 시장 세그먼트와 고객 그룹, 그리고 이해관계자 그룹은 무엇인가?
- 제품, 고객지원 서비스, 그리고 오퍼레이션에 대한 주요한 요구조건과 기대는 무엇인가? 또 그룹 간에 차이는 있는가?

(3) 공급업자, 파트너, 그리고 협력자들(Suppliers, Partners, and Collaborators)
- 주요한 공급업자, 파트너, 그리고 협력자들은 무엇인가?
- 그들은 주요 제품을 생산 공급하고, 고객지원 서비스, 그리고 경쟁력 향상에 있어서 어떤 역할을 하고 있는가?
- 조직의 혁신 실행과 공헌에 있어서 그들의 역할은 무엇인가?
- 조직의 주요한 공급 네트워크 필요조건은 무엇인가?

P2 조직 상황: 조직의 전략적 상황은 무엇인가?

a. 경쟁적 환경(Competitive Environment)

(1) 경쟁적 위치(Competitive Position)
- 산업이나 시장에 있어서 조직의 상대적인 규모와 성장성
- 경쟁자의 수와 유형

(2) 경쟁 변화(Competitive Change)
- 혁신과 협동 기회를 포함하여 경쟁 상황에 영향을 끼치는 주요 변화는 무엇인가?

(3) 상대적 데이터(Comparative Data)
- 산업 내에서 상대적이고 경쟁적인 데이터의 주요한 소스는 무엇인가?
- 산업 외에서 상대적인 데이터의 주요한 소스는 무엇인가?
- 이러한 데이터를 획득하는데 혹시 있다면 어떤 한계가 있는가?

b. 전략 배경(Strategic Context)

(1) 조직의 주요한 전략 도전과 강점은 무엇인가?

c. 성과 개선 시스템(Performance Improvement System)

(1) 조직의 주요한 프로젝트와 프로세스를 평가하고 개선하는 것을 포함하여 조직의 성과 개선 시스템은 무엇인가?

- 헬스케어 조직에서 '제품 공급'은 헬스케어 서비스를 말한다.
- 교육기관에서 '제품 공급'은 교육프로그램과 서비스를 말한다.
- 헬스케어 조직에서 '고객'은 헬스케어 서비스의 사용자(환자, 환자 가족, 보험업자, 다른 제3자)를 말한다.
- 교육기관에서 '고객'은 교육프로그램과 서비스의 사용자(학생, 학부모)를 말한다.

MBNQA 모델의 7가지 범주

　　2019-2020년도 MBNQA 모델은 <그림 8-1>처럼 '리더십', '전략', '고객', '측정, 분석, 그리고 지식경영', '인적자원', '오퍼레이션' 그리고 '사업성과' 등 7개의 범주(category)로 구성되어 있다.

▌그림 8-1 MBNQA 모델

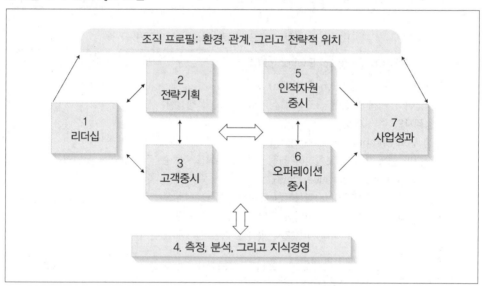

출처: www.nist.gov

　　MBNQA 모델은 크게 조직 프로필과 시스템, 그리고 지식경영이라는 세 개의 기본적인 요소로 구성되어 있다. 보다 구체적으로 MBNQA 모델에 있어서 범주 1,2,3이 '리더십 3요소'이다. 즉, 전략과 고객을 중시하는 리더십을 보여주고 있다. 그래서 조직의 경영진들이 조직의 방향과 미래의 기회를 결정한다. 또 범주 5, 6, 7은 '성과 3요소'이다. 즉, 조직의 인적자원과 오퍼레이션이 조직의 과업을 달성하여 성과를 결정한다. 범주 4는 사실과 지식에 의해 조직을 능률적으로 운영하게 해준다. 그래서 시스템의 기본적인 기반활동을 한다. 그리고 범주 1-6은 전부 범

주 7에 영향을 끼친다.

범주 1에서 6까지는 전부 2개의 항목(item)으로 구성되어 있으며, 대부분 '어떻게(how)'라는 질문을 하고 있다. 이 질문들에 응답하기 위해서는 조직의 핵심적인 프로세스들에 대하여 다음 4가지 정보(ADLI)를 제공하여야 한다(www.nist.gov).

① 접근방법(Approach):
• 조직의 과업을 어떻게 달성하는가?
• 핵심적인 접근방법은 얼마나 효과적인가?
② 전개(Deployment):
• 조직의 다른 부서에서 사용하는 핵심적인 접근방법들과 얼마나 일관성이 있는가?
③ 학습(Learning):
• 핵심적인 접근방법들을 얼마나 잘 평가하고 개선하고 있는가?
• 개선을 조직 내에서 공유하고 있는가?
• 새로운 지식으로 혁신이 발생하였는가?
④ 통합(Integration):
• 접근방법이 조직의 현재 및 미래의 니즈와 연계되는가?

범주 7은 조직의 성공에 가장 중요한 성과들에 대한 보고로, 다음과 같은 4가지에 대한 정보를 제공하여야 한다.

① 수준(水準, levels):
• 현재 성과는?
② 추세(趨勢, trends):
• 성과가 개선되고 있는가?
• 성과에 별 차이가 없는가?
• 성과가 더 나빠지고 있는가?
③ 비교(比較, comparisons):
• 다른 조직, 경쟁자, 또는 벤치마킹 기업과 비교하였을 때 조직의 성과는?
④ 통합(統合, integrations):
• 조직에 중요한 성과를 추적하는가?
• 의사결정에 성과를 사용하는가?

MBNQA 모델 심사기준

<표 8-2>는 MBNQA의 2019-2020년도 심사기준이다.

▼ 표 8-2 MBNQA 심사기준 2019-2020

기준	점수
1. 리더십(Leadership)	120
1.1 임원 리더십(Senior Leadership)	70
1.2 거버넌스 및 사회적 공헌(Governance and Social Contributions)	50
2. 전략(Strategy)	85
2.1 전략개발(Strategy Development)	45
2.2 전략실행(Strategy Implementation)	40
3. 고객(Customers)	85
3.1 고객의 기대(Customer Expectations)	40
3.2 고객 헌신(Customer Engagement)	45
4. 측정, 분석, 그리고 지식경영 (Measurement, Analysis, and Knowledge Management)	90
4.1 조직 성과의 측정, 분석, 개선 (Measurement, Analysis, and Improvement of Organizational Performance)	45
4.2 정보와 지식경영(Information and Knowledge Management)	45
5. 인적자원(Workforce)	85
5.1 인적자원 환경(Workforce Environment)	40
5.2 인적자원 헌신(Workforce Engagement)	45
6. 오퍼레이션(Operations)	85
6.1 직무 프로세스(Work Processes)	45
6.2 오퍼레이션 효과(Operational Effectiveness)	40

기준	점수
7. 사업성과(Results)	450
7.1 제품 및 프로세스 성과(Product and Process Results Results)	120
7.2 고객 성과(Customer Results)	80
7.3 인적자원 성과(Workforce Results)	80
7.4 리더십 및 거버넌스 성과(Leadership and Governance Results)	80
7.5 재무, 마케팅, 전략 성과(Financial Market, and Strategy Results)	90
합계	1000

출처: www.nist.gov

MBNQA 심사기준은 최근 현황을 신속히 반영하기 위해 매년 수정되지만, 주요한 변화는 2년마다 이루어진다. MBNQA 심사기준은 지난 수년간 많이 수정되었다. 그래서 지금은 심사 영역에 고객, 직원, 주주뿐만 아니라 공급업자와 파트너까지 포함시키고 있다. MBNQA는 과거에 제품과 서비스의 품질보증에 중점을 두었지만 점점 경영성과와 고객에 중점을 두고 있다. '사업성과'는 1995년에 추가되었는데, 이것은 기업의 궁극적인 목적이 기업의 성과이므로 사업성과를 중요시하는 것이다. 또 단순히 품질만 향상하는 것이 아니고, 기업의 전반적인 성과를 중요시하는 경향을 반영하는 증거이다. 또 리더십도 최고경영자에서 임원들의 리더십으로 확대되었다.

그리고 과거의 평가기준인 품질전략이 기업전략으로 바뀌었다. 이것은 품질전략이 기업전략의 일부분으로서 기업전략의 큰 줄기 속에 이루어져야 한다는 것을 반영하는 것이다. 고객만족은 예전이나 지금이나 중요시되는 기준이다. 이것은 TQM의 초점이 고객만족이기 때문이다. 그러나 급변하는 시장에서 성공적으로 경쟁하기 위해서 고객에 대한 범위를 과거보다 더 넓게 보고 있다. 그래서 고객은 현재의 고객뿐만 아니라 미래의 고객까지 포함시키고 있으며, 고객에다가 시장까지 첨부시켰으며, 고객의 소리를 중시한다. 또 하나 주목하여야 할 점은 공급업자와 파트너이다. 과거에는 단순히 공급업자가 납품하는 제품과 서비스의 품질에 관심을 가졌지만 지금은 공급업자를 하나의 동반자로 간주하여 중요시하고 있다.

그리고 최근에 프로세스를 오퍼레이션으로 바꾸었으며, 특히 직무 프로세스를 강조하였다. 또 최근에 사회적 책임을 사회적 공헌으로 바꾸었다. 즉, 수동적에서 능동적인 의미로 전환하였다. 또 고객의 소리(voice of customer)를 고객의 기대(customer expectations)로 바꿔 과거 중심에서 미래 중심으로 시각을 전환하였다. 또 성과에서는 재무 및 마케팅 성과에 전략을 추가하였다.

▌참고문헌

Malcolm Baldrige National Quality Award 2020－2021 Criteria for Performance Excellence, NIST.

www.nist.gov

▌메모

MANAGEMENTQUALITY

모자라는 군주는
가능한 한 자기의 능력을 사용하고,
중간 정도의 군주는
가능한 한 부하의 몸을 사용하고,
가장 뛰어난 군주는
가능한 한 부하의 지혜를 사용한다.

- 한 비 자 -

CHAPTER 09

리더십

MBNQA(Malcolm Baldrige National Quality Award) 심사기준의 첫 번째 범주는 리더십이다. 리더십의 중요성은 설명할 필요가 없을 정도로 중요하다.

제9장에서는 최고경영자의 강력한 리더십이 왜 중요하고 필요한지 설명하고자 한다. 특히 여기에서는 다음과 같은 주제들을 다루고자 한다.

9.1 MBNQA 모델 리더십 심사기준
9.2 최고경영자의 중요성
9.3 비전과 경영철학
9.4 리더
9.5 리더십
9.6 리더십과 사회적 공헌

사례 ▌ 펩시코의 PwP

이미지 출처: www.pepsico.com

펩시코(PepsiCo)는 기업의 지속가능성을 유지하기 위해서는 단기적 성과도 중요하지만, 장기적 투자도 그 못지않게 중요하다고 인식하였다. 또 주주에 집중되던 전략에서 탈피하여 이해관계자 전체의 이익을 추구하는 전략으로 전환하였다.

펩시코는 사회적 책임을 중요시한다. 그러나 단순히 사회에 기부하는 방식은 거부하였다. 왜냐하면 그것은 진정한 의미에서 사회적 책임이 아니라고 생각하였기 때문이다. 그래서 펩시코는 사회적 책임을 처음부터 펩시코의 핵심 비즈니스모델과 연계시켰다. 즉, 모든 이해관계자들의 가치를 만족시켜야 한다는 것이다. 그래서 펩시코는 수익을 창출하고, 수익의 일부를 단순히 분배하는 기존의 방식에 의문을 품고, 근본적으로 수익을 창출하는 방법이 중요하다는 것을 인지하였다. 그래서 나온 접근방법이 '목적에 의한 성과'인 PwP(Performance with Purpose)이다.

PwP는 기업의 지속가능성을 강화하기 위하여 다음처럼 4개의 원칙을 수립하였다. 첫째, 재정 지속가능성(financial sustainability)으로 탁월한 재정성과를 창출한다. 둘째, 인간 지속가능성(human sustainability)으로 제품 포트폴리오를 완전히 바꾼다. 즉, 설탕, 소금, 지방을 감소하고, 건강에 좋은 음식과 음료를 생산한다. 셋째, 환경 지속가능성(environmental sustainability)으로 환경에 주는 영향을 감소한다. 즉, 물의 사용을 감소하고, 이산화탄소 배출을 감소하고, 플라스틱 사용을 감소한다. 넷째, 재능 지속가능성(talent sustainability)으로 기업의 여성과 가정, 그리고 지역사회에 대한 새로운 형태의 지원책을 강구한다.

'목적에 의거한 전략'인 PwP는 변혁적(transformational) 전략이었다. 그러나 PwP의 정착이 순조롭지는 않았다. 회의적인 사람들도 많았고, 기존의 관습을 따라야 한다고 주장하는 사람들도 많았다. 특히 마케팅부서의 반대가 심하였다. 그것은 수 십년간 해온 관습을 바꾸기가 어려웠기 때문이었다. 새로 부임한 한 임원이 "비만이 미국 어린이들의 심각한 질병 중 하나이다"라고 주장하면서 "펩시코의 제품 포트폴리오에 변화가 없으면 펩시코의 미래는 없다"라고 강한 목소리를 내었다. 그 이후부터 서서히 마케팅부서에서도 변화가 시작되었다.

펩시코 이사회는 적극적으로 PwP를 추진하기로 결의하였다. 그리고 PwP를 강력하게 추진하기 위하여 연구개발과 제품개발에 총력을 기울이기로 하였다. 예로, 과거 펩시코의 연구개발부서가 주로 채용한 사람들의 전공은 식품학이나 식품공학 같은 자연과학 계통이었다. 그러나 PwP 전략 이후, 전공의 범위를 분자생물학, 약리학, 생리학, 영양학, 컴퓨터 모델링 등으로 확대하였다. 엄청난 변화가 발생한 것이다. 그래서 그 이후 펩시코의 주요 제품들에서 설탕, 소금, 그리고 지방이 엄청나게 감소되었다. 물론 맛은 유지하면서. 그러나 이것은 그렇게 쉬운 일이 아니었다. 또 지속적으로 건강에 좋지 않은 제품들을 퇴출하고, 건강에 좋은 제품들을 개발하였다. 하나의 예로, 잘 판매되던 치토스(Cheetos)가 USDA의 영양기준에 적합하지 않다는 사실을 파악하고, 바로 미국의 모든 학교에서 치토스를 퇴출하였다.

모든 것이 유사하지만, PwP가 일시적으로만 유행하게 되면 장기적인 성공이 이루어지지 않는다. 그래서 펩시코는 PwP를 기업의 DNA로 정착시키기 위하여 원활한 의사소통, 자원배분, 목표설정, 인지와 보상 등 엄청난 노력을 하였다.

PwP로 펩시코의 건강관련 제품들의 수익 비율은 2006년 총수익의 38%에서 2017년 총수익의 50%로 증가하였다. 오퍼레이션에 있어서 물 사용량도 2006년과 비교하여 2018년에 약 25%를 감소하였다. 연구개발비도 거의 3배가 증가하여, 건강제품 비율이 증가되었고, 환경보호도 강화되었다. 또 2018년 상위경영자의 39%가 여성들로 구성되었다. 또 PwP를 도입한 이래, 순수익이 80% 상승하였고, 펩시코의 주가는 상당히 올랐다.

이 사례는 다음의 자료들을 참조하여 작성되었다.

1. Nooyi, Indra and Vijay Govindarajan, "Becoming a Better Corporate Citizen," Harvard Business Review, March-April 2020, 94-103.

2. www.pepsico.com

9.1

MBNQA 모델 리더십 심사기준

MBNQA 모델 심사기준의 첫 번째 범주는 리더십이다. 다음의 <표 9-1>을 참조하기 바란다.

▼ 표 9-1 MBNQA 모델 리더십 심사기준

1. 임원 리더십: 임원들은 조직을 어떻게 리드하는가?
(1) 임원들은 조직의 비전과 가치를 어떻게 설정하는가?
(2) 임원들의 개인적인 행동이 법적 및 윤리적인 행동에 대한 약속을 어떻게 입증하는가?
(3) 임원들은 전체 인적자원, 핵심 파트너, 그리고 핵심 고객들과 어떻게 소통하고, 그들의 관심을 끌고 있는가?
(4) 임원들은 현재 및 미래에 성공하기 위한 환경을 어떻게 창출하는가?
(5) 임원들은 조직의 사명을 달성할 수 있는 행동에 어떻게 집중하도록 하는가?
2. 거버넌스와 사회적 공헌: 조직을 어떻게 관리하고, 사회적 공헌을 어떻게 하는가?
(1) 조직은 책임 있는 거버넌스를 어떻게 확증하는가?
(2) 임원들과 거버넌스 이사회의 성과를 어떻게 평가하는가?
(3) 조직의 제품과 오퍼레이션에 관한 현재 및 미래의 법적, 규제, 지역사회 관심사를 어떻게 표현하는가?
(4) 상호거래에서 발생하는 모든 윤리적인 행동을 어떻게 장려하고 확증하는가?
(5) 전략과 일상 오퍼레이션의 부분으로 사회적 복지와 혜택을 어떻게 고려하는가?
(6) 주요한 지역사회를 어떻게 적극적으로 지원하고 강화하는가?

최고경영자의 중요성

최고경영자가 기업의 성과에 결정적인 영향을 끼친다는 것은 설명할 필요가 없다. 최고경영자는 기업이 성공할 수 있도록 조직의 분위기를 바꾸고, 새로운 전략과 정책을 수립하여야 하며, 전략과 연계된 보상시스템을 수립하고, 직원들에게 동기를 부여하여야 한다. 특히 조직에 경영품질을 정착시키기 위해서는 최고경영자가 직접 나서야지, 다른 사람들에게 이 일을 위임해서는 안 된다. 그래서 경영품질과 함께 최고경영자도 함께 변하여야 한다.

기업의 모든 직원들의 눈은 항상 최고경영자를 향하고 있다. 최고경영자가 무슨 말을 하는지, 누구를 만나는지, 어디에 가장 많은 시간을 할애하는지, 어떤 성과를 중요시하는지 직원들은 항상 관심을 가지고 있다. 경영품질은 이전의 제품의 품질만 의미하지 않는다. 앞에서도 이미 언급하였지만, 경영품질은 조직의 품질이다. 그래서 MBNQA도 탁월한 경영성과를 창출하는 것이 목적이라고 하였다. 그러므로 경영품질이 또 MBNQA 모델이 조직에서 성공하기 위해서는 당연히 제일 선두에 최고경영자가 있어야 한다. 이 일을 부하 임원에게 맡기면, 조직원들은 경영품질이 그리 중요하지 않다는 시그널을 받게 된다.

조직은 최고경영자가 가장 관심을 갖고 있는 주제로 향한다. 예산도, 시간도, 노력도 그 주제를 향하여 나간다. 그러므로 최고경영자는 강력한 리더십으로 경영품질을 조직에 정착시켜야 한다.

9.3

비전과 경영철학

9.3.1 비전(vision)

"우리는 비전을 걸고 도박을 하고 있다. 그저 남들이 하는 대로 따라 하는 것보다는 그렇게 하는 것이 좋다." Steve Jobs의 말이다(Gallo, 2010). Jobs의 비전은 "모든 사람들이 컴퓨터를 일상생활에서 사용하는 것"이었다. 그리고 이 비전을 실천하기 위하여 열정을 가지고 일생을 통하여 지속적으로 추진하였다. 동료 창업자인 Steve Wozniak도 Jobs의 비전에 매료되었다. 그리고 그들은 이 비전을 달성하였다.

최고경영자는 조직의 미래에 대한 확고한 비전을 조직원들에게 제시하여야 한다. 비전(vision)은 기업의 목표가 아니라, 미래에 기업이 어떤 위치에 있어야 하는가를 말해준다. 이런 점에서 비전은 사명과 다르다. 즉, 사명(mission)은 조직이 존재하는 이유이며, 비전은 조직이 가야 할 방향을 말한다. 그래서 기업의 사명은 잘 변하지 않으나, 비전은 환경에 따라 변한다. 비전은 모든 사람들이 공동으로 소유하는 정신적인 지주이며, 달성해야 하는 것이 아니고 창조되어야 하는 것이다. 비전은 현재의 상황과 추세를 분석하여 도출되는 것이 아니고, 신념과 확실한 믿음에 의하여 도출된다. Senge(1990)는 "목표는 일반적인 방향을 나타내지만, 비전은 특정 방향을 가리킨다"고 하였다. 그래서 비전은 모든 구성원들에게 조직의 방향을 하나로 정렬해 준다고 할 수 있다. Kaplan과 Norton(2008)은 비전을 '미래 성과를 얻기 위한 신념'이라 하였으며, '조직의 중장기 목표'라고 하였다.

경영자는 이러한 비전을 실행할 단기적인 그리고 장기적인 계획을 수립하고 측정할 방법을 조직원들에게 제시하여야 한다. 비전은 반드시 명백하고, 간결하고, 적극적이고, 도전적이고, 신뢰성 있게 표현되어야 한다. 그리고 조직 내의 모든 사람들이 인지하도록 하여야 한다. 이런 점에서 비전은 사명과 전략을 연결한다고 볼 수 있다. 그래서 Kotter(2012)는 "제대로 만들어지지 않은 비전은 없는 것보다 못하다"라고 말하였다.

비전은 설정하는 것도 중요하지만 모든 직원들이 이 비전을 공유하는 것이 더 중요하다. 1973년에 창업된 FedEx는 비전을 전 세계 모든 직원들이 공유하고 실천하는 것으로 유명하다. 그래서 "모든 직원이 비전을 공유하기 전까지는 초우량기업이 될 수 없다"고 하며, 직원 개개인의 비전과 회사의 비전이 톱니바퀴처럼 맞물리도록 하고 있다. 또 전 세계에 지점을 두고 있는 FedEx는 언제 어디서나 전 세계 직원들과 동일한 비전을 공유하려고 노력하고 있다. 이것은 FedEx가 익일 화물배달사업을 하기 때문에 전 세계에 있는 모든 물류유통회사가 상당히 빠르고 긴밀하게 움직여야 하기 때문이다. 이렇게 움직일 수 있는 그 중심에는 모든 직원의 비전 공유가 있다.

9.3.2 경영철학

경영철학은 조직을 이끄는 중요한 원동력이다. 경영철학은 조직의 주요한 의사결정과 정책을 이끄는 원천이다. 최고경영자의 경영철학은 조직의 문화와 직원의 행동에 크게 영향을 끼친다. 그리고 궁극적으로 기업의 이미지를 결정한다.

FedEx는 PSP 철학을 지니고 있다. 즉, 구성원(people), 서비스(service), 그리고 수익(profit)이다. PSP 철학은 직원만족을 중요시한다. 즉, 직원을 통해 브랜드관리를 하고 있다. FedEx는 "우리가 사람들을 지성으로 보살펴 주면, 그들은 고객이 원하는 완벽한 서비스를 제공해 줄 것이다. 그러면 고객들은 회사의 미래를 확실하게 다지는 데 필요한 이익을 가져다 줄 것이다"라는 철학에 의해서 움직인다.

Southwest Airlines의 경영이념은 '인간존중,' '고객만족,' 그리고 '재미있는 직장생활'이다. 마지막 '재미있는 직장생활'은 독특하다. Kelleher 회장은 "두려움이 아닌 사랑으로 결속된 회사가 더 튼튼한 회사이다"를 강조하면서 화합과 단결을 중시한다. 그래서 직원들을 권위가 아닌 유머로 대하며, 즐거움을 주어 일을 즐겁게 만들려고 노력한다. 이것이 그 유명한 '펀(FUN)경영'이다. 이러한 경영철학은 신입사원 채용에서도 유머감각이 있는 사람을 선호하게 만든다. 왜냐하면 이러한 사람이 창의적이고 업무처리도 뛰어나다고 생각하기 때문이다. "우리는 지금 방향을 잃었습니다만 목적지에는 더 빨리 도착하고 있습니다"라는 기장의 안내방송도 승객들을 즐겁게 한다. 그래서 '미국에서 가장 웃기는 경영자'라는 별명도 가지고 있다. 또 '직원들이 회사의 가장 중요한 고객'이라는 확고한 경영철학도 가지고 있다.

사례 ▌ 마쓰시타 고노스케의 경영철학

이미지 출처: www.google.com

마쓰시타 고노스케

　　파나소닉(Panasonic)의 전신인 마쓰시타(Matsushita) 전공주식회사는 1918
년 마쓰시타 고노스케(松下幸之助, 1894－1989)에 의해 일본 오사카에서 설립
되었다. 1927년 National이라는 브랜드를 도입하였고, 1931년 라디오를 생
산하기 시작하였다. 1935년에는 Matsushita Electric Works라는 자회사를 설
립하였다. 1955년 캐나다, 미국, 멕시코에 오디오를 수출하면서 National 대
신 파나소닉 브랜드를 사용하기 시작하였다. 파나소닉(Panasonic)은 그리스
어의 '판(pan)'과 '소리'를 뜻하는 영어의 '소닉(sonic)'의 합성어로 '최고'를 의
미한다. 1977년 VHS 비디오 판매를 시작했으며, 1983년에는 파나소닉
JR－200 PC를 출시했다. 1986년부터 일본에서도 파나소닉 브랜드를 사용하
기 시작했다. 파나소닉은 PDP 기술을 세계 최초로 상용화한 기업이다. 그
러나 일본 전자산업의 위기를 파나소닉도 피할 수 없었다.

　　그래서 2008년 마쓰시타 전기산업은 회사명을 파나소닉으로 바꾸는 초
강수를 두었다. 회사 이름을 변경한 후 잠깐 회복의 기미를 보였으나 세계
경제의 불황과 가전산업의 격심한 경쟁을 극복하지 못하고, 결국 파나소닉
은 2010년 중국의 Haier에 백색가전 계열사를 매각하였다.

　　마쓰시타 전기산업은 한 때 일본 기업의 최고였다. 거기에는 일본에서
'경영의 신'이라고 불리는 창업자 마쓰시타 고노스케의 경영철학이 있었다.
먼저 마쓰시타는 자신의 성공 비결로 다음과 같은 말을 하였다. "나는 하늘
로부터 세 가지 은혜를 받았다. 가난, 허약, 그리고 배우지 못한 것. 가난하
여서 부지런히 일했고, 허약해서 계속 건강을 관리하여 90세 넘도록 살았으

며, 배우지 못하였기에 항상 배우려고 노력했다."

　마쓰시타는 항상 "물건을 만들기 전에 사람을 만들어야 한다"라는 말을 강조하였다. 이것은 물건을 만들 때 사람의 혼이 들어가야 한다는 의미이다. 모든 정성과 노력으로 물건을 만들어야 한다는 신념이 확고하여야 한다는 것이다.

　마쓰시타의 경영철학으로 오서(五誓)가 있다. 첫째, 항상 높은 뜻을 가슴에 품고 성공할 때까지 계속 정진한다(소지관철(素志貫徹)). 둘째, 스스로의 힘으로 헤쳐 나아간다(자주자립(自主自立)). 셋째, 보고 듣는 모든 것으로부터 배운다(만사연수(萬事研修)). 넷째, 기존에 집착하지 않고 계속 창조하고 개척한다(선구개척(先驅開拓)). 마지막으로 우수한 인재가 아무리 많이 와도 친화가 없으면 성과가 없다(감사협력(感謝協力)).

리더

9.4.1 리더와 관리자

리더가 필요한 조직도 있고, 관리자가 필요한 조직도 있다. Peters와 Waterman(1982)은 "중간경영자의 90% 정도가 현상 유지에 급급해 조직의 변화와 소통을 방해하는 요소가 되고 있다"라며 관리자를 비판하였다. 그러나 Gosing과 Minzberg(2003)는 "이제 모두가 리더가 되기만을 바라며, 관리자가 되려는 사람은 없다"고 지적하였다. 그리고 "리더십 없는 경영은 직원들에게 동기부여를 제공하지 못하고, 관리 없는 리더십은 불필요한 오만을 조장한다"라고 하였다.

이들의 언급은 전부 맞다고 할 수 있다. 리더와 관리자는 전부 필요하다. 단 상황에 따라 다를 뿐이다. 그래서 경영혁신을 할 때 최고경영자에게는 단순히 관리하는 것보다는 리더의 역할이 더 중요하다고 할 수 있다. 단순히 어떤 원리나 원칙에 의거하여 직원들을 관리하는 것도 중요하지만, 더욱더 중요한 것은 그들로 하여금 최대의 능력을 발휘할 수 있도록 조직의 분위기를 만드는 것이다.

조직이론가인 Bennis(1989)는 관리자와 리더의 차이를 <표 9-2>처럼 12가지 관점에서 구별하였다. Bennis는 리더와 관리자 중 무엇이 옳다고 하지 않았다. 단순히 "리더는 올바른 일을 하는 사람이며, 관리자는 주어진 일을 올바르게 하는 사람"이라고 명시하였다.

▼ 표 9-2 관리자와 리더의 차이

관리자	리더
1 .관리한다	1. 혁신한다
2. 복사판이다	2. 원본이다
3. 유지한다	3. 개발한다
4. 시스템과 구조에 초점을 둔다	4. 사람에 초점을 둔다
5. 통제를 중요시한다	5. 믿음을 불어넣어 준다
6. 안목이 단기적이다	6. 안목이 장기적이다
7. '언제와 어떻게'를 묻는다	7. '무엇과 왜'를 묻는다
8. 순익을 중요시한다	8. 미래를 중요시한다
9. 모방한다	9. 창조한다
10. 현상을 수용한다	10. 현상에 도전한다
11. 사람을 거느린다	11. 사람을 다스린다
12. 업무를 올바르게 한다	12. 올바른 일을 한다

출처: Warren Bennis, On Becoming a Leader, New York: Addison Wesley, 1989, 45.

9.4.2 리더의 특성 및 유형

리더에 대한 연구는 서양에서 주로 이루어져 왔다. 하지만 동양에서도 상당히 오래전부터 다양한 학자들에 의해 리더의 덕목에 대한 언급이 있었다. 순자(荀子)는 "리더십은 리더가 조직원과 하나의 일체감을 조성함으로써 출발한다"고 하였다 (나채훈, 2003). 한비자(韓非子)는 "리더는 자기가 직접 나서지 않고 부하들을 잘 활용하는 사람"이라고 하였다. 그래서 "하등 군주는 자기 능력으로 일을 하고, 중등 군주는 남의 힘을 사용하고, 상등 군주는 부하의 지혜를 이끌어 낸다"고 하였다. 공자(孔子)는 논어에서 "지도자는 스스로 먼저 자신부터 몸과 마음을 깨끗이 하고 부하들이 자기의 역량을 충분히 발휘하도록 하여야 한다"고 하였다. 또 "지도자는 우선 자기 책임을 완수하고 아랫사람으로부터 인격적으로 존경받아야 하며 능력도 뛰어나야 한다"고 하였다. 따라서 "지도자가 될 사람은 자신의 인격을 닦고 능력을 계발하는 데 전력을 다해야 한다"고 하였다. 손자(孫子)는 "지도자의 조건으로 정확한 판단력과 정책을 결정하는 능력인 지(智), 확실한 신상필벌 원칙인 신(信), 부하에게 인덕을 베푸는 인(仁), 용맹스러운 용(勇), 그리고 엄격히 규율을 준수하는 엄(嚴)"을 들었다. 맹자(孟子)는 "지도자의 가장 중요한 조건으로 외부의 어떤 압력에도 흔들리지 않는 확고한 신념인 부동심"을 들었다.

서양에서도 리더의 특성에 대한 언급이 있다. 먼저 Drucker는 유능한 리더의 공통점을 다음처럼 4가지로 요약하였다(Kobayashi, 2002). 첫째, 자신을 따르는 사람이 있다. 둘째, 사랑 또는 존경을 받는 사람이 아니라, 자신을 따르는 사람에게 올바른 일을 시킨다. 셋째, 항상 타인에게 모범을 보인다. 넷째, 리더십은 직위, 특권, 지위, 또는 돈이 아니고 수행하는 직책이다. Robbins(2002)는 "리더는 힘을 주는 믿음을 가지고 살며, 제한적인 믿음을 가진 사람들의 믿음을 바꾸어 그들의 능력을 최대한 발휘할 수 있도록 가르치는 사람"이라고 정의하였다. 그리고 "리더는 책을 많이 읽는다"고 하였다. Bossidy와 Charan(2004)은 실행력이 강한 리더의 일곱 가지 행동수칙을 다음처럼 말하였다. 첫째, 인력과 비즈니스를 정확히 파악한다. 둘째, 현실을 직시한다. 셋째, 목표와 우선순위를 명확하게 설정한다. 넷째, 적극적으로 추진한다. 다섯째, 실적에 대해 보상한다. 여섯째, 코칭을 통해 구성원들의 역량을 개발한다. 일곱째, 자신을 안다.

그러나 환경의 변화에 따라 리더의 특성에 대한 언급은 점차로 소멸되어 가고 있다.

9.4.3 푸시형 관리와 풀형 리더

Ciampa(1992)는 푸시(push)형 관리와 풀(pull)형 리더를 구별하였다. 푸시형 관리는 예산이나 MBO(management by objectives)와 같은 방법을 통해 직원들을 통제하며 제약한다. 그러나 직원에게는 푸시도 필요하지만 풀도 필요하다고 하였다. 풀형 리더는 비전을 창출하고, 직원들에게 동기를 부여한다. 최근 풀형 리더의 중요성이 점차로 부각되고 있다. 이제 리더는 직원들이 각자의 잠재력을 최대한도로 발휘하도록 분위기를 만들어 주는 것이 중요하게 되었다. 과거에는 명령과 지시를 내리고, 징벌하는 푸시형이 많았다. 순자의 '권학편'에 다음과 같은 말이 있다. '말을 탄 사람은 보폭이 크지 않아도 천리를 갈 수 있고, 배를 타고 노를 젓는 사람은 수영을 못해도 강을 건널 수 있다.' 리더는 뛰어난 개인의 능력보다는 인재를 찾아내고 찾아낸 인재를 적재적소에 쓸 수 있는 지혜가 필요하다는 의미이다. 사람의 마음은 푸시가 아닌 풀로 가져올 수 있다. 그래서 Drucker도 '조직의 목적은 평범한 사람으로 하여금 비범한 일을 하도록 만드는 데 있다'고 말하였다.

9.4.4 충성스러운 리더

최근 10년간 성공한 기업의 최고경영자들을 분석한 연구에 의하면, 리더는 많은 이해관계자들과 신뢰를 가지고 서로 대하는 것을 알 수 있다. 훌륭한 고객 데이터베이스, 측정시스템, 또는 보상시스템으로는 기업의 수익성을 보장할 수 없다. 중요한 것은 최고경영자의 의지, 특히 충성스러운 리더(loyal leader)가 되어야 한다. Reichheld(2001)는 "최고경영자가 고객, 직원, 파트너, 그리고 주주에 대해 충성하는 마음이 높으면 높을수록 기업의 수익성이 높아진다"고 하였다. 충성은 맹목적인 충성이 아니고, 상호 간에 신뢰를 조장하는 믿음이다. 이것은 확실한 가치관과 신념을 가진 최고경영자의 말과 행동으로부터 발생한다.

Reichheld는 충성스러운 리더가 되기 위한 여섯 가지 원칙을 다음처럼 설명하였다. 첫째, 배운 것을 마음 속에만 간직하지 말고 조직원, 고객, 파트너, 그리고 주주들에게 설명한다. 최고경영자가 올바른 가치관을 지니고 있는 것만으로는 충분하지 않다. 최고경영자는 반드시 자기의 확고한 신념과 가치관을 조직원, 고객, 주주, 그리고 공급업자에게 말과 행동으로 강조하고 보여줘야 한다. 그리고 항상 직원과 진실하게 그리고 마음을 터 놓고 이야기하여야 한다.

둘째, 윈윈전략(win-win strategy)을 사용한다. 기업뿐만 아니라 모든 관련자들이 같이 승리하여야 한다. 대개 기업이 파트너 또는 직원들을 대하는 태도와 고객을 대하는 태도 사이에는 높은 상관관계가 있다고 한다. 그래서 직원만족도가 높은 기업의 고객만족도도 상대적으로 높다. 직원과 파트너를 올바르게 대하는 최고경영자야말로 고객도 올바르게 대한다. 그래야 높은 고객서비스로 인해 기업의 수익성이 향상된다. 또 중요한 의사결정에 있어서 직원들의 의견을 수렴하여야 한다.

셋째, 고객과 직원을 신중하게 선정하여야 한다. 기업은 모든 고객을 전부 만족시킬 수 없다. 그러므로 기업에게 진정으로 가치가 있는 고객들을 선정하여 집중적으로 서비스하여야 한다. 또 직원도 신중하게 선발하여야 한다. Southwest 항공에 입사하는 것은 미국의 하버드 대학이나 프린스턴 대학에 입학하는 것보다 어렵다고 한다. 무조건 직원을 많이 뽑지 않고 잘 선발해 최고의 대우를 해 줌으로써 충성된 직원들을 만들어야 한다. 그래야 직원의 사기가 올라가고 이직률이 감소한다.

넷째, 단순화하여야 한다. Northwestern Mutual의 최고경영자인 Jim Ericson은 단 하나의 단순한 규정을 강조하였다. "항상 고객을 가장 기쁘게 하는 관점에서 일하라." 이런 단순화는 직원의 의사결정을 단순하게 하며, 조직의 목표를 효과적으로 달성한다.

다섯째, 단골고객 그리고 가장 충성스러운 직원과 파트너에게 최고의 대우를 해 준다. 가끔 기업은 잘못된 고객에게 대우를 해 주는 경우가 있다. 이것은 단골고객의 불만을 조장해 기업의 수익성을 저하시킨다. 또 단기수익에 집착한 직원에게 보상을 해 주면 안 된다. 이것 역시 기업의 장기적인 수익성을 저하시킨다.

여섯째, 열심히 듣고, 분명하게 말한다. 고객과 직원, 그리고 파트너의 소리를 열심히 그리고 진지하게 듣는다. 특히 직원이 자기 의견을 솔직하게 이야기하고, 의사소통이 일방적이 아닌 쌍방적이 되도록 하여야 한다. 그래야만 경영자와 직원 간에 신뢰감이 조성된다. 그리고 경영자는 들은 것을 확실하게 확인하고, 앞으로 어떻게 할 것인지를 분명하게 말해준다.

9.4.5 소통과 협업

소통과 협업은 조직의 성공에 있어서 상당히 중요하다. 기업들을 보면 대개 조직이 수직적 구조로 되어 있다. 그래서 수직적인 소통은 비교적 잘 되고 있다고 할 수 있다. 그러나 또 하나 중요한 소통은 서로 다른 부서들 간의 소통이다. 즉, 수평적 소통이다. 수평적 소통은 수직적 소통에 비하여 그 중요성이 더 하다고 할 수 있다. Casciaro 등(2019)이 최근 조사한 자료에 의하면, 고객가치를 창출하는 데 있어서 가장 중요한 소통은 수평적 소통이었다고 하였다. 수평적 소통은 다양한 방법에 의해 이루어지는데, 그 중 하나가 수평적 협업이다.

수평적 협업(horizontal collaboration)의 가장 대표적인 방법은 다양한 부서의 사람들이 공동의 목적을 달성하기 위하여 함께 팀을 구성하는 것이다. 어떤 한 부서에서 오래 근무한 사람은 당연히 자기 부서에 국한된 전문가라고 할 수 있다. 즉, 다른 부서를 객관적으로 볼 수 있는 시야를 가지고 있지 않다. 이러한 문제점을 감소하는 좋은 방법이 협업팀을 구성하는 것이다. 그러면 서로 다른 부서의 전문가들이 함께 팀을 이뤄 일함으로써 서로의 단점을 보완할 수 있게 된다. 혁신도 협업팀을 구성하여 실시하면 효과가 훨씬 좋게 나온다. 왜냐하면 부서들 간에 존재하는 장애물을 제거할 수 있기 때문이다.

수평적인 벽을 제거하기 위하여 최고경영자는 조직을 재설계할 수도 있다. 그러나 조직의 재설계는 시간과 비용이 많이 소요된다. 또 부서 간에 새로운 갈등을 야기할 수 있다. 그래서 수평적 협업 팀을 만드는 것이 효과적이다. 협업팀은 서로의 장점을 보고 배운다. 자기 부서만 보는 근시안적인 시각을 전체를 보게 하는 통합적인 시각으로 바꾼다.

9.5

리더십

리더십은 천의 얼굴을 가지고 있다고 할 수 있다. 그래서 리더십을 모든 사람들이 공유할 수 있도록 정의하는 것은 불가능하다. 경영학에서 리더십이론은 대부분 서양에서 나왔다.

그러면 여기에서 서구의 리더십에 대한 전통적인 정의를 살펴보자. Katz와 Kahn(1978)은 "리더십은 조직이 일상적으로 하는 것보다 더 많은 일을 하게 하는 영향력"이라고 하였다. Campbell(1980)은 "리더십은 새로운 기회를 창출하기 위해 자원의 역량을 집중시키는 활동"이라고 하면서, 리더십을 수동적이 아닌 적극적인 행동으로 보았다. 그래서 "리더는 어떤 일을 성취하기 위해 가지고 있는 모든 자원들을 총동원하여야 한다"고 보았다. Robbins(2002)은 "리더는 힘을 주는 믿음을 가지고 살며, 제한적인 믿음을 가진 사람들의 믿음을 바꾸어 그들의 능력을 최대한 발휘할 수 있도록 가르치는 사람"이라고 정의하였다. 그래서 "경영자의 임무는 감독이 아니라 리더십을 실행하는 것"이다. Peters와 Waterman(1982)은 "리더십이란 회사에서 일이 옆길로 들어섰을 때 모습을 나타내고, 원만히 진행되고 있을 때에는 모습을 감추는 것"이라고 하였다.

그런데 여기에서 Drucker(2000)의 리더십에 대한 해석을 한번 음미해보자. Drucker는 "리더십은 물론 중요하지만, 현재 지나치게 과대 포장되어 있다"고 하였다. 즉, "리더십은 리더들의 자질이나 카리스마와 아무런 관계가 없다"고 하였다. Drucker는 "리더십은 그 자체로 좋은 것도 아니며, 바람직한 것도 아니다"라고 하였다. 즉, "리더십은 하나의 수단"이라고 하였다. "단지 중요한 것은 리더십이 목적달성과 연관되었을 때 중요하다"고 하였다. 그래서 "리더십의 본질은 일, 책임감, 그리고 신뢰"라고 하였다. 그러므로 경영품질을 추구하는 조직의 리더십은 카리스마 자체가 중요한 것이 아니라 반드시 성과와 연계되어야 한다.

이상에서 보았듯이 리더십의 의미는 나날이 변한다. 과거에는 리더의 내적인 면을 주로 강조하였다. 즉, 리더의 역량이나 자질을 중요시하였다. 리더에 의해서 조직의 성공과 실패가 전적으로 결정되는 것이다. 그러나 점차로 변화가 발생하였다. 사람들과의 인간관계, 의사소통, 동기부여 등을 중요시하게 되었다. 이것은 큰 변화이다. 또 하나 중요한 변화는 리더십을 좁게 정의하여서는 안 된다는 것이다. 어떻게 보면 리더십은 서로 다른 이질적인 것들을 통합하는 것이라고 볼 수 있다. 그러므로 리더는 반대 의견도 용인하는 능력이 필요하다. 이런 점에서 '리더십 패러독스(paradox)'로 유명한 Parson의 말을 음미할 필요가 있다. 그는 1996년 "리더십은 본질적으로 딜레마의 경영이고, 구체적이지 않은 모호함을 인정하는 것"이라고 하였다. "그래서 서로 수용하기 어려운 개념들에 대해 현명하게 대처해는 능력과 서로 반대하는 것들의 공존을 인정하여야 한다"고 하였다.

최근 또 대화를 중요시하여야 한다는 주장도 있다. 즉, 리더는 다른 사람들과 대화를 잘 하여야 한다는 것이다. 이런 점에서 Groysberg와 Slind(2012)가 주장한 '조직대화' 모델을 살펴볼 필요가 있다. 이들은 다양한 100개 이상 기업의 150여 명의 최고경영자들과의 면담을 통하여 대화의 중요성에 대해 연구하였다. '조직대화(organizational conversation)' 모델은 이들이 개발한 모델로, 이전의 명령−통제 모델에서 벗어나 개인 대 개인의 대화를 강조하는 리더십 모델이다. 조직대화 리더십 모델은 다음처럼 4가지 요소로 구성되어 있다. 즉, 친밀한 관계(intimacy), 상호작용(interactivity), 포함(inclusion), 그리고 의도성(intentionality)이다.

친밀한 관계는 상호간에 신뢰가 필수적이다. 신뢰는 단기간에 형성되는 것이 아니고, 시간을 요한다. 친밀한 관계는 또 경청할 줄 알아야 한다. 그래서 최고경영자는 경청에 대한 교육을 받아야 한다. 친밀한 관계는 또 인간적이어야 한다. 모든 것을 내려 놓고 솔직하여야 한다. 권위에 의한 대화는 성과가 없다. 상호작용은 쌍방간에 대화가 균형 있게 오가는 것이다. 그래서 일방적이어서는 안 된다. 포함은 직원의 임무를 확대하는 것이다. 즉, 대화에 있어서 직원의 아이디어를 수집할 수 있도록 그들의 역할을 확대하는 것이다. 의도성은 확실한 목표를 가지고 대화하는 것이다. 아무 주제 없이 대화하는 것은 성과가 없을 수 있다. 명확한 목표를 가지고 서로가 상대방으로부터 배워야 한다. 조직대화는 조직의 유연성, 동기부여, 전략과 실행의 일치 등에 있어서 큰 성과를 기대할 수 있다. 또 거대한 기업을 작은 하나의 기업으로 만들 수 있다.

최근 4차 산업혁명이 시작되면서 인간은 기술혁명시대를 맞고 있다. 이제 컴퓨터나 스마트폰으로도 왠만한 정보는 바로 습득할 수 있다. CEO도 과거 그 어느 때 보다도 학습을 잘 하여야 한다. 즉, 새로운 기술과 지식을 지속적으로 학습하여야 한다. 그러면 어떻게 학습하여야 하나? 가장 보편적인 방법은 정형화된 학습 프로그램을 이수하는 것이다. 또는 적절한 맞춤형 교육 프로그램을 학습하는 것이다. 물론 이러한 보편적인 방법도 중요하다. 그러나 정말 중요한 원천은 이미 경험을 한 사람들로부터 배우는 것이라고 주장하는 사람들이 있다. 즉, 교육 프로그램이나 책보다는 경험자들이 중요하다는 것이다. 이러한 경험자들과의 네트워크가 훨씬 많은 성과를 제공한다고 Hoffman 등(2019)은 주장하며, 이러한 네트워크를 '네트워크 지식(network intelligence)'이라고 불렀다. '네트워크 지식'은 대개 대규모나 온라인이 아니고, 일대일로 이루어진다.

 사례 ▌ GE의 리더십

 General Electric Company

GE(www.ge.com)의 리더십은 E4로 집약된다. 즉, 에너지(Energy: 행동중심적 성향), 활력(Energizer: 다른 사람들에게 동기를 부여하는 능력), 결단력(Edge: 강한 확신과 용감한 추진력), 그리고 실행(Execution: 결과의 달성)이다. 이러한 E4를 GE에서는 설정하고, 이 E4에 의해 GE의 차세대 리더들을 양육한다. 더 나아가 GE에서는 다음과 같은 13가지 요소를 진정한 리더십 모델의 요소들로 설정하고 실천에 옮기고 있다. 이 중에서 정직을 가장 중요한 요소로 보고 있다.

- 정직
- 경영 마인드
- 세계화 마인드
- 고객 이해
- 변화의 전도사
- 겸손함과 자신감
- 열린 마음
- 강한 팀워크
- 경영목표를 향하여 조직의 에너지를 재편성하는 능력
- 동기와 활력 부여
- 자신의 열정을 퍼뜨림
- 수익
- 업무를 즐김

리더십과 사회적 공헌

　　최근 기업의 사회적 책임은 대단히 중요한 이슈로 부각되었다. 그래서 과거 이윤을 중시하는 기업에서 사회적 책임을 다하는 기업으로 변하였다. 주주의 이익만을 주로 대변하는 기업이 이해관계자의 이익 전체를 중요시하는 기업으로 변하였다. 단기적인 안목으로 경영하던 경영자들도 장기적인 관점으로 기업을 경영하기 시작하였다. 그래서 앞의 리더십 심사기준에서도 볼 수 있듯이, MBNQA 모델은 기업의 사회적 공헌을 중요시한다.

　　여기에서는 머크(Merck)의 예를 들겠다(Ignatius, 2018). 머크의 CEO인 Kenneth Frazier는 상당히 독특한 이력을 지닌 사람이다. Frazier가 2011년 CEO가 된 이후, 머크는 과거 머크 연구개발의 명성을 회복하였고, 신약을 개발하여 경영을 안정시켰다. 2017년 4월 12일 미국 버지니아주 Charlottesville시에서 백인우월주의 폭력시위로 수십명의 사상자가 발생하였다. 그러나 당시 대통령인 Trump는 처음에는 침묵을 지켰으며, 후에 인종주의자를 느슨하게 비난하였다. 여기에 대한 항의표시로 Frazier는 '대통령 직속 제조업 자문단'에서 탈퇴하였다. Frazier가 Fortune 500 기업에서 드문 아프리카 출신 미국인이지만, 대통령에 항의하여 이런 행동을 하는 것은 그리 쉬운 일이 아니었다. 더구나 기업을 운영하는 경영자로서 쉽게 결정할 수 있는 일은 아니었다. 그러나 Frazier는 편협한 인종차별과 극단주의에 침묵을 지키는 것은 옳은 일이 아니라고 생각하고 자기 의견을 분명히 표현하였다. 이에 일부 자문단 위원들도 자문단에서 탈퇴하였다.

　　Frazier는 비즈니스 리더들의 근본적인 책임은 이해관계자들의 가치를 향상시키는 것이라고 하였다. 아울러 또 다른 중요한 책임은 사회에 가치를 전달하는 것이라고 하였다. 126년의 역사를 지닌 머크의 이해관계자들은 그동안 수없이 바뀌었지만, 머크의 핵심적 목적은 의학적으로 중요한 백신과 약품들을 공급하는 것이었다. 그리고 이 목적이 인간의 생명과 삶에 엄청난 차이를 가져왔다. 기업과 주주들이 실현하는 이익보다는 환자들과 사회가 받는 가치가 훨씬 중요하다. 사실 주주들은 단기적인 이익에 집중하지만, 기업은 장기적인 성장이 중요하다. 이러한 점에서 Frazier는 단기와 장기의 목적을 균형있게 달성하고 있다. Frazier는 장기목표에 치중하고, Wall Street의 기사에 연연하지 않는다. Frazier는 인종차별에 침묵을 지키는 것은 사회적 가치를 훼손하는 것이라고 굳게 믿었다.

9.6.1 윤리성

여기에서의 주제는 기업의 윤리성이다. 소비자를 속이는 행위는 비윤리적이다. 2015년 세계 자동차 판매 기업 1위인 폭스바겐(Volkswagen)의 연비 조작은 세계를 충격으로 빠뜨렸다. 다른 국가들에 비하여 규정이 엄격한 미국 기준을 통과하기 위하여 폭스바겐은 매연 저감장치의 소프트웨어를 조작하였다. 세계 선진국가 중 상위그룹인 독일의 자동차회사가 전혀 상상도 못하였던 비윤리적인 의사결정을 내린 것이다.

또 다른 비윤리적인 행위는 회계부정이다. 대표적인 기업으로 WorldCom, Enron, Adelphia 등을 들 수 있다. 2001년 미국 에너지회사로 휴스턴에 본사가 있는 엔론(Enron)은 분식회계 장부를 만들어 수십억 달러의 수익이 발생한 것처럼 시장을 속였다. 2002년에는 전기통신 회사인 WorldCom이 역시 분식회계로 파산을 신청하였다. 당시 노벨경제학상을 수상한 미국의 Paul Krugman은 "엔론의 회계 부정은 미국 경제에 테러보다 더 나쁜 영향을 끼칠 것"이라고 언급하였다. 우리나라에서도 많은 기업들이 이중장부 또는 분식회계를 하고 있다. 직업에 대한 신뢰성 조사에 의하면 한국 기업인들의 순위는 그리 좋지 않은 편이다. 오래전부터 정경유착은 한국의 미래를 가로막는 주요한 문제로 꼽혀 왔다.

또 다른 비윤리적인 행위는 뇌물이다. 미국의 경제학자이며 노벨경제학상을 수상한 Milton Friedman은 "기업은 주주를 위한 하나의 도구이며, 기업의 목적은 수익성"이라고 하였다. 그래서 기업은 사회에 어떤 형태로든지 기부를 하여서는 안 된다고 하였다. 이것은 Friedman이 기업의 경제적 목표와 사회적 목표를 구별하고, 또 개인의 기부보다 기업의 기부가 효과가 적다는 가정을 갖고 있기 때문이다. 저자는 물론 Friedman의 말에 전적으로 동의하지는 않는다. 그러나 기부의 명목으로 뇌물이 성행하는 것은 현실이다. 가장 대표적인 사례는 2000년대 독일 지멘스(Siemens)이다. 당시 뇌물이 일반적인 기업 관행이긴 하였지만, 지멘스는 많은 국가에 뿌린 뇌물로 기업의 존폐가 달린 큰 위기에 처하였다. 그 이후로 지멘스는 준법윤리경영을 모범적으로 실천하는 글로벌기업으로 새롭게 탈바꿈하였다.

9.6.2 거버넌스

먼저 거버넌스(governance)는 정부(government)와 어원이 같다. 그러나 정부보다는 범위가 확대되어 많은 조직에 사용되고 있다. MBNQA는 '거버넌스란 조직을 운영할 때 실행되는 관리 및 통제시스템'이라고 정의하고 있다(www.nist.gov). 캠브리지(Cambridge) 사전에서는 '거버넌스란 국가 또는 조직의 최고위층에서 경영하는 방법 및 시스템'으로 정의하고 있다(www.cambridge.org). 위키피디아는 '거버넌스는 일반적으로 과거의 일방적인 정부 주도의 경향에서 탈피하여 정부, 기업, 비정부기관 등 다양한 행위자가 공동의 관심사에 대한 네트워크를 구축하여 문제를 해결하는 새로운 국정 운영 방식'이라고 정의하고 있다(www.wikipedia.org).

여기에서는 MANQA의 정의를 따른다. 즉, 최고경영자들이 조직을 운영할 때 실행하는 운영시스템이다. 예전에는 이사회를 주로 의미하였지만, 지금은 이사회를 포함하여 그 영역이 확대되었다. 그래서 이사회의 투명성이나 의사결정과정도 중요하지만, 조직을 이끄는 기본적인 프레임워크가 어떻게 작동되고 있는지도 중요하다. 또 사회적인 공헌이나 윤리적인 측면도 상당히 중요하다.

 사례 ▌ MBNQA 수상 기업 MESA의 결과를 통한 리더십

이미지 출처: www.mesaproducts.com

2020년도 중소기업분야에서 MBNQA상을 수상한 MESA는 ONEMESA라는 가족과 같은 커뮤니티 문화를 육성하였다. 이번이 세 번째 수상인 MESA는 음극보호 시스템 및 파이프라인 무결성 솔루션을 설계, 생성, 설치 및 유지·관리하는 중소기업이다. CEO와 소유주인 Terry May는 MESA의 직원들은 '성공을 하나의 팀이 성실하고 긴밀하게 협력하는 것'으로 간주한다고 말한다. 이러한 접근방식은 조직의 수익성과 탁월성에 초점을 맞추면서 서번트 리더십 원칙을 구현하는 것이다. 그리고 직원들은 이익을 공유하고, 기업가적 지원을 회사로부터 받는다.

구성원 설문조사에 의하면, 2017년 이후 직원의 85% 이상이 자신이 팀의 일원이며, MESA가 정직한 문화를 가지고 있다고 느끼고 있다. 또 다른 설문조사에 의하면, "나는 MESA의 목적에 기여하고 있으며, MESA에는 서로 존중하는 문화가 있다"고 한다.

사명, 비전 및 핵심가치는 매년 고위리더가 검토하고 다양한 방법을 통해 구성원들에게 전달한다. 2017년에는 개인의 책임을 강조하고 팀 기반 태도를 강화하기 위해 참여규칙이 채택되었다.

2020년 구성원 설문조사에 따르면, 직원의 90%가 안전을 MESA 문화의 일부로 인식하고 있다. 세계적 수준의 안전 목표는 MESA 문화에 내재되어 있다. 그리고 MESA는 사람, 재산 및 지구를 보호하기 위한 안전하고 혁신적인 솔루션을 지원한다. 또 모든 작업 프로세스는 안전에 초점을 맞추고, 국민과 MESA 직원을 보호하기 위한 안전이 우선순위에 포함되어 있다. 그리고 안전은 식별된 인력, 하청업체 및 고객요구 사항으로서, 안전팀은 예방프로그램을 만들고 선행지표를 추적한다.

개방형 정책 외에도 최고경영진들은 행동강령 및 행동표준에 전념하고 성과평가 및 기타 형태의 의사소통으로 이러한 가치를 홍보한다. 또 정기적인 직원설문조사, 공급업체 만족도조사, 고객의 소리 수집 및 연 2회 성과검토의 피드백을 통해 학습기회를 제공한다.

전략적 우선순위로서 다양성과 포용성은 MESA의 문화, 인적자원 및 리더십 프로세스와 정책 및 행동에 내재되어 있다. 다양성 및 포용성은 의사소통 스타일의 변화와 원하는 문화를 형성하기 위한 대화의 중요성에 대한 인식으로 이어지고 있다.

책임있는 거버넌스를 보장하기 위해 MESA는 6D 프로세스 프레임워크(전략개발 프로세스 및 소프트웨어 도구)를 사용하여 조직 전체에 목적과 원칙을 통합하고 배포하고 있다. 6D 프로세스는 핵심역량이 전략적 목표를 충족하고 조직의 위협과 약점을 해결하도록 보장하는 데도 사용되고 있다.

사람을 존중하는 원칙으로 MESA는 적정한 보너스 및 급여 프로그램 제공,

관대한 휴가 옵션을 제공하고 정리해고를 하지 않기로 약속함으로써 COVID 대유행에 신속하게 대응했다. 임원진들은 투명한 커뮤니케이션을 통하여 구성원의 안전을 우선시하였다.

관계구축에서는 사람을 소중히 여기고, 팀으로 일하는 원칙과 탁월한 고객경험과 장기적인 관계의 목표에 초점을 맞추어 MESA의 문화를 구축하고 있다. 그리고 인력조치는 주요고객의 요구사항에 맞게 조정되고 있다.

참고문헌

나채훈, 위대한 CEO 제자백가의 경영정신, 지오북스, 2003.

Bennis, Warren, On Becoming A Leader, New York: Addison Wesley, 1989, 45.

Board & Executive Quality Learning Series, Creating a Culture of Quality and Innovation, BC Patient Safety & Quality Council, June 2011.

Campbell, D., If I'm in Charge Here, Why is Everybody Laughing? Niles, IL: Argus Communications, 1980.

Casciaro, Tiziana, Amy C. Edmondson and S. Jang, "Cross—silo Leadership," Harvard Business Review, May—June 2019, 130—139.

Ciampa, Dan, Total Quality: A User's Guide for Implementation, Addison Wesley Publishing Company, 1992, 115—119.

Drucker, Peter F., 프로페셔널의 조건: 어떻게 자기 실현을 할 것인가, 이재규 옮김, 청림출판, 2000.

Gallo, Carmine, The Innovation Secrets of Steve Jobs: 7 "Insanely Different" Principles of Breakthrough Success, McGraw—Hill, 2010.

Gosing, Jonathan and Henry Minzberg, "The Five Minds of a Manager," Harvard Business Review, 2003.

Groysberg, Boris and Michael Slind, "Leadership is a Conversation," Harvard Business Review, June 2012, 76—84.

Hoffman, Reid, Chris Yeh, and Ben Casnocha, "Learn from People, not Classes," Harvard Business Review, March—April 2019, 50—51.

Ignatius, Adi, "Businesses exist to deliver value to society," Harvard Business Review, March — April 2018, 82—87.

Kaplan, Robert S. and David P. Norton, "Mastering the Management System," Harvard Business Review, January 2008, 63—70.

Katz, D., and R. L. Kahn, The Social Psychology of Organization, 2nd ed. New York: Wiley, 1978.

Kobayashi, Kaoru, 피터 드러커: 미래를 읽는 힘, 남상진 옮김, 청림출판, 2002.

Kotter, John P., Leading Change, Harvard Business Review Press, 2012.

Nooyi, Indra and Vijay Govindarajan, "Becoming a Better Corporate Citizen," Harvard Business Review, March—April 2020, 94—103.

Parson, Richard, Management of the Absurd: Paradoxes of Leadership, 1996.

Peters, Thomas J. and Robert Waterman, Jr., In Search of Excellence: Lessons from America's Best—Run Companies, Warner Books, 1982.

Reichheld, Frederick F., "Lead for Loyalty," Harvard Business Review, July—August

2001, 76−84.

Robbins, Anthony, 네 안에 잠든 거인을 깨워라, 이우성 옮김, 씨앗을 뿌리는 사람, 2002.

Senge, Peter, The Fifth Discipline, Garden City, NY: Doubleday, 1990.

Warren Bennis, On Becoming a Leader, New York: Addison Wesley, 1989, 45.

www.cambridge.org

www.fedex.com

www.ge.com

www.mesaproducts.com

www.nist.gov

www.nist.gov/baldrige/mesa−2020

www.pepsico.com

www.southwest.com

www.wikipedia.org

www.youtube.com/watch?v=YSQPoGsKnko

우리에게
정말 위험한 것은
이루지 못할 꿈을 세워
이루지 못하는 것이 아니라,
달성할 만한
쉬운 목표를 세우고
거기에
만족하는 것이다

- Buonarroti Michelanzelo (1475-1564) -

CHAPTER 10

전략

잘못된 전략수립은 기업에 엄청난 영향을 끼친다. 1980년대 잘못된 전략수립으로 IBM은 900억 달러의 손실과 PC(Personal Computer)시장에서의 리더를 상실했고, 같은 시기에 애플(Apple)컴퓨터도 Macintosh의 OS(operating system) 특허를 받는 전략을 수립하지 않아 2백~4백억 달러의 가치를 상실하였다. 여기에 영향을 받아 Microsoft는 1990년대 중반 인터넷사업에 진입하는 전략을 수립하였다. 즉, 전략은 급속히 변하는 환경에 적응하여야 한다. 또 다른 예로, 시장에서의 리더는 저가의 생산자를 걱정할 필요가 없다는 과거의 통념을 깨고 Procter & Gamble은 저가전략을 수립하여 수익성을 6.4%에서 11.6%로 향상시켰다. 제10장에서는 전략에 대해 설명하고자 한다. 세부 주제는 다음과 같다.

10.1 MBNQA 모델 전략 심사기준
10.2 기업의 전략
10.3 전략개발
10.4 전략실행
10.5 품질전략
10.6 4차 산업혁명시대의 예측

MBNQA 모델 전략 심사기준

MBNQA 모델 심사기준의 두 번째 범주는 전략이다. 다음의 <표 10-1>을 참조하기 바란다.

▼ 표 10-1 MBNQA 모델 전략 심사기준

전략개발: 조직의 전략을 어떻게 개발하는가?
(1) 전략계획을 어떻게 수행하는가?
(2) 전략개발 프로세스가 혁신을 어떻게 자극하고 포함하는가?
(3) 전략계획 프로세스에 활용하기 위하여 관련된 데이터를 어떻게 수집하고 분석하며, 정보를 어떻게 개발하는가?
(4) 인적자원이 수행할 그리고 외부 공급업자, 파트너, 협력자들이 수행할 핵심 프로세스를 어떻게 결정하는가?
(5) 조직의 주요한 전략적 목표와 그 목표를 달성할 일정표는 무엇인가?
(6) 전략적 목표가 변화하며 경쟁적인 조직의 니즈에 대한 적절한 균형을 어떻게 달성하는가?
전략실행: 조직의 전략을 어떻게 실행하는가?
(1) 조직의 주요한 장단기 실행계획은 무엇인가?
(2) 조직의 실행계획을 어떻게 전개하는가?
(3) 현재 목표를 맞추면서 실행계획을 달성할 재무 및 기타 자원들의 공급을 어떻게 확증하는가?
(4) 조직의 장단기 전략목표와 실행계획을 지원하는 주요한 인적자원 계획은 무엇인가?
(5) 실행계획의 달성과 효율성을 추적하기 위하여 사용하는 핵심성과 측정치와 지수는 무엇인가?
(6) 장단기계획 기간 동안에 핵심성과 측정치와 지수에 대한 조직의 성과예측치는 무엇인가?
(7) 실행계획에 변화가 발생하여 새로운 계획이 급하게 요구되는 상황을 어떻게 인지하고 반응하는가?

이미지 출처: www.singaporeair.com

　　싱가포르항공(Singapore Airlines)(www.singporeair.com)은 세계 항공사 중 경쟁력이 가장 높은 기업이다. 그것은 싱가포르항공이 최고의 서비스를 고객에게 제공하면서 동시에 가장 낮은 비용으로 경영을 하기 때문이다. 이런 결과로 싱가포르항공은 Conde Nast Traveler에서 세계 최우수 항공사에게 수여하는 「세계 최고 항공상(the World's Best Airline Prize)」을 지난 22번 중 21번이나 받았다. 이러한 것은 우수한 경영전략과 지속적인 혁신으로 가능하게 되었다.

　　싱가포르항공은 돈을 투자할 곳과 절약할 곳을 잘 아는 능력을 가지고 있다. 싱가포르항공이 돈을 적극적으로 투자하는 핵심적인 5가지 부문은 다음과 같다.

　　첫째, 신기종 구매로, 어떤 경쟁자보다도 자주 기종을 대체한다.
　　둘째, 기종의 감가상각이다. 산업 평균인 25년에 비해 15년을 사용한다.
　　셋째, 훈련이다. 직원 선발 및 훈련에 막대한 돈을 투자한다.
　　넷째, 비행 중 인건비 비율이다. 어떤 경쟁자보다 비행 중 승무원 숫자가 많다.
　　다섯째, 혁신이다.

싱가포르항공이 돈을 절약하는 5가지 부문은 다음과 같다.

　　첫째, 비행기당 구매가격으로, 어떤 경쟁자보다도 비행기를 대량 구매하며, 현금으로 지불한다. 그래서 비행기 한 대당 구매가격이 경쟁자에 비해 상당히 낮다.
　　둘째, 연료, 유지, 수리비용으로, 어떤 경쟁자보다도 운영비가 낮다. 왜냐하면 비행기들이 새 것이고, 에너지 효율성이 높기 때문이다.

셋째, 기본적인 봉급으로, 직원들의 기본적인 봉급은 낮다. 그러나 기본
적 봉급의 50% 정도를 보너스로 지급한다.

넷째, 낮은 판매 및 관리비용으로, 높은 고객 충성도, 간소한 본부, 지
속적인 비용절감으로 가능하다.

다섯째, 지연된 기술로, 고객 경험에 그리 영향을 많이 끼치지 않는 기
술 도입은 경쟁자보다 늦게 도입한다.

이 사례는 다음의 자료를 참조하여 저자가 재구성하였다.

1. Loizos Heracleous and Jochen Wirtz, "Singapore Airline's Balancing Act," Harvard Business Review, July-August 2010, 145-149.
2. www.singporeair.com

10.2

기업의 전략

10.2.1 전략의 어원

손자병법
이미지 출처: www.google.com

전략은 원래 군사용어이다. 중국의 가장 유명한 고대서 중 하나인 손자병법(孫子兵法)은 약 2,400여 년 전 오나라 때 합려(闔閭)를 섬기던 손무(孫武)에 의해 기록되었지만, 아직도 세계 전략서 중 가장 유명한 책이다. 세계 모든 사관학교의 필수과목인 손자병법은 전쟁에서의 모든 전략을 보여준다. 손자병법은 이제 군사뿐만 아니라, 기업체에서도 널리 읽히고 있다.

전쟁론
이미지 출처: www.google.com

BCG(Boston Consulting Group) 그룹은 서양의 손무라고 불리는 프러시아의 장군 Carl von Clausewitz(1780 – 1831)가 쓴 『전쟁론(Vom Kriege), 2002』을 인용하여 경영을 전쟁과 비유하였다. 이들은 "전쟁과 경영의 공통적인 부분은 전략이라고 하면서, 진정한 전략은 불확실성 속에서 만들어진다"고 하였다. 그리고 전략을 수립하는 지휘관이나 경영자가 갖추어야 할 두 가지 요소를 제시하였다. 이 요소들은 불확실성을 감소하기 위해 필요한 정신으로, 이성과 결단력이다. 즉, 완전한 어둠 속에서도 진리로 인도할 수 있는 내적인 빛의 흔적을 간직하는 '이성(理性)'과, 이 희미한 빛이 인도하는 곳이라면 어디든 따라가겠다는 용기인 '결단력(決斷力)'이다. 그리고 더 나아가 전략은 이론이 아니라, '정신적 힘'에 의해 구체화되는 것이라고 하였다.

그러나 전쟁이 종료된 후 전략은 기업의 용어로 사용되어 지금은 군대보다는 기업에서 더 보편화되었다. Business Weeks(1985)에서는 기업에서 전략이라는 용어를 처음 사용한 시기는 1960년대 초라고 하였다. 사실 이것은 Ansoff(1965)가 그의 책 『기업전략』이라는 책에서 전략을 사용한 것이 그 시작이다.

10.2.2 전략의 의미

전략(戰略, strategy)은 최고경영자가 수행하는 계획이며, 기업의 모든 하위 조직을 이끄는 계획이다. 기업전략 수립은 하위 개념의 경영정책과 경영계획의 기반이 된다. 즉, 기업전략은 기업이 설정한 목표를 달성하기 위한 마스터플랜(master-plan)이다. 그래서 Tregoe와 Zimmerman(1980)은 전략을 "조직의 성격과 방향을 결정하는 여러 가지 대체안들을 결정하는 골격"이라고 정의하였다. Porter(1996)는 전략을 조금 다르게 정의하였다. 즉 "전략은 다른 조직과 다르게 행동하는 것"이라고 하였다. 그래서 "무엇을 하고, 무엇을 버릴 것인가를 결정하는 것이 전략"이라고 하였다. 이렇게 Porter는 전략의 핵심을 활동으로 보았다.

이미지 출처: www.southwest.com

이러한 예로 미국의 사우스웨스트항공(Southwest Airlines)을 들 수 있다. 사우스웨스트항공(www.southwest.com)은 다른 경쟁자들과 확연히 다른 경쟁전략을 수립하였다. 즉, 단거리 운행, 낮은 가격, 중소도시 연결, 또는 대도시의 2차 공항 이용, 잦은 스케줄 등의 전략을 수립하였다. 비용을 낮추기 위해서 다른 항공사들처럼 풀 서비스(full-service)를 제공하지 않았다. 즉 식·음료를 제공하지 않았고, 좌석도 미리 배정하지 않았으며, 비즈니스 또는 일등석도 없었다. 기종도 표준화를 위해 보잉(Boeing) 737로 전부 통일하였다. 그리고 주고객으로 비즈니스 여행객, 가족 여행객, 학생 등을 대상으로 하였다. 이렇게 사우스웨스트항공은 편리성과 가격을 중시하는 고객들을 전문적으로 상대하였고, 큰 성공을 거두었다.

이미지 출처: www.fedex.com

또 미국의 페덱스(FedEx)를 들 수 있다. 페덱스(www.fedex.com)는 철야배송시장의 가능성을 크게 보고 배송서비스의 새로운 시장을 개척하였다. 그리고 큰 성과를 거두었다. 원래 페덱스는 '밤 사이에 물건을 보낸다'는 의미이다.

10.2.3 전략의 변화

경영전략은 시대에 따라 변한다. 1960년대 경영전략론이 발생하였다. 이때 사업부제, 장기경영계획, 그리고 마케팅의 개념이 대두되었다.

1970년대 기업은 분석적인 전략론, 즉 시장점유율을 중시하였다. 그래서 당시 시장점유율을 높이기 위하여 기업들이 채택한 전략이 콩글로메라테(conglomerate)와 같은 거대한 조직을 구성하는 것이었다. 기업은 이 목적을 달성하기 위해 기업 자체의 창조적인 활동보다는 타 기업과 합병하거나 또는 타 기업을 인수함으로써 기업의 성장을 도모하였다. 그래서 당시 유행하였던 기법이 포트폴리오(portfolio)였다. 포트폴리오의 가장 대표적인 기법으로 BCG(Boston Consulting Group)에서 개발한 GSM(Growth Share Matrix)을 들 수 있다. 이렇게 1970년대에 기업의 전략은 주로 외형의 성장이었다. 그러나 후에 많은 기업들은 높은 시장점유율이 기업의 생존을 완전히 보장하지 못한다는 사실을 알게 되었다.

1980년대에 이르러 전략의 초점이 시장의 성장성에서 차별화나 집중화와 같은 전략으로 바뀌었다. 이러한 전략을 주장한 대표적인 사람으로 Michael Porter를 들 수 있다. Porter(1980)는 "기업이 성공하기 위해서는 어떤 한 부문에서 최고가 되어야 한다"고 하였다. "왜냐하면 기업은 모든 부문에서 전부 잘 할 수 없기 때문에 기업의 강점을 한군데로 몰아 집중화를 하여야 한다"고 하였다. 또 기업문화론이 등장하였다. 그래서 초우량기업의 특성에 대한 연구가 활발히 전개되었다.

1990년대에 이르러 기업들은 '핵심역량'을 중요시하였다. '핵심역량(核心力量, core competency)'이란 오랜 시간에 걸쳐 개개의 조직과 기능을 초월한 학습과정의 축적을 의미한다(Hamel과 Prahalad, 1994). 또 1990년대에도 기업은 차별화전략을 중요시하였다. 하나의 예로, 기업은 경쟁력 강화에 품질의 중요성을 철저히 깨닫기 시작하였다. 이래서 나온 개념이 품질전략이고 TQM(Total Quality Management)이다. 품질전략도 일종의 차별화전략의 일종으로 볼 수 있다. 그러나 여기에서 한 가지 유의할 점이 있다. Porter(1996)는 전략과 OE를 구별하였다. 그리고 전략과 OE는 전부 기업의 탁월한 성과를 위한 중요한 요소들이라고 하였다. OE(Operational Effectiveness)

는 조직운영의 효과를 향상하는 개념으로서, 유사한 활동을 경쟁자들보다 더 잘 수행하는 것을 말한다. TQM, 벤치마킹, 카이젠(Kaizen), 또는 6시그마는 전부 OE에 속한다. OE에 가장 강한 국가는 일본으로, OE는 일본 기업경쟁력의 핵심이다. 그러나 OE만으로는 기업이 경쟁에서 이기는 데 불충분하다. 왜냐하면 OE는 다른 경쟁자들이 모방하기 쉽기 때문이다. 벤치마킹(benchmarking)을 예로 들어보자. 벤치마킹은 궁극적으로 많은 기업들이 유사한 활동을 수행하게끔 한다. 그래서 결국에는 운영이 비슷하게 된다.

2000년대에 들어서 탈경쟁전략인 '블루오션(blue ocean) 전략'을 유럽의 경영대학원 Insead의 김위찬과 Mauborqne 교수(2005)가 제안하였다.

2010년대에는 현장중시전략을 중요시하였다. 과거에는 전략을 전략기획부가 수립하고, 최고경영자가 대부분 결정하였다. 그러나 이제 전략을 전문적인 전략기획부서에서 수립하지 않는 기업들이 많다. 앞에서 이미 언급하였듯이, GE의 Welch 전 회장은 1983년에 이미 2백 명이나 되는 회사의 전략기획부서를 폐지하였다. 그 이유는 전략기획부서가 기업의 경쟁요소와 미래보다는 재무적인 수치와 영업에 너무 중점을 두었기 때문이다. 그리고 어떤 일을 가장 잘 아는 사람은 바로 현장에 있는 사람이라는 확신을 가지고 있었다. 그 이후로 GE에서 전략은 조직의 현장에 있는 사람들에 의해 수립되고 있다. 이것은 그들의 창의력을 향상시키고, 그들의 경험과 지식을 반영하도록 함으로써 실천력이 강한 전략을 수립하도록 한다. 또 더 나아가 핵심고객과 공급업체를 포함시켜 전략을 수립한다.

Hewlett Packard(www.hp.com)는 새로운 시장의 기회를 포착하기 위하여 전략을 수립할 때 각 비즈니스 단위의 경영자 회의에 고객과 공급업체를 포함하는 '에코시스템(ecosystem)'을 사용한다. 경영자들은 너무 바쁘고 또 그들의 업무에 국한된 의사결정만을 하기 때문에 다른 관념과 견해를 가진 사람들과 에코시스템(ecosystem)을 사용함으로써 다양한 의견을 수렴하는 효과적인 전략을 수립할 수 있다고 Hewlett Packard는 설명하고 있다. 그리고 이것은 기업의 미래를 결정한다고 하였다. 대규모 자료를 처리하는 EDSC(Electronic Data Systems Corp.)에서는 전략을 수립할 때 5만5천 명의 직원을 포함시키고 있다. Nokia도 12만 명이나 되는 직원들이 전략 수립에 참여하고 있다.

<표 10-2>는 전략의 변천을 시대별로 정리한 표이다.

▼ 표 10-2 전략의 변천

연대	특징	방법	주요 연구자
1960년대	경영전략론	사업부제 장기 경영계획 마케팅	Chandler Ansoff Kotler
1970년대	분석적 전략	GSM	BCG
1980년대	경쟁전략 기업문화론	초우량기업	Porter Peters와 Waterman
1990년대	핵심 역량 차별화전략	품질전략	Hamel Deming
2000년대	블루오션 전략	탈 경쟁전략	김위찬 Renee Mauborqne
2010년대	현장중시전략	현장 직원 전략 수립 참여	GE, HP, Nokia

전략개발

10.3.1 기업 전략수립 단계

▎그림 10-1 기업 전략수립 단계

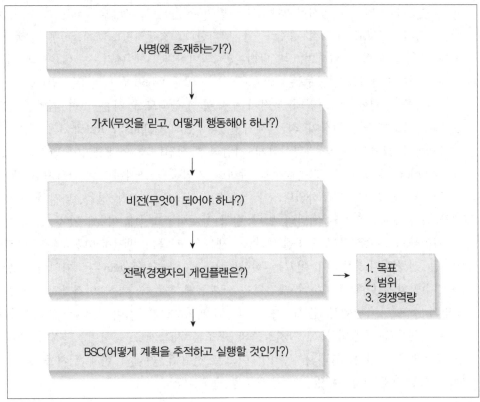

출처: David Collins and Michael Rukstad, "Can you say what your strategy is?" Harvard Business Review, January 2008, 85.

전략은 조직의 사명과 비전으로부터 도출된다. 그리고 전략은 조직의 모든 사람들이 이해하고 공유하고, 실천에 옮겨져야 한다. 그래서 전략은 모든 구성원들이 이해할 수 있도록 간결하고 명백하게 표현되는 것이 중요하다. 추상적이거나 애매모호하거나 또는 불분명하게 표현되는 전략은 성공하기가 어렵다. Collins와 Rukstad(2008)은 "전략을 35단어 이내로 표현할 수 있어야 한다"고 하였다. 그리고 구체적으로 전략을 수립하는 단계를 <그림 10-1>처럼 제시하였다. 이 단계는 전략의 상위개념과 하위개념을 포함하고 있으며, 전략을 수립하는 사람들에게 아주 유용한 모형이다.

전략은 BSC(Balanced Scorecard)로 평가된다. 그리고 전략을 표현할 때에는 반드시 3가지 기본적 요소인 목표와 범위 그리고 경쟁역량을 포함하여야 한다. 목표(objective)는 조직이 달성하고자 하는 바람으로, 반드시 조직의 사명, 가치관, 비전과 연계되어야 하며, 추상적이 아닌 구체적이고 분명하게 표현되어야 한다. 또 목표를 수행하는 기간을 명시하여야 한다. 범위(scope)는 고객, 공급하는 제품 및 서비스, 지역, 그리고 수직적 통합 등을 명기한다. 경쟁역량(advantage)은 경쟁자에 비해 우월한 역량을 말하며, 곧 방법론을 의미한다. 여기에서는 고객이 왜 우리 제품을 구매하는지를 알아보는 CVP(Customer Value Proposition)를 분석한다.

전략을 수립할 때 기업의 목적이 반드시 실행되도록 하는 것이 기업의 성장에 매우 중요하다는 주장이 최근 제기되었다. 위의 Collins와 Rukstad의 기업전략 수립단계에 있어서 목적을 확실하게 기업의 핵심전략과 연계하여야 한다는 것이다. Malnight 등(2019)은 고속성장을 달성한 기업들을 조사하면서 다음처럼 세 가지 전략의 중요성을 연구하였다. 이 세 가지 전략은 신시장 창출, 다양한 이해관계자 욕구 충족, 그리고 게임의 법칙 변경 등이다. 그런데 이 세 가지 전략 이외에 기업들의 고속성장에 영향을 끼치는 새로운 전략을 발견하였다. 바로 '목적이 이끄는 전략'이다. '목적이 이끄는 전략(purpose-driven strategy)'은 기업이 저성장과 저수익의 위험에 처하는 문제점들을 극복하게 해준다. 특히 인적자원과 관련된 경영의 소프트 측면에서 큰 도움을 준다. 구체적으로 '목적이 이끄는 전략은 현장의 문제점들을 재정의하고, 가치창출의 구조를 새롭게 구축하며, 환경의 추세에 잘 적응하도록 한다. 그래서 '목적이 이끄는 전략'은 기업의 현재 위치를 보게 하며, 고성장을 달성할 수 있는 실행계획을 제공한다.

10.3.2 Kaplan과 Norton의 「경영시스템」

전략을 개발하는 모델은 많이 있다. 여기에서는 BSC(Balanced Scorecard)로 유명한 Kaplan과 Norton의 「경영시스템(the Management System)」을 소개한다. Kaplan과 Norton(2008)은 <그림 10-2>처럼 '폐쇄경영시스템(closed-loop Management System)'을 제시하였다. 이 모형은 다음처럼 5개의 단계로 이루어진다.

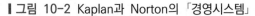

▌그림 10-2 Kaplan과 Norton의 「경영시스템」

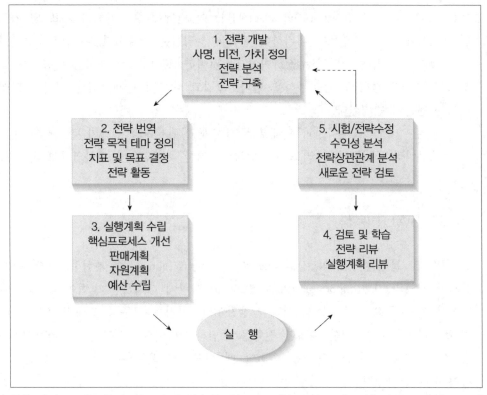

출처: Robert S. Kaplan, and David P. Norton, "Mastering the Management System," Harvard Business Review, January 2008, 65.

첫 번째 단계는 전략개발(develop the strategy)이다. 이것은 조직의 사명, 비전, 그리고 가치관으로부터 출발하며, 다음에 SWOT 분석을 한다. 이 분석이 완료되면 전략을 수립하고, 전략을 실행할 방법을 제시한다. 두 번째 단계는 전략번역 (translate the strategy)이다. 전략이 수립되면 경영자는 이 전략을 모든 부서와 직원들에게 전달할 수 있는 구체적인 목표와 측정지표로 전환하여야 한다. 이 단계에서 이들은 전략 맵과 BSC를 효과적인 도구로 추천하였다. 전략 맵(strategy map)은 각 전략적 목표를 인과관계 체인으로 전략을 가시화할 수 있는 강력한 도구이다 (Kaplan과 Norton, 2004). 세 번째 단계는 실행계획 수립(plan operations)이다. 실행 계획(action plans)은 기업의 전략적 목적을 달성하기 위해 조직이 취하는 세부적인 계획이다(www.nist.gov). 즉, 프로세스 개선, 판매계획, 자원 및 생산능력 계획, 그리고 기간과 예산 등을 수립한다. 네 번째 단계는 검토 및 학습(monitor and learn)이다. 이 단계에서는 실행계획과 전략을 정기적으로 검토한다. 전략에 비해 실행계획 검토는 짧은 시간에, 자료에 근거하고, 집중적으로 성과 위주로 검토한다. 즉, 문제를 수동적으로 듣는 것이 아니라, 적극적으로 해결하는 것이다. 마지막 단계는 시험 및 전략 수정(test and adapt)이다. 이 단계에서는 이전의 목표 및 가정이 심각하게 틀리는 경우에 대비하여 전략을 수정하는 단계이다. 우리의 목표치가 너무 낮게 수립되어 있다면 수정하여야 할 것이다. 또 이 단계에서는 비용과 수익성 보고서를 작성하고, 통계분석을 한다. 그리고 내부에서 제기되는 새로운 아이디어를 전략에 반영한다.

이들은 기업의 낮은 성과는 대부분 전략과 실행계획의 연계가 잘 이루어지지 않기 때문이라고 하였다. 그리고 이 모형은 이러한 취약점을 보완하였다고 하였다.

10.3.3 SWOT 분석

SWOT 분석은 기업의 강점(strength)과 단점(weakness)을 분석하고, 이 분석 결과를 기업의 기회(opportunity)와 위협(threat) 상황에 대처하는 방법이다. 특히 여기에서 가장 중요한 요소는 고객과 경쟁자이다. 기업은 꾸준히 고객의 기호에 대해 조사하여 고객에 대한 분명한 전략을 수립하여야 한다. 그래서 Massnick(1996)은 최고경영자가 기업의 전략을 수립할 때 다음과 같은 질문들을 스스로 물어보아야 한다고 하였다.

- 기업이 정말로 고객을 확실하게 알고 이해한다고 말할 수 있는가?
- 고객의 욕구와 만족도를 측정하고 확인하는 시스템이 있는가?
- 고객지향적이 되기 위해 기업이 문화적인 변화를 겪었는가?
- 전략수립을 위해 최근 고객을 만났고, 그들의 입장에서 우리의 제품을 생각해 본적이 있는가?
- 전략이 잘 연구되고 분석된 객관적인 자료에 의하지 않고, 어떤 일부 견해나 일화를 바탕으로 수립되고 있지 않은가?
- 기업전략을 수립하는 방법론과 형태가 고객중심으로 이루어지고 있는가?

전략실행

    전략의 성공에 실행은 대단히 중요하다. 그러면 실행이란 무엇인가? "실행(實行, execution)이란 목적과 방법을 검토하고, 의문을 제기하고, 지속적으로 추진하고, 책임관계를 명확히 하는 조직적이고 엄격한 프로세스"라고 Bossidy와 Charan(2004)이 언급하였다. 그리고 이들은 "전략이 실패하는 가장 큰 이유는 실행에 오류가 발생하기 때문"이라고 하였다. "즉, 결과를 이끌어 낼 수 없는 조직의 능력 부재 아니면 비즈니스 환경에 대한 리더의 오판 등에 의해 발생한다"고 하였다. 이들은 하나의 예로 컴팩(Compaq)을 들었다. 컴팩의 CEO인 Eckhard Pfeiffer는 조직의 역량을 무시한 채 야심만만한 전략을 수립하였다. 그래서 메인프레임 제조회사인 Tendem과 DEC(Digital Equipment Corporation)를 매입하였다. 그러나 실행의 부재로 이 전략은 실패하고 말았다.

    사실 전략의 수립과 실행은 상당히 중요한 문제이다. 전략의 수립과 실행이 전부 다 효과적이지 않으면 목표를 달성할 수 없다. Mankins와 Steele(2005)은 "평균 약 63% 정도의 기업만 전략에서 수립한 경영성과를 달성한다"고 하였다. 그리고 "전략이 목표대로 잘 달성되고 있지 않은 이유에 대해서 대부분의 최고경영자들이 잘 모른다"고 말하였다. 그것은 "전략수립은 잘 하였는데 실행이 잘못되었는지 또는 수립 자체가 잘못되었는지 또는 모두 잘못되었는지 그 이유를 잘 모른다는 것"이다. 이런 상황이 되면 기업은 자원과 시간을 낭비하게 되고, 지속적으로 저조한 성과를 달성하게 된다. 이런 이유로 이들은 다음과 같은 점들을 제시하였다. 첫째, 장기전략에 비추어 경영성과를 평가하는 기업이 상당히 적다. 둘째, 다년간 경영성과가 예측을 달성하는 적이 드물다. 셋째, 전략의 잠재적 가치가 시간이 흐르면서 점차로 사라진다.

    이렇게 전략의 수립과 실행은 상당히 중요하다. 그런데 최근 시장이 급격하게 변하고, 제품의 수명주기가 짧아지고, 경쟁이 심해진 환경에서는 수립보다는 실행에 더 무게를 두어야 한다는 주장들이 제기되고 있다. 이미 Peters와 Waterman(1982)은 계획수립보다는 신속한 실행을 강조하였다. Collins와 Hansen(2011)도 실행을 과감하게 빨리 진행하고, 이후에 발생한 문제점들을 수정해 나가는 실증적 창의성을 강조하였다. 이들은 애플(Apple)의 Apple Store를 예로 들었다. 2000년대 초 Steve Jobs는 애플 제품만을 판매하는 스토어를 개장하려고 하였다. 그런데 Jobs는 완벽한 계획을 수립하고 개장하여야 할 지 아니면 바로 할 지 결정을 못하고 있었다. 그때 GAP의 CEO인 Drexler가 한 번에 모든 것을 완벽하게 계획하고 개장하지 말고, 일단 개장 하고 서서히 문제점들을 고치라고 충고하였다. 바로 실행의 중요성을 강조한 것이 다. 또 지멘스(Siemens)의 전 CEO Löscher는 위기에 처한 지멘스를 구하기 위해 전 략의 실행을 강조하였다. 그는 "어떤 조직이든 변화하기 위해서는 전략보다 실행이 중요하다"고 하였다. "즉, 변화하는 환경에 지속적으로 대처하는 실행 능력이 중요 하다고 믿었다." 그래서 Löscher는 지멘스의 조직구조와 인적자원이 환경에 적응하 는 역량을 조사하였다.

　　GE의 'FastWorks'는 '린 스타트업(Lean Startup)'의 철학을 적용한 혁신이다. 빠 르게 실행하는 것이 중요하다는 개념이다. 그래서 'FastWorks'의 모토는 '빨리 실 패하고, 작게 실패하라"이다. 아직 완성되지 않은 버전의 제품과 서비스일지라도 시장에 빨리 출시하여, 시장으로부터 피드백을 받아 시정하는 것이 유익하다는 것 이다. 'FastWorks'는 관료화된 조직과 프로세스의 경직성을 보다 유연하게 만들 수 있다. 2014년 GE에는 4만 명 이상의 직원들이 'FastWorks' 혁신 교육을 이수 하였다(강진구, 2015)

10.5

품질전략

2016년 삼성전자의 '갤럭시 노트 7'은 삼성전자의 명성을 크게 훼손시켰다. 다행히 그 원인을 분석하여 개선하였지만, '갤럭시 노트 7'은 결국 시장에서 퇴출당하였다. 이에 삼성전자는 3월 2일 대표이사 직속으로 '글로벌품질경영혁신실'을 신설한다고 발표하였다. 이 조직은 '갤럭시 노트 7'의 문제점을 개선하기 위한 조직으로, 스마트폰과 가전제품의 품질을 향상하기 위한 조직이다. 이 조직은 앞으로 완제품의 품질을 향상하고, 소비자들의 안전문제를 해결하는데 노력할 것이다. 품질에 대한 삼성전자의 인식이 강화된 것이다.

품질전략은 기업뿐만 아니라, 각국의 정부에서도 적극적으로 권장하는 전략이다. 하나의 예로 MBNQA(Malcolm Baldrige National Quality Award)를 받은 미국의 제록스(Xerox)는 기업의 정책을 다음과 같이 수립하였다(Kearns와 Nadler, 1992). "제록스는 품질을 추구하는 기업이다. 품질은 제록스의 기본적인 원칙이다. 품질이란 우리의 내부고객과 외부고객에게 고객의 요구사항을 완전하게 만족시키는 혁신적인 제품과 서비스를 제공하는 것이다."

최대의 경쟁무기로서 이제 품질은 상당히 중요한 요소이다. 고객만족을 증진시키고, 기업의 경쟁력을 강화하기 위해서는 기업의 최고경영진들과 구성원들은 품질전략을 수립하고, 실행에 옮겨야 한다. 이렇게 품질전략은 기업의 성패를 결정하는 중요한 요소학이다.

Philip Crosby(1979)는 "품질이 기업의 가장 핵심적인 전략적 결정"이라고 하였다. 그리고 "품질보다 비용이나 스케줄링을 먼저 생각하는 기업은 성공할 수 없다"고 하였다. Deming(1982)도 "기업이 품질목표를 달성하기 위해서는 품질전략을 수립하여야 한다"고 하였다. 그래서 "TQM은 기업의 전술적인 문제를 다루기보다는 전략적인 문제들을 취급하여야 한다"고 하였다. MBNQA도 "많은 기업들이 품질을 전략적인 관점에서 다루고 있다"고 하였다. MBNQA 모델은 제2범주에 전략을 놓고, 전략 개발과 전략 실행의 2개의 항목을 설정하여, 전략을 기업경쟁력 강화의 핵심적인 요소 중 하나로 간주하고 있다.

단순한 품질기법을 사용하여 품질을 향상시키고자 하는 기업은 품질을 전략적인 차원에서 다루고 있다고 볼 수 없다. 기업은 품질을 수동적인 자세에서 벗어나 보다 적극적이고 능동적인 자세를 가지고 다루어야 한다. 단순히 사후에 대응하는 전략에서 탈피하고 미리 미래를 내다보고 적극적으로 대처할 수 있는 능력을 키워야 한다. 그래서 품질을 전략적인 차원에서 다루지 않는 기업은 그 기업이 달성할 수 있는 것보다 훨씬 적은 성과를 거두게 된다. 품질전략은 바로 품질을 전략적인 차원에서 다루는 기업의 총체적인 개념이다.

물론 품질전략은 기업전략으로부터 도출되어야 한다. 기업전략에 있어서 품질전략의 중요성은 미국의 전략계획소에 의해서 연구된 PIMS(Profit Impact of Market Strategy)에 의해서 입증되었다. PIMS의 연구목적은 투자회수율에 어떤 요인들이 영향을 끼치며, 또 그런 요인들이 얼마만큼 영향을 끼치는지에 대한 것이었다. 결론은 고품질의 제품과 서비스가 수익성의 가장 중요한 요인이라는 사실이다.

품질전략의 목적을 충분히 달성하고 실행하기 위해서는 기업은 먼저 어떤 요소들이 기업의 품질에 지대한 영향을 주는지를 분명히 알아야 한다. 그 다음에 이러한 요소에 관련된 업무를 효과적이고 효율적으로 관리하여야 한다.

그러면 품질전략은 구체적으로 조직원에게 어떤 정책과 방향을 제시하여야 하는가? 첫째, 품질전략은 기업 내의 모든 조직원들이 지속적으로 품질을 향상시킬 수 있도록 품질에 대한 확실한 목적과 사명, 그리고 비전을 제시하여야 한다. 둘째, 품질전략은 모든 조직원들이 품질에 전념할 수 있는 분위기와 가치관, 그리고 조직구조를 제공하여야 한다. 셋째, 품질전략은 모든 조직원들이 반드시 품질에 의해서 평가를 받도록 조직원 평가제도를 수립하여야 한다.

4차 산업혁명시대의 예측

불확실성은 점차로 증가하고 있다. 과거의 안정화된 산업구조에서는 불확실성이 작아 예측의 실효성이 컸다. 그러나 다양한 이유로 안정적인 산업은 그리 많지 않게 되었다. 마찬가지로 예측도 그 실효성이 점점 감소하고 있다. 특히 지금은 빅데이터 시대로 기업의 환경이 급격히 바뀌었다. 이제는 빅데이터를 사용하지 않으면 불확실성에 대처하기 어렵게 되었다.

전통적으로 예측 모델링은 인과관계에 기반을 둔 이론적 모델과 상관관계에 기반을 둔 축약형 모델링으로 구분된다. 그러나 최근 빅데이터가 엄청나게 쏟아지는 현실에서 빅데이터를 이용하는 축약형 모델링이 업계의 주목을 받고 있다(이성경, 2018). 기존의 축약형 모델링은 사용할 수 있는 독립변수의 수에 제약이 있어, 모델의 정확성이 떨어지는 단점을 지니고 있다. 여기에 비하여 빅데이터를 이용하는 축약형 모델링은 이러한 문제점을 제거해준다. 또 이 두 개 모델에 있어서 중요한 차이점은 기존의 축약형 모델링은 자의적으로 독립변수를 선정하지만, 빅데이터를 이용하는 축약형 모델은 인공지능기술을 적용하여 순전히 데이터에 의하여 변수가 정해진다는 것이다. 인공지능은 특정 알고리즘을 사용하여 주어진 빅데이터에 포함된 정보를 스스로 학습하고 새로운 현상을 발견하게 된다. 이렇게 하여 예측의 정확도가 엄청나게 향상된다.

인공지능기술을 활용하여 빅데이터를 이용하는 축약형 모델링은 미래에는 인과관계를 분석하는 이론적 모델링 분야에도 확대될 것으로 전문가들은 말한다.

전략을 수립할 때에도 빅데이터와 인공지능기술을 활용하는 방법을 적극적으로 이용하여야 한다. 특히 빅데이터는 우리가 과거에 보지 못하였던 새로운 현상들을 보여준다. 이렇게 하여야 모델링의 예측력이 높아져 경쟁에서 이길 수 있다.

사례 ▌ MBNQA 수상 조직 GBMC HealthCare System

이미지 출처: www.gbmc.org

2020년 보건의료분야에서 MBNQA를 수상한 GBMC HealthCare System(GBMC, www.gbmc.org)은 급성치료 커뮤니티병원인 Greater Baltimore Medical Center와 43개의 1차 및 전문치료 의료행위를 포함하는 GBMC Health Partners를 통해 입원 및 외래환자 치료를 제공하는 의료기관으로 1965년에 설립되었다. 1,100명의 의사가 있으며, 중부 대서양 지역에서 가장 큰 커뮤니티 병원 중 하나이다. GBMC에는 환자가 매일 직면하는 의학적 문제를 더 잘 이해하기 위한 협업정신과 결합된 풍부한 임상지식이 있다. 다양한 동료들과 정보를 상호 공유하는 의사의 능력은 일반적으로 지역사회 병원환경에 존재하지 않는 높은 수준의 의료 정교함과 전문성을 이끌어내고 있다. 그리고 300명 이상의 의사들이 지역사회의 건강을 위해 함께 일하는 GBMC Health Partners, 일차 진료제공자, 전문가, 고급진료 임상의 및 수백 명의 지원 직원을 고용하고 있다.

GBMC는 집중치료, 노인치료, 급성 후 치료, 가정 및 시설 호스피스뿐만 아니라 3곳의 입원환자 호스피스를 제공한다. 순수익은 5억 1,100만 달러이고, 직원 4,388명과 자원봉사자 1,140명을 보유한 GBMC는 메릴랜드(Maryland)주 Towson에 주요 병원캠퍼스를 보유하고 있다.

GBMC는 메디케어(Medicare) 및 메디케이드(Medicaid) 서비스센터에서 별 5개(최고) 등급을 받았다. 또 GBMC는 뇌졸중환자의 100%가 퇴원시 항혈전요법을, 고위험 산모의 100%가 산전 스테로이드를, 환자의 100%가 유방암에 대한 복합화학요법을 받는 등 업계 최고의 벤치마크 대상이 되고 있다. 의사와의 의사소통에 대한 등급은 지속적으로 국립병원의 상위 10%에 있으며, 의사에 대한 응급실 등급도 상위 10%에 근접하고 있다. 간호사

레지던시(residency) 프로그램은 차별화된 인증을 획득한 전 세계적으로 유일한 61개 프로그램 중 하나이다. 2017년 이후 간호사의 1년차 이직률은 약 27%에서 15% 미만으로 감소하여 국립병원 상위 10% 이내에 있다. 2017년 GBMC는 전사적 의료기록시스템으로 전환하여 데이터 및 정보시스템을 새로 구축하였고, 임상 및 재정적 개선을 주도하는 능력을 측정하고, GBMC를 전국 모든 사용자의 상위 1%에 포함시키는 10 Gold Star 등급을 받았다.

GBMC의 고위 리더십 팀의 모든 구성원은 LDM(Lean Daily Management)에 적극적으로 참여하며, 이를 통해 고위지도자는 모든 병원, 호스피스 및 의료기관을 방문하여 GBMC 성과에 대해 현장 지도자 및 직원과 솔직하게 양방향 토론을 한다. 그래서 더 좋은 건강과 관리, 최소한의 낭비, 그리고 더 많은 기쁨을 목표로 한다. 또 목표달성에 대한 각 단위조직의 진행상황을 보여주는 시각적 디스플레이 보드의 사용으로 실시간 관리를 하고 있다. GBMC의 고위리더는 직원지원 프로세스를 시작으로 직원에게 사명, 비전 및 핵심가치를 소개한다. 이는 모든 신입직원 오리엔테이션에 CEO가 참여하고, 일일 린경영워크에 고위리더가 참여하고 있다. 또 GBMC는 협상, 계약, 분기별 회의 및 성과검토를 통해 공급업체 및 파트너에 대한 사명, 비전 및 핵심가치를 강화한다.

GBMC는 4개의 전략적 목표를 가지고 있다. 즉, 더 좋은 건강, 더 좋은 관리, 최소한의 낭비, 그리고 더 많은 즐거움이다. 이 목표를 달성하기 위해 사용하는 전략계획프로세스(Strategic Planning Process)에서는 목표, 성과측정, 벤치마크가 포함된 단기 및 장기 실행계획을 생성한다. 그리고 환경분석 프로세스를 통해 GBMC는 외부 비즈니스 환경에 대한 관련데이터를 수집하고 분석한다. 구체적으로 SPP를 통해 1차 진료실 및 응급실 내 건강서비스 확장, 재활서비스 및 전문요양시설 제공, 환자중심 의료시설 추가와 같은 주요 변경사항을 확인하고 있다. 또 GBMC는 SPP 중에 개발된 핵심성과지표를 통해 실행계획을 모니터링하고, 조정을 강화하고, 조직의 모든 단계에서 측정을 추적한다. 일선관리자와 고위리더는 일일 린관리 세션에서 실시간으로 4가지 목표, 전략 목표 및 실행계획과 일치하는지 추적하며, 자원 요구사항은 SPP 중에 식별되고, 연간 예산, 자본계획 및 인력계획 프로세스에서 배분된다.

출처: www.gbmc.org, www.nis.gov/baldrige/gbmc-healthcare-system

참고문헌

강진구, 거대 기업도 스타트업처럼, LG Business Insight, 2015.03.11.

보스턴 컨설팅 전략연구소, 전쟁과 경영, 21세기 북스, 2002.

이성경, 빅데이터 시대의 예측 도구, Machine Learning의 올바른 활용법, POSRI 이슈 리포트, 포스코경영연구원, 2018.12.20. 1-10.

Baldrige Excellence Builder, 2020-2021.

Board & Executive Quality Learning Series, Creating a Culture of Quality and Innovation, BC Patient Safety & Quality Council, June 2011.

Bossidy, Larry and Ram Charan, Execution: 실행에 집중하라, 김광수 옮김, 21세기 북스, 2004.

Business Week, "Strategic Planning," August 26, 1996.

Collins, David J. and Michael G. Rukstad, "Can You Say What Your Strategy is?" Harvard Business Review, January 2008, 82-90.

Collins, Jim and Morten T. Hansen, Great by Choice, Harper Business, 2011.

Crosby, Philip, Quality is Free, New American Library, 1979.

Deming, W. Edwards, Quality, Productivity, and Competitive Position, Cambridge, Mass.: MIT Press, 1982.

Dew, John R., "What's Strategy?" Quality Progress, May 2018, 38-45.

Gallo, Carmine, The Innovation Secrets of Steve Jobs: 7 "Insanely Different" Principles of Breakthrough Success, McGraw-Hill, 2010.

Hamel, Gary and C. K. Prahalad, Competing for the Future, Harvard Business School Press, 1994.

Heracleous, Loizos and Jochen Wirtz, "Singapore Airline's balancing act," Harvard Business Review, July-August 2010, 145-149.

Kaplan, Robert S. and David P. Norton, Strategy Maps: Converting Intangible Assets into Tangible Outcomes, Harvard Business School Press, 2004.

Kaplan, Robert S. and David P. Norton, "Mastering the Management System," Harvard Business Review, January 2008, 63-70.

Kearns, D. and D. A. Nadler, Prophets in the Dark, New York: Harper Collins, 1992, 179.

Kim, W. Chan and Renee Mauborqne, Blue Ocean Strategy (블루오션 전략), 강혜구 역, 교보문고, 2005.

Malnight, Thomas, Ivy Buche and Charles Dhanaraj, "Put Purpose at the Core of Your Strategy," Harvard Business Review, September-October 2019, 70-79.

Mankins, Michael C. and Richard Steele, "Turning Great Strategy into Great Performance," Harvard Business Review, July—August 2005, 65—72.

Massnick, Forler, "Consult Your Customers before Making Plans," Quality Progress, November 1996, 95—97.

Peters, Thomas J. and Robert Waterman, Jr., In Search of Excellence: Lessons from America's Best—Run Companies, Warner Books, 1982.

Porter, E. Michael, Competitive Strategy: Techniques for Analyzing Industries and Competitors, New York, NY: Free Press, 1980.

Porter, E. Michael, "What is Strategy?" Harvard Business Review, November—December 1996, 61—78.

Srinivasan, Ashwin and Bryan Kurey, "Creating a Culture of Quality," Harvard Business Review, April 2014.

Tregoe, Benjamin and John Zimmerman, Top Management Strategy: What it is and How it Works, New York: Simon and Schuster, 1980, 17.

http://blogs.hbr.org/video/2013/01/the—two—choices—to—make—in—str.html

www.gbmc.org

www.nist.gov/baldrige/gbmc—healthcare—system

www.fedex.com

www.hp.com

www.siemens.com

www.singporeair.com

www.southwest.com

www.youtube.com/watch?v=YSQPoGsKnko

MANAGEMENTQUALITY

임금을
지불하는 사람은
고용주가 아니다

고용주는
돈만 관리한다.

임금을
지불하는 사람은
고객이다.

- Henry Ford -

CHAPTER 11

고객

고객은 생산자의 힘이 강했던 과거에는 그리 중요한 대상이 아니었다. 그러나 수요를 초과하는 공급의 시대가 되면서 상황이 완전히 역전되었다. 고객이 기업의 중요한 대상이 된 것이다. 이제 기업은 고객의 중요성을 인식하기 시작하였다. 기업은 고객을 만족시키기 위하여 최선의 노력을 추구하여야 한다. 최고경영자를 비롯한 조직 내의 모든 구성원들이 일치된 마음으로 고객을 만족시키겠다는 확고한 의지를 가지고 있어야 한다. 그래서 모든 구성원과 부서가 궁극적으로 고객의 욕구를 만족시키도록 직무를 설계하고 수행하여야 한다. 제11장에서는 고객에 대해 설명하기로 한다. 특히 다음과 같은 주제들을 다루고자 한다.

11.1 MBNQA 모델 고객 심사기준
11.2 고객과 시장
11.3 고객 세분화
11.4 4차 산업혁명과 고객욕구
11.5 고객경험
11.6 고객만족
11.7 고객폐기
11.8 고객만족과 시장점유율

이미지 출처: www.zappos.com

　　자포스(Zappos, www.zappos.com)는 1999년 미국 캘리포니아(California) 주 샌프란시스코(San Francisco)시에서 Nick Swinmurn에 의해 설립되었으며, 온라인(on-line)으로 신발을 판매하는 기업이다. 당시 미국의 신발시장은 400억 달러 수준이었으며, 5% 정도가 우편으로 판매되고 있었다. 2000년 하버드(Harvard) 대학교 졸업생인 Tony Hsieh가 약관 25세에 CEO로 취임하였다. 창립한지 4년 후인 2003년에 자포스의 매출은 7천만 달러로 성장하였지만, 자포스는 현금 부족으로 성장에 애로가 많았다.

　　2004년에 자포스가 직면한 최대 문제는 바로 고객서비스(customer service)였다. 특히 콜센터(call center) 직원의 역량이 중요한 문제로 떠올랐다. 그러나 많은 사람들은 이 점에 문제를 제기하였다. 매출의 5%만 전화로 이루어지고 있는데, 인터넷회사가 왜 콜센터에 그렇게 신경을 쓰냐는 것이었다. 그러나 자포스는 고객이 한 번은 반드시 자포스에 전화를 건다는 사실을 인지하고 있었다. 그래서 전화응대를 잘 하는 것이 매우 중요하다고 믿었다. 왜냐하면 전화에 감동받은 고객은 자포스에 대한 좋은 이미지를 갖게 되어, 추후 자포스의 유익한 고객이 될 것이라고 생각하였기 때문이다.

　　자포스는 고객으로부터 매일 수천 건의 전화와 이메일을 받는다. 자포스의 원칙 중 하나는 '광고에 투자하는 돈은 전부 고객서비스에 투자되어야 한다'는 것이었다. 그러면 '광고는 고객이 입으로 대신한다'는 것이다.

　　이렇게 하기 위하여서는 유능한 콜센터 직원을 고용하여야 하는데, 본사가 위치한 샌프란시스코 지역에서는 문제가 많았다. 콜센터 직원의 봉급으로는 이 지역에서 생활하기가 어려웠다. 그것은 샌프란시스코가 실리콘밸리(Silicon Valley)에 속하여 물가가 미국의 다른 지역들에 비해 높았기 때문이다. 그래서 자포스 직원이 되려고 하는 능력 있는 사람들의 수가 매우 부족하였다. 그래서 샌프란시스코에서는 정규직보다는 임시직이 많아 고객서비스 수준이 그리 좋지 않았다.

2003년 말 자포스는 여러 대책을 강구하였다. 그 중 하나는 필리핀이나 인도와 같은 나라로 해외 아웃소싱(outsourcing)을 하는 것이었다. 그리고 몇 개의 아웃소싱 회사들을 선정하고 시험을 해 보았다. 그러나 자포스는 이 대안을 포기하였다. 왜냐하면 해외 아웃소싱이 고객들에게 많은 문제점들을 야기하였기 때문이다. 해외에서 전화를 받는 사람들의 억양은 둘째 치고, 그들은 미국 문화의 흐름을 전혀 이해하지 못하였다.

자포스에 있어서 고객서비스는 핵심역량이다. 이 핵심역량을 아웃소싱 한다는 것은 무엇인가 크게 잘못되었다는 것을 자포스는 인지하였다. 그래서 해외 아웃소싱을 포기하였다. 그러면 어떻게 해야 유능한 직원을 고용할 수 있을까? 물가가 저렴한 지역으로 본사를 이전하는 것인데, 이것은 정말로 쉬운 결정이 아니었다. 그러나 다른 방법이 없었다. 그래서 오랜 시간 끝에 다음처럼 저렴한 위치의 후보지를 정하였다. Phoenix, Louisville, Portland, Des Moines, Sioux City, 그리고 Las Vegas이었다. 그리고 최종적으로 Las Vegas를 선정하였다.

CEO인 Tony Hsieh의 서비스 철학은 배울 점이 많다. Hsieh는 단순히 신발을 판매하는 것이 아닌 "행복을 배달하는(Delivering Happiness)" 서비스 혁신을 실천하였다(Hsieh, 2010). 이러한 서비스 철학의 구체적인 내용은 다음과 같다.

첫째, 자포스는 모든 고객에게 무료배달을 시행하였다. 이것은 엄청난 비용이 소요되었지만, 고객서비스에 대한 확실한 이미지를 구축하기 위하여 시행되었다. 더 나아가 환불하는 신발에 대한 배달도 무료로 하였다. 둘째, 이전에 반환기간이 30일이었는데 이 기간을 1년으로 연장하였다. 총매출액의 1/3정도가 반환되었다. 그러나 신발을 주문하는 고객이 장기적으로 볼 때 점차로 증가할 것이라고 자포스는 기대하였다. 셋째, 정확한 재고 파악으로 고객에게 정확한 인도 일자를 제시하였다. 그런데 사실 자포스는 비용을 감소하기 위해 재고를 직접 보유하지 않고, 고객의 주문을 신발 제조업자가 직접 보내는 방식을 취하고 있었다. 그런데 각 제조업자의 재고 파악에 오류가 많아 인도 일자에 문제가 많았다. 그래서 이 방식을 포기하고, 직접 창고를 구입하여 확실한 재고 파악을 하여 고객서비스를 크게 향상시켰다. 넷째, 콜센터를 많은 기업들처럼 비용의 관점에서 보지 않고, 브랜드

관점에서 보았다. 한 번도 쉬지 않고 24시간 계속 운영되는 자포스의 콜센터는 정말 획기적인 결정이었다. 이것이 말은 쉽지만 결정하고 시행하기에는 상당히 어렵다. 그러나 자포스는 행동으로 진정한 고객서비스를 보여줬다. CEO의 고객서비스에 대한 철학은 우리가 본받을 만하다.

자포스의 성과는 엄청났다. 매출은 2000년 160만 달러에서, 2003년 7천만 달러, 2007년 8억 4천만 달러, 그리고 2009년에 11억 9천만 달러로 급성장하였다. 그러나 반환으로 인한 비용이 높아 수익률은 대단히 낮았다. 예로 2008년 수익률은 겨우 1%였다. 그래서 자포스는 높은 고객서비스 수준을 유지하면서 수익률을 높이기 위한 방안을 강구하였다. 2009년 7월 자포스는 Amazon에 12억 달러에 매각되었다. 2010년에는 포춘(Fortune)지 선정 '일하기 좋은 기업' 15위에 선정되었다.

그리고 2014년 홀라크라시 조직을 도입하였다. 홀라크라시(holacracy)는 '전체'를 의미하는 그리스어 'holos'와 '통치'를 뜻하는 'cracy'가 합해진 단어로, 조직계층에 따른 하향식 의사결정이 아닌 스스로 결정하는 각 팀들이 구성되어 전체가 유기적으로 협력하는 조직이다. 그래서 홀라크라시 조직은 상사가 없으며, 써클(circle)이라 불리는 자율적 조직으로 구성된다. 모든 구성원에게 권한이 이양되며, 수평성과 투명성이 강조된다. Hsieh의 홀라크라시 도입 선언은 2014년 세계 비즈니스계의 큰 화두가 되었다. 과연 이 엄청난 조직을 어떻게 도입할 것인지 많은 경영자들은 큰 관심을 보였다. 이 조직에 적응하지 못하고 이직하는 직원들에게 근속연수 + 3개월치의 월급을 퇴직 장려금으로 지급하였지만, 2016년 1월 13일 기준으로 전체 직원의 18%인 260명이 자포스를 떠났다.

최근 자포스는 컨택센터(contact center)를 설치하였다. 컨택센터는 전화, 이메일, 라이브 채팅 등 다양한 방법으로 고객과 접촉하는 부서이다. 그런데 컨택센터에는 매뉴얼이 없다. 고객의 요구에 대하여 응대하는 사람이 자기의 판단 및 재량에 따라 자유롭게 응답하면 된다. 유일한 기준은 어떻게 하면 고객을 더 만족시킬 수 있는가 하는 것이다. 이것은 각자의 창의력을 높일 뿐 아니라, 동기부여를 강화한다(www.zappos.com의 동영상을 참조할 것).

이 사례는 다음 자료들을 참고하여 저자가 재구성하였다.

1. Tony Hsieh, "Zappos's CEO on Going to Extremes for Customers," Harvard Business Review, July–August 2010, 41–45.

2. Tony Hsieh, Delivering Happiness, Grand Central, 2010.

3. 유미연, 김영혁, 작은 디테일, 고객은 크게 본다, LG Business Insight, 2015년 3월 11일.

4. www.zappos.com

11.1

MBNQA 모델 고객 심사기준

MBNQA모델 심사기준의 세 번째 범주는 「고객」이다. 다음의 <표 11-1>을 참조하기 바란다.

▼ 표 11-1 MBNQA 모델 고객 심사기준

1. 고객기대: 고객의 소리를 어떻게 듣고, 고객의 니즈를 충족시키는 제품과 서비스를 어떻게 결정하는가?
(1) 실질적인 정보를 얻기 위하여 고객*의 소리를 어떻게 듣고, 고객과 어떻게 소통하고, 고객을 어떻게 관찰하는가?
(2) 실질적인 정보를 얻기 위하여 잠재적인 고객의 소리를 어떻게 듣는가?
(3) 고객집단과 세분시장을 어떻게 결정하는가?
(4) 공급하는 제품을 어떻게 결정하는가?
2. 고객참여: 고객관계를 어떻게 구축하고, 고객만족과 고객참여를 어떻게 결정하는가?
(1) 고객관계를 어떻게 구축하고, 관리하는가?
(2) 고객들이 정보 및 도움을 필요로 할 때 어떻게 도와주는가?
(3) 고객불만을 어떻게 관리하는가?
(4) 고객만족, 고객불만족, 그리고 고객참여를 어떻게 결정하는가?
(5) 다른 기업과 비교하여 조직의 고객만족에 대한 정보를 어떻게 획득하는가?
(6) 고객의 소리와 시장 데이터 및 정보를 어떻게 사용하는가?

- 헬스케어 조직에서 '고객'은 헬스케어 서비스의 사용자(환자, 환자 가족, 보험업자, 다른 제 3자를 말한다.
- 교육기관에서 '고객'은 교육프로그램과 서비스의 사용자(학생, 학부모)를 말한다.

고객과 시장

기업의 성공에 고객은 절대적이다. 왜냐하면 기업의 존재가 고객에게 달려 있기 때문이다. 고객이 없으면 기업은 없다. 그래서 기업은 고객을 만족시키는 데 최선을 다 하여야 한다.

가장 먼저 기업은 고객과 시장을 정의하여야 한다. 정의를 잘 하는 기업들도 있지만, 그렇지 못한 기업들도 상당히 많다. 잘못하는 대부분의 기업들은 고객을 정의하지 않아도, 기업의 모든 구성원들이 고객을 잘 알고 있다고 믿기 때문이다. 실제로 그럴까? 이것은 상당히 잘못된 가정이다. 서로의 생각이 다를 뿐 아니라, 고객과 시장은 지속적으로 변하기 때문이다. 조직의 구성원들이 각자 정의하는 고객이 다르다면, 시장도 달라질 것이다. 이러한 조직은 소중한 자원을 낭비하는 것이다. 왜냐하면, 서로가 다른 생각으로 일을 하기 때문이다. 그러므로 기업은 모든 구성원들이 생각하는 고객이 동일하도록 하기 위해 고객을 명확하게 문서로 정의하여야 한다. 그래서 신입사원 교육에서 고객을 확실하게 설명하여야 한다. 물론 동일한 조직에서도 부서나 업무에 따라 고객이 다를 수도 있다. 이런 경우에 대비하여 고객은 유동적으로 정의되어야 한다.

고객(顧客, customer)은 기업이 생산하는 제품 및 서비스를 구매하는 사람 또는 기관을 말한다. 그런데 이 설명은 현실적으로 그리 간단하지 않다. 공급사슬을 한 번 생각해 보자. 공급사슬(supply chain)은 일반적으로 공급업자, 생산업자, 물류업자, 유통업자, 소비자 등으로 구성되어 있다. 여기에서 고객은 누구인가? 전부인가? 아니면 소비자인가?

도요타자동차는 내부고객이란 용어를 사용한다. 내가 조립한 부품을 사용하여 작업하는 바로 옆에 있는 작업자가 바로 나의 고객이라는 것이다. 그러면 내부고객은 기업의 제품 및 서비스를 구매하는 사람이나 기관이 아니다. 이렇게 고객은 일반적으로 한 마디로 정의하기가 어렵다.

고객을 정의할 때 주의할 점은 기업의 성장을 방해하지 않도록 가급적 포괄적으로 고객을 정의하여야 한다. 왜냐하면 지금처럼 변화가 심한 환경에서 기업의 핵심사업이 수시로 변하기 때문이다. 하나의 예로, Nike는 새로운 경쟁자가 신발

업종이 아닌 게임업체인 것을 인지하고, 고객을 '단순하게 스포츠 용품을 사용하는 사람'에서 '여가를 활용하는 사람'으로 확대하였다.

고객 세분화

　　기업은 전략을 수립할 때 소비자 전체를 대상으로 할 것인지 아니면 일부 소비자만을 대상으로 할 것인지 결정하여야 한다. 이것은 상당히 중요하다. 왜냐하면 기업의 자원은 한정되었기 때문이다. 또 모든 분야에서 전부 잘 할 수 있는 기업은 그리 많지 않기 때문이다. 그래서 고객이 정의되면 고객과 시장을 세분화하고, 이 중에서 핵심고객과 핵심시장을 정립하여야 한다.

　　아마존(Amazon)은 고객을 서로 다른 4개의 고객군으로 분류한다. 소비자, 판매자, 기업, 그리고 콘텐츠 공급자이다. 아마존은 이 4개의 고객군을 동일시하지 않는다. 이 중에서 가장 중요한 핵심고객은 소비자이다.

　　그런데 시장을 세분화할 때 대부분의 기업들은 고객을 어떤 유형에 의해 세분화하는 경향이 있다. 예를 들면, 고객의 성, 연령 또는 라이프 스타일(life style) 등이다. 그리고 이러한 군에 속하는 대표적인 고객들을 찾아, 그들의 욕구를 파악하고, 그 욕구를 충족하는 제품 및 서비스를 개발하고자 노력한다. 그런데 이러한 방법에 문제가 있다고 Christensen 등(2005)은 주장하였다. 문제는 바로 일반고객들의 욕구가 대표적인 고객들의 욕구와 일치하지 않는다는 것이다. 여기에서 중요한 점은 단순하게 고객들이 '무엇을 구입하는가'보다는 그것을 '왜 구입하는가'를 이해하는 것이 중요하다. 즉, 그 제품 및 서비스를 구입하는 주 목적이 무엇인지를 알아야 한다.

　　또 중요한 점은 기업의 핵심고객이 고정되어 있지 않고 자주 바뀐다는 점이다. 현재 핵심고객은 과거 핵심고객과 다르고, 미래의 핵심고객은 현재의 핵심고객과 다를 수 있다. 그러므로 기업은 유동적인 핵심고객을 반드시 과거, 현재, 미래로 구분하여 정의하고 파악하여야 한다.

　　기업의 경쟁력은 비용을 감소하고 효율성을 증대함으로 강화된다. 그러므로 고객을 세분화할 때, 우리가 고려하여야 할 또 하나의 방법은 기업의 수익이나 비용에 지대한 영향을 끼치는 고객들을 파악하여 관리하는 것이다.

　　하나의 예를 들어 보겠다. 미국의 국가 현안 문제 중 하나는 높은 의료비이다. 조사에 의하면, 미국의 환자 중 5%를 차지하는 중증환자가 전체 의료비의 50%를 차지하고 있다고 한다(Pearl과 Madvig, 2020). 그래서 이 5% 환자에 대한 높은 의료비를 감소하려고 장기간 노력하였지만, 성공하지 못하였다. 이러한 원인을 분석하고자 KP(Kaiser Permanente)는 북 캘리포니아의 4백만 명의 환자들에 대한 기록을 조사하였다. 그리고 다음처럼 두 가지 사실을 파악하였다. 첫째, 5%를 차지하는 중증환자들의 병이 다양하여 일률적으로 이들을 동일하게 관리하는 것은 부적합하다는 것이다. 이들이 분류한 중증환자는 만성이지만 위험하지 않은 환자, 갑자기 건강에 이상이 발생한 환자, 그리고 회복 기미가 없는 만성환자 등이다. 둘째, 위의 분류에서 첫 번째와 두 번째 환자들은 매년 불규칙하게 그 숫자가 바뀐다는 것이다. 그래서 KP는 과거의 노력이 효과가 없었던 것은 이러한 중증환자들을 동일하게 치료하였기 때문이라며, 이제는 이 5% 중증환자들의 이질성(heterogeneity)과 불예측성(unpredictability)을 차별적으로 관리하여야 한다고 주장하였다. 그래서 KP는 NPCM(a new primary-care model)을 개발하여 적용하여 비용을 감소하고 환자들의 치료효과가 향상되는 결과를 가져왔다.

4차 산업혁명과 고객욕구

고객의 욕구는 수시로 변한다. 그래서 기업은 지속적으로 변하는 고객의 욕구를 파악하고 충족시켜야 한다. 이것은 모든 사람들이 전부 다 잘 알고 있는 사실이다. 애플(Apple)이 성공한 이유 중 하나는 고객의 욕구를 다른 기업들과 다른 관점에서 본 것이다. 즉, 모바일 디지털 기기에 있어서 경쟁사와 달리 고객의 본질적 욕구인 편리성에 초점을 맞춰 고객의 마음을 사로잡았다. 즉, 경쟁자들과 고객의 본질적 욕구를 충족시키는 방법을 차별화함으로써 성공할 수 있었다.

그러나 기업에 따라서 시시각각 변하고 있는 고객의 욕구를 매번 정확하게 이해하고 파악한다는 것이 가끔 비경제적이고 어려운 일일 수도 있다. 또 자기 욕구를 알고 있는 고객일지라도 그 욕구를 기업에게 정확하게 표현하는 것이 상당히 어려운 경우가 많다. 이런 경우에는 인터넷을 이용하여 고객이 직접 자기의 욕구를 구체적으로 표현하도록 하는 방법이 바람직하다. 즉, 고객을 기업의 혁신가로 만들어야 한다. 실제로 이 방법은 이미 업계에서 많이 사용하고 있다. SAVIC (전 GE 플라스틱)은 고객들이 웹을 통해 직접 플라스틱 제품의 형태를 결정하도록 하고 있다. 3M 치과용품 사업부는 치아 신제품의 성능을 미리 알아보기 위하여 인간과 유사한 치아를 마네킹에 장착시키고, 이 마네킹에 대한 실험에 치과의사들을 직접 참여시켜 의견을 청취하고 있다.

그러나 최근 4차 산업혁명으로 고객의 욕구에 대한 접근방법이 변하고 있다. 이전에는 고객들의 욕구를 그들이 표현하여야 알았지만, 지금은 고객들이 표현하지 않아도 알 수 있게 되었다. 더 나아가 고객의 욕구를 미리 인지할 수도 있다. 4차 산업혁명의 특성은 초연결성과 초지능화이다(조문제, 2019). 초연결성(hyper-connected)은 인터넷, IoT, 모바일 등으로 모든 것들을 상호 연결하여 정보를 공유하고 소통하는 특성으로, 고객과 기업의 소통이 상당히 긴밀하게 되어 고객이 기업의 제품 및 서비스개발 과정에 직접 참여할 수 있게 되었다. 이것은 고객과 기업의 소통을 강화하여 고객과 기업에게 새로운 가치를 창출한다. 초지능화(hyper-intelligent)는 인공지능과 나노기술 등을 활용함으로써 인간과 사물에 지능을 부여하여 고객에게 맞춤 콘텐츠를 제공하는 특성으로, 고객들의 다양한 욕구를 충족시킬 수 있다. 즉, 기존의 고객에 대해 응대하는 방법이나 생산방법을 스마트화하여 새로운 가치를 창출한다. 이렇게 초연결화와 초지능화는 고객과 기업의 일방적 소통을 쌍방적 소통으로, 수직적 관계를 수평적 관계로, 그리고 배타적 관계를 포용적 관계로 변화시킨다.

미국 디즈니월드(Disney World)에서는 입장하는 모든 고객에게 매직밴드(MagicBands)라는 것을 준다. 고객의 손목에 차는 매직밴드에는 RFI(radio-frequency-identification)가 탑재되어 있어 다양한 기능을 지니고 있다. 입장, 음식과 기념품 값 지불, 라이드(ride) 탑승 우선권, 호텔키 등 많은 기능이 있다. 고객에게만 유용한 것이 아니고, 디즈니월드에게도 유용하다. 즉, 고객의 위치를 파악하고, 고객의 취향을 분석할 수 있다. 또 디즈니월드의 직원이 매직밴드를 차고 다니는 고객에게 그 고객의 이름을 부르면서 반갑게 인사를 할 수도 있다. 또 고객을 비교적 한산한 놀이기구 등으로 안내하여 놀이시설의 이용률을 극대화할 수도 있다.

이러한 전략을 Siggelkow와 Terwiesch(2019)는 '연계전략(connected strategy)'이라고 하였다. '연계전략'은 빅데이터 수집과 분석기술로 가능한다. 이것은 고객의 욕구를 실시간으로 파악하며, 패턴을 분석하여 미리 고객의 욕구를 감지할 수도 있다.

고객경험

　　고객경험은 특별히 서비스업체에서 고객을 만족시키기 위하여 중요시하는 개념이다. 그러나 최근 제조업체도 고객경험을 강조하고 있다. 대표적인 회사가 애플로 전 CEO인 Steve Jobs가 대표적인 경영인이다. 애플은 고객이 원하는 제품을 만들기 위하여 CCI를 도입하였다. CCI(Creative Creation Innovation)는 고객의 욕구를 만족시킬 때 창조가 발생한다는 전제 아래 고객의 욕구를 설계에 반영하는 개념이다. CCI는 감지, 발상, 스토리텔링(Story‑telling), 개발생산, 그리고 마케팅의 다섯 단계로 구성되어 있다. 즉, 시장의 변화를 읽고, 아이디어를 내고, 고객의 입장에서 생각하고, 개발하고, 생산하고, 마케팅하는 것이다.

　　고객경험이 중요한 이유는 기업의 제품과 서비스, 그리고 프로세스를 고객의 관점에서 보게 한다는 것이다. 사실 많은 기업들은 모든 것을 고객의 관점에서 봐야 한다고 주장하였다. 고객중심경영이 대표적인 개념이다. 고객중심(customer‑centric)경영은 최고경영자가 고객에 초점을 두고 고객을 만족시키는 활동에 중점을 두는 것으로부터 시작한다.

　　Hammer(2001)는 "고객중심경영이 성공하기 위해서는 고객이 거래하기 쉬운 기업으로 만들어야 한다"고 하였다. '거래하기 쉽다'는 것은 상호작용이 단순하고, 비용이 적고, 고객이 편리하게 주문하는 것을 말한다. 그리고 기업이 진정으로 거래하기 쉬운 회사가 되기 위한 여섯 가지 방법을 다음처럼 말하였다.

　　첫째, 고객에게 일관된 모습을 보여준다. 고객에게 단편적으로 분리된 모습을 보여주어서는 안 된다. 이것은 고객에게 엄청난 불편을 초래하게 된다. Johnson & Johnson은 다양한 제품을 담당하는 수많은 부서들을 고객의 모든 일을 관리하는 하나의 고객지원팀으로 통합한 결과, 고객서비스가 엄청나게 향상되었다.

　　둘째, 고객의 특징에 따라 운영체계를 세분화한다. 모든 고객을 획일적으로 취급하지 말고, 각 고객의 기록에 의해서 고객을 개별적으로 취급하도록 하여야 한다. 즉, 고객의 다양성을 인정하고 적절한 보상이나 서비스를 실시하여야 한다.

　　셋째, 고객이 요구하는 것을 미리 파악한다. 대체적으로 고객은 자기가 원하는 것을 잘 표현하지 않는다. 그러나 고객이 요구할 것을 미리 예측하여 준비하는 경우에 기업의 신뢰성은 크게 향상될 것이다. 거대 통신장비 제조업체인 Lucent는 한 고객의 주요 교환국이 있는 지역에 홍수가 났다는 뉴스를 접하는 즉시, Lucent의 정보시스템을 통하여 고객의 교환시설의 배선도를 살펴보고, 필요한 부품을 미리 예측하였다. 그리고 고객이 서비스를 요구하는 즉시 고객의 요구조건을 즉시 만족시킬 수 있었다.

넷째, 고객이 모든 부서와 용이하게 접촉할 수 있도록 한다. 고객에 대한 정확한 자료를 구축하고, 고객에게 동일한 질문을 되풀이해서는 안 된다. 미국의 수많은 카탈로그 통신판매업체는 고객의 전화번호를 미리 확인할 수 있다는 특성을 이용해 고객이 전에 통화한 직원의 이름을 기억하여 그 고객이 전화하면 그 직원과 연결시켜 줌으로써 고객의 시간을 단축하여주고 있다.

다섯째, 고객 셀프서비스의 장점을 이용한다. 이것은 고객에게 회사 업무의 일부를 맡기는 것이다. 고객들은 이것을 기업이 비용을 전가한다고 생각하기보다는 오히려 셀프서비스를 선호한다는 사실이다.

여섯째, 고객중심 평가기준을 사용한다. 미국의 자동차 보험사인 Progressive는 보통 10일 정도 소요되는 손해사정인의 접촉시간을 고객중심 평가기준을 적용하여 9시간으로 단축시켰다. 그래서 고객만족은 물론이고 고객보유율도 증가되었다.

고객경험은 고객중심경영보다 더 분명하게 모든 의사결정을 고객의 경험에 의해 계획하고 분석하고 경영한다는 것이다. '우리는 고객을 최우선으로 한다'고 많은 기업들이 외치지만, 실제 프로세스를 보면 고객의 입장이 아닌 기업의 입장에서 경영하고 있는 것을 쉽게 볼 수 있다. 고객경험은 말 그대로 고객의 경험을 추적하고, 고객의 생생한 경험을 중요시하는 경영이다.

이런 점에서 Custer(2018)의 연구는 고객경험에 관심이 많은 사람들에게 유익한 정보를 준다. Custer는 기업의 성과를 향상함과 동시에 고객만족을 향상하기 위해서는 고객경험을 중시하여야 한다고 하였으며, 그 방법으로 '고객 저니맵'을 추천하였다. '고객 저니맵(customer journey map)'은 고객이 조직의 제품이나 프로세스와 어떻게 상호작용하는지 그 과정을 시각적으로 보여주는 그림이다. 그래서 '고객 저니맵'은 고객의 불평과 불만을 파악하고 제거하여 고객만족과 기업의 전반적인 성과를 향상시킨다. 이런 점에서 신제품이나 새로운 프로세스를 창출하거나 또는 프로젝트의 성과를 개선하려고 하는 기업은 '고객 저니맵'을 활용하면 좋을 것이다.

'고객 저니맵'은 기업의 프로세스와 제품을 고객의 시각에서 볼 수 있게 한다. '고객 저니맵'은 기업과 고객의 접촉점을 표시하고, 각 접촉점에서 고객의 경험을 파악하여 1쪽의 종이에 전부 표시한다. 여기에서 고객의 경험이란 고객이 내면적으로 느끼는 생각이나 느낌을 의미한다.

'고객 저니맵'은 다음처럼 4개의 단계가 있다. 첫째, 제품 또는 프로세스의 경계를 명확히 규정하여야 한다. 둘째, 고객의 특성, 목표, 니즈 등을 상세하게 파악하고, 가능하면 고객의 내면에 있는 생각과 느낌도 파악하여야 한다. 내면적인 것은 면담을 통하여 획득할 수 있다. 셋째, 가급적이면 개인보다는 팀을 구성하여 '고객 저니맵'을 만든다. 넷째, 기업과 고객의 접촉점에서 다음을 파악한다. 고객의 불만이 있는가? 무슨 불만인가? 원인은 무엇인가? 불만을 제거하는 방법은 무엇인가? 다시 말하지만, 여기에서 중요한 것은 모든 것을 기업이 아닌 고객의 경험에 의해 작성하여야 한다.

Philip Kotler 등(2016)은 4차 산업혁명 이전에 있어서 고객의 구매경로를 「4A」로 정의하였다. 「4A」는 Awareness(인지), Attitude(태도), Action(행동), Act Again(반복행동)이다. 그러나 4차 산업혁명은 마지막에 A(Advocacy, 옹호)를 추가하여 「5A」로 정의하였다. 여기에서 옹호는 고객의 구매경험을 SNS나 인터넷 등 다양한 매체를 통하여 아직 구매하지 않은 잠재 고객들의 구매 행태에 영향을 끼치는 것을 말한다. Kotler는 4차 산업혁명의 초연결화와 초지능화의 특성을 활용하여 고객경험을 중시하는 옴니채널을 운영하는 것이 중요하다고 하였다. 옴니채널(Omni Channel)은 다양한 구매 채널을 이용하여 고객이 다양한 제품 및 서비스를 검색하고 구매하는 새로운 환경을 의미한다.

고객만족

11.6.1 고객만족과 불만

제품 및 서비스를 구매한 다음에 고객은 만족 또는 불만족을 느낀다. 기업은 고객만족과 불만족에 대한 정보를 빠르게 입수하여 신속하게 대처하여야 한다. 2010년에 가속페달 부품결함으로 발생한 도요타자동차의 위기에는 여러 원인들이 있겠지만, 그 중 하나는 고객의 불만에 도요타자동차가 빠르게 대응하지 못하였다는 점이다. 브레이크 인명피해가 발생하였지만 도요타자동차는 원인분석을 한다며 리콜(recall)도 하지 않고, 고객의 불만에 빠르게 대처하지 않았다. 최소 1년 전에 고객의 불만을 알고도 늑장대응을 한 것이다.

고객만족은 제품과 서비스에 대한 고객의 감지된 품질과 기대, 그리고 돈에 대한 고객의 감지된 가치에 의해서 결정된다. 만족한 고객은 기업의 영원한 고객이 되지만, 그렇지 않은 고객은 불만을 가지게 된다.

그런데 기업은 모든 고객을 항상 만족시키지 못한다. 그리고 만족하지 못한 고객은 여러 반응을 보이게 된다. 대개 고객은 기업에게 불평을 잘 표현하지 않는다. 그래서 불평하는 고객은 기업의 입장에서 기업의 품질에 대해 정보를 얻을 수 있는 좋은 원천이 된다. 그러나 고객의 불평이 문제의 원인을 직접 언급하는 경우는 생각보다 드물다. 그러므로 기업은 고객으로부터 불만을 들을 수 있도록 고객을 유도하고, 불만의 원인을 파악하여야 한다. 고객은 기업의 자산이다. 고객의 소리를 듣지 못하는 기업은 고객의 욕구를 만족시킬 수 없다. 그러므로 고객의 불평을 기업은 부담스러워 할 것이 아니라, 오히려 대환영할 일이며 감사할 일이다.

또 불평을 처음으로 표현하는 고객에 대해 기업은 신중히 대처하여야 한다. 불만을 처음으로 말한 고객이 기업으로부터 신속하고 정당한 서비스를 받지 못하였을 때, 고객은 실망을 가장 많이 느낀다. 이런 고객이 다시 그 기업의 제품을 구매하는 확률은 현저하게 감소한다.

그러므로 기업은 보다 적극적인 방법을 이용하여 고객의 불평과 불만을 수집하여야 한다. 고객의 불평과 불만을 수집하기 위해 자주 사용하는 방법으로는 고객을 조사하거나, 직원을 통하거나, 소비자 불만신고센터를 설치하거나, 또는 고객자문 패널(panel)을 이용하는 것이다. 고객의 수가 제한되어 있는 기업에서는 서베이를 사용하는 것이 바람직하다. 특히 우편 서베이보다는 전화 서베이 방법이 좋다. 그리고 가장 적극적인 방법은 고객의 기준으로 기업을 평가하는 것이다. 사실 이것은 상당히 힘들다. 왜냐하면 고객의 평가기준이 매우 엄격하다고 기업은 생각하기 때문이다. 그러나 가장 정확하고 확실한 방법은 이 방법이다.

11.6.2 고객만족도 조사

고객만족도 조사는 기업에게 대단히 중요하다. 그런데 고객만족도를 조사하지 않는 기업들이 가끔 있다. 이것은 심각한 상황이다. 그러나 대부분의 기업들은 고객만족도 조사를 실시하고 있다. 하나의 예로, NPS(Net Promoter Score)는 Bain & Company의 Fred Reichheld에 의해 개발된 고객만족도를 측정하는 단순하지만 강력한 지표이다. NPS는 고객에게 물어보는 단 하나의 질문에 의해 결정된다. "당신은 이 제품 또는 서비스를 당신의 친구나 동료에게 추천하겠습니까? 0(전혀 그렇지 않다)에서 10(정말 그렇다)의 구간에 표시하여 주십시오." 0−6까지 대답한 사람은 비방자(detractor), 7−8은 소극적(passives), 그리고 9−10은 후원자(promoters)로 분류한다. 회사의 NPS는 후원자 백분율에서 비방자 백분율을 감한 수치이다.

그러나 고객만족도를 조사할 때에 다음과 같은 세 가지 점을 주의하여야 한다. 첫째, 고객만족도 조사는 많은 기업들이 생각하듯이 확실하고, 명료하지 않으며, 객관적이 아니라는 것이다. 어떤 기업들은 고객만족도를 재고감소처럼 생각하기도 한다. 그래서 매년 고객만족도를 몇 % 향상시키겠다는 목적을 세우는데, 이것은 잘못된 것이다. 고객만족도는 재고감소처럼 쉽지 않고, 또 쉽게 측정될 수 있는 것이 아니다. 왜냐하면 고객만족도는 수치에 의해서 측정되기보다는 고객의 심리적인 태도와 행동에 의해서 나오기 때문이다. 그래서 고객만족도를 잘 측정하기 위해서는 단순히 숫자로 나열한 설문서보다는 직접 고객의 의견을 청취하고 물어보는 것이 좋다.

둘째, 고객만족도는 정확하게 측정할 수가 없다. 위에서도 말하였듯이 고객만족도는 고객의 태도를 측정하는 것이다. 고객의 태도를 정확하게 측정하는 것은 매우 어렵다. 고객만족도를 측정하기 위해 가장 많이 사용하는 방법이 Likert의 7점 기준인데, 이 방법도 고객의 태도를 측정하는 유용한 방법이긴 하지만, 정확하게 측정한다고는 할 수 없다.

셋째, 고객만족도는 생각보다 천천히 변한다는 것이다. 고객만족도를 측정하고, 그 결과에 의해서 고객만족도를 단기간 내에 빠르게 변화시킬 수 있다고 생각해서는 안 된다. 고객만족도는 원래 변경하기도 쉽지 않지만, 변경한다 하여도 시간이 오래 걸린다. 왜냐하면 일반적으로 고객만족은 계속되는 고객의 경험에 의해서 서서히 변화하기 때문이다. 사실 고객만족도는 고객의 기대와 경험에 의해서 결정된다. 그래서 품질이 좋지 않은 제품이라도 고객의 기대가 낮으면 고객만족도가 그렇게 낮지 않다. 고객의 불만이 가장 낮은 것은 고객의 높은 기대에 부응하지 못하는 제품과 서비스이다.

11.6.3 고객의 소리

21세기에 살아 남는 기업은 고객의 소리를 진지하게 파악하고 만족시키는 기업이다. 그래서 대부분의 기업들은 '고객의 소리(VOC: Voice of Customers)를 중시하고 있다. ASQ(American Society for Quality)는 'VOC(voice of customer)란 제품 및 서비스에 대한 고객의 표현된 욕구와 기대로써, 문서화되어 관련된 부서에게 전달되는 것'이라고 정의하였다(www.asq.org). 그래서 기업들이 VOC를 듣기 위해 사용하는 방법으로는 전화 서베이, 고객패널, 포커스그룹, 우편조사, 의견조사엽서 등을 들 수 있다.

VOC는 고객의 피드백이다. JetBlue Airways는 고객 피드백이 경쟁자와의 차별화를 가져온다고 하였다. 이 회사의 고객들은 낮은 운임보다는 높은 고객서비스 때문에 JetBlue Airways를 이용한다고 말하였다(Jeppsen, 2010). 이 회사는 고객피드백 시스템을 자동화하여 즉시 분석하고 있으며, 분석결과는 의사결정을 지원하여 고객만족을 향상시키고 고객유지율을 높였다.

일본의 건설회사인 타케나카는 사후관리로 유명한 회사이다. 건물을 고객에게 판매한 후 6개월이 되면 고객에게 건물이 고객의 욕구에 부합되는지를 묻는다. 그리고 일년이 되면 고객의 만족도를 물어본다. 그리고 여기에서 그치지 않고, 3년, 7년, 10년 후에 고객에게 다시 물어본다. 또 타케나카는 고객만 조사하는 것이 아니고, 소유주나 관리자들에게도 만족도를 조사한다. 그래서 병원을 건축하였을 때에는 병원뿐만 아니라 환자들에게도 물어본다. 이런 명성 때문에 타케나카는 80%의 계약을 공개입찰을 거치지 않고 수의계약으로 한다.

사례 | 홈디포의 고객서비스

이미지 출처: www.homedepot.com

　　미국 전역에 900여 개의 체인망을 가진 홈디포(Home Depot(www.homedepot.com)는 1978년 설립되었으며, 직접 주택수리를 하는 고객을 위해 건축용품을 판매하는 소매 유통기업이다. 홈디포는 주택보수에 비전문가도 도전할 수 있다는 베이비붐(baby boom) 세대의 자신감을 간파해 직접수리(DIY: Do It Yourself) 건축용품 시장을 개척했다. 판매하는 건축용품은 수도꼭지에서부터 시멘트, 페인트에 이르기까지 5만여 개에 이른다. 그리고 아무리 수요가 적어도 고객이 요구하면 판매품목에 포함하는 원칙을 고수하고 있다. 그래서 홈디포 판매 중 70%는 고객추천으로 이루어진다.

　　DIY용품사업에 있어서 고객서비스는 상당히 중요하다. 홈디포 판매직원은 고객에게 제품의 위치를 가르쳐주는 것에 그치지 않고, 고객을 직접 제품이 있는 진열대로 모시고 가서 사용법을 설명해준다. 전 CEO Arthur Blank는 "고객서비스는 고객에게 단순히 물건을 싸게 판매하는 것이 아니고, 고객이 문제를 해결하도록 도와주는 것"이라고 지적한다. 고객서비스에 대한 관심은 양질의 판매사원을 확보하는 것과 직결된다. 홈디포는 건설, 하수, 목재, 그리고 배선 등의 분야에서 2년 이상의 유경험자만을 판매사원으로 채용한다. 그리고 직원 급여수준이 높아 이직률이 낮다. 홈디포가 양질의 판매사원을 확보할 수 있는 것은 단지 높은 급여 때문만은 아니고, 고객과 접촉하는 판매직원에게 자율권을 부여하기 때문이다. 전 CEO Blank는 "직원들이 가끔 자율권을 남용하는 실수를 하기도 하지만, 매번 허락을 요구하기보다는 실수에 대한 용서를 비는 조직이 사기와 고객 신뢰도를 높일 수 있다"고 말하였다.

　　2010년 Keven Peters가 CEO로 취임하였다. 그런데 한 가지 이상한 사실이 발견되었다. 매출은 감소하는데 고객서비스지수는 높게 나온다는 점이다. 불경기 여파로 매출은 감소하지만 경쟁자들에 비해 더 빠르게 감소하고 있었다. 그런데 제3자의 미스터리 쇼핑(mystery shopping)에 의해 평가되는 고객서비스지수는 거의 최고조에 달하였다. 이해하기 힘든 결과였다. 홈디포가 최고의 서비스를 고객에게 제공하는데 어떻게 고객은 상품을 구입하지 않는다는 것인지 이해할 수가 없었다.

Peters는 이 의문점을 풀기 위해 직접 미스터리 쇼핑을 하였다. 직접 고객의 입장이 되어 홈디포 매장을 돌아보기로 하였다. 그리고 누구에게도 이야기하지 않은 채 평상복 차림으로 홈디포 매장을 하나씩 방문하기 시작하였다. 물론 방문한 후에도 방문 자체를 아무에게도 언급하지 않았다. 몇 주간에 걸쳐 15개 이상의 주에 있는 70개 매장을 방문하였다.

Peters는 매장을 방문할 때마다 동일한 순서로 하였다. 먼저 자동차를 주차장에 세워 놓고, 자동차 속에서 몇 분 동안 고객들이 매장을 들어가고 나가는 것을 관찰하였다. 다음에 매장에 들어가 20~30분 동안 고객들과 대화를 나누며 현장을 파악하였다. 특히 아무 상품도 구입하지 않은 고객들을 따라가 왜 아무것도 구입하지 않았는지를 물어보았다. 각 매장을 돌면서 고객과 다투는 직원을 보기도 하였고, 매장 밖에서 담배를 피우는 직원들을 본 적도 있었다.

미스터리 쇼핑을 통하여 Peters는 다음과 같은 소중한 사실을 파악하였다. 제3자 미스터리 쇼핑 고객서비스 지수가 틀리지 않았다는 것이다. 그럼 무엇이 문제인가? 홈디포의 평가시스템이 잘못이었다. 즉, 다음처럼 잘못된 질문을 한 것이다. 바닥은 깨끗한가? 선반은 재고로 가득 차 있는가? 매장 창문은 깨끗한가? 화장실은 최근에 청소되었는가? 이렇게 질문이 잘못 설정되었다. 이러한 요소들은 고객의 구매력과 상관이 그리 높지 않다. 이러한 시스템에서는 직원들이 고객들에게 관심을 보이는 것이 아니고, 위의 요소들에 관심을 보인다. 즉, 직원들의 잘못이 아니라, 시스템에 문제가 있는 것이다.

또 고객들과의 대화를 통하여 Peters는 다음처럼 3가지를 느꼈다. 첫째, 매장이 너무 크다. 둘째, 직원들이 매장에서 고객들에게 좋은 경험을 제공하지 못한다. 셋째, 고객의 다양한 욕구를 충족시키지 못한다. 그래서 Peters는 매장의 크기를 감소하고, 직원들에게 고객의 경험을 좋게 하기 위하여 고객서비스에 대한 교육을 시키고, 그리고 보다 다양한 상품을 제공하기로 하였다. 그래서 시카고와 남부 플로리다의 2개 매장에서 실험을 하기로 하였다.

이렇게 Peters는 홈디포를 새롭게 변혁하고자 하였다. 하나의 전략으로 과거 판매의 5단계 프로세스를 ARC의 세 단계로 단순화시켰다. A(Ask), R(Recommend), 그리고 C(Close)이다. 고객에게 반드시 세 가지 질문을 하고, 세 가지 상품을 추천하고, 세 가지 말로 마친다.

이 사례는 한 가지 우리에게 중요한 교훈을 주고 있다. 고객서비스를 평가하는 지수는 반드시 고객서비스에 중요하게 연관되는 요소들을 포함하여야 한다는 것이다.

이 사례는 다음 자료들을 참조하여 저자가 재구성하였다.

1. Kevin Peters, "Office Depot's President on how "mystery shopping" helped spark a turnaround," Harvard Business Review, November 2011, 47－50.
2. www.homedepot.com

사례 ▍ MBNA America

　　미국　델라웨어(Delaware)시에　위치한　MBNA　America　신용카드 (www.nbnainternational.com)　사장인　Charles　Cawley는　어느　날　아침　화난 고객으로부터　한　통의　편지를　받았다.　이에　놀란　사장은　300명의　직원들을 소집한　다음,　지금부터　우리　회사에서는　모든　고객들을　하나도　빠짐없이　화 나게　해서는　안　되며,　기존고객　관리에　최선을　다하겠다고　선언하였다.　가 장　먼저　MBNA에서는　거래를　종료한　고객들로부터　그들이　MBNA를　떠난 이유에　대한　정보를　수집하였다.　이것은　MBNA의　최상의　텔레마케터 (tele－marketer)들을　중심으로　구성된　스왓(swat)팀을　통해　이루어졌다.　신용 카드를　중단한　고객　모두에게　스왓팀이　전화를　걸어　그　이유를　파악하고, 재가입하도록　설득하였다.　그리고　성공률은　50%나　되었다.　다음에　수집한 정보에　의거하여　정책을　수정하고　새로운　방법을　강구한　다음　실행에　옮겼 다.　또　고객의　중요성을　강조하기　위해　봉급　봉투에　“봉급은　고객이　주는 것입니다”라는　문구를　사용하고　있다.

　　MBNA는　고객상실비용을　측정하였다.　그리고　고객상실율　5%　향상이 평균　125%의　고객가치　향상을　가져온다는　사실을　파악하였다.　그래서　고객 을　잃지　않기　위해　최선의　노력을　하기로　하였다.

　　MBNA의　임원은　또　떠나는　고객에　대한　정보를　반드시　습득하도록　하 였다.　그래서　한　달에　적어도　4시간　이상을　‘상실고객　청취실’에서　고객의 불만을　청취하고　있다.　그래서　임원은　왜　고객들이　떠나는지,　그리고　어떤 유형의　불만을　가지고　있는지를　확실하게　파악하고　있다.

　　또　MBNA는　고객상실에　대한　목표를　각　부서마다　수립하게　하고,　목표 대비　업적을　비교하여　보너스　등　각종　인센티브에　반영시켰다.　그래서　고객 관리를　말만이　아닌　실제　업적평가에　반영시켜서　직원들의　행동에　반영되도 록　하였다.

　　그렇게　해서　MBNA의　서비스품질　수준은　급격하게　향상되었다.　그로부 터　8년　후,　MBNA의　기존고객　상실률은　동종　산업체　평균의　절반이　되었으 며,　가장　낮은　수치를　보여주었다.　그　결과　MBNA의　경쟁력은　8년　전의　38 위에서　4위로　향상되었으며,　이익은　16배가　증가되었다.

고객폐기

    고객폐기라는 용어는 고객창출, 고객만족이라는 기업이 추구하는 것과는 너무
나 다르다. 고객을 창출하고 고객을 만족하는 시대에 우리와 거래하고자 하는 사
람들과 거래를 두절하겠다는 고객폐기(customer divest)는 상당히 의외의 개념이다.
그런데 한 번 생각해 보자. 기업은 수익을 남겨야 한다. 그 기저에 고객이 있다.
즉, 고객이 수익 창출의 원천인 것이다. 그런데 수익을 발생시키지 않는 고객이
있다면, 어떻게 하겠는가? 그냥 그 고객과 계속 거래를 하겠는가? 물론 전략적인
관점에서 미래를 보고 거래를 지속적으로 할 수도 있다. 그러나 미래도 없다면,
어떻게 하겠는가? 이래서 경영자는 고객폐기를 생각해 보아야 한다. 이것은 수익
성이 없는 사업을 폐기하는 것과 비슷하다.

고객만족과 시장점유율

고객을 만족시키는 것은 대단히 중요하다. 만족하지 못하는 고객은 다시 그 기업의 제품 및 서비스를 구매하려 하지 않기 때문이다. 그런데 여기에서 하나의 의문은 과연 고객만족이 올라가면 기업의 시장점유율 또는 수익성도 같이 향상되는가 하는 것이다. 이 질문에 대해 확실하게 답하기는 어렵다. 왜냐하면 대답은 기업이 처한 다양한 상황에 따라 달라질 수 있기 때문이다.

Harry와 Schroeder(2000)는 "고객만족이 올라가는데 의외로 수익성이 떨어지는 기업들이 많다"고 하였다. 그래서 "기업과 고객을 동시에 만족시키는 개념으로 새로 6시그마를 창안하였다"고 하였다. 이것은 기업이 결과에 중점을 두고, 결과를 이끄는 프로세스를 소홀히 한다면 기업에게 악영향을 끼친다는 생각에서 출발하였다고 본다. 그런데 Allen(2006)은 "고객만족이 올라가면 기업의 수익성 또는 시장점유율도 향상된다"고 하였다. 이렇게 고객만족과 시장점유율 또는 수익성과의 관계는 그리 명확하지가 않다.

정말로 고객만족도가 향상되는데도 불구하고 기업의 수익성이나 시장점유율이 향상되지 않는다면 이것은 큰 문제가 아닐 수 없다. 그러므로 기업은 이들간의 관계를 엄밀하게 분석할 필요가 있다. 고객만족도를 측정하지 않는 기업은 별로 없다. 그리고 이들은 단순히 고객만족도가 올라가면 좋다고 가정해 버린다. 그래서 기업의 다른 중요한 핵심적인 지수는 보지도 않은 채 고객만족도 수치만 보고 만족하는 경향이 있다. 이것은 크게 잘못된 현상이다.

그러므로 기업은 고객만족도 자체의 추이분석에만 중점을 두어서는 안 된다. 추이도 중요하지만 이것은 문항의 변화에 따라 쉽게 변동될 수 있다. 그러므로 고객만족도 수치와 수익성 또는 시장점유율과의 상관관계를 분석하여야 한다. 고객을 더 많이 만족시키는 것은 공짜가 아니다. 프로세스를 개선하여야 하고, 서비스 품질을 향상하여야 하고, 교육과 훈련을 직원들에게 시켜야 하며, 설비에 투자를 하여야 한다. 이것은 전부 기업의 자원을 필요로 한다. 또 고객의 욕구와 경쟁은 수시로 변한다. 그러므로 고객만족도 수치를 기업의 다른 핵심 성과지표와 주기적으로 비교하여야 한다. 그리고 이상한 점이 있으면 그 원인을 철저히 분석하고,

새로운 대책을 수립하여야 한다.

이미지 출처: www.elevationscu.com

    2020년 비영리부문에서 MBNQA를 수상한 ECU(Elevations Credit Union)은 재무 솔루션 및 교육을 통해 콜로라도(Colorado)주의 Front Range를 따라 봉사하는 회원과 커뮤니티를 위한 신용조합이다. ECU는 광범위한 소비자 및 비즈니스 뱅킹 서비스 포트폴리오를 제공하는 것 외에도 콜로라도주에서 최고의 모기지 대출 신용조합이다. 회원 소유의 ECU는 14개 지점을 통해 147,000명 이상의 회원들에게 서비스를 제공한다. 27억 달러 이상의 자산과 560명 이상의 직원을 보유한 ECU는 콜로라도주 Adams, Arapahoe, Boulder, Broomfield, Denver, Douglas, El Paso, Jefferson, Larimer 및 Weld 카운티의 회원들에게 서비스를 제공한다. CEO는 Gerry Agnes이며, 2014년 비영리부문에서 MBNQA상을 수상한 이후 6년후에 다시 상을 받았다.

    American Credit Union Mortgage Association의 평가에 따르면, ECU는 미국 상위 300개 신용조합 중 11위를 차지했다. 이 등급은 300개 중 127위인 ECU의 자산규모와 주 경계를 넘는 다른 대출기관에 비해 콜로라도주에서만 대출할 수 있는 능력을 감안하면, 대단한 성과인 것이다. 또 기업/상업용 대출에 있어서, 상각 비율(대출 포트폴리오 성장과 관련된 손실)이 0인데도 불구하고, 대출은 2015년 5천만 달러 미만에서 2019년 약 1억 7,500만 달러로 증가하였다.

    회원 가치 제안(회원의 최선의 이익을 위해 행동함으로써 회원과 장기적인 관계 및 깊은 상호신뢰 구축)을 제공하고 있는지 측정하기 위해 ECU는 고객 참여의 엄격한 척도인 NPS(Net Promoter Score)를 사용한다. 2018년과 2019년 ECU는 Bank of the West, US Bank, Key Bank, Chase와 같은 대규모 경쟁사보다 약 60~80점의 점수를 기록했다. 50점이 우수한 점수로 간주되니, 상당히 우수한 점수인 것이다. ECU는 회원들과의 관계를 구축하고, 회원들에게 최상의 서비스를 제공하기 위해 회원들과 연결하는 체계적인 접근 방식인 Elevations Way를 통해 회원 가치 제안을 공유한다. 모든 직원은 회원 참여, 회원 연결 촉진 및 회원 요구사항 발견 방법에 대한 교육을 반드시 받아야 한다.

또 회원의 요구와 기대를 이해하기 위해 ECU는 소셜미디어, 보안 이메일 및 채팅도구, 웹사이트에 통합된 피드 도구, 소비자에 대한 반기별 전화 설문조사, 거래설문조사 및 시장분석을 사용하며, 지역, 서비스 및 회원 생활 단계에 따라 조정한다. COVID-19 대유행기간 동안 고객과의 관계와 신뢰를 계속 구축하기 위해 ECU는 회원의 새로운 요구에 맞게 접근방식을 조정하였다. 예를 들어, 주정부의 명령으로 지점이 문을 닫았지만, 노인들은 예약없이 입장할 수 있었다. 폐쇄기간 동안 지부 직원은 회원들에게 전화를 걸어 복지에 대해 물어보았으며, 일부 회원은 폐쇄이후 ECU 직원이 통화한 유일한 사람이라고 언급했다. ECU는 또 회원들에게 대출, 모기지 및 신용카드 지불 연기를 허락하였다.

ECU는 전통적인 은행에서 제공하는 서비스를 같이 제공하지만, 다른 은행과 달리 이익은 이웃과 지역기업에 다시 투자한다. ECU의 고객이 되면 바로 전국적으로 접근가능한 지역기반 신용조합을 선택하는 것이다. ECU는 고객의 재정적 목표에 귀를 기울이고 목표 달성을 돕기 위해 일하고 있다. 그리고 ECU는 고객들처럼 커뮤니티의 미래에 투자하고 있다.

출처: www.nist.gov/baldrige/elevation-credit-union-2020, www.elevationscu.com

참고문헌

유미연, 김영혁, 작은 디테일, 고객은 크게 본다, LG Business Insight, 2015.3.11.

조문제, 4차 산업혁명 시대, Philip Kotler가 보는 마케팅에 대한 소구점, POSRI 이슈 리포트, 포스코경영연구원, 2019.11.13.

Allen, Derek, "Link Satisfaction to Market Share and Profitability," ASQ, Quality Progress, February 2006, 50−57.

Christensen, Clayton, Scott Cook, and Taddy Hall, "Marketing Malpractice: the Cause and the Cure," Harvard Business Review, December 2005, 74−82.

Custer, Lisa, "Mapping the Way," Quality Progress, May 2018, 46−51.

Hammer, Michael, The Agenda: 기업 혁신을 위한 21세기 기업 강령, 김이숙 옮김, 한경, 2001.

Harry, Mikel and Richard Schroeder, 6 시그마 기업혁명, 안영진 옮김, 김영사, 2000.

Hsieh, Tony, "Zappos's CEO on Going to Extremes for Customers," Harvard Business Review, July−August 2010, 41−45.

Hsieh, Tony, Delivering Happiness, Grand Central, 2010.

Jeppsen, Bryan, "Safe landing," Quality Progress, February 2010, 18−23.

Kotler, Philip, H. Kartajaya and I. Setiawan, Market 4.0, Wiley, 2016.

Pearl, Robert and Philip Madvig, "Managing the Most Expensive Patients," Harvard Business Review, January−February 2020, 68−75.

Peters, Kevin, "Office Depot's President on How "Mystery Shopping" Helped Spark a Turnaround," Harvard Business Review, November 2011, 47−50.

Siggelkow, Nicolaj and Christian Terwiesch, "The Age of Continuous Connection," Harvard Business Review, May−June 2019, 64−73.

www.asq.org

www.elevationscu.com

www.homedepot.com

www.mbnainternational.com

www.nist.gov

www.nist.gov/baldrige/elevation−credit−union−2020

www.zappos.com

▮ 메모

과학은
정리된 지식이다

지혜는
정리된 인생이다

- Immanuel Kant -

측정, 분석, 지식경영

지금은 지식사회이다. 모든 생산자원 중에서도 최근 정보 및 지식은 다른 어떤 요소보다도 중요하다. 이러한 정보 및 지식은 최근 빅데이터 등장으로 많은 변화가 있었다. 그리고 정보관리는 조직의 최고경영자들이 관심을 갖는 중요한 분야이다. 즉, 전략을 수립하고 기업을 운영할 때 반드시 필요하다. 제12장에서는 측정, 분석, 그리고 지식경영에 대해 설명하기로 한다. 특히 다음과 같은 주제들을 다루고자 한다.

12.1 MBNQA 모델 측정, 분석, 지식경영 심사기준
12.2 데이터와 정보
12.3 개인정보 보호 및 보안
12.4 지식경영
12.5 벤치마킹

MBNQA 모델 측정, 분석, 지식경영 심사기준

MBNQA 모델 심사기준의 네 번째 범주는 「측정, 분석, 지식경영」이다. 다음의 <표 12-1>을 참조하기 바란다.

▼ 표 12-1 MBNQA 모델 측정, 분석, 지식경영 심사기준

1. 측정, 분석, 그리고 조직 성과의 개선: 조직의 성과를 어떻게 측정하고, 분석하고, 개선하는가?
(1) 매일의 오퍼레이션 및 모든 조직의 성과에 관한 데이터와 정보를 어떻게 추적하는가?
(2) 팩트에 근거한 의사결정을 지원하기 위하여 상대적인 데이터와 정보를 어떻게 선정하는가?
(3) 조직의 성과측정시스템이 급격한 또는 예측하지 못한 조직 내·외부의 변화에 반응하고, 적절한 데이터를 공급하는 것을 어떻게 확증하는가?
(4) 조직의 성과와 능력을 어떻게 리뷰하는가?
(5) 조직의 미래 성과를 어떻게 예측하는가?
(6) 혁신의 지속적인 개선과 기회를 위한 우선순위를 개발하기 위하여 성과 리뷰에서 파악한 내용을 어떻게 활용하는가?
2. 정보와 지식경영: 정보와 조직의 지식 자산을 어떻게 관리하는가?
(1) 조직의 데이터와 정보의 품질을 어떻게 검증하고 확증하는가?
(2) 조직의 데이터와 정보의 유용성을 어떻게 확증하는가?
(3) 조직 지식을 어떻게 구축하고 관리하는가?
(4) 베스트 프랙티스를 조직에서 어떻게 공유하는가?
(5) 조직의 일상 운영에 학습이 되도록 하기 위하여 지식과 자원을 어떻게 활용하는가?

데이터와 정보

12.2.1 데이터

지식에 있어서 가장 기본적인 개념은 데이터이다. 위키피디아(www.wikipedia.org).
는 '데이터(data)는 자료(資料)로써 문자, 숫자, 그림, 소리, 영상, 단어 등의 형태로
되어있는 의미 단위'라고 정의하고 있다. 데이터는 보통 조사나 연구의 바탕이 되
는 재료이다. 데이터는 대개 원자료(raw data)로서, 그 자체로는 의미가 없다.

데이터라는 단어가 영어에서 사용된 시기는 1640년대로 알려지고 있다. 그리
고 컴퓨터과학에서 '이전과 저장'할 수 있는 의미로 사용된 것은 1946년이다. 또
1954년에 데이터 프로세싱(data processing)이라는 용어가 처음으로 사용되었다.

기업에서 경영을 하려면 가장 먼저 기본이 되는 데이터를 수집하여야 한다.
데이터는 보통 정성적과 정량적인 자료로 구별된다. 정성적(定性的, qualitative) 자
료는 수치로 측정이 불가능한 자료로, 질적 자료 또는 범주형(categorical) 자료라고
도 한다. 예를 들면, 국적, 출신학교, 성별, 학년, 양과 불량, 스마트폰 번호, 좋아
하는 스포츠 종류 등이다. 정량적(定量的, quantitative)자료는 소수점으로 측정할 수
있는 자료로, 양적 자료 또는 수치적(numerical) 자료라고도 한다. 예를 들면, 온
도, 습도, 무게, 부피, 높이, 길이, 시간 등이다.

12.2.2 정보

11.2.1에서 자료는 그 자체로 의미가 없다고 하였다. 그런데 정리된 자료는 의
미가 있는데, 이것을 정보(情報, information)라 한다. 위키피디아는 '정보는 일정한
의도를 가지고 정리해 놓은 자료의 집합'이라고 정의하고 있다(www.wikipedia.org).

기업의 최고경영진이 수행하여야 하는 중요한 과업들이 많이 있다. 그 중 하
나는 조직의 경영과 성과를 측정할 수 있는 데이터와 정보의 선정, 관리, 분석, 그

리고 활용이다. 즉, 어떻게 데이터와 정보를 선정하는가? 어떻게 관리하는가? 그리고 어떻게 분석하고 활용하는가? 여기에 대해 분명하게 기준을 결정하여야 한다.

데이터와 정보는 내부정보, 고객정보, 그리고 외부정보 등 세 가지로 분류할 수 있다. 내부정보는 조직 내부에서 발생하는 정보로 업무 프로세스, 인사 등의 정보를 말한다. 고객정보는 고객과의 접점에서 발생하는 정보이다. 외부정보는 언론매체, 정부, 연구기관, 그리고 해외 등에서 발생하는 정보이다. 기업은 이러한 정보 등을 수집하는 시스템을 구축하고, 또 유용한 정보를 추출하고 분석하는 역량을 지녀야 한다.

또 조직성과 정보를 수집할 때에는 다음처럼 네 가지 원리를 지켜야 한다.

첫째, 모든 이해관계자의 관점에서 정보를 선정하여야 한다. 주주의 관점에서만 측정하면 고객의 관점을 소홀히 할 우려가 있다.
둘째, 성과의 원인도 선정하여야 한다. 즉, 투입물(input)과 프로세스도 측정하여야 한다.
셋째, 기업내부 및 외부의 관점도 고려하여야 한다. 여기에서 기업내부는 직원과 프로세스이고, 기업외부는 고객과 지역사회, 경쟁자, 주주 등이다.
넷째, 핵심항목 위주로 선정하여야 한다. 예로, KPI(Key Performance Index) 등이다. 또 측정시스템을 구축하여야 하고, 정보와 데이터의 신뢰성과 무결성, 그리고 가용성 등을 어떻게 확보할 것인지를 결정하여야 한다. 또 지식자산을 어떻게 구축하고 운영할 것인지에 대해서도 결정하여야 한다.

12.2.2.1 정보의 접근성

정보는 언제 어디에서나 편리하게 접근할 수 있어야 한다. 쉽게 접근하지 못하는 정보는 사용가치가 크게 감소된다. 내부 사용자인 구성원들은 대부분 인터넷 또는 인트라넷(intranet)을 사용하여 접근한다. 외부 사용자인 고객은 인터넷, 전화, SNS 등을 통하여 접근하며, 협력업체 또는 파트너 등은 인터넷, EDI(electronic data interchange), 엑스트라넷 등을 통하여 접근한다. 엑스트라넷(extranet)은 승인된 외부의 사용자가 사용하는 인트라넷이다. 즉, 자사의 인트라넷과 비즈니스 파트너의 인트라넷을 연결한 네트워크이다.

정보의 접근성에 있어서 중요한 요소는 정보 자체의 품질과 접근수단인 매체이다. 정보 자체의 품질은 관련성과 명확성을 말한다. 관련성(關聯性, relevance)은 반드시 필요한 내용만 포함하는 것이며, 명확성(明確性, clarity)은 간결하고 이해하기 쉬워야 한다는 것이다. 접근수단에서는 속도와 편리성을 중요시한다. 속도(速度, speed)는 필요할 때 신속하게 접근하는 것이며, 편리성(便利性, convenience)은 접근방법의 다양성을 말한다.

12.2.2.2 하드웨어 품질

하드웨어 품질은 성능, 신뢰성, 사용성, 그리고 서비스에 의해 결정된다. 여기에서 성능(性能, performance)은 처리능력과 속도를 말하며, 신뢰성(信賴性, reliability)은 고장이 발생할 확률과 수리하는 시간을 의미한다. 사용성(使用性, usefulness)은 학습 및 사용의 편의성을 의미하고, 서비스(service)는 신속한 수리 및 대응성을 의미한다.

12.2.2.3 소프트웨어 품질

소프트웨어 품질은 기능성, 신뢰성, 사용성, 효율성, 보수성, 그리고 이동성 등에 의해 결정된다. 기능성(機能性, functionality)은 보안성과 정확성을 의미하며, 신뢰성(reliability)은 시스템의 다운시간과 회복시간을 의미한다. 사용성(usefulness)은 소프트웨어에 대한 이해, 학습, 그리고 관리를 말하며, 보수성(補修性, repair)은 소프트웨어를 유지하고 보수하는 능력이다. 마지막으로 이동성(移動性, transferability)은 원래 프로그램을 다른 기종으로 옮기는 능력을 말한다.

12.2.3 빅데이터

최근 IT 기술의 발달로 데이터의 양이 상상을 초월할 정도로 급격하게 증가하였다. 구체적으로 2007년 세계의 데이터 양은 폭발적으로 증가하였다. 그리고 아날로그 방식이 디지털 방식으로 대체되었다. 이렇게 빅데이터 시대가 온 것이다. 위키피디아는 '빅데이터(big data)는 기존 데이터베이스(database) 관리도구의 능력을 넘어서는 대량(수십 테라바이트(terabyte))의 정형 또는 심지어 데이터베이스 형태가 아닌 비정형의 데이터 집합조차 포함한 데이터로부터 가치를 추출하고 결과를 분석하는 기술'이라고 정의하고 있다. 즉, 기존의 데이터베이스로는 처리하기 어려울 정도로 방대한 양의 데이터를 의미한다. 그래서 기존의 데이터와 정보관리 능력으로는 이러한 빅데이터를 관리할 수 없게 되었다.

빅데이터는 '21세기 원유'로 불린다. 우리는 엄청난 양의 데이터를 매일 축적하고 있다. 영업부, 연구개발부, 생산부, 인사부, 기획부 등 기업의 부서들도 매일 수많은 데이터를 양산하고 있다. 또 기업의 외부에서도 많은 양의 데이터가 생산된다. 또 인터넷, 동영상, 웹로그(web-log) 등 다양한 형태의 비정형 데이터가 급격하게 증가하고 있다. 기업은 이러한 모든 유형의 데이터를 수집하고, 분석하고, 활용하여야 한다.

　여기에서 또 하나 중요한 점은 데이터의 품질이다. 출처가 명확하지 않은 데이터 또는 믿음이 떨어지는 데이터는 그 사용을 신중하게 생각하여야 한다. 'GIGO(garbage in garbage out) 법칙'에 의하여 품질이 좋지 않은 자료는 기업에게 유익한 정보를 주지 않을 뿐더러, 오히려 해를 끼친다.

개인정보 보호 및 보안

　　개인정보 보호는 상당히 중요한 사안이다. 그래서 현 정보통신망법은 개인정보를 이용하고 사용할 때에는 반드시 개인의 사전 동의를 획득하여야 한다고 공표하였다. 그런데 빅데이터의 경우 개인의 사전 동의를 획득하는 것은 불가능하다. 그래서 방송통신위원회는 2014년 12월 「빅데이터 개인정보 보호 가이드라인」을 발표하였다(김민희, 2015). 즉, 다른 정보와 결합한다 하더라도 특정의 개인을 식별할 수 없도록 비식별화 조치를 취하는 경우에 한하여 이용자들의 동의 없이 개인정보를 수집·이용하고, 이를 제3자에게 제공할 수 있다. 그러나 문제는 여기에서 비식별화를 어떻게 보증할 수 있는가 하는 점이다.

　　그러나 점차로 데이터 마이닝(data-mining)과 같은 정교한 데이터 분석 기술이 발달함에 따라 비식별화가 점점 더 어려워지고 있다. 그래서 최근의 기술은 개인이 공개하지 않은 정보일지라도, 이미 공개한 다른 정보들을 분석함으로써 공개하지 않은 정보도 파악할 수 있게 되었다. 예로, 미국의 헬스케어(health care) 기업들은 어떤 개인의 의료정보를 보지 않고서도, 약국, 개인의 SNS 등을 분석하여 그 개인의 의료정보를 획득할 수 있다.

　　개인정보 보호와 마찬가지로 또 하나의 중요한 이슈는 정보 보안이다. 정보의 유출은 개인의 신상에 위해를 가할 수 있다. 우리나라에서는 정보 유출에 대한 뉴스가 심심치 않게 보도되고 있다. 하나의 예를 들어 보겠다. 틱톡(TicTok)은 중국기업으로 15초짜리 동영상으로 급속하게 성장한 신생기업이다(소리앤카오디오, 2020). 틱톡은 다양한 메시지를 15초의 짧은 동영상으로 만들어 급속하게 퍼지게 하는 공유 플랫폼(platform)이다. 2020년 국내 사용자수는 평균 260만 명이며, 월간 순이용자가 8억 명이다. 틱톡은 2017년 5월부터 2019년 12월까지 만 14세 미만의 미성년자의 개인 정보를 6천 건 이상 수집하였다. 우리나라 정보통신망법은 만 14세 미만의 아이들에 대한 정보를 수집하는 경우에는 법정대리인의 동의를 받아야 하는데, 틱톡은 이 법을 위반하였다. 또 최근 코로나 방역을 위해 음식점에서 개인 정보를 종이 위에 명기하도록 되어 있는데, 이 또한 보안의 문제로 논란의 대상이 되고 있다.

지식경영

12.4.1 지식

　　지식의 중요성은 이미 오래전부터 예견된 일이다. Peter Drucker(2000)는 새로운 21세기는 '지식사회(knowledge society)'가 될 것으로 예측하였다. 즉, 기존의 산업사회(industrial society)와 완전히 다르고, 조직의 경쟁력이 지식의 습득과 활용에 의해 결정되는 사회가 된다고 하였다. 미래학자 Alvin Toffler 부부(2006)는 미래에 있어서 부를 창출하는 세 가지 요소가 있는데, 그 중 하나가 지식이라고 하였다. 위키피디아는 지식을 다음처럼 정의하고 있다. 지식(知識, knowledge)은 교육, 학습, 훈련 등을 통하여 재활용할 수 있는 정보와 기술 등이다(www.wekipedia.org). Peter Senge(1990)는 "지식이란 이해를 통하여 얻은 현상을 현실에 실제로 적용하여 기대하는 결과를 얻었을 때 발생한다"고 하였다. 그러므로 데이터가 정보가 되고, 정보가 유익한 가치를 지니려면 지식이 되어야 한다. 그렇다. 위키피디아도 재활용을 언급하였다. 그러므로 지식은 가치가 있어야 생성된다. 머릿속에만 있고, 실질적인 효과를 내지 않으면 지식이라고 할 수 없다.

12.4.2 지식경영

　　지식을 구축하고 관리하며 활용하는 시스템이 조직에게는 필요하다. 이것이 지식경영이다. 지식경영(知識經營, knowledge management)을 위키피디아에서는 '지식을 창출, 저장, 전이, 적용하려고 조직에서 개발한 일련의 비즈니스 프로세스'라고 정의하고 있다.

　　지식경영의 중요성은 일찍이 일본의 비즈니스 전문가인 노나카 이쿠지로(野中郁次郎)와 히로다카 다게우찌(弘高竹內)가 1995년에 지은 책 「지식창조기업(The Knowledge-Creating Company)」에 의해 강조되었다. 이들은 인류의 미래는 지식창출에 의해 좌우된다고 주장하였다. 이 책은 일본의 기업들이 어떻게 세계의 리더가 되었는지에 대하여 설명하고 있다. 특히 자동차산업과 전자산업에서 이들은 일본 기업의 성공을 새로운 지식을 조직적으로 창조하고, 이 지식을 활용하여 성공적인 제품과 기술을 산출하는 역량으로 보았다. 이들은 지식에는 명시적 지식과 묵시적 지식의 두 유형이 있다고 하였다. 명시적(explicit) 지식은 매뉴얼이나 절차에 공시된 지식이다. 여기에 비해 묵시적(tacit) 지식은 경험에 의해 학습되며, 은유나 추론에 의해 간접적으로 전수된다. 그리고 미국의 기업들은 명시적 지식에 중점을 두는 데 비하여 일본의 기업들은 묵시적 지식을 중시한다고 하였다. 그래서 일본 기업들이 성공하는 중요한 이유는 바로 묵시적 지식이라는 것이다. 이렇게 일본의 기업들은 묵시적 지식을 명시적 지식으로 전환하는 탁월한 능력을 가졌다고 하였다.

이러한 사례 중 하나로 이들은 마쓰시타(Matsushita)를 예로 들었다. 마쓰시타는 세계 최초로 가정집에서 빵을 자동으로 굽는 기계인 홈베이커리(Home Bakery)를 발명하였다. 자동화기계를 만들 때, 디자이너는 최상의 가루 반죽 메커니즘을 몰랐다. 그러나 오사카 국제호텔의 주방장으로부터 묵시적 지식을 배운 소프트웨어 프로그래머가 이 지식을 디자이너에게 알려주었다.

이들은 지식을 창출하는 최상의 경영스타일은 하향식(top-down)도 아니고 상향식(bottom-up)도 아닌 미들업다운(middle-up-down)이라고 하였다. 즉, 중간관리자가 임원들과 현장 직원들 사이에서 다리 역할을 하여야 한다고 하였다.

벤치마킹

12.5.1 벤치마킹의 유래

Bain & Company가 약 1,400여 명의 글로벌기업 CEO들을 대상으로 가장 많이 사용하는 경영방법을 조사하였는데, 그 방법이 벤치마킹(benchmarking)이었다 (www.bain.com). 벤치마크(benchmark)란 용어는 원래 토목 등에서 강물 등의 높이를 측량할 때 사용하는 가시점이나 또는 다른 것들을 상대적으로 비교하여 측정할 수 있는 표준점이었다. 벤치마크의 사전적 정의는 '고도 또는 거리 등을 측정하기 위하여 지표 위에 움직이지 못하게 고정시킨 돌이나 금속물질로 된 표적'이다. 1970년대에 들어서 벤치마킹의 개념이 비즈니스 분야로 도입되어 '비교를 목적으로 한 측정 과정'을 나타내게 되었다.

벤치마킹이라는 용어가 나오게 된 이유는 단순히 국내기업과의 경쟁을 전제로 기업의 경쟁력을 강화하는 것만으로는 세계 최고의 기업들과 경쟁하는 데 부족함이 있었기 때문이었다. 사실 벤치마킹은 오랫동안 많은 사람들에 의해서 사용되어 왔다. 단지 요즈음 관심을 끄는 이유는 벤치마킹이 공식적이고 체계적인 기법으로 사용되었기 때문이다. 1980년대 미국의 많은 기업들은 미국에서는 경쟁력이 있었지만, 세계 시장에서는 다른 국가들에 비해 열세인 사실을 인식하게 되었다. 그래서 그들의 목표를 미국 외의 다른 국가들의 세계 최고수준의 기업들로 전향하게 되었다. 더구나 목표를 동종의 기업들에 국한시키지 않고, 업종에 관계없이 세계 최고의 모든 기업들로 확장하게 되었다. 이렇게 미국 기업들은 벤치마킹이 세계시장에서 강력한 경쟁력을 유지하고, 지속적인 개선을 추구하는 원동력이 된다고 생각하였다.

1989년에 데밍(Deming)상을 받은 미국의 FPL(Florida Power & Light)에서는 품질을 향상하기 위해 품질향상위원회를 구성하였는데, 이 위원회가 가장 먼저 한 일은 품질우수기업들을 찾아 세계 곳곳을 돌아다닌 것이었다. 이들이 방문한 기업들은 IBM, GE(General Electric), Xerox, Ford, 그리고 General Motors 등이었다.

또 6시그마를 도입할 때 반드시 사용하여야 할 도구가 벤치마킹이었다. 6시그마를 사용하는 기업들은 벤치마킹을 6시그마의 필수적인 도구로 여기고 있다. 특히 벤치마킹은 6시그마의 측정과 분석단계에서 그리고 개선되어야 할 프로세스가 확인된 후 6시그마 프로젝트에서 사용된다. AlliedSignal의 최고경영자인 Larry Bossidy는 직원들에게 "모든 경쟁자들이 적어도 한 가지 면에서는 AlliedSignal보다 우수하다는 가정하에서 일하라"고 말하였다. 그리고 임원들에게 가급적이면 많은 기업들을 방문하도록 지시하고 있으며, 자신도 역시 그렇게 하고 있다.

12.5.2 벤치마킹의 정의

벤치마킹의 개념은 비교적 이해하기 쉽고 단순하다. Kearns와 Nadler(1992)는 "벤치마킹은 가장 강력한 경쟁자 또는 산업의 리더를 기준으로 우리 제품과 서비스, 그리고 프로세스를 측정하는 지속인 과정"이라고 정의하였다. APQC(American Productivity & Quality Center: www.apqc.org)에서는 "조직의 성과를 향상시키기 위하여 세계적으로 우수한 조직의 실무와 절차를 파악, 이해하고, 적응하는 과정"이라고 벤치마킹을 정의하였다. Camp(1995)는 "벤치마킹은 최고의 실행을 찾고 도입하는 것"이라고 정의하였으며, "벤치마킹의 목적은 경영을 분석하고, 경쟁자와 산업의 리더를 알고, 최고 중에서 최고를 습득하고, 그리고 우위성을 획득하는 것"이라고 하였다.

▼ 표 12-2 벤치마킹의 특성

- 최상의 업무를 파악하는 도구이다.
- 개선으로 안내하는 효과적인 접근방법이다.
- 변화를 관리하는 공식화된 방법이다.
- 개선해야 할 가장 중요한 것들을 결정한다.
- 사용할 최선의 접근방법을 결정한다.
- 최상의 업무 형태를 수립한다.
- 한 사람이 할 수 있는 단순 활동이 아니다.
- 한 번 사용하고 잊어버리는 일시적 프로그램이 아니다.
- 경쟁자를 탐색하거나 또는 시장 조사가 아니다.

출처: Mikel Harry and Richard Schroeder, 6시그마 기업혁명, 안영진 옮김, 김영사, 2000.

Harry와 Schroeder(2000)는 "벤치마킹은 자신들의 프로세스를 경쟁자의 프로세스와 비교하고, 왜 다른 회사의 제품 또는 서비스가 더 우수한지를 이해하는 데 도움이 되는 강력한 도구"라고 정의하였다. 그리고 벤치마킹의 특성을 <표 12-2>처럼 설명하였다.

이렇게 볼 때, 벤치마킹은 업종을 불문하고 세계적으로 가장 경쟁력이 높은 기업의 제품, 서비스, 업무, 또는 프로세스를 목표 삼아 기업의 전략을 재구성하는 것이라고 정의할 수 있다. 일반적으로 벤치마킹은 어떤 완제품이나 서비스만을 비교하는 것이 아니라 제품이나 서비스가 창출되는 과정 및 영업, 그리고 서비스 정책에도 관심을 갖는다.

12.5.3 벤치마킹의 절차

벤치마킹은 소문 또는 느낌에 의해 하는 것이 아니고, 최상의 기업이나 프로세스 또는 가치가 있는 것들을 조사하여 자기 것으로 만드는 것이다. 벤치마킹은 문헌조사, 신문기사, 현장조사, 또는 인터넷을 통해 이루어지지만, 제일 바람직한 것은 직접 현장을 방문하거나 인터뷰를 하는 방법이다. Moen(1997)은 벤치마킹의 절차를 계획, 파악, 수집, 분석, 그리고 개선의 5단계로 구분하였다. 그러나 일반적으로 벤치마킹은 계획과 자료수집, 분석, 통합, 그리고 실행의 네 단계로 구분된다.

12.5.3.1 계획과 자료수집 단계

가장 먼저 벤치마킹 대상과 방법, 그리고 자료수집을 결정하여야 한다. 일반적으로 사람들은 자기의 위치를 과대평가하는 경향이 있다. 이것을 방지하기 위해서 데이터는 객관적이고, 공식적이고, 신뢰성이 있어야 한다. 그렇지 않으면 잘못된 비교를 할 수가 있다. 보다 구체적으로 다음과 같은 결정을 한다.

- 무엇을 벤치마킹할 것인가? (시장, 고객, 물류, 제품, 서비스, 경영, 기술, 정보, 프로세스, 유통, 인력관리)
- 어떤 기업을 벤치마킹할 것인가? (국내 또는 외국기업, 동종 또는 이종기업)
- 자료를 어떻게 수집할 것인가? (정기간행물 또는 논문과 같은 기존의 출판 자료, 산업협회 또는 무역협회, 전화면담 또는 설문지면담, 기업방문, 세미나 또는 컨퍼런스, 컨설턴트나 전문가, 유사한 제품 또는 공정에 대한 과거의 자료)

12.5.3.2 분석단계

분석단계에서는 수집한 자료를 정리하고, 우리 기업과 벤치마킹 기업과의 차이를 분석하는 단계이다. 올바른 분석을 하기 위해서는 먼저 우리 기업의 모든 프로세스와 업무를 정확하게 파악하고 있어야 한다. 분석은 계량적과 비계량적인 분석 모두 필요하다. 특히 분석단계에서는 다음과 같은 결정을 한다.

- 벤치마킹한 기업이 우리 기업보다 정말로 우수한가?
- 우수하다면 얼마나 우수한가?
- 벤치마킹한 기업으로부터 무엇을 배워야 하는가?
- 그리고 이것을 어떻게 우리 기업에 어떻게 적용하여야 하는가?

12.5.3.3 통합단계

벤치마킹한 기업이 우리 기업보다 우수하다면, 다음에는 어떻게 하면 벤치마킹한 기업과 경쟁할 수 있는 경쟁력을 키울 수 있을지를 결정하여야 한다. 이것은 각 부서의 장과 최고경영자가 분석단계에서 나온 결과를 가지고 결정한다.

12.5.3.4 실행단계

실행단계에서는 측정할 수 있는 분명한 목표를 설정한다. 분명한 목표의 설정 없이는 실행이 있을 수 없다. 특히 여기에서 주의할 점은 벤치마킹할 당시의 벤치마킹 기업의 업적을 목표로 해서는 안 된다는 사실이다. 목표는 미래의 목표이다. 그러므로 벤치마킹한 기업보다 우수하기 위해서는 보다 높은 목표를 수립하고 달성하여야 한다.

12.5.4 벤치마킹의 유형

Miller(1992)는 벤치마킹을 제품, 프로세스, 최선의 관리, 그리고 전략의 네 가지 유형으로, Camp(1995)는 내부, 경쟁, 기능, 그리고 프로세스의 네 가지 유형으로, 그리고 Harry와 Schroeder(2000)는 내부, 경쟁, 그리고 기능의 세 가지로 분류하였다. 여기에서는 제품, 프로세스, 최선의 관리, 전략적, 내부, 그리고 경쟁 등 여섯 가지 벤치마킹을 설명하고자 한다.

12.5.4.1 제품 벤치마킹

제품 벤치마킹은 경쟁자의 제품설계와 구조를 파악하는 것이다. 일본의 도요타자동차는 고급 승용차인 Lexus를 개발하기 전에 Benz와 BMW에 대해 충분히 연구를 하였다. 특히 Benz와 BMW의 우아한 외형과 높은 품질수준을 따라가기 위해 납땜처리작업과 조립에 대한 연구를 많이 하였다.

12.5.4.2 프로세스 벤치마킹

프로세스 벤치마킹은 프로세스에 중점을 두는 벤치마킹으로, 제품 벤치마킹과 비교할 때 실행하기가 쉽지 않다. 왜냐하면 경쟁자의 프로세스를 연구하여야 하는데, 프로세스는 제품과는 달리 해당 경쟁자의 허락을 얻어야 하기 때문이다. Andersen(1995)의 연구에 의하면, 가장 많이 사용되는 벤치마킹이 프로세스 벤치마킹이라고 하였다. 또 유사한 프로세스에 중점을 두는 기능 벤치마킹이 있다. 모토로라(Motorola)의 밴딧 페이저 개발은 기능 벤치마킹의 한 예이다. 모토로라는 페이저의 생산모형을 설계하기 전에 전 세계의 수많은 제품들과 서비스에 대해 18개월간 벤치마킹했다. 특히 어떤 색상과 스타일의 제품이 가장 잘 팔리고 있는지를 신속하게 공장에 알려 주는 컴퓨터시스템을 보유한 이탈리아 의류회사인 베네통(Benetton)을 벤치마킹해서, 스타일을 중요시하는 페이저 사용자들의 기호를 신속하게 파악하였다.

12.5.4.3 최선의 관리 벤치마킹

최선의 관리 벤치마킹은 프로세스 벤치마킹과 유사하나, 다른 점은 초점을 어떤 특별한 프로세스에 맞추는 것이 아니라, 경영 또는 관리에 맞춘다는 것이다. 최선의 관리 벤치마킹에 대한 예로는 경쟁기업의 작업환경관리나 봉급체계를 연구하는 것이다. 다음 사례인 Uniqlo와 Xerox, 그리고 '교토식 경영' 벤치마킹은 최선의 관리 벤치마킹이라 할 수 있다. 또 GM은 안전교육을 중요시하는데, GM이 직원들에게 사용하는 안전교육 매뉴얼은 DuPont의 것이다. 그리고 GM의 GMS(Global Manufacturing System) 교육의 대부분 내용도 바로 일본 도요타자동차를 벤치마킹한 것이다.

사례 ▮ 유니크로의 벤치마킹

　　유니크로(Uniqlo)는 '그 분야에서 최고를 배워야 한다'는 원칙을 지니고
있다. 그래서 유니크로는 각 경영부문별로 업종에 관계없이 관리를 가장 잘
하는 기업을 벤치마킹하였다. 경영시스템은 Walmart, 표준화는 McDonald's,
상품개발은 Rubbermaid, 품질관리는 Marks & Spencer, 정보시스템은
Seven-Eleven, 그리고 인재교육은 Home Depot를 선정하였다. 그리고 각
각 괄목할 만한 성과를 달성하였다.

 사례 ▮ '교토식 경영' 벤치마킹

　　　　　　　　　　　도요타자동차의 대량 리콜 사태로 한
국기업들의 벤치마킹 대상이 바뀌고 있
다. 도요타자동차에서 '교토(Kyoto)식 경
영'을 벤치마킹하기 위해 교토에 있는 기
업들로 바뀐 것이다. 교토에 있는 대표적
인 기업은 Shimadzu 제작소, Nintendo,
Murata 제작소, Omron, Horiba 제작소,
교세라, 일본전산 등이다. 특히 교세라(京
セラ株式会社)는 미국, 중국 등 세계 8개
국 기업인들이 연구모임을 만들 정도로 유명하며, 1959년 창립 이래 한 번
도 적자를 내지 않은 초우량기업으로 전 세계에 221개 계열사를 거느리고
있다.
　　그러면 '교토식 경영'의 특성은 무엇인가? 카리스마 오너경영, 무차입경
영, 개방적/수평적 구조, 밀접한 클러스터 형성, 특화된 기술개발과 혁신 등
이다.

　　Horiba 제작소 직원이 이산화탄소 발생량을 줄인 공로로 '블랙잭 상'을 받은 기계를 조작하고 있다. 이 회사는 모든 제품의 납기를 절반으로 줄이기 위해 블랙잭이란 혁신활동을 전개하고 있다. 매월 혁신활동을 잘 수행한 4~5개 팀 중 한 팀을 골라 블랙잭 상을 수여한다. 연말에는 일본 북미 유럽 등 지역별 대표가 모여 겨루는 '블랙잭 월드컵'이 열린다.

출처: 한국경제, "일본은 살아있다··교토식 경영 배우기 열풍" 2010년 5월10일.

12.5.4.4 전략적 벤치마킹

　　전략적 벤치마킹은 경쟁자의 전략에 초점을 두는 벤치마킹이다. 경쟁기업의 최고경영자가 어떤 전략을 수립하였으며, 이 전략과 연계된 다른 전략들은 어떻게 수립되었고, 어떤 결과를 도출하였는지를 연구하는 것이다. 하나의 예로, 지마켓(Gmarket)을 벤치마킹한 옥션(Auction)을 들 수 있다. 국내 최초의 인터넷 경매전문 사이트인 옥션은 세계 최대 규모의 온라인(on-line) 쇼핑기업인 지마켓의 전략을 벤치마킹하였다. 그래서 옥션은 물류, 학습지, 보험, 항공회사들과 전략적 제휴를 맺어, 지속적으로 변하는 고객의 니즈에 대응하였다. 또 다양한 콘텐츠와 서비스를 통한 차별화전략도 벤치마킹하였다.

12.5.4.5 내부 벤치마킹

내부 벤치마킹은 명령들이 얼마나 능률적으로 정확하게 부서 간에 전달되는가 하는 것처럼 한 회사 내의 여러 부서들 중에서 공통적인 프로세스를 비교하는 것이다.

12.5.4.6 경쟁 벤치마킹

경쟁 벤치마킹은 경쟁자들과 그들의 프로세스를 조사하고, 고객충성도, 고객만족, 그리고 시장점유율을 측정하는 것이다. 또 경쟁 벤치마킹은 상대 기업들을 잠재적 인수합병(mergers and acquisitions)의 대상으로 생각하고 평가할 수 있으며, 다른 기업들이 시장의 흐름이나 고객의 니즈와 기호의 변화를 얼마나 잘 충족시키고 있는지를 파악한다. 경쟁 벤치마킹은 또 어떤 고객이 당신 기업의 제품과 서비스를 가장 높게 평가하는지, 그리고 고객들이 가장 중요하다고 생각하는 분야에서 당신이 얼마나 잘 하고 있는지 등을 파악할 수 있도록 해 준다.

 사례 ▌ 제록스의 벤치마킹

XEROX.

이미지 출처: www.xerox.com

미국기업들 중에서 벤치마킹을 가장 먼저 사용한 대표적인 기업이 제록스(Xerox; www.xerox.com)이다. 복사기산업의 개척자인 제록스의 1976년도 매출액은 복사기산업 전체 매출액의 82%였는데, 1980년도에 60%로 하락하였다. 이는 Kodak, IBM, 그리고 3M 등의 미국업체와 Minolta, Ricoh, Canon, 그리고 Toshiba 등 일본업체들의 복사기산업 진출로 경쟁이 치열하였기 때문이었다. 제록스는 소량다품목 주문이 대부분이었기 때문에 대규모의 컴퓨터지원시스템에는 적합하지 않았다. 그래서 제록스는 벤치마킹을 1980년대 초부터 사용하였다. 결과적으로 제품의 품질과 신뢰성, 그리고 고객서비스수준을 상당히 향상시켰다. 제록스는 미국에서 생산한 제록스 복사기의 비용과 일본 제휴자인 후지제록스(Fuji-Xerox)에서 생산한 복사기의 비용을 비교하였다. 그 결과 제록스는 후지제록스가 복사기를 미국의 공장보다 훨씬 저렴하게 생산한다는 사실을 발견하였다. 그래서 후지제록스와 경쟁자인 일본의 Ricoh에서 사용하는 기법을 미국의 공장에 도입한 결과비용을 상당히 감소하였다. 제록스는 이 외에도 여러 분야에서 세계 최우수기업들을 벤치마크 하였다. 창고와 유통분야에서는 L.L. Bean과 Hershey Foods, 그리고 Mary Kay 화장품회사를, 대금청구와 회수는 American Express사를, 자동재고관리에는 American Hospital Supply를, 설비배치에는 포드자동차를 벤치마킹하였다.

하나의 예로, 스포츠용품이나 의류를 우편주문에 의해 판매하는 엘엘빈(L.L. Bean)을 택한 과정은 다음과 같다. 벤치마킹을 행하기 전 제록스의 물류부문은 연간 3~5%의 생산성 향상을 이루어 왔다. 그러나 1981년부터 가격인하경쟁이 시작되면서 이 부문에 대한 개선이 요구되었다. 그래서 벤치마킹을 통해 주문처리 프로세스를 개선하고자 2차 자료조사를 하는 과정에서 주문판매에 있어서 선도적 위치에 있던 엘엘빈의 주문처리시스템에 관한 기사를 Modern Materials Handling지에서 발견하였다. 엘엘빈을 선정한 이유는 비록대부분의 작업이 수작업에 의하고 있지만 최소의 노동력으로 최대의 효과를올릴 수 있게 설계된 창고시스템의 디자인 때문이었다. 또한 일반적으로 생각하기에 양사가 취급하는 제품에는 공통성이 없어 보이지만 크기, 모양, 무게등이 각양각색인 제품을 취급한다는 점에서 볼 때 엘엘빈은 최적의 대상이었다. 비교 결과 제록스는 '직원 1인당 1호의 작업을 위해 움직여야 하는 거리'를기준으로 한 생산성이 엘엘빈의 1/3수준이라는 것을 파악하였고, 또 엘엘빈의작업이 대부분 인력에 의존하고 있었으므로 쉽게 제록스의 목적에 맞게 이들작업을 변형하고 응용할 수 있었다. 이후 제록스는 재고회전 속도에 의한 물품재배치, 전체 흐름 속도 단축, 작업자가 움직여야 할 거리의 단축 등의 개선활동을 통하여 생산성을 종래보다 3배 이상 향상시킬 수 있었다. 또 일정계획은 Cummins를 벤치마크하여 75%나 성과를 올렸다(Bowles와 Hammond, 1991). 이결과 제록스는 1989년에 MBNQA를 받았다.

사례 ▎ 에버랜드의 벤치마킹

이미지 출처: www.everland.co.kr

　　에버랜드는 1996년 세계적인 리조트로 거듭 나기 위하여 사명을 자연농원에서 에버랜드로 바꾸었으며, 세계 각국의 리조트를 벤치마킹하였다.

　　첫째, 미국 워싱턴(Washington D.C.) 동물원과 일본 다마동물원을 벤치마킹한 'Friendly Monkey Valley'이다. 그래서 관람객들이 동물들을 생생하게 볼 수 있도록 쇠창살을 없애고 투명한 통유리를 설치하였다. 그리고 동물인 오랑우탄의 생태환경을 고려해 산비탈을 만들었고, 흰 손 긴 팔 원숭이를 위해서는 인공호수와 섬을 만들고 100m 줄을 연결하여 원숭이가 줄타기를 하도록 배려하였다. 또 관람객들이 20cm 정도의 가까운 거리에서 동물을 관람할 수 있도록 '침팬지 버블' 등 독특한 '관람 뷰(View)'를 설치하였고, 오랑우탄이 21m 높이에서 줄을 타고 건너는 'Sky Walk' 등을 설치하였다.

에버랜드 Sky Walk　　　　　　　　Dama 동물원 Sky Walk

　　두 번째는 태국의 송크란 축제를 벤치마킹한 Summer Splash이다. Summer Splash는 여름 무더운 날씨에 20t의 물을 관람객들에게 뿜어내는 축제로서, 외계인 등으로 분장한 공연단원과 캐릭터 70명이 5대의 플로트카와 함께 등장한다. 16개의 물대포와 92개의 물총을 장착한 플로트 카 한대당 500~1.5t의 물을 싣고 유러피안 광장에서 12t의 물을 집중적으로 쏟아

붓는 축제이다.

에버랜드 Summer Splash

태국의 송크란 축제

ⓘ 사례 ▎ MBNQA 수상 조직 저먼타운시

이미지 출처: www.germantown-tn.gov

　　2019년 비영리부문에서 MBNQA를 수상한 테네시(Tennessee)주 저먼타운(German Town)시는 Chickasaw Indians의 역사적인 경로를 따라 미시시피강 근처에 위치하며, 1841년에 설립되었으며, 주민은 40,123명이다. 시는 19.8제곱마일로 구성되며, 교육, 경제개발, 공공안전, 위생 및 유틸리티(상수도 및 하수도)가 주요 시정업무이다.

　　시는 미래를 위한 「Germantown Forward 2030 계획」을 수립하였다. 이 계획의 일부인 시 비전 및 커뮤니티 가치는 전략적 계획과정에서 시민이 함께 개발하고 다양한 커뮤니케이션 도구를 통해 직원, 공급업체, 파트너, 자원봉사자, 고객 및 기타 이해관계자에게 배포되었다. 공급업체와 파트너는 비전 선언문과 윤리강령의 사본을 받게 되며, 더 나아가 임원진들에게는 교육을 시킨다. 비전에 따라 부서 및 주요 파트너에 대한 주요 성과측정이 대시보드에 통합되고, 운영측정은 부서 비즈니스 계획에 통합된다.

저먼타운시는 설문지를 이용하여 시행정을 운영한다. 예로, '주거지로 저먼타운을 추천하십니까?'에 대한 시민의 답변을 바탕으로 시의 운영방향을 결정한다. 2018년도 설문지 결과는 주민의 70% 이상이 저먼타운시에서 10년 이상 살았으며, 90% 이상의 주민이 5년 동안 머무를 계획이라고 하였다. 이는 2014년 이후 비슷한 결과이다. 시는 2015년 이후 전체 만족도를 80%에 가깝게 유지했으며, 95%의 시민들이 경찰과 소방서비스, 대응시간을 포함한 공공안전에 만족하고 있다.

출처: www.germantown-tn.gov, www.nist.gov/baldrige/city-germantown-tn

참고문헌

김민희, 빅데이터의 현실, 기대와 큰 격차, LGERI 리포트, LG Business Insight, 2015.3.11.

소리앤카오디오, 틱톡 방통위에 1.8억 벌금, 2020.7.15.

한국경제, "일본은 살아있다 … 교토식 경영 배우기 열풍" 2010년 5월 10일.

Andersen, Bjorn, The Results of Benchmarking and a Benchmarking Process Model Trondheim: Norwegian Institute of Technology, 1995.

Camp, Robert C., Business Process Benchmarking, ASQC Quality Press, 1995.

Drucker, Peter, F., 프로페셔널의 조건, 이재규 옮김, 청림출판, 2000.

Harry, Mikel and Richard Schroeder, 6 시그마 기업혁명, 안영진 옮김, 김영사, 2000.

Kearns, D. and D. A. Nadler, Prophets in the Dark, New York: Harper Collins, 1992.

Miller, J., et al., Benchmarking Global Manufacturing, Homewood, Ill.: Business One Irwin, 1992.

Moen, Rune M., Customer and Process Focused Poor Quality Cost Model Used As a Strategic Decision-Making Tool, Trondheim: Norwegian University of Science and Technology, 1997.

Nonaka, Ikujiro and Hirotaka Takeuchi, The Knowledge-Creating Company, Oxford University Press, 1995.

Senge, Peter, The Fifth Discipline, Doubleday, New York, 1990.

Toffler, Alvin and Heidi Toffler, Revolutionary Wealth, Knopf, 2006.

www.apqc.org

www.bain.com

www.everland.co.kr

www.germantown-tn.gov www.tictok.com

www.nist.gov/baldrige/city-germantown-tn

www.wikipedia.org

www.xerox.com

우리 회사의
최우선 순위는 직원들입니다.
왜냐하면
직원들이야말로 회사의 열정을
고객에게 전달할 책임을 지는
사람들이니까요.

그 다음 두 번째 우선순위는
고객만족입니다.

이 두 목표가 먼저 이뤄져야만
주주들에게 장기적인 이익을
안겨줄 수 있지요.

- Howard Schulz -

CHAPTER 13

인적자원

인적자원이라는 말은 과거 노동을 대체한 용어이다. 이것은 기업의 초점이 육체노동에서 지식노동으로 이전하였다는 것을 의미한다. 이제 기업은 구성원을 동등한 입장에서 평가하고, 그들을 최대한도로 만족시키도록 노력하여야 한다. 과거에 경영자들은 구성원들의 소리를 무시하였다. 20세기 초만 하더라도 구성원들의 의견을 듣는 것 자체가 이상한 일이었다. 구성원들의 의견을 듣기 시작한 것은 제2차 세계대전 이후의 일이다. 구성원들의 의견에 귀를 기울인 최초의 기업은 IBM이었고, 국가적으로는 1950년대의 일본이다.

최근 경영의 추세는 의사결정 과정에 구성원의 참여를 강조한다는 것이다. 이것은 구성원으로 하여금 오직 자기의 한정된 직무가 아닌 조직 전체에 책임을 지게 하려는 의도이다. 또 구성원을 수동적으로 보지 않고, 적극적인 문제해결사로서 본다. 상사의 명령과 지시를 단순히 시행하는 소극적인 구성원이 아니라, 창의력을 발휘하고 능동적이며 적극적인 구성원을 지금 시대는 요구하고 있다. 그래서 경영품질을 시행하는 기업에서는 구성원으로 하여금 지속적으로 품질을 향상시키도록 장려하고, 책임을 부여하여야 한다. 이렇게 하기 위해서 구성원은 자기계발을 통해 문제를 파악하고, 해결하는 능력과 지식을 구비하고, 기업의 가치 증진에 공헌하여야 한다.

제12장에서는 조직의 내부고객인 인적자원에 대해서 설명하고자 한다. 특히 여기에서는 다음과 같은 주제들을 다루고자 한다.

13.1 MBNQA 모델 인적자원 심사기준
13.2 사람의 중요성
13.3 채용
13.4 학습
13.5 동기부여
13.6 평가
13.7 구성원 만족
13.8 인재관리

NETFLIX

이미지 출처: www.netflix.com

　기존 DVD 대여시스템의 불편함을 해소하기 위하여 1997년 설립된 넷플릭스(Netflix)는 온라인으로 DVD(Digital Versatile Disk) 대여 신청을 받고, DVD는 우편을 통하여 배달 받는 시스템으로 비즈니스모델을 혁신하였다. 그래서 당시 최대 기업이던 블록버스터(Blockbuster)를 경쟁에서 이겼다. 블록버스터는 1980년대 가정용 비디오 대여시장의 성황으로 성장한 미국 최대의 비디오 대여 기업이다. 그러나 새로운 미디어 디바이스와 DVD의 등장으로 2010년 9월에 파산 신청하였다. 넷플릭스의 CEO인 Reed Hastings는 오프라인 시장에 익숙한 고객들을 온라인으로 끌어당겼다. 우편배달은 고객들의 시간을 엄청나게 단축시켰다. DVD를 늦게 반납해도 연체료를 내지 않았고, 다양성을 높였다. 그리고 고속인터넷 기술로 스트리밍 서비스를 시작하게 되었다. 최근에는 영화를 포함한 미디어 제작자와 컨텐츠 회사로 변신하였다.

　Reed Hastings는 그의 경험에 의하여 2가지 확고한 인사철학을 가지고 있다. 첫 번째 철학은 "직원들을 위한 최대의 선물은 무엇을 무료로 주는 것이 아니고, A급 인재를 선발하여 그들과 같이 일하도록 하는 것"이다. 두 번째 철학은 "우리 팀에 오직 A급 인재만 오고 싶게 한다면, 역량이 미흡한 사람들은 기꺼이 다른 일을 찾도록 해 줘야 한다"는 것이다.

　넷플릭스는 공식적인 규정을 좋아하지 않는다. 직원들에게 모든 일을 상식(common sense)과 논리(logic)에 의해서 하라고 한다. 즉, 모든 문제를 너의 상사, 부하, 동료들과 솔직하게 대화하라는 것이다. 이러면 낮은 비용에 더 높은 성과를 달성할 수 있다고 한다. 이것은 상당히 파격적이다. 대부분의 회사에서는 모든 절차에 대한 규정이 있다. 그런데 Hastings는 그러한 전통적인 방법에 도전장을 던졌다. 말은 쉽지만 대단히 어려운 실험이다. Hastings는 대부분 회사들의 인적자원부서가 3%의 사람들이 일으키는 문제들을 관리하기 위해 막대한 자금을 인적자원 정책이나 규정에 소요하고 있다고 말한다. 그래서 넷플릭스는 3%의 사람들을 처음서부터 선발하지 않도록 많은 노력을 하고 있다고 하였다.

넷플릭스는 인재를 중요시한다. 그래서 Hastings는 다음처럼 말하였다. "팀에 평범한 사람이 한두 명 정도 있으면 팀 전체의 성과가 떨어진다. 평범한 사람 2명과 탁월한 인재 5명이 함께 팀을 이루면, 그 팀은 평범한 팀이 된다. 성과는 전염성이 강하다. 그래서 인재라 할지라도 평범한 사람과 같이 일하면 평범한 결과가 나오게 된다."

넷플릭스는 직원들에게 높은 자율권을 준다. 즉, 휴가일정, 출장경비, 육아휴가 등을 직원 스스로 정한다. 하나의 예로 직원들이 여행 및 경비를 사용하여야 하는 경우에 단순하게 성숙된 사람들처럼 행동하길 원한다. 그래서 다음처럼 간단하게 말한다. "넷플릭스를 가장 위하는 행동을 한다." 그 이외에 다른 공식적인 규정이 없다. 마치 모든 것을 내 것을 사용하는 것처럼 생각하고 회사 비용을 사용하라는 의미이다. 모든 공식적인 서류나 정책 없이 오직 이 기준에 의하여 행동하도록 하고 있다. 이렇게 하니 현장의 경영자들이 더 많은 책임을 느끼게 되고, 더욱더 넷플릭스의 경비를 절약하기 위해 노력한다.

인사평가는 정말로 중요하며 대부분의 기업에서 전부 실행하는 인적자원관리의 중요한 요소이다. 그런데 넷플릭스는 사람을 평가하는 공식적인 검토를 없앴다. 단순하게 주기적으로 1~5의 범위에서 평가를 하는 것이다. 물론 이것은 서로의 신뢰와 이해가 절대적이다. 조사해보니, 일부 부서에서는 연말에 평가하지 않아도, 사람들이 얼마나 잘 하고 있는지를 이미 알고 있다. 성과를 평가하는 공식적인 제도가 실제로 개선에 그리 도움이 되지 않고 있었다는 것이다. 처음에 넷플릭스 직원들은 평가를 하지 않겠다는 발표에 반신반의하였다. 무슨 속셈인지를 몰랐다.

넷플릭스는 인재선발을 상당히 중요시한다. 그래서 인재를 찾아 추천하는 리쿠르터(recruiter)를 파트너로 간주하며 팀워크를 중요시한다. 인재선발은 수시로 하며, 인재선발 경영자가 후보자와의 면담이 있는 시간에는 임원회의에 불참할 수 있다. 또 인재에게 지급하는 봉급은 필요하면 시장가치를 훨씬 상회할 수도 있다. 또 인재선발 경영자가 후보자를 평가하듯이, 후보자도 인재선발 경영자를 평가한다는 사실을 명시하고 있다. 또 후보자들에게 좋은 기억을 주기 위하여 최선을 다 한다. 또 인재선발 경영자나 리쿠르터에게는 전문성과 비즈니스, 그리고 시장을 볼 수 있는 능력을 요구한다.

이러한 결과로 넷플릭스는 3개의 에미(Emmy)상을 받았으며, 전 세계에서 가입자가 1억 명 이상으로 증가하였다. 우리나라에도 넷플릭스가 들어왔다.

Netflix에 관한 12가지 놀라운 사실

이 사례는 다음의 자료들을 참고하여 저자가 재작성하였다.

1. Gulati, Ranjay, "Structure That's Not Stifling," Harvard Business Review, May−June 2018, 69−79.
2. McCord, Patty, "How Netflix Reinvented HR," Harvard Business Review, January−February 2014, 71−76.
3. McCord, Patty, "How to Hire," Harvard Business Review, January−February 2018, 90−97.
4. www.netflix.com

MBNQA 모델 인적자원 심사기준

　　인적자원이란 조직의 목표를 달성하기 위해 조직 내에서 적극적으로 참여하는 사람들을 말한다. 「인적자원」 범주에서는 인적자원의 잠재력을 활용하여 조직의 전사적인 사명, 전략, 실행계획을 실현할 수 있도록 어떻게 인적자원을 관리하고 개발하는지를 평가한다. 본 심사 범주는 인적자원의 잠재력과 수용능력을 평가하고, 높은 성과 달성에 도움이 되는 인적자원 헌신과 근무 환경을 만드는 능력을 평가한다.

▼ 표 13-1 MBNQA 모델 인적자원 심사기준

1. 인적자원 환경: 효과적이고 협조적인 인적자원 환경을 어떻게 구축하는가?

(1) 인적자원 잠재력과 수용능력 니즈를 어떻게 평가하는가?
(2) 새로운 인적자원 구성원들을 어떻게 모집하고, 채용하고, 그리고 빠르게 조직 문화를 익히고 적응하도록 하는가?
(3) 잠재력과 수용능력 니즈가 변하는 환경에서 인적자원을 어떻게 준비시키고 있는가?
(4) 인적자원을 어떻게 조직하고 관리하는가?
(5) 사업장에서 인적자원의 건강, 안전, 그리고 접근성을 어떻게 보증하는가?
(6) 서비스, 복지, 그리고 정책 면에서 인적자원을 어떻게 지원하는가?

2. 인적자원 헌신: 인적자원이 계속 회사에 있으면서 높은 성과를 달성하도록 어떻게 하고 있는가?

(1) 인적자원 헌신의 주요 동인을 어떻게 결정하는가?
(2) 인적자원 헌신을 어떻게 평가하는가?
(3) 공개적인 의사소통, 높은 성과, 그리고 헌신적인 인적자원으로 특징되는 조직문화를 어떻게 조성하는가?
(4) 조직의 인적자원 성과 경영시스템이 높은 성과를 달성하도록 어떻게 지원하는가?
(5) 조직의 학습과 개발시스템이 인적자원 개개인의 개인적 개발과 조직의 니즈를 어떻게 지원하는가?
(6) 조직의 학습과 개발시스템의 효율성과 능률성을 어떻게 평가하는가?
(7) 인적자원과 차세대 리더들에 대한 경력개발을 어떻게 관리하는가?

사람의 중요성

　　Peter Drucker의 경영에 대한 철학은 한마디로 '인간 중심'이다(Kobayashi, 2002). 또 Drucker(2000)는 "경영이란 인적자원의 생산성을 높이는 것"이라고 하였으며, "기업이 보유하고 있는 오직 단 하나의 진정한 자원은 바로 사람"이라고 하였다. 이렇게 Drucker는 경영 자체를 사람과 연관시켜 설명하였다.

　　GE의 전 회장인 Jack Welch는 기업에서 가장 중요한 것 두 가지는 "모든 사람이 중요하다는 것과, 기업은 학습조직이 되어야 한다"고 하였다. 캐논(Canon)의 「인간주의」는 인간이 제일 중요하다는 것을 천명한 것이다. 「인간주의」는 캐논의 유전자로, 사원을 가족으로 보는 기업철학이다. 그래서 캐논에서는 '회사의 실체는 사원이며, 회사는 사원 실력의 집합체'라고 하고 있다. Walmart는 「오픈 도어」 정책을 가지고 있다. 「오픈 도어(open door)」 정책은 개인 존중의 표시로, 구성원들이 직급에 관계없이 최고경영자에게 불만사항을 직접 전달하는 제도이다. McDonald's 구성원들은 자신들의 정체성을 "우리는 햄버거 회사가 아니다. 햄버거를 만드는 사람들의 회사이다"라고 표현한다(Norville, 2009). 잘 생각해 보면 그 안에 담긴 중요한 진실을 볼 수 있다. 즉, McDonald's 직원들은 회사가 햄버거가 아닌 사람이 주인공이라는 것이다.

　　스타벅스(Starbucks)의 Howard Schultz 회장은 "회사의 최우선 순위는 구성원들이며, 그 다음 순위는 고객만족이라는 경영철학"을 강조하고 있다(Schultz, 2012). 구성원이 행복하면 고객도 행복하다는 서비스 수익체인의 근본 개념을 기업경영에 실천하는 것이다. 그래서 스타벅스에서는 직원을 종업원이라고 하지 않고, 동업자(partner)로 부른다. 파트타임 직원들에게도 의료보험 혜택을 제공하며 다른 기업들과 차별화를 하고 있어, 이직률이 낮은 편이다. 경쟁자 기업들의 이직률에 비해 훨씬 낮은 이직률을 달성하고 있다.

채용

직무를 설계하면, 그 직무를 수행하여야 할 사람들이 필요하다. 즉, 사람들을 외부에서 채용하여야 한다. 신입사원을 외부에서 채용할 때에는 어떤 직무를 수행할 사람들이 필요한지, 그 직무를 수행하기 위한 역량은 무엇인지, 그리고 직무를 수행할 적정한 인원 수를 결정하여야 한다. 그래서 신입사원 채용시스템이 구축되어야 한다.

채용의 기준으로 과거에 기업들이 선호하는 주요 항목은 학력, 스펙(spec), 영어점수, 추천서, 면접 등이었다. 그러나 모든 것이 변하듯이 채용의 기준도 변하고 있다. 단순히 학력에 의존하지 않고, 직무에 적합한 인재를 선발하고자 한다. 또 적극적이고 창의적인 인재들을 중시한다. 단순히 지시하는 업무만 하는 사람들보다는 독창적으로 새로운 방법을 추구하는 사람들을 선호한다. 또 4차 산업혁명과 병행하여 빅데이터 또는 인공지능을 이해하고 활용할 능력을 지닌 자들을 선호하게 되었다.

해외에서도 유사한 현상이 발생하고 있다. 구글(Google)도 우리나라 기업들과 유사하게 명문대학 출신들을 선호하였다. 그러나 구글에서 좋은 성과를 내는 다수의 직원들이 명문대학 출신이 아니었다. 그래서 구글은 중점을 학력대신 특정 직무에서 괄목할 만한 성과를 낼 수 있는 역량으로 바꾸었다. 또 채용 대상 학교의 숫자를 이전의 75개에서 305개 대학으로 확대하였다. 그리고 높은 성과를 달성하기 위해 새로운 선발 기준을 구축하였다(곽연선, 2020). 즉, 인지능력, 리더십, 기업문화와의 적합성, 그리고 직무수행능력 등 4가지 기준이다.

아마존(Amazon)도 채용의 중요성을 인식하고, 핵심가치 적합성을 검증하는 전문면접관 제도를 실시하고 있다. 특히 아마존은 창립자인 Jeff Bezos의 「핵심가치에 의한 리더십 원칙」을 중요시하고 있다. 그래서 선발의 핵심기준으로 「리더십 원칙」을 적용하였다. 그런데 채용인원이 급증하게 되자 「리더십 원칙」에 적합하지 않은 사람들이 일부 채용되는 현상이 발생하였다. 그래서 전문면접관 제도를 도입하였다. 전문면접관(Bar Raiser) 제도는 기준(bar)을 올리는(Raiser) 사람을 말한다. 다시 말하면, 지속적으로 선발 기준을 상향하여 「리더십 원칙」에 적합한 사람들을 선발하는 것이다. 그래서 다른 요건들이 상위권이더라도 리더십 항목이 좋지 않으면 절대로 채용하지 않는다.

채용에 있어서 또 새로운 현상은 정기적인 대규모 채용을 중지하고 수시 채용을 선호한다는 것이다. 일본의 SoftBank는 수시채용과 인턴십으로 채용을 한다. 또 IBM의 인공지능 Watson을 도입하여 자기소개서를 평가한다. Watson은 인간에 비하여 신속하고 공정하게 평가하는 장점을 지니고 있다. 우리나라 일부 기업들도 최근 수시채용을 공지하였다.

또 좋은 인재들을 선발하기 위해서는 채용 홍보 전략도 중요하다. 그래서 우수한 인재들이 당사에 응모하도록 전략적으로 홍보 전략을 추구하여야 한다.

채용된 신입사원은 승진을 한다. 그런데 승진하기 위한 관리자 자리는 내부에서 모집할 수도 있고, 외부에서 채용할 수도 있다. CEO 초빙도 내부에서 또는 외부에서 할 수 있다. 여기에 대해서는 각자 장단점이 있다. 그러나 조직의 문화와 특성에 따라 결정되는 것이 일반적이다.

13.4

학습

Peter Senge(1990)는 "기업이 경쟁력을 지속적으로 유지하는 유일한 방법은 항상 경쟁자보다 빠르게 배우는 능력을 갖는 것"이라고 하였다. Thurow(1992)도 "21세기의 주요한 경쟁무기는 인력자원의 기술"이라고 하였다. 두뇌는 새로운 테크놀로지를 창조하지만, 이러한 테크놀로지를 실행하는 발과 다리는 능력 있는 인적자원이다. 그래서 기술 있는 노동력만이 계속 경쟁력을 유지할 수 있는 중요한 방법이다. 마찬가지로 미래에 대한 투자 없이 기업은 성공할 수 없다. 그래서 학습(學習, learning)은 기업의 성공에 필수적이다.

지식은 배우고자 하는 마음으로부터 시작하고, 배우고 싶은 열정이 있어야 학습이 시작된다. 그러면 배우고자 하는 사람은 어떤 열정을 가지고 학습에 임하여야 할까? MIT 교수인 Senge(1990)는 그의 유명한 저서 『다섯 번째 원칙(The Fifth Discipline)』에서 배우고자 하는 사람이 지녀야 할 5가지 원칙을 다음처럼 제시하였다.

① 자신이 가지고 있는 낡은 정신적 모델을 버린다.
② 다른 사람과 마음을 통하는 개방된 자세를 배운다.
③ 조직이 정말로 어떻게 작동하고 있는지 이해한다.
④ 공유하고 있는 비전에 동의한다.
⑤ 공동의 목표를 달성하기 위해 같이 일한다.

이러한 지식을 향상시키는 것이 바로 학습이며, 학습은 크게 교육과 훈련으로 분류된다. 학습은 기업의 미래에 대한 중요한 투자이며, 구성원의 만족을 불러일으키는 중요한 요소이다. 교육은 지식과 기술, 그리고 정신과 인격을 개발하는 과정이며, 훈련은 지식과 기술을 습득하는 과정이다. 지식은 특히 일반적인 지식보다는 전문적인 지식이 필요하다. 그리고 전문적인 지식은 과업과 반드시 연계되어 응용되어야 한다.

교육훈련은 직급에 관계없이 임원을 포함한 모든 구성원들에게 실시되어야 한다. 왜냐하면, 기술과 지식은 고정되어 있지 않고, 지속적으로 변하기 때문이다. 특히 임원들에 대한 교육은 가장 중요하다고 할 수 있다. 시장과 고객에 대한 새로운 시각을 임원들이 가져야 회사가 변할 수 있기 때문이다.

구성원들에 대한 교육으로 유명한 회사는 FedEx이다. 이 회사에서는 강도 높은 교육을 시키고, 매년 한 차례 모든 구성원들을 평가하는 SFA(Survey, Feedback, Action)에서 2년 연속 기준점수 이하를 맞으면 무조건 회사를 그만 둬야 한다. 특히 중간관리자에 대한 교육이 엄격하다.

교육훈련은 한 번 실시하고 끝나는 것이 아니고, 장기간 동안 체계적으로 이루어져야 한다. 교육훈련은 효과가 즉각적으로 나타나지 않기 때문에 많은 기업들이 소홀히 할 우려가 높다. 그러나 인간에 대한 교육훈련은 장기적인 투자이며, 기업의 미래에 상당히 중요한 요소이다. 그러므로 기업은 지속적으로 교육훈련을 시켜야 한다.

여기서 중요한 것은 교육훈련의 성과이다. 아무리 좋은 교육훈련 프로그램이 있어도 실행력이 없으면 효과가 없다. Pepper와 Sutton(2010)은 "강력한 실행력이 교육훈련 성공의 핵심"이라고 주장하였다. 그래서 이들은 "지식의 부족이 아닌 실행의 부족이 문제"라고 하였다. 이것은 "말이 행동을 대신하고, 기억이 생각을 대신하고, 두려움이 실행을 막고, 숫자가 판단을 막고, 내부경쟁이 친구를 적으로 만들 때 발생한다"고 하였다.

교육훈련을 할 때 중요한 점 중 하나는 각 개인에 적합한 교육훈련이 이뤄져야 한다는 것이다. 이것은 최근 디지털시대로 이러한 맞춤 교육훈련이 가능하다. 이전과 달리 사람들은 교육훈련에 관한 정보를 빠르게 손쉽게 접할 수 있게 되었다. YouTube와 TED로 사람들은 손쉽게 무료로 새로운 지식에 접할 수 있게 되었다. IBM도 새로운 시대에 맞춰 교육훈련 프로그램을 갱신하였다. 특히 새로운 프로그램은 인공지능 시스템인 Watson Analytics의 도움이 절대적이었다(Burrell, 2018). Watson Analytics는 회사 입사부터 지금까지 모든 개인의 역량과 실적을 비교하고 평가한다. 또 지속적으로 입력된 데이터 분석으로 각 개인이 학습하여야 할 분야를 추천한다. 그리고 각 개인은 추천된 분야에 대하여 학습계획을 수립한다. 이것은 인공지능에 의해 가능해진 맞춤형 학습 프로그램이다. IBM은 급격하게 변화를 추구하는 기업이다. IBM 수익의 45%는 5년 전에는 관여하지 않았던 비즈니스에서 온다. 그러므로 사람에 대한 교육훈련과 평가도 변화하여야 한다.

동기부여

13.5.1 동기부여 이론

인간의 욕구는 다양하고, 끝이 없으며, 심리적·사회적·생물학적으로도 상당히 복잡하다. 그리고 모든 인간들이 전부 똑같은 성과를 달성하지도 않는다. 유사한 능력을 가진 사람들이 유사한 조건에서 일을 하는데, 그들의 업적은 거의 다르다. 왜 이런 현상이 발생할까? 이것은 동기부여와 관련이 있다. 동기부여는 인간의 성과에 상당한 차이를 가져온다.

동기부여(動機附與, motivation)는 오래전부터 연구되어 온 경영학 분야 중 하나이다. 주요 이론으로는 인간관계론, 욕구단계설, 이요인이론, 기대이론, 공정이론, 목표설정이론 등이 있다. 이 이론들에 대해서는 조직행동론 또는 경영학 책을 참고하기 바란다.

일찍부터 인간의 존엄성을 주장하는 사람들이 있었다. 가장 대표적인 사람으로 Robert Owen을 들 수 있다. 인사관리의 개척자로 알려진 Owen은 19세기 초반 작업자들을 하나의 인격체로 대하여야 기업이 더 많은 수익성을 창출할 수 있다고 주장하였다. 그러나 이런 주장은 소수에 불과하였다. 사람을 하나의 일꾼으로 생각하는 경향이 대부분이었다. 이것은 대량생산으로 절정을 이루었다.

그러자 인간관계론 학파가 등장하여 여기에 대해 비판하였다. 즉, 이들은 인간의 행동과 동기부여에 대해 많은 관심을 가지고 연구를 하였다. 이들은 기업이 의사결정을 할 때 근로자들을 포함시켜야 한다고 주장하였다.

인간관계론 학파의 가장 대표적인 세 사람은 McGregor, Maslow, 그리고 Herzberg이다. 이들은 전부 같은 주제에 대해 연구하였지만, 결론은 서로 달랐다. MIT의 McGregor(1957)는 「XY 이론」을 제기하면서, "노동자에 대한 경영자들의 생각을 바꾸어야 한다"고 강조하였다. 그래서 "경영자는 「X 이론」이 아닌 「Y 이론」에 입각하여 사람을 관리하여야 한다"고 주장하였다.

본디 인간의 본성에 대해 낙관적이었던 Maslow는 성공한 사람들의 공통된 특성을 파악하고자 하였다. 그리고 「욕구단계이론」을 개발하여, "인간은 하위단계의 욕구가 충족되면 상위단계에 있는 욕구를 추구한다"고 하였다. 그리고 McGregor의 이론에 반박하며, "서로 다른 사람은 서로 다른 방법으로 다루어야 한다"고 주장하였다.

Herzberg는 노동의 동기부여 요소들에 대해 관심을 가졌다. 그리고 '이요인이론'을 개발하고, "만족의 반대가 불만족이 아니다"고 주장하며, 만족과 불만족을 야기하는 요소들을 파악하였다. 또 이전의 이론과 달리 Herzberg는 "상사에 대한 두려움이나 돈보다는 배우고 도전하는 것이 사람들에게 더 큰 동기를 부여한다"고 하였다.

13.5.2 동기부여 강화 방법

여기에서는 동기부여를 강화하는 방법을 소개하고자 한다.

13.5.2.1 자신감

사람이 자신감을 갖는 것은 상당히 중요하다. 그리고 자신감을 갖기 위해서는 스스로 변화하여야 한다. 또 스스로 변화할 수 있다는 믿음을 가져야 한다. 이렇게 자기의 변화를 감행하고 자신감을 갖게 하는 것은 동기부여에 있어서 대단히 중요한 요소이다.

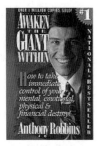

출처: www.amazon.com

"인생에 실패란 없다. 인생에는 단지 결과만 있을 뿐이다"라고 말한 Anthony Robbins(2002)는 "사람들이 꿈을 잘 달성하지 못하는 이유는 집중력이 결여되었기 때문"이라고 하였다. 그리고 "우리의 운명은 결단하는 습관에 의해 만들어진다고 강조하면서 운명의 결정은 본인에게 있다"고 하였다. "운명을 만드는 것은 주위의 어떤 환경이나 사건이 아니고, 그 환경이나 사건이 나에게 무엇을 의미하는지에 대한 자신의 믿음"이라고 하였다. 즉, "내가 어떤 감정을 가지고 어떤 행동을 하게 되는지를 결정짓는 것은 어떤 사건 그 자체가 아니라 그 사건에 대해 내가 어떻게 해석하고 느끼는 것"이라고 보았다. 이렇게 Robbins는 운명을 결정하는 것은 환경이 아니고, 그 사건의 해석으로 보았다. 또 결단은 상당히 중요하다. 즉, 인간의 결단의 힘은 모든 변명을 버리고, 우리 인생의 어떤 면이라도 단번에 바꿀 수 있는 능력을 제공한다.

그래서 Robbins는 "사람들이 꿈을 이루기 위해서는 지속적으로 변화하여야 한다"고 하였다. "이제 변화는 단순한 사람의 능력의 문제가 아니고, 동기부여의 문제라고 단언하였다." 그리고 "사람이 지속적으로 변화하기 위해서는 먼저 인생의 기준을 높이고, 제한된 믿음을 변화시키고, 그리고 삶의 전략을 변화시켜야 한다"고 하였다. 특히 Robbins는 믿음을 상당히 강조하였다. 그래서 "믿음은 파괴와 창조의 힘을 다 가지고 있으며, 모든 개인의 혁혁한 발전은 믿음의 변화와 함께 시작된다"고 하였다. 또 "어떤 일을 하든지 그것을 정복하는 최선의 방법은 믿음을 확신의 단계까지 끌어올리는 것"이라고 하였다. 그리고 "장기적이며 효과적인 변화를 위해 가져야 할 세 가지 구체적인 믿음으로 반드시 바뀌어야 한다는 신념, 반드시 내가 그것을 바꾸겠다는 신념, 그리고 내가 변화할 수 있다는 믿음을 제시하였다." 더 나아가 Robbins는 "인생에서 나에게 가장 큰 영향을 주는 5개 분야를 정복하여야 한다"고 하였다. 5개 분야로 감정, 건강, 인간관계, 경제력, 그리고 시간을 들었다.

또 Robbins는 "새로운 인생을 창조하는 힘을 길러야 한다"고 하였다. "사람들이 이런 힘을 갖지 못하는 중요한 이유 중 하나는 결과를 발생시키는 원인은 파악하지 않고 오로지 결과만 변화시키려고 하기 때문"이라고 하였다. "대부분의 사람들은 단기간에 걸친 고통은 피하고 단기간의 즐거움만 획득하려고 하기 때문에 장기적으로는 고통을 받는다"고 하였다. "이렇게 해서는 새로운 인생을 창조하는 힘을 기르지 못한다고 하면서, 장기적인 기쁨을 얻기 위해서는 단기적인 고통을 이겨내야 한다"고 하였다. "그 구체적인 방법으로 과거의 잘못된 행동을 견딜 수 없을 만큼 즉각적인 고통과 연결시키고, 새로운 행동을 믿기 어려울 정도로 엄청난 즐거움과 연결시키라"고 하였다. "그리고 살다가 무슨 일이 발생하더라도 계속 즐거운 상태를 유지하는 법을 배우라"고 하였다. 이것은 신체가 감정을 이끈다고 보았기 때문이다. 여기에서 중요한 점은 기분이 좋지 않거나 심지어 나쁠 때에도 자신을 기분 좋게 만드는 것이라고 하였다. 왜냐하면 생각의 초점은 맞추는 것에 따라 감정이 달라진다고 보았기 때문이다.

그리고 "수준 있는 질문을 하라"고 하였다. 왜냐하면 수준 있는 질문이 곧 수준 있는 인생을 만들기 때문이다. 그리고 질문의 3가지 기능을 다음처럼 설명하였다. 첫째, 질문은 생각의 초점을 순간적으로 변화시켜 우리의 감정을 바꾼다. 둘째, 질문은 집중하는 것과 삭제하는 것을 바꾼다. 셋째, 질문은 잠재능력을 변경시킨다. 또 성공을 이끌어 내는 말을 사용할 것을 권장하였다. 그래서 사용하는 말이 자신에게 부정적인 영향을 끼친다면 그 말을 더 이상 사용하지 말라고 하였다.

또 사람은 감정을 잘 다스려야 한다고 하였다. 그리고 감정을 잘 다스릴 수 있는 여섯 가지 단계를 다음처럼 제시하였다.

첫째, 지금 느끼고 있는 감정이 무엇인지 확실히 안다.

둘째, 어떤 감정도 내게 도움이 되는 것으로 받아들인다.

셋째, 그 감정이 뜻하는 바를 생각해 본다.

넷째, 자신감을 갖는다.

다섯째, 지금뿐 아니라 앞으로도 이런 감정을 잘 다스릴 수 있다고 믿는다.

여섯째, 적극적으로 행동한다.

또 강력한 힘을 주는 10가지 감정으로 사랑과 온정, 감사하는 마음, 호기심, 열정, 결단력, 유연성, 자신감, 명랑함, 활력, 그리고 베푸는 마음을 들었다.

13.5.2.2 긍정적인 칭찬

이미지 출처:
www.amazon.com

Ken Blanchard 등(2002)은 "구성원에게 강한 동기를 부여하려면 비난 대신 칭찬을 주로 하여야 한다"고 주장하였다. 대개 사람들은 구성원이 잘한 것보다 못한 것을 지적하곤 한다. 그러나 이런 행위는 구성원의 성의와 열의를 이끌지 못한다. 그래서 이들은 다음처럼 주장하였다.

첫째, 부정적인 행동이 아닌 긍정적인 행동을 강조한다. 왜냐하면 관심을 갖는 행동은 계속 반복되기 때문이다. 그래서 부정적인 행동을 강조하면 그 부정적인 행동이 없어지지 않고 오히려 더 반복된다. 그래서 잘못된 행동을 하지 않도록 하기 위해서는 그 행동을 강조하지 않으며, 거기에 소요되는 에너지를 다른 곳으로 전환하여야 한다. 그래서 잘나가는 모든 일에 관심을 갖고 긍정적으로 말하는 것이 중요하다.

둘째, 재전환 반응을 사용한다. 재전환 반응은 구성원을 부정적으로 대하지 않고, 잘못된 행동에 주의를 기울이지 않음으로써 신뢰와 존경을 지속적으로 유지하는 것이다. 즉, 재전환 반응은 잘못이나 문제점을 가능한 한 빨리, 정확하게, 책망하지 않으면서 설명하고, 또 잘못된 일의 좋지 않은 영향을 알려준다. 또 일을 명확하게 알려주지 못한 것에 대해 책임을 지고, 업무를 자세히 설명하고 명확하게 이해하였는지 확인하고, 그리고 상대방에 대한 지속적인 신뢰와 확신을 표현한다.

셋째, 과정을 칭찬한다. 과정은 움직이는 칭찬의 목표이다. 그래서 점점 과정이 좋아지고 있다는 것을 인정하고 보상한다. 그래서 계속 칭찬하고 격려함으로써 성공하도록 만든다.

하나의 예를 들어 보자. 한 회사의 어떤 이사는 항상 부하 직원들의 잘못된 일만 발견하여 꾸짖기만 한다. 그래서 부하 직원들은 이사를 대할 때면 잘못한 일이 없는 것에 대해서만 신경을 쓴다. 그래서 더 좋은 아이디어가 있어도 아이디어를 내기보다는 내가 지금 잘못한 것이 없는 것에 대해서만 살피게 된다. 그래서 더 열심히 일할 수 있지만 일하고 싶은 생각이 들지 않는다. 즉, 상사의 계속되는 부정적인 반응 때문에 자기가 발전할 수 있는 것보다 현재 잘못만 생각하게 되어서 업무에 대한 효율성도 떨어지고 생산성도 떨어지게 되어 결국 그 기업의 경쟁력을 상실하게 된다. 반대로 한 중소기업의 어떤 이사는 항상 직원들의 긍정적인 면을 보면서 칭찬을 한다. '홍과장은 기획서를 잘 작성해', '이대리는 바이어들과 협상을 잘해' 등으로 항상 직원이 하는 업무에 대해 칭찬을 아끼지 않는다. 그리고 잘 수행한 업무에 대한 회식, 휴가, 보너스 지급 등으로 보상을 해준다. 그래서 그 기업의 직원들은 자기의 업무에 대해 발전적으로 생각하며 동기부여가 잘 되고 있다.

그러나 칭찬이 항상 동기부여를 강화하는 것은 아니라는 의견도 있다. 특히 의도적인 칭찬이나 관습적이고 반복적인 칭찬은 오히려 동기를 약화시킨다는 주장도 있다. 칭찬받아야 할 상황이 아닌데 칭찬을 하는 것은 상대방의 감정을 상하게 하며, 신뢰를 잃게 된다.

13.5.2.3 권한부여

사람의 권한을 강화하지 않은 채 사람을 단순히 의사결정 과정에 참여시키는 것은 아무런 의미가 없으며, 오히려 긍정적인 효과보다는 부정적인 효과를 가져온다. 그리고 이것은 회사에 대한 불신을 조장하고 조직의 분열을 가져온다. 권한부여(empowerment)는 인적자원의 권한과 책임의 범위 안에서 스스로 목표를 세우고, 의사결정을 하고, 문제를 해결하게 함으로써 동기를 부여하는 중요한 개념이다. MBNQA(2020)에서는 권한부여를 "사람들에게 의사를 결정하고 그에 따른 행동을 취할 수 있는 권한 및 책임을 주는 것"이라고 정의하였다. 그래서 권한부여는 직무와 관련된 지식과 이해가 가장 풍족한 현장과 가장 가까운 곳에서 의사결정이 이루어지게 한다.

직원에게 권한부여는 자율을 의미한다. 그래서 직원 스스로 각자의 업무를 측정하고, 분석하고, 개선해 나간다. 그리고 궁극적으로 각 직원이 수행하는 과업과 조직의 능률성 그리고 효율성을 극대화시킨다. 그래서 성과를 향상하기 위해서는 직원에게 의사결정에 대한 권한을 확대시켜 보다 창의적이 될 기회를 제공하여야 한다. 창의력의 개발은 제품과 프로세스의 긍정적인 변화를 가져와, 품질을 향상시키게 된다. 그래서 Drucker(2000)는 "빠른 변화에 신속하게 대응하기 위해서는 구성원들에게 권한이 이양되어야 한다"고 하였다.

Zappos(www.zappos.com)에는 콜센터 대신 컨택센터(contact center)라는 부서가 있다. 고객과 접촉하는 컨택센터는 고객들로부터 전화, 이메일, 라이브 채팅 등 다양한 방법으로 고객과 접촉한다. 그런데 컨택센터에는 고객과 응대할 때 매뉴얼이 없다. 고객과 대화하는 사람이 자기의 판단에 따라 자유롭게 응답하면 된다. 또 필요한 경우에는 고객에게 선물도 보낼 수 있다. Zappos는 직원들에게 이렇게 강력한 권한을 부여하였다. 이것은 직원들의 창의력을 높일 뿐 아니라, 동기부여를 크게 강화시켰다.

 사례 | 리츠칼튼 호텔

THE RITZ-CARLTON®
출처: www.ritzcarlton.com

리츠칼튼(Ritz-Carlton)호텔(www.ritzcarlton.com)은 1992년 호텔업계 최초로 또 지금까지 호텔업계에서는 유일하게 MBNQA를 수상했을 뿐 아니라, 1990년 이후 3번이나 미국 최고의 호텔체인으로 선정되었으며, 1994년에는 Consumer Report지에 의해 고급호텔 부문에서 총체적인 고객만족도가 가장 높은 호텔로 평가된 바 있다.

리츠칼튼호텔에서는 권한부여를 인간존중과 연계시키고 있다. 그래서 리츠칼튼호텔은 "우리는 신사와 숙녀에 봉사하는 신사와 숙녀이다"라는 호텔의 모토를 정하였다. 따라서 고객과 구성원을 동등하게 보고 있다. 즉, 우리는 봉사하는 사람들이 아닌 전문가임을 강조하고 있다.

리츠칼튼호텔에서는 고객의 불만이나 불편을 접수한 구성원은 자신의 업무영역이 아니더라도 직접 책임지고 조처하도록 하고 있다. 그래서 고객의 불만을 해소하기 위해 상사의 사전승인 없이도 2천 달러까지 지출할 수 있도록 구성원들에게 권한이 이양되어 있다. 예를 들어, 실수로 손님의 옷에 커피를 쏟았다면 직접 옷을 사주기도 하고, 객실 배정에 착오가 있었다면 정중한 사과의 의미로 포도주나 과일 바구니를 손님에게 선물할 수도 있다. 더 나아가 수익에 큰 지장이 없는 한 고객을 만족하기 위해서는 회사의 규정까지도 어길 수 있는 권한을 주고 있다.

13.5.2.4 인센티브

인센티브는 동기부여의 중요한 한 방법이다. 인센티브(incentive)는 사람의 행동이 변화하도록 유도하는 자극이다. 이것은 사람의 행동이 변해야 성과가 달라지기 때문이다. 그래서 어떤 인센티브를 주느냐에 따라 사람의 행동이 바뀌게 되고, 조직의 성과가 바뀌게 된다.

인센티브에는 내재적 인센티브와 외재적 인센티브가 있다. 외재적 인센티브의 예로는 금전, 내재적 인센티브의 예로는 도전, 자긍심 등을 들 수 있다. 이것은 앞에서 설명한 전통적인 동기부여 이론과 연관성이 있다. 즉, Maslow의 「5단계 욕구설」과 Frederick Herzberg의 「2요인 이론」과 연관성이 있다. 외재적 인센티브는 Maslow의 「5단계 욕구설」 중에서 낮은 단계의 욕구이며, Herzberg의 '위생요인'과 연계된다. 그리고 내재적 인센티브는 Maslow의 「5단계 욕구설」 중에서 높은 단계이며, Herzberg의 '동기요인'과 연계된다. 물론 기업은 구성원에게 동기를 부여하기 위한 방안으로 외재적 및 내재적 인센티브를 동시에 사용할 수 있다. 외재적 인센티브는 기본적인 요소라 할 수 있으며, 내재적 인센티브는 보다 창의적이고 가치가 있는 업무 추진에 적합하다 할 수 있다. 최근에 창조경영이 중요시되고 있다. 이러한 때에는 외재적 인센티브보다는 내재적 인센티브를 중요시하여야 한다.

평가

제2차 세계대전이 종료된 후, 제조업체가 세계 산업계의 주도권을 잡았다. 당시 인적자원의 핵심은 관료주의(官僚主義, bureaucracy)였다. 중장기 목표를 수립하고, 이 목표를 달성하기 위한 규칙을 정하고, 목표를 달성하기 위한 사람들을 고용하였다. 즉, 인적자원의 핵심적인 업무는 사람들을 채용하고, 교육·훈련시켜 이들로 하여금 중장기 목표를 달성하도록 지원하는 것이었다. 그런데 관료주의는 시장의 불확실성이 별로 없을 때에는 상당히 효과적이었다. 그러나 시장의 불확실성이 점차로 커지면서 관료주의는 효율성이 크게 떨어졌다.

1990년대 들어가면서 시장의 불확실성은 상당히 커졌다. 특별히 인적자원에게 요구되는 기술적인 역량에 대한 필요성이 급박하게 증가함에 따라 내부 승진 못지않게 외부에서 새로운 역량을 지닌 사람들을 신속하게 채용하여야 하였다. 또 사람들에 대한 평가에 있어서도 단순히 현재의 성과만 아니라, 미래 성장에 대한 기여도도 중요하게 되었다. 그러나 인적자원에 대한 평가는 새로운 패러다임을 따르지 않고, 기존의 연간평가. 성과주의, 중장기 목표 달성 등을 중시하였다.

성과주의는 연공주의 평가제의 문제점을 보완하고자 나왔다. 높은 성과를 최고의 선으로 생각하는 성과주의는 공장의 생산현장에서 주로 적용되었지만, 점차로 관리직이나 서비스업체로 확대되었다. 그러나 성과주의는 2015년 이후로 사용하지 않는 기업들이 증가하기 시작하였다. 이것은 성과주의가 기업의 수익 창출에는 일부 기여하였으나, 다른 많은 문제점들을 초래하였기 때문이다. 즉, 스트레스 증가, 협업의 상실, 창의력의 감소 등의 문제를 초래하였다. 또 성과주의는 초기에 어느 정도 효과가 있으나, 시간이 흘러감에 따라 그 효과가 급격하게 낮아진다.

성과주의를 채택하지 않은 대표적인 기업으로 Microsoft, GE, Cisco, IBM 등을 들 수 있다. Microsoft는 상대평가를 버리고 절대평가를 하고 있다. 사람들을 집단적으로 줄 세워 상대평가하는 방법은 점차로 그 자리를 잃을 것이며, 자기의 과거와 현재를 비교하는 절대평가가 대세를 이룰 것으로 보고 있다.

2010년 들어서면서 기업 외부환경은 더 급박하게 변화하였다. 이러한 시장의 외부 변화로 인적자원에 대한 평가가 새로운 방향으로 전환되었다. 이것은 애질평가라는 새로운 개념을 낳았다. 애질평가(agile evaluation)는 실리콘밸리와 소프트웨어 기업들로부터 시작되었다(Cappelli와 Tavis, 2018). 애질평가로 장기적인 톱다운 계획은 단기적이며 민첩하고 사용자 중심의 방법으로 바뀌었다. 연간평가는 수시 피드백으로 바뀌었다. 한 명의 상사에 의해 연간 한 번 평가받는 기존의 제도는 지금의 시대 상황에 적합하지 않다. 프로젝트에 의해 팀작업을 하는 조직에서는 상사가 수시로 바뀌며, 목표가 수시로 바뀐다. 이런 때에는 당연히 수시로 피드백이 이루어져야 한다. 또 의사결정도 한 명의 상사가 아닌 팀의 집합적인 의사결정으로 이루어진다. 평가도 한 사람의 정해진 상사에 의하지 않고 다양한 계층의 다양한 사람들에 의한 다면평가를 중요시한다. 과거에는 상사가 부하 직원을 평가하는 것이 관례였다. 그러나 이제는 평가가 다양화되었다. 역으로 부하가 상사를 평가하기도 한다. 평가기준도 다양화되고 있다. 이것은 직원에게 요구되는 요소들이 다양화되었기 때문이다. 이것은 소통을 극대화하며, 구성원 간의 신뢰성을 향상시킨다. 이렇게 새로운 환경의 요구에 따라 애질평가는 속도를 중요시한다. 애질평가는 이미 Procter & Gamble, Johnson & Johnson, Pfizer, Intuit, IBM 등에서 실행되고 있다. Johnson & Johnson에서는 개발한 앱을 통하여 상사와 부하, 동료 간에 수시로 피드백을 서로 주고받는다. 또 애질평가를 사용하면 코칭(coaching)의 성과도 향상된다. 그런데 피드백에 대한 문제점을 Buckingham과 Goodall(2019)이 제기하였다. 이들은 "평가는 '피드백은 항상 옳다'라는 전제하에 이루어진다'라고 하였다. 그리고 이 전제에 대해 의문을 제기하였다. 과연 피드백은 항상 옳을까? 피드백은 말하는 사람의 관점에서 본 견해이다. 이 견해가 피드백을 받는 사람의 관점보다 항상 올바른가? 여기에 대해서 한 번 생각해 볼 필요가 있다.

그런데 생산직과 사무직에 대한 평가는 달라야 한다. 그러나 최근 평가에 있어서 생산직과 사무직의 구분이 점차로 없어지기 시작하였다. 예로, 과거에는 생산직에 대해서만 생산성을 강조하였다. 그러나 생산성이 생산직만 아니라 사무직에도 동일하게 적용되었다. 이것은 연공서열을 중시하는 일본에서도 적용되고 있다. 우리나라의 경우 많은 서비스기업에서 생산성을 측정하지 않는 기업들이 많다. 이러한 점은 시정되어야 한다.

평가할 때 또 하나 중요한 요소는 공정성이다. Chun, Brockner, Cremer(2018)는 공정성 기준에 2가지 유형을 제시하였다. 하나는 이전의 자신의 성과로 일시적(temporal) 기준이고, 다른 기준은 다른 사람들의 성과로 사회적(social) 기준이다. 이들은 직원들이 일시적 기준을 사회적 기준에 비하여 보다 공정하게 느낀다고 주장하였다. 즉, 내가 일정 기간 동안에 얼마나 성장하였는지 또는 퇴보하였는지에 대한 평가가 중요하다는 것이다. 그래서 직원들을 다른 사람과 비교하는 것보다는 자기 자신의 역량과 개성을 존중하여 얼마나 성장하였는지를 평가하는 것에 대하여 직원들의 만족감이 훨씬 높아진다는 것이다. 사례로 중국의 거대통신기업인 Huawei를 들었다. 설립자인 Ren Zhengfei는 "다른 사람들과 비교하여 높은 성과를 달성한 사람은 영웅이지만, 그렇지 못하여도 계속 성장하는 사람이 저성과자는 아니다"라고 하였다. 그래서 사회적이 아닌 일시적 평가가 직원들의 사기를 높이고, 장기적으로 기업의 성과를 향상한다고 주장하였다.

13.7

구성원 만족

구글은 사람을 중시하는 기업으로서 구성원의 만족도를 향상하기 위하여 세계에서 가장 좋은 음식을 모든 구성원들에게 무료로 제공하고, 모든 편의시설을 아낌없이 제공하고 있다(Vise와 Malseed, 2006). Southwest Airlines 전 CEO인 Herb Kelleher는 창립 25주년 기념식에서 "구성원, 고객, 주주 중에서 누가 가장 중요한가? 당연히 구성원이 첫째이다. 구성원이 행복하고, 만족하며, 헌신적이고 에너지가 충만하면 고객에게 서비스를 잘하게 된다. 고객이 행복하면 그들은 다시 오게 된다. 그러면 그것이 주주도 행복하게 만든다"고 하였다. 스타벅스 전 CEO Howard Schulz(2012)는 "우리 회사의 최우선 순위는 직원들이다. 왜냐하면 직원이야말로 회사의 열정을 고객에게 전달할 책임을 지는 사람들이니까. 그 다음 두 번째 우선순위는 고객만족이다. 이 두 목표가 먼저 이뤄져야만 주주들에게 장기적인 이익을 안겨줄 수 있다"고 하였다.

고객이 만족하지 않으면 기업이 성장하지 못한다. 그러나 고객만족의 핵심적 요인은 구성원 만족이다. 동기부여 이론은 인간의 만족감을 향상시켜, 기업의 목적을 보다 효과적으로 달성할 수 있도록 해준다. 그러므로 기업은 동기부여 이론에 입각하여 구성원 만족을 증진시켜야 한다. 그렇게 하기 위해서는 구성원의 만족도를 주기적으로 조사하고 분석하여야 한다.

구성원을 만족시키기 위해서는 먼저 그들의 욕구를 알아야 한다. 내부고객인 구성원은 모두 개별적인 욕구를 가지고 있다. 그러므로 경영자들은 이 개별적인 욕구를 파악하여, 외부고객을 만족시키기 전에 먼저 내부고객을 만족시키도록 하여야 한다. 또 구성원을 적극적으로 의사결정과정에 참여시키고, 그들에게 권한을 이양하여야 한다. 그래서 그들에게 자기가 수행하는 일에 대해 책임을 지도록 하고, 그들이 할 일이 무엇이고, 기업의 목적과 사명이 무엇인지를 알도록 하여야 한다. 더 나아가 최근에는 많은 기업들이 전략을 수립할 때에도 구성원들의 참여를 권장하고 있다. GE, Marriott 호텔, 핀란드의 Nokia, 그리고 잼과 젤리를 생산하는 J. M. Smucker와 같은 기업에서는 전략을 전문적인 전략기획부서에서 하지 않고 구성원들의 의견을 수렴하여 수립하고 있다.

구성원 만족과 고객만족은 서로 밀접한 관계에 있다. 왜냐하면 구성원을 만족시키지 못하면 고객을 만족시키기가 어렵기 때문이다. 아니 만족에 그치지 않고, 외부고객처럼 감동시켜야 한다. 감동이 무엇인지도 모르는 사람이 다른 사람을 어떻게 감동시키겠는가? 만족 또는 감동을 느끼지 못하는 구성원은 결코 기업의 외부고객을 만족 또는 감동시킬 수가 없다. 그런데 고객만족을 강조하면서 구성원 만족은 등한시하는 기업들이 의외로 많이 있다. 이것은 양쪽을 다 만족시키지 못하는 결과를 초래할 수 있다. 그러므로 기업은 고객만족만 강조할 것이 아니라, 고객만족도 지수와 구성원 만족도 지수와의 상관관계를 분석해 보아야 한다.

 사례 ❙ 페덱스의 구성원 만족

  최근 고객만족보다 구성원 만족을 강조하는 기업들이 점차로 증가하고 있다. 페덱스(FedEx)는 30만명 이상의 팀 멤버, 220개 국가에서의 영업, 전 세계 650개 이상의 항공기로 375개 공항에서 서비스 제공, 약 5천개의 운영시설을 지니고 있다. 페덱스는 1971년 Frederick Smith가 미국 테네시주 멤피스 (Memphis)에 설립한 운송업체로 1973년 4월 17일부터 특송 업무를 개시하였다. 사실 이 회사의 창업 아이디어는 Frederick Smith가 대학생 때 리포트 과제로 제출한 것이었는데, 담당교수는 허무맹랑하고 실행이 불가능한 아이디어라고 평가하여 C학점을 주었다.

  1994년에 Federal Express라는 브랜드명을 페덱스로 변경하였으며, 2001년부터 포춘(Fortune)이 선정한 「가장 존경받는 기업상」을 16년 연속 상위 20위권 안에 들었다.

  페덱스는 무해고 정책과 노동조합이 없는 회사로도 유명하지만, 또 고객만족의 출발점은 구성원 만족이라고 보고 있다. 그래서 페덱스에서는 1973년부터 확립된 「PSP(People-Service-Profit) 철학」, 즉 "우리가 구성원들을 지성으로 먼저 보살펴주면 그들은 고객이 원하는 서비스를 제공해 줄 것이고, 고객들은 회사에게 이익을 가져다 줄 것이다"라고 굳게 믿고 있다 (Birla, 2007).

  「PSP 철학」을 구체적으로 살펴보면 다음과 같다. 먼저 구성원이 기업의 경쟁력이며, 서비스나 수익보다 우선이라는 것이다. 구성원의 대부분은 주로 대학생으로 임시직 또는 비정규직인데, 이들에게도 학비를 보조해 주고, 건강보험 등의 혜택을 제공한다. 또 구성원들에게 조기퇴직 프로그램을 제공한다. 즉, 미국의 많은 기업들은 수일 내에 퇴출시키는 정리해고를 하는 데 비해, FedEx는 재취업을 위한 프로그램을 운영하고 있다. 또 구성원 만족을 향상하기 위해 대형 화물기의 애칭으로 구성원들의 가족의 이름을 사용하는 등 친가족적 이미지를 형성하고 있다.

또 구성원의 불만을 처리하기 위한 GFTP(Guaranteed Fair Treatment Program)를 실시하고 있다. 이 제도는 구성원의 불만을 만족으로 바꾸기 위하여 회사 내의 어떤 직원이든지 부당한 대우를 받았다고 생각하는 사람은 최고경영자에게까지 상급자의 잘못을 시정하여 줄 것을 요청하여 순차적으로 해결책을 강구하는 제도이다.

또 SFA 시스템을 실시하고 있는데, SFA(Survey—Feedback—Action)는 조사—피드백—시행 시스템으로, 매년 봄 직원에게 시행되는 공식적인 기업의 조사이다. 질문은 직원이 소속된 부서의 환경, 직속 부서장의 책임범위를 넘어서는 고위 경영진에 대한 사항, 그리고 전반적인 회사 환경에 대한 항목들로 구성되어 있다. 마지막 질문으로는 지난 해에 지적된 문제들에 대해 기업이 얼마나 잘 공정하게 처리하였는지 묻는다

본 사례는 다음과 같은 자료를 참조하였다.

1. Madan Birla, FedEx delivers(페덱스 방식), 김원호 옮김, 고려닷컴, 2007.
2. www.fedex.com

인재관리

　오늘날 GE의 가장 큰 핵심역량은 제조기술이나 서비스가 아닌, 최고의 인재를 발굴하고, 그들로 하여금 배움에 대한 지속적인 의욕과 항상 최선을 다하고자 하는 열정을 불어넣어 주는 전 세계를 대상으로 하는 인력 양성에 있다. GE가 해마다 인재를 육성하기 위해 투자하는 액수는 약 10억 달러나 된다. 또 31만 명의 총 구성원 중에서 매년 1만 명 정도가 본사가 있는 크론톤빌(Crontonville)을 방문하여 재교육을 받는다. 이렇게 재능을 발굴하고 도전하며 그에 맞게 보상할 때에, 또 구성원들이 필요로 하는 자원을 제공할 때, 이들은 발전하였다고 하였다. 이것은 Drucker의 말과도 통한다. Drucker는 "인재개발의 핵심은 그 사람의 약점이나 한계를 파악하기보다, 그 사람의 능력이나 강점을 파악하는 것이 더 중요하다"고 하였다(Kobayashi, 2002). 또 GE는 같은 규모의 다른 어떤 회사들보다도 민첩하며, 사람들이 자유로이 꿈을 꾸고 도전하는 정신의 장으로 큰 규모가 결코 속도의 저하를 가져오지 않고 있다. GE의 이러한 정신과 믿음은 앞으로 미래를 구축할 기반이 되고 있다.

　조직에서 인재들이 많게 하고 싶으면, 교육과 훈련도 중요하지만 더 중요한 것은 능력이 있는 사람들을 처음부터 잘 채용하고, 지속적으로 성과를 내는 역량이 있는지를 평가하여야 한다. 사람들을 해고하는 것은 가장 나중에 결정하여야 할 일이고 또 권장할 만한 일도 아니지만, 기술적인 역량이 미흡하거나, 동일한 실수를 반복하거나, 문제를 자주 일으키는 사람들에 대해서는 다른 직장이나 또는 다른 업무를 권유하는 것이 바람직할 수 있다. 몇 가지 예를 들어 보겠다(Pisano, 2019). Pixar에서는 계획을 따르지 못하는 프로젝트를 담당한 감독을 수시로 교체한다. 입사 경쟁률이 400대1로 알려진 구글은 직원 친화적인 기업문화로 유명하지만, 각 구성원에게 상당히 높은 성과를 요구하는 것으로 잘 알려져 있다. 그리고 그 성과를 달성하지 못하는 구성원들은 다른 부서로 이동시키거나 해고시킨다. Steve Jobs도 미흡한 역량을 지닌 사람들을 해고시킨다. 아마존은 실적이 좋지 않은 하위권에 들어있는 사람들을 해고한다.

13.8.1 부부가 직장이 있는 경우의 인재관리

1980년대 결혼에 관한 일반적인 관습은 직장을 다니던 여자들도 결혼을 하면 직장을 안 다니는 경우가 많았다. 그러나 지금은 완전히 다른 시대가 되었다. 직장이 없으면 남자나 여자나 결혼하기 어렵게 되었다. 그래서 지금 우리나라 30~40대에서 맞벌이 부부의 수가 상당히 많아졌다. 이런 점에서 과거 전통적으로 행해오던 인재관리가 바뀌져야 한다. 과거에는 회사의 명령이 나오면 무조건 거기에 복종하여야 하였다. 그러나 지금은 인터넷시대이고, 맞벌이 부부의 수가 많아지고, 배우자의 권리를 존중하는 가치관이 중요해지는 시대에서는 전통적인 인재관리의 틀이 변화하여야 한다.

Petriglieri(2018)는 이러한 문제점을 다룬 다수의 사례를 열거하였다. 회사에서 능력을 인정받은 경영자가 있었다. 마침 다른 지역 공장의 책임자가 사임을 하면서 공백이 생기자, 이 회사에서는 이 사람을 그 지역의 책임자로 발령을 냈다. 이 사람은 좋아하면서 부인과 상의하고 알려주겠다고 하였다. 다음날 이 사람은 가지 못하겠다고 하였다. 이유는 부인이 교육 중에 있어 출퇴근이나 원격근무 또 6개월 연장 등의 제안을 하였다. 하지만 CEO는 실망하고 거절하였다. 부인의 교육이 끝나자 이 사람은 다른 지역에서 경쟁사의 제안으로 그 지역 공장책임자로 발령 났고, 부인도 직장을 구하였다. 결국 전 회사에서는 유능한 인재를 수십년 동안 키워, 경쟁자에게 빼앗긴 꼴이 되었다.

전통적인 인재관리는 리더가 되기 위해서는 다양한 부서와 기능을 습득하는 것을 강조하였다. 1980년대 초에 나오게 된 이 생각은 인터넷이 나오기 전의 사고방식으로 남편과 부인의 역할을 고정적으로 보았다. 그래서 가사는 직장이 없는 부인의 전적인 역할이었다. 그러나 지금은 맞벌이 부부의 수가 급증하였다. 그래서 전통적인 인재관리는 다음과 같은 2가지 도전에 직면하게 되었다. 첫째, 이동성(mobility)이다. 지금도 사람들은 한 직장에서 다른 지역으로 이동하여야 한다는 사실을 수긍한다. 그러나 단기간 내에 배우자의 커리어에 심각한 영향을 끼치는 이동을 좋아하지 않는다. 그러므로 기업은 이러한 경우에 대한 대비를 하여야 한다. 둘째, 유연성(flexibility)이다. 앞에서 언급하였지만, 이전에는 모든 가사활동을 부인이 하였다. 그러나 이제는 그렇게 할 수가 없다. 그러므로 기업에서는 이러한 문제에 대한 조정을 지혜롭게 하여야 한다. 즉, 근무시간의 유연성을 심각하게 고려하여야 한다.

사례 I (주) 미라이공업

　　일본 기후현에 위치한 미라이공업(未來工業株式會社)은 약 700여 명의 구성원들을 만족시키는 기업으로 '샐러리맨들의 천국'으로 유명하다. 1965년 8월 설립된 미라이공업은 전기설비 제조업체로서 동종업계 일본 시장점유율 1위이며, 창업 이래 계속 흑자경영을 하고 있다. 연매출은 3,000억원, 연 평균 경상이익률은 15%이다. 성공 이유 중에서도 구성원에 대한 관심과 대우가 가장 핵심적인 이유이다. 미라이공업의 모든 구성원은 정규직으로, 연간 휴가 140일, 명령금지, 3년의 육아휴직, 정년 70세, 4시 45분 퇴근, 그리고 5년에 한 번씩 회사 부담으로 해외여행 보장 등의 파격적인 복지제도를 가지고 있다.

　　보다 구체적인 성공요인은 다음과 같다. 첫째, 사내제안제도이다. 창업주인 CEO 야마다 아키오(山田昭男, 1931－2014)가 주도하는 이 제도는 아이디어를 제출한 모든 직원에게 내용과 상관없이 무조건 500엔의 포상금을 지급한다. 특히 현장 사람들의 목소리를 강조한다. 둘째, 차별화 전략이다. 즉, 다른 회사와 동일한 제품은 만들지 않으며, 수익을 창출하지 못 하는 기업과 동일하게 경영하지 않으며, 일본 최초와 최고를 고집하며, 항상 생각하는 환경을 만드는 것이다. 셋째, 인간경영이다. 그래서 구성원을 늘 행복하게 하며, 권한위양을 중시한다. 또 영업목표와 사업목표를 직원들이 직접 결정한다. 넷째, 회사보다 가정을 소중히 한다. 그래서 기업은 기업 자체를 위해 존재하지 않고, 직원을 위해 존재한다.

출처: Yamada Akio, 미라이 공업 이야기, 김연한 역, GRIJOA, 2017.

사례 **┃** MBNQA 수상 조직 Integrated Project Management

이미지 출처: www.ipmcinc.com

2018년 중소기업 분야에서 MBNQA를 수상한 IPM(Integrated Project Management Company, Inc.)은 복잡하고 전략적인 이니셔티브에 대해 조언하고 실행하는 가치중심의 비즈니스 컨설팅 회사로, 조직이 도전을 극복하고 각 산업의 새로운 지평을 개척할 수 있도록 지원하는 조직이다. IPM은 전략과 솔루션을 지속가능한 결과로 전환하는 탁월한 프로젝트 리더십을 제공한다. IPM의 기본가치는 정직, 청렴, 배려, 존경, 책임, 우수, 영성, 그리고 겸손 등 8가지이다.

CEO는 Richard Panico로 1988년 미국 최초로 프로젝트관리 컨설팅회사인 IPM을 설립하였다. 설립 당시에는 제조관련 프로젝트로 출발하였지만, 지금은 개선 이니셔티브의 계획 및 구현에 이르기까지 조직 모델의 거의 모든 영역에서 서비스를 제공하고 있다. 그래서 IPM은 「Fortune 100대 기업」에서 스타트업에 이르기까지 500명 이상의 고객에게 서비스를 제공했으며 5,000개 이상의 프로젝트를 완료하여 고객이 종종 도전적이고 끊임없이 변화하는 경쟁환경에서 번창할 수 있도록 지원했다. 미국 7개 지역에 182명의 직원들이 있다.

"품질과 문화"는 IPM의 강점이다. 이는 모든 직원 간의 신뢰와 IPM 고객의 가치를 창출하는 요소이다. IPM의 비전을 달성하고 협업 및 행동에 대한 초점을 강화하기 위해 임원들은 공식적이고 포괄적인 설문조사를 통해 구성원들을 참여시켜 연간 비즈니스 계획 프로세스를 시작한다. 그 결과 중요한 사항을 식별하고, 이를 전략적 이니셔티브로 변환한 다음 적절한 우선

순위를 정한다. 그리고 혁신 플랫폼을 통해 직원들은 연중 내내 통찰력, 동향, 생각 및 아이디어를 공유한다.

비전과 가치는 리더십 커뮤니케이션 시스템에서 확인된 메커니즘과 경영진과의 일상적이고 비공식적인 상호작용을 통해 구성원들과 공유한다. 고객과는 웹사이트, 뉴스레터, 제안서, 정기회의를 통해 비전과 가치를 공유한다. 임원진들과 전체 관리팀은 주요고객 연락처를 통하여 관계를 구축하고, 개인적인 접촉을 통하여 모든 고객 문제를 신속하게 해결한다. 예로, CEO는 2017년 321명의 고객과 직접 연락하였다.

출처: www.ipmcinc.com,
www.nist.gov/baldrige/integrated-project-management-company-inc

▌참고문헌

곽연선, 채용혁신 기업에서 배우는 인재선발 방식, LG경제연구원, 2020.3.26.

Birla, Madan, FedEx delivers (페덱스 방식), 김원호 옮김, 고려닷컴, 2007.

Blanchard, Ken, Thad Lacinak, Chuck Tompkins, and Jim Ballard, You Excellent (칭찬은 고래도 춤추게 한다), 조천제 옮김, 21세기 북스, 2002.

Buckingham, Marcus and Ashley Goodall, "The Feedback Fallacy," Harvard Business Review, March－April 2019.

Burrell, Lisa, "Co－Creating the Employee Experience," Harvard Business Review, March－April 2018, 54－58.

Cappelli, Peter and Anna Tavis, "HR Goes Agile," Harvard Business Review, March－April 2018, 47－53.

Chun, J., Joel Brockner, and David Cremer, "People Don't Want to be Compared with Others in Performance Reviews. They Want to Be Compared With Themselves," Harvard Business Review, March 2018.

Drucker, Peter F., 프로페셔널의 조건; 어떻게 자기 실현을 할 것인가, 이재규 옮김, 청림출판, 2000.

Gulati, Ranjay, "Structure That's Not Stifling," Harvard Business Review, May－June 2018, 69－79.

Hoffman, Reid, Chris Yeh, and Ben Casnocha, "Learn from People, Not Classes," Harvard Business Review, March－April 2019, 50－51.

Kobayashi Kaoru, 피터 드러커: 미래를 읽는 힘, 남상진 옮김, 청림, 2002.

McCord, Patty, "How to hire," Harvard Business Review, January－February 2018, 90－97.

McGregor, Douglas M., "An Uneasy Look at Performance Appraisal," Harvard Business Review, May－June 1957.

Norville, Deborah, The Power of Respect, Thomas Nelson, 2009.

Pepper, Jeffery and Robert I. Sutton, Knowing－Doing Gap (생각의 속도로 실행하라), 안시열 옮김, 지식노마드, 2010.

Petriglieri, Jennifer, "Talent Management and the Dual－Career Couple," Harvard Business Review, May －June 2018, 106－112.

Pisano, Gary P., "The Hard Truth about Innovative Cultures," Harvard Business Review, January－February 2019, 62－71.

Robbins, Anthony, 네 안에 잠든 거인을 깨워라, 이우성 옮김, 씨앗을 뿌리는 사람, 2002.

Schulz, Howard and Joanne Gordon, Onward, Rodale Books, 2012.

Senge, Peter M., The Fifth Discipline, Doubleday Currency, New York, 1990.

Thurow, Lester, The Coming Economic Battle Among Japan, Europe, and America, William Morrow and Company, Inc., New York, 1992.

Vise, David and Mark Malseed, The Google Story Inside the Hottest Business, Media, and Technology Success of Our Time, 2nd edition, 2006.

Yamada, Akio, 미라이 공업 이야기, 김연한 역, GRIJOA, 2017.

www.amazon.com

www.ipmcinc.com

www.mirai.co.jp

www.netflix.com

www.nist.gov

www.nist.gov/baldrige/integrated − project − management − company − inc

www.ritzcarlton.com

www.zappos.com

MANAGEMENTQUALITY

시간을
도구로 사용할 뿐
시간에
의존하지 마라

Use time
as a tool;
not
as a crutch.

- John F. Kennedy -

CHAPTER 14

오퍼레이션

'지속적인 개선'이란 말은 이미 Procter & Gamble에 의하여 1850년대에 사용되었다(Schisgall, 1981). Hewlett & Packard에서는 1940년대부터 '지속적인 개선'을 사용하기 시작하였다. 이렇게 지속적인 개선은 미국에서 발생하였다. 그러나 이 개념이 결실을 맺은 곳은 미국이 아니고 일본이었다.

지속적인 개선은 일본 기업의 강점이다. 일본 기업은 품질과 생산성 향상을 위하여 지속적인 노력을 하였다. 과거 일본과 서구 기업의 한 가지 차이는 목표의 설정이었다. 일본 기업은 목표를 고정시키지 않고, 꾸준히 상향 조정하였다. Juran(1992)도 "서구의 기업은 안정성을 추구하는 경향이 있는 반면, 일본 기업은 지속적인 개선을 선호하는 경향이 있다"고 하였다. Feigenbaum(1988)은 "품질은 지속적으로 꾸준히 개선해야 하는 활동"이라고 하였다.

개선은 문제를 발견하고, 문제의 원인을 철저하게 규명하고, 원인이 재발하지 않도록 조치를 취하는 것이다. 뿌리를 제거하지 않는 임시방편적인 방법은 개선이 아니고, 잠시 잘못을 가리는 것이다. Deming(1986)도 「품질향상을 위한 14가지 요점」의 5번째에서 "시스템을 지속적으로 향상시켜야 한다"고 하였다. 그러므로 경영품질을 추진하는 기업에서는 절대로 문제들을 감추지 말고 공개하여, 그 원인을 끝까지 규명함으로써 다시는 동일한 문제가 재발하지 않도록 하여야 한다.

그리고 프로세스를 개선하지 않고 경영품질의 목적을 달성할 수 없다. 그래서 처음부터 품질을 제품에 집어넣어 검사를 궁극적으로 제거하여야 한다. 경영품질의 목적은 검사를 제거하고 대신 예방을 강화하는 것이다. 그래서 문제를 사전에 방지하고 뿌리를 미리 제거하는 것이다. 일단 프로세스가 완벽해지면 검사의 필요성은 점점 감소되고 궁극적으로 없어지게 된다. 프로세스가 완벽해진다는 것은 프로세스에 따르는 변동이 점점 감소한다는 것이다.

제14장에서는 오퍼레이션에 대하여 설명하고자 한다. 특히 이 장에서는 다음과 같은 주제들을 다루고자 한다.

14.1 MBNQA 모델 오퍼레이션 심사기준
14.2 프로세스
14.3 오퍼레이션
14.4 워크아웃
14.5 핵심역량

사례 ┃ 포드자동차 토러스

이미지 출처: www.ford.com

1980년 포드(Ford)자동차는 열악한 품질과 촌스럽다는 불명예를 안은 채, 15억 달러의 손실을 입었다. 경쟁력을 강화하기 위한 하나의 발판으로 당시 신제품인 토러스(Taurus)를 개발하고자 하였다. 그래서 팀 토러스(Team Taurus)를 구축한 포드(www.ford.com)에서는 벤치마킹을 적극적으로 활용하였다. 팀 토러스가 1980년대 각 부문의 최고수준을 파악하기 위해 경쟁사들의 우수차종들을 구매하여, 분해하고, 부품 등을 분석한 벤치마킹은 제품 벤치마킹의 예이다. 포드는 아우디(Audi)와 포르쉐(Porsche)와 같은 세계의 우수한 자동차 모델 50여 대를 구입하여 400개 항목을 정하고, 각 자동차의 우수한 품질특성을 조사 및 분석하였다. 특히 수백 명의 직원들이 도요타(Toyota), 니산(Nissan), 그리고 혼다(Honda) 등 일본의 유명한 자동차 기업들을 방문하였다.

또 인간에게 가장 안락한 좌석을 만들기 위하여 포드는 다섯 개의 수입차로부터 여러 종류의 무게와 크기를 가진 좌석을 모방해 포드의 엔지니어와 설계기사들로 하여금 디트로이트(Detroit)에서 미시간(Michigan)주 북부에 이르는 600마일을 왕복 운행하도록 하였다. 그리고 그들의 의견을 들은 다음에 고객들이 가장 원하는 좌석을 개발하였다. 또 고객들이 자주 말하는 불평 중 하나는 태양 빛을 차단하는 가리개가 하나밖에 없어서 옆에서 태양이 비칠 때에 번거롭다는 지적이었다. 그래서 포드에서는 토러스에 태양 가리개를 앞과 옆의 두 곳에 설치하였다. 그래서 나온 토러스는 Motor Trend지에 의해 「올해의 차」로 선정되었으며, 에어로 다이나믹스 스타일은 타사의 모방 대상이 되었다.

또 하나 중요한 것은 제조직원부터 최고경영진에 이르기까지 모든 사람들이 전부 참가하여 다양한 각도에서 조사하였다. 이것을 가능하게 한 것은 부문횡단형 팀 때문이었다. 즉, 이전에는 설계, 기술, 제조, 마케팅 등 각 부문에서 자기 과업이 끝나면 다음 단계로 이전하였는데, 이 방식을 출시 전까지 모든 기능을 통합해서 각 부문이 처음부터 끝까지 일관하며 프로젝트에 책임을 지게 하는 방식으로 전환시킨 것이다. 이 결과 토러스는 1 대당 이익이 이전의 모델에 비해 3백 달러 증가하였고, '올해의 자동차'로 선정되었다.

Taurus의 역사(1985-2013)

MBNQA 모델 오퍼레이션 심사기준

MBNQA 모델 심사기준의 여섯 번째 범주는 오퍼레이션이다. 다음의 <표 14-1>을 참조하기 바란다.

▼ 표 14-1 MBNQA 모델 오퍼레이션 심사기준

1. 작업 프로세스: 조직의 핵심제품과 작업 프로세스를 어떻게 설계하고, 관리하고, 개선하는가?

(1) 핵심제품* 및 작업 프로세스에 필요한 사항을 어떻게 결정하는가?

(2) 조직의 핵심작업 프로세스는 무엇인가?

(3) 요구사항을 충족시키기 위하여 제품 및 작업 프로세스를 어떻게 설계하는가?

(4) 작업 프로세스의 일상적 오퍼레이션이 핵심 프로세스의 요구사항을 충족시키는 것을 어떻게 확증하는가?

(5) 핵심지원 프로세스를 어떻게 결정하는가?

(6) 제품과 프로세스의 성과를 올리고, 핵심역량을 향상하고, 변동성을 감소하기 위하여 작업 프로세스와 지원 프로세스를 어떻게 개선하는가?

(7) 공급 네트워크를 어떻게 관리하는가?

(8) 혁신에 대한 기회를 어떻게 추구하는가?

2. 오퍼레이션 효과성: 오퍼레이션의 효과적인 관리를 어떻게 보장하는가?

(1) 오퍼레이션의 비용, 능률성, 그리고 효과성을 어떻게 관리하는가?

(2) 핵심자산의 중요하고 비밀의 데이터와 정보의 안전과 사이버안전을 어떻게 보장하는가?

(3) 안전한 오퍼레이션 환경을 어떻게 조성하는가?

(4) 재난과 긴급한 사태에 대비하는 조직을 어떻게 보장하는가?

- 헬스케어 조직에서 '제품'은 헬스케어 서비스이다.
- 교육기관에서 '제품'은 교육 프로그램과 서비스이다.

프로세스

14.2.1 프로세스의 정의

프로세스에 대한 의견은 상당히 다양하다. 안영진(2009)은 '프로세스는 투입물을 산출물로 전환시키는 연속적이고 측정할 수 있는 활동들'이라고 정의하였다. 캠브리지(Cambridge) 사전에서는 '프로세스는 성과를 얻기 위하여 취하는 일련의 활동들'이라고 하였다(dictionary.cambridge.org). NIST에서는 '프로세스는 고객(사용자)을 위한 제품 및 서비스를 생산하기 위해 조직 내 또는 조직 밖에서 수행하는 연계된 활동들'이라고 정의하고 있다(www.nist.org). 이렇게 프로세스는 기업 전체에서 또는 일부 부서에서 투입물을 가치가 있는 산출물로 전환시키기 위한 활동들의 집합이라고 할 수 있다.

ISO 9000에서는 '프로세스는 입력을 출력으로 변환시키기 위하여 자원을 사용하는 활동의 시스템'이라고 정의하고 있다(www.iso.org). 그리고 다음과 같은 부연 설명을 달았다.

첫째, 일반적으로 프로세스의 입력은 다른 프로세스의 출력이다.
둘째, 일반적으로 조직에서의 프로세스는 가치를 증진하기 위하여 통제된 조건하에서 계획되고 수행된다.
셋째, 결과의 적합성이 쉽게 또는 경제적으로 검증될 수 없는 경우의 프로세스는 '특별 프로세스'라고 한다.

그리고 프로세스는 다음과 같은 특성들을 지니고 있다(안영진, 2020).

• 시작과 끝이 있다.
• 투입물과 산출물이 있다.

- 시간과 장소에 따라 활동의 순서가 정해진다.
- 시간 및 비용 등으로 측정이 가능하여야 한다.
- 산출물의 부가가치가 있어야 한다.
- 고객의 가치와 기업의 목적을 달성하는 데 기여하여야 한다.

14.2.2 프로세스, 과업, 절차

프로세스와 절차(節次, procedure)는 의미가 다르다. ISO:1994에서는 '프로세스는 입력을 출력으로 변환시키는 상호 연관된 자원과 활동'이라고 정의하고, 절차는 활동을 수행하기 위한 규정된 방법'이라고 정의하고 있다. 또 ISO 9001:2000에서는 시스템을 '상호 관련되거나 상호 작용하는 요소의 조합'이라고 정의하였다. 이렇게 볼 때, 시스템(system)은 프로세스의 조합이라고 볼 수 있다. 결론적으로, 과업을 어떻게 할 것인가 하는 방법은 절차이며, 무엇을 할 것인가 하는 것은 프로세스이다.

과업과 프로세스도 다르다. 과업(課業, task)은 사람 단위로 수행되는 활동이다. 예를 들면, 주문처리, 배송처리, 신용점검 등이다. 여기에 비하여 프로세스는 과업의 전체로 고객에 대한 가치를 창조하는 활동이다. 예를 들면, 고객서비스, 전략전개와 실행 등이다. 이렇게 과업과 프로세스의 차이는 부분과 전체의 다름이다. 과업 중심의 문제점은 업무를 맡은 각 사람들이 각자의 업무를 충실히 하지만, 전체의 흐름을 무시할 수 있어 작업의 결과가 고객의 불만족을 초래할 수 있다.

여기에서 BPR(Business Process Reengineering)의 창시자 Michael Hammer(1995)의 의견을 들어 보자. 리엔지니어링 이론의 핵심어 「프로세스」는 「과업」의 대칭 개념으로 설명된다. 과업은 한 사람이 행하는 업무의 단위인 반면, 프로세스는 일련의 업무의 집합이다. 단, 프로세스는 소비자를 위한 가치를 창조하는 형태이다. 예를 들어 「주문 프로세스」는 소비자의 주문이 접수되는 단계에서 주문한 품목이 소비자에게 전달되는 전 과정을 의미한다. 과거 기업은 조직의 편의를 위해 직원에게 「과업」을 부여했고, 이 과정에서 정작 소비자를 위한 「프로세스」는 없어지고 비효율화 되었다. 소비자의 욕구에 대응하기 위해, 기업을 프로세스 중심으로 재편하는 것이 리엔지니어링의 골자다.

14.2.3 프로세스 개선

프로세스는 지속적으로 개선하여야 기업의 경쟁력이 강화된다. 여기에서는 프로세스를 개선하는 주요한 몇 가지 방법들을 소개한다.

14.2.3.1 PDCA 사이클

1920년대 나온 PDCA 사이클(cycle)은 프로세스의 변동을 지속적으로 감소하기 위하여 계획(plan) – 실행(do) – 검토(check) – 재실행(act)을 반복적으로 실행하는 사이클이다. 즉, 현상을 검토하고, 자료를 수집하여 분석하고, 시정조치를 취하고, 새로운 표준을 창출하는 일련의 과정이다. 이렇게 PDCA 사이클은 개선할 대상을 파악한 뒤에, 계획을 수립하고, 실행에 옮기고, 결과를 검토하고, 문제점을 파악한 다음 재실행하는 일련의 반복되는 과정이다.

PDCA 사이클은 원래 Walter A. Shewhart에 의해 개발되었다. Shewhart는 허용한계치를 설정하고, 한계치 밖을 넘어가는 부분에 대해 통계적으로 시정하고자 하였다. <그림 14–1>은 PDCA 사이클을 설명하는 그림이다.

▌그림 14-1 PDCA 사이클

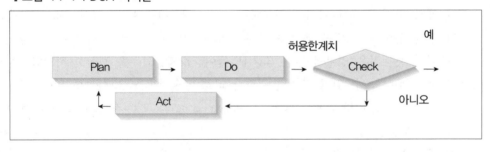

PDCA 사이클은 허용한계치를 대상으로 하기 때문에 허용한계치 이내에 들어오면 시정하지 않는다. 이것은 지속적인 개선을 하지 않을 수도 있다는 것을 의미한다. 그래서 Deming은 이 문제점을 시정하기 위해 PDSA 사이클을 개발하였다. 여기에서 S(study)는 산출물의 변동을 지속적으로 감소하기 위한 단계이다. 즉, 검토를 연구로 대체하였다. <그림 14–2>는 PDSA 사이클을 설명한 도표이다.

▌그림 14-2 PDSA 사이클

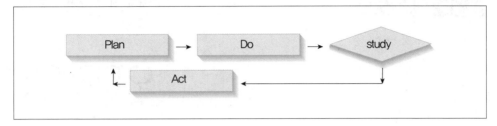

14.2.3.2 4P 사이클

Gupta(2006)는 프로세스 경영을 하기 위해 4P 사이클을 제안하였다. 4P는 준비(Prepare), 수행(Perform), 완벽(Perfect), 그리고 진보(Progress)이다. 4P 사이클도 폐쇄적인 피드백모형으로서 프로세스 경영모형이다. 준비는 좋은 투입물을 프로세스에 넣는 단계, 수행은 효과적으로 프로세스를 진행시키는 단계, 완벽은 프로세스 산출물이 목표에 맞도록 하는 단계, 그리고 진보는 지속적인 개선이다. PDCA와 PDSA에서는 한계치를 사용하지만, 4P 사이클에서는 목표를 이용한다.

14.2.3.3 BPR

BPR(Business Process Reengineering)은 Champy가 제안한 비즈니스 프로세스 혁신이다. Champy는 "BPR은 과업을 근본적으로 설계하고, 현재 일하는 방식을 점진적이 아닌 급진적으로 완전히 바꾸는 것"이라고 정의하였다(2002). 그래서 BPR은 1776년 영국의 Adam Smith가 주창한 '분업의 원리'를 반대한다. 이것은 획기적인 개념으로, 분업이 오히려 생산성을 낮춘다고 주장하였다.

14.2.3.4 6시그마

6시그마는 1987년 Harry와 Schroeder에 의해 개념이 나왔다. 이들은 "6시그마는 자원의 낭비를 극소화 하는 동시에 고객만족을 증대시키는 방법으로 일상적인 기업활동을 설계하고 관리하여 수익성을 엄청나게 향상시키는 비즈니스 프로세스"라고 정의하였다(Harry와 Schroeder, 2000). 6시그마는 제16장에서 상세하게 설명하도록 한다.

오퍼레이션

14.3.1 오퍼레이션 시스템

오퍼레이션 시스템(operation system)은 무엇일까? 안영진 등(2016)은 '오퍼레이션 시스템은 모든 투입물의 가치를 합한 것보다 가치가 높은 산출물을 생산하는 시스템'으로 정의하고 있다. 제조업체의 오퍼레이션 시스템은 투입물의 변환과정을 거쳐 산출물로 전환하는 시스템이다. 그리고 서비스업체의 오퍼레이션 시스템에서는 투입물과 산출물이 반드시 고객이거나 또는 고객과 관련된 정보나 제품을 말한다.

오퍼레이션 시스템에 있어서 중요한 점은 먼저 투입물을 산출물로 전환시키는 시간을 감소하여야 한다. 또 투입물의 가치에 비하여 산출물의 가치를 극대화하여야 하며, 산출물의 질이 좋아야 한다.

14.3.2 오퍼레이션의 투명성

제조업과 서비스업을 비교할 때 언급되는 한 가지 특성은 고객과의 접촉횟수이다. 일반적으로 오퍼레이션과 고객과의 접촉이 많아질수록 통제하기 어려워 능률과 품질이 감소한다고 하였다. 그래서 고객과의 접촉이 거의 발생하지 않는 제조업체에서는 고객과 서비스를 제공하는 사람과의 접촉이 상당히 많은 서비스업체에 비하여 오퍼레이션을 관리하기가 쉬워 능률이 비교적 높고, 품질도 통제하기쉽다고 하였다. 이 전통적인 이론은 타당성이 있으며 일리가 있다.

서비스업체도 최근 자동화기계 기술의 발달로 변화가 발생하였다. 그래서 고객과 서비스하는 사람과의 접촉횟수가 자동화기계로 상당히 감소하기 시작하였다. 은행에 ATM(Automatic Teller Machine)이 소개된 지는 상당히 오래 되었다. 우리도 시내 곳곳에서 ATM을 비교적 쉽게 볼 수 있다. ATM을 도입하여 가장 성공한 기업으로 바클레이즈은행을 들 수 있다. 바클레이즈(Barclays)은행은 영국 최대의 시중은행으로 1896년에 설립되었다. 바클레이즈은행은 ATM을 도입하여 생산성이 올라가고, 수익성이 개선되었다. 고객은 비영업시간에도 모든 업무는 아니지만 주요 거래를 할 수 있게 되었다. 은행의 입장에서는 상당히 필수적인 기술이 되었다. 그러면 고객의 입장은 어떠한가? 즉, 고객만족도는 향상되었는가?

Buell(2019)은 고객만족도가 오히려 감소되었다는 연구결과를 발표하였다. 그 이유는 무엇인가? Buell은 고객들이 오퍼레이션으로부터 격리되면 될수록 창출되는 가치에 대한 이해와 감사의 정도가 떨어진다고 하였다. 즉 가치가 창출되는 과정을 눈으로 볼 수 없기 때문이다. Buell은 이것을 '오퍼레이션의 투명성(transparency of operation)'이라 불렀다. 즉, 가치가 창출되는 과정을 생생하게 보는 고객은 그렇지 않을 때보다 만족의 정도가 감소한다는 것이다.

그래서 경영자는 오퍼레이션을 창출하는 과정을 고객들이 볼 수 있도록 시설을 설계하여야 한다. 이것은 서비스업체나 제조업체나 동일한 효과를 가져온다. 또 직원들도 고객들을 볼 수 있도록 하는 것이 바람직하다. 내가 창출한 제품이나 서비스를 사용하는 고객이 기뻐하고 만족하는 모습을 보는 직원은 그렇지 않은 직원들에 비하여 훨씬 동기가 부여될 것이다.

14.4

워크아웃

워크아웃(work-out)은 GE에서 개발되었고, 그 우수성이 검증되어 이미 세계의 많은 기업들에 의해 도입되었다. 제조업체와 서비스업체 기업은 물론이고 공공기관 그리고 NGO까지 워크아웃을 도입하여 큰 효과를 보았다. 변화를 원하는 기업은 이제 워크아웃을 한 번 도입하는 것도 바람직하다.

14.4.1 워크아웃이 왜 나왔는가?

1980년대 후반 미국 켄터키(Kentucky)주 루이빌(Louisville)에 소재한 GE Appliance Park에서 생산하는 제품들의 품질이 좋지 않았고, 생산성도 높지 않았다. 그래서 당시 회장인 Jack Welch(1981년 GE의 가장 어린 나이로 최고경영자로 취임하였으며, 2001년에는 'Financial Times'에서 '세계에서 가장 존경받는 경영인'으로 선정)는 문제점이 무엇인지 파악하기 위하여 직원들과 면담을 하였다. 그런데 직원들의 대답은 이상하게도 비슷하였다. "우리는 문제를 해결할 아이디어가 많은데, 우리 아이디어를 들어주는 사람이 하나도 없다"는 것이다. 그래서 관리자들에게 이 말을 전하였더니, 그들은 "시간이 없어서 그랬다"고 하였다. 즉, "할 일이 너무나도 많다"는 것이었다. 직원들은 아이디어가 있었지만 권한이 없었고, 관리자들은 권한은 있었지만 아이디어를 평가하고 승인할 시간이 없었다. 그래서 이 문제를 경영개발센터 소장인 Bauman과 상의하였고, 시스템에서 잘못된 일들을 몰아내자고 합의하였다. 즉, '불필요한 일(work)을 밖으로 몰아내다(out)'라는 의미에서 워크아웃이라는 용어가 나오게 되었다.

14.4.2 워크아웃이란 무엇인가?

워크아웃을 하는 데에는 다음과 같은 네 가지 기본적인 전제가 깔려 있다.

첫째, 어떤 업무에 대해 가장 잘 알고 있는 사람은 상사가 아닌 실무자이다.

둘째, 실무자들의 지식을 상사에게 직접 전달함으로써 실무자들의 권한을 강화한다.

셋째, 권한이 강화되면 자기 임무에 더 많은 책임감을 느끼게 된다.

넷째, 기존의 일하는 방식에 도전하는 동기를 부여한다.

그리고 Ashkenas(2002)는 "워크아웃이란 관료주의를 없애고, 조직의 문제점을 파악하고 신속하게 해결하는 강력하면서도 간결한 방법론"이라고 하였다.

이렇게 워크아웃은 관료주의를 타파하고, 프로세스를 개선하며, 더 나아가 가치사슬 강화 등을 목적으로 한다. 이것을 실현하기 위하여 관련된 사람들이 함께 한 자리에 모여 구체적인 아이디어를 도출하여 이를 실현한다. 일반적인 방법과 다른 점은 추진 여부를 바로 그 자리에서 즉각 결정하고, 실행에 옮기는 강력한 방법이라는 것이다. GE의 수석부사장인 William J. Conaty는 "워크아웃은 GE의 문화이다. 간단히 말해서 문제가 생겼을 때 사람들을 불러모아 함께 해결하는 방법이다"라고 단순하게 정의하였다.

이렇게 볼 때 워크아웃의 단기적 목적은 프로세스를 개선하기 위하여 그 과정에 관련된 사람들을 참여시키는 것이고, 장기적인 목적은 관련된 사람들의 의사결정권을 강화하고, 지속적으로 하는 일을 개선함으로써 기업의 문화를 바꾸는 것이다.

14.4.3 타운미팅

워크아웃의 절차는 사실 상당히 단순하고 간결하다. 이론이 필요 없고, 바로 실행에 옮겨도 될 정도로 단순하다. 절차는 이렇다. 각기 다른 업무와 직위에 있는 사람들이, 물론 최고책임자를 포함하여, 팀을 형성하여 타운미팅이라고 하는 장소에 모인다. Ulrich, Kerr, Ashkenas(2002)는 "타운미팅(town meeting)은 워크아웃에서 발견된 문제들을 해결하는 방법으로서, 토론의 절차를 통하여 관련자들이 스스로 문제 해결 방안을 강구한다"고 하였다. 이 팀은 타운미팅에 오기 전에 브레인스토밍(brainstorming)을 이용하여 문제의 해결방안을 찾는다. 물론 이 자리에 참석하는 사람들은 그 업무를 가장 잘 알고 있는 사람들이다. 그리고 팀은 지금까지 해 오던 방식에 도전하여 새로운 개선안을 건의한다. 최고책임자는 바로 그 자리에서 개선안에 대한 가부 결정을 내린다(그러나 즉각 결정을 내리기에는 보다 많은 정보가 필요하다고 생각될 때에는 기한을 정하여 결정을 유보할 수 있다. 즉, 관리자는 '수

락,' '기각' 그리고 '정보요청' 등 3가지 결정 중에서 하나를 선정하여야 한다). 그런 다음 개선을 책임지고 수행할 담당자(owner)를 지명하고, 일을 맡긴다.

워크아웃은 프로세스 개선 등 모든 유형의 문제에 적용된다. 그리고 비영리 조직을 포함한 모든 유형의 조직에 적용된다. 또 조직뿐만 아니라, 공급업자 또는 고객까지 그 범위를 확대하여 적용할 수 있다. 또 하나 중요한 사실은 각기 다른 조직에서 사용하는 워크아웃의 프로세스가 전부 동일하다는 사실이다. 즉, 자발적 인 참여, 창의적인 해결 방안 개발, 공개적인 포럼 개최, 새로운 개선책 건의, 개선책 즉각 수용 여부 결정, 주관자 결정, 권한 이양, 개선안 실행 등의 프로세스를 진행한다.

타운미팅을 처음 시작할 때에는 여러가지 애로사항들이 발생한다. GE도 마찬 가지였다. GE의 직원들도 처음에는 관리자들에게 모든 것을 솔직하게 말하기를 꺼려하였다. 또 일부 관리자들은 직원들에게 문제를 해결하는 것을 허용하기를 좋 아하지 않았다. 그러나 타운미팅은 점차적으로 안정되었으며, 참여율도 높아지게 되었고, 민주적으로 진행되었다.

14.4.4 워크아웃의 효과

Welch가 제시한 워크아웃에 대해서 GE에서는 많은 직원들이 성공하지 못할 것으로 보았다. 그러나 1992년 중반까지 약 20만명 정도의 직원들이 워크아웃 회의에 참여하였다. GE는 조직의 체질을 바꾸기 위하여 서서히 변화시키지 않고, 급격한 변화방법을 택하였다. 일단 직원들을 한 장소에 집합시키고, 도전할 수 있 는 기회를 제공하였다. 그리고 실천에 옮기고 성과가 발생하였을 때 경영자와 직 원들 간에 신뢰가 형성되기 시작하였다. 그리고 그들은 워크아웃을 통하여 나날이 더 나아질 수 있는 방법을 찾게 되었다.

워크아웃은 다양한 효과를 기업에게 제공한다. 그러나 워크아웃이 효과를 잘 내려면, 워크아웃이 일회성 이벤트에 그치지 말고, 조직에 침투하여 일상적인 업 무가 되어야 한다. 하나의 이벤트로 전락하면 절대로 성공할 수 없다. 그래서 사 람들이 일하는 방식 그 자체가 되어야 한다. GE에서 워크아웃이 성공한 것도 워 크아웃이 GE의 DNA가 되었기 때문이다.

첫째, 대기업병인 조직의 관료주의를 타파한다. 즉 조직 내의 비생산적이고 필요하지 않은 요소들을 제거한다. GE Capital이 워크아웃을 처음 도입 하였을 때 고객만족을 가로막는 장애물들을 파악하는 데 중점을 두었다.

둘째, 직원들의 솔직한 소리를 들을 수 있다. 그동안 막혔던 대화를 유도하여 직원들 마음 속에 있는 소리를 진정으로 들을 수 있다.

셋째, 의사결정이 신속하게 이루어진다.

넷째, 부서 간의 벽을 제거하여 의사소통 시간을 감소한다. 조직적인 경계를 허물고, 경직된 조직을 깨뜨려 제한된 의사소통 채널을 살린다.

다섯째, 제품 및 서비스 개발시간이 단축된다.

여섯째, 조직의 새로운 리더들을 양성한다. 이 새로운 리더들은 과학적인 분석에 의해 의사결정 능력이 좋아지며, 강력한 동기부여에 의해 자기의 능력을 최대한 활용할 수 있는 기회가 주어진다.

일곱째, 팀워크가 좋아진다.

마지막으로, 워크아웃이 조직의 문화로 잘 정착되면 다른 변화와 혁신기법을 비교적 수월하게 또 효과적으로 도입할 수 있게 해준다. 즉 변화에 쉽게 대처하는 조직을 만들어준다.

1990년대 말 GE에서 6시그마가 큰 성공을 하게 된 것도 워크아웃이 GE에 깊게 정착되었기 때문으로 볼 수 있다. GE의 워크아웃은 출발시에는 관료주의를 제거하는 데 목적을 두었지만, 다음에는 비즈니스 프로세스를 개선하는 데, 다음에는 다시 변화를 가속하는 것에 중점을 두었다. 그리고 워크아웃은 1996년 도입된 6시그마의 근간이 되었으며, 2000년대 초에는 e-business 환경의 근간이 되었다. 워크아웃은 지금도 GE에서 활용되고 지속적으로 성장하고 있다. 매 6개월마다 모든 비즈니스 사업부에서 '워크아웃 진격전'을 실시하고 있다. 왜냐하면 이 운동은 종점이 없기 때문이다. 즉, 워크아웃은 끝이 없는 프로세스이다.

Welch는 워크아웃을 추진하면서 리더에 대하여 다음처럼 말하였다. "리더가 해야 할 가장 중요한 일은 모든 사람들의 목소리와 존엄성을 찾고, 소중히 여기며, 키워주는 것이다. 그것이야 말로 리더의 가장 중요한 요소이다."

14.4.5 사례

5천여 년 동안 유대인의 지혜가 담긴 탈무드 중에 '소경과 절름발이'라는 일화가 있다. 이 일화는 서로의 힘을 합할 때 더 큰 힘을 발휘할 수 있다는 교훈을 준다. 걸을 수는 있지만 앞을 잘 보지 못하는 소경과, 잘 걷지는 못하지만 앞을 볼 수 있는 절름발이는 서로의 힘을 합하여 왕이 금지한 과일을 따 먹었다. 사실 이들은 나무 높은 곳에 있는 과일을 지키는 경호원이었는데, 과일이 먹고 싶어 일을 저질러 버린 것이다. 그리고 왕에게 잡혔을 때 자기들이 과일을 따 먹는 것은 불가능하다고 항변하였다. 소경은 볼 수 없는데 어떻게 거기까지 가겠는가? 절름발이는 저렇게 높은 곳까지 어떻게 올라 갈 수 있는가? 이렇게 하여 이들은 무죄가 되었다. 이 탈무드의 일화는 워크아웃의 교훈과 일치한다고 볼 수 있다. 즉, 한 사람보다 많은 사람들의 의견을 규합하면 훨씬 더 큰 힘을 발휘할 수 있다는 것이다.

핵심역량

4차 산업혁명시대에도 기업의 핵심역량은 중요하다. 기업의 최고경영자는 핵심역량이 시장이 변함에 따라 무기가 될 수도 있고, 그렇지 않을 수도 있다는 것을 인지하여야 한다. 그래서 경쟁자들과 비교하였을 때 핵심역량이 차별화가 있는지를 항상 체크하여야 한다. 최고경영자는 또 핵심역량을 기업의 관점에서만 생각하는 것이 아닌지 점검하여야 한다. 즉, 시장을 봐야 한다. 고객과 경쟁자를 봐야 한다.

또 새로운 비즈니스모델을 구축할 때에도 기존의 핵심역량과 새로운 비즈니스모델과의 관계를 분석하여야 한다. 바꾸어 말하면, 핵심역량을 활용할 수 있는 비즈니스모델을 창출하는 것이 중요하다는 말이다.

Honda의 핵심역량은 Power Technology이다. GE는 기존의 핵심역량에 스마트기술을 추가하고 있다. GE는 전통적으로 엔지니어링에 강력한 경쟁력을 가지고 있는데, 최근 ICT기술을 적용하여 계속 경쟁력을 확대하고 있다. 예로 사막이 많은 중동지역에서 모래바람으로 항공기엔진에 발생하는 문제점을 열화 메커니즘의 이해와 컴퓨터 시뮬레이션으로 정비시점을 예측하여 문제점을 예방한다. Amazon은 전통적으로 강한 유통과 물류역량에 인공지능 기술을 추가하여 경쟁력을 강화하고 있다. 예로 드론과 로봇을 활용하여 가장 빠르게 상품을 고객에게 보낼 수 있는 'Last Mile Delivery' 시스템을 구축하였다(우정헌, 2017).

사례 ▮ MBNQA 수상 조직 Howard Community College

2019년 교육부문에서 MBNQA를 수상한 Howard Community College(HCC)는 개방형 공립 커뮤니티 칼리지로, 준 학사학위 및 수료증은 물론, 인력개발 교육 및 평생 교육 수업을 제공하여 학생들이 새로운 기술을 습득하고 직업을 준비하거나 4년제 대학으로 편입할 수 있도록 도와준다. HCC는 메릴랜드(Maryland)주 로렐의 로렐 칼리지센터와 메릴랜드주 콜롬비아의 에커 비즈니스 교육센터 외에도 메릴랜드주 콜롬비아의 메인 캠퍼스를 통해 매년 약 3만 명의 학생들을 교육하며, 2,724명의 직원이 있다.

준 학사학위 및 자격증 취득을 위한 HCC의 성장률은 지역 및 국가 비교 학교들에 비하여 200% 이상 능가하고 있다. 졸업, 편입, 누적학점 평균 2.0이상으로 최소 30학점을 이수했거나, 입학 후 4년 후에도 여전히 HCC에 등록한 학생 수로 정의되는 지속률은 지난 3회 회계연도 동안 크게 증가했다. 2016 회계연도의 75%에서 2018 회계연도의 80% 이상으로 메릴랜드 커뮤니티 칼리지와 최고의 주정부 비율을 능가하고 있다.

HCC는 276개 이상의 기관들과 협력하여 의료 및 과학분야에 진출하고자 하는 학생들을 위한 임상 실습 사이트를 제공하고 있다. 결과적으로, 이 학생들의 진출율은 HCC의 건강과학 프로그램 8개 중 7개에서 100%를 달성하였다.

「학생의 성공」의 전략적 목표를 지원하는 HCC는 현재 학생들의 목소리에 의해 상호작용할 수 있는 다양한 방법을 실시하고 있다. 예를 들어, 전국 커뮤니티 칼리지 학생참여 설문조사(CCSSE)에서는 HCC의 학생 교육경험

에 대한 전반적인 평가와 대학지원에 대한 학생 인식이 전국 CCSSE 평가뿐
만 아니라, 대규모 커뮤니티 칼리지들보다 우수하다는 것을 발표하였다. 이
러한 등급은 지난 5년 동안 지속적으로 개선되었다.

    HCC는 재정지원, 상담, 자문 및 개인지도 서비스, 280개의 유연한 과
정 및 정보기술 지원서비스를 포함한 수많은 학생지원 프로그램을 통해 학
생의 성공을 촉진하는 핵심역량을 보여주고 있다.

    그래서 HCC는 준 학사학위 및 자격증 취득에 있어 지역 및 국가 비교
대학들에게 지속적으로 앞서 있으며, 입학 후 2년 만에 흑인/아프리카계 미
국인 및 히스패닉/라티노의 첫 대학 졸업률을 3배로 늘렸다. 대학의 주 자
금지원에 영향을 미치는 HCC의 정규 등록율 증가도 지난 10년 동안 주에
서 최고를 달성하였다.

출처: https://www.howardcc.edu/about-us/baldrige/index.html)

▍참고문헌

안영진, 서비스 식스 시그마, 박영사, 2009.

안영진, 변화와 혁신, 제5판, 박영사, 2020.

안영진, 유영목, 홍석기, 생산운영관리, 제3개정판, 박영사, 2016.

우정헌, "핵심역량에 대한 오해 바로잡기," POSRI 이슈리포트, 포스코경영연구원, 2017.06.15.

Buell, Ryan W, "Operational Transparency," Harvard Business Review, March—April 2019, 102—113.

Champy, James, X—엔지니어링 기업혁명, 21세기 북스, 2002.

Deming, W. Edwards, Out of the Crisis, Cambridge, MA: Massachusetts Institute of Technology Center for Advanced Engineering Study, 1986.

Feigenbaum, Armand V., Total Quality Control. McGraw—Hill International Editions, 1988.

Gupta, Praveen, "Beyond PDCA — A New Process Management Model," Quality Progress, July 2006, 45—55.

Hammer, Martin, The Reengineering Revolution: A Handbook, New York: Harper Collins, 1995.

Harry, Mikel and Richard Schroeder, 6 시그마 기업혁명, 안영진 옮김, 김영사, 2000.

Juran, Joseph M., Juran on Quality By Design: The New Steps For Planning Quality into Goods and Services, The Free Press, 1992.

Schisgall, Oscar, Eyes on Tomorrow: The Evolution of Proctor & Gamble, New York: Doubleday, 1981.

Ulrich, Dave, Steve Kerr, and Ron Ashkenas, The GE Work—Out, 이태복 옮김, 물 푸레, 2002.

dictionary.cambridge.org

www.ford.com

www.howardcc.ed

www.iso.org

www.nist.org

www.nist.gov/baldrige/howard—community—college

I 메모

성과를 올리는 데
걸리는 시간 때문에
주저하지 말라

시간은
어찌 되었든 흘러간다

흘러가는 시간을
최대한
활용하는 편이 낫다.

- Earl Nightingale -

CHAPTER 15

사업 성과

MBNQA 모델의 목적은 탁월한 성과를 창출하는 기업을 추구하는 것이다. 그리고 탁월한 성과를 달성하기 위해서는 앞에서 언급한 여섯 가지 범주를 잘 수행하여야 한다. Peter Drucker(2000)는 "좋은 성과를 달성하는 사람들의 공통점은 그들의 능력과 존재를 성과로 연결시키기 위해 지속적으로 노력하는 사람"이라고 하였다. 제15장에서는 다음과 같은 주제들을 다루고자 한다.

15.1 MBNQA 모델 사업 성과 심사기준
15.2 사업 성과 평가
15.3 KPI
15.4 제품 및 프로세스 평가
15.5 고객 성과
15.6 인적자원 성과
15.7 리더십과 거버넌스 성과
15.8 재무, 마케팅, 전략 성과

MBNQA 모델 사업 성과 심사기준

MBNQA 모델 심사기준의 마지막 범주는 사업 성과다. 다음의 <표 15-1>을 참조하기 바란다.

▼ 표 15-1 MBNQA 모델 사업 성과 심사기준

1. 제품 및 프로세스 성과: 조직의 제품 성과와 프로세스 효율성 성과는 무엇인가?
(1) 제품 및 고객 서비스 프로세스 성과는 무엇인가?
(2) 프로세스의 효율성과 능률성 성과는 무엇인가?
(3) 안전 및 응급사태에 대비한 성과는 무엇인가?
(4) 공급 네트워크 경영 성과는 무엇인가?
2. 고객 성과: 고객 중심 성과는 무엇인가?
(1) 고객 만족 및 불만족 성과는 무엇인가?
(2) 고객 참여 성과는 무엇인가?
3. 인적 자원 성과: 인적 자원 성과는 무엇인가?
(1) 인적자원 잠재력과 수용 능력의 성과는 무엇인가?
(2) 인적자원 분위기 성과는 무엇인가?
(3) 인적자원 헌신의 성과는 무엇인가?
(4) 인적자원과 리더 개발 성과는 무엇인가?
4. 리더십과 거버넌스 성과: 임원 리더십과 거버넌스 성과는 무엇인가?
(1) 인적자원, 파트너, 그리고 고객들과 임원과의 의사소통과 약속의 성과는 무엇인가?
(2) 거버넌스 책임의 성과는 무엇인가?
(3) 법적 및 규제에 대한 성과는 무엇인가?
(4) 윤리적 행동의 성과는 무엇인가?
(5) 지역사회에 대한 사회적 복지와 지원의 성과는 무엇인가?
5. 재무, 마케팅, 전략 성과: 재무의 건전성과 전략실행의 성과는 무엇인가?
(1) 재무 성과는 무엇인가?
(2) 마케팅 성과는 무엇인가?
(3) 조직의 전략과 실행계획 성과는 무엇인가?

사업 성과 평가

성과(成果, results)라는 용어는 MBNQA 심사기준 심사항목의 질문에 대하여 회사가 달성한 결과(output and outcome)이다. 사업 성과는 조직이 달성하는 산출물과 결과이다. 제6장에서 이미 설명하였듯이, 사업 성과는 네 가지 유형으로 분류된다.

첫 번째는 현재 실적을 보여주는 수준(水準, level)이다. 즉, 현재 실적은 적절한 상대와 비교한 실적으로 실적 개선 향상률 등 회사의 주요 실적 목표 대비 실제 실적치이다. 수치라는 용어는 한 회사의 점수와 실적을 적당한 눈금 크기로 작성한 숫자 정보이다.

두 번째는 장기적인 움직임을 보여주는 추세(趨勢, trends)로 회사 실적 변화에 대한 방향(상승, 개선 없음, 하강)과 크기를 보여준다. 또 추세는 회사 실적을 시간대(년, 월, 일)별로 보여준다. 추세의 향방을 점치기 위해서는 통상 세 개의 데이터가 필요하다. 추세의 시간 간격은 평가하는 프로세스의 사이클타임으로 한다. 짧은 사이클타임은 추세를 알기 어려우므로, 더 많은 측정(계량)을 해야 하고, 반면 긴 사이클타임은 측정(계량) 빈도를 보다 길게 할 수 있다.

세 번째는 다른 조직, 경쟁자, 또는 벤치마킹 기업과 비교하였을 때 조직의 성과를 보여주는 비교(comparisons)이다.

마지막은 통합(integrations)으로 조직의 중요한 성과를 추적하고, 의사결정에 성과를 사용하는 평가이다.

KPI

사업 성과는 KPI로 표현된다. 기업은 목적을 달성하기 위하여 전략을 수립하고, 사업의 성과를 매트릭스, 즉 KPI(Key Performance Index)로 표현한다. 전략은 대개 추상적이지만, KPI는 매우 구체적이다. 예를 들어, 삼성의 전략은 "미래를 창조하자"이지만, KPI는 신제품 매출로 표현되는 것과 같다.

많은 기업들이 사용하고 있는 KPI는 성과주의 평가의 대표적인 도구이다. 이미 제12장에서 성과주의의 실과 득에 대하여 설명하였다. 이러한 이유로 최근 KPI를 사용하지 않는 기업들이 증가하고 있다. 현대카드는 2012년에 KPI를 폐지하였다. 중국의 샤오미(北京小米科技有限责任公司)도 KPI를 사용하지 않고, 대신 부여된 업무의 진행상황과 성과를 통하여 평가하고 있다(조성일, 2019).

그래서 기업들은 성과주의의 기본 철학인 경쟁구도 속에서 단순히 다른 사람들과 경쟁하는 것보다 협력과 화합의 문화를 구축하는 것이 중요하다는 주장이 최근 제기되고 있다(Harris와 Taylor, 2019). 즉, 조직은 개인들이 경쟁하는 장이 아니고, 서로 협력하여 신뢰를 구축하고 조화를 달성하는 곳이라는 것이다.

제품 및 프로세스 성과

　'제품 및 프로세스 성과'에서는 고객들에게 중요한 제품 및 서비스 특성에 관한 각종 데이터상의 실적을 말한다. 예로서, 제품의 신뢰성, 납기준수, 고객의 하자건수, A/S처리 소요시간 등을 포함한다.

　프로세스는 조직에서 사용하는 방법으로서, 작업을 개선하는 것이다. 제7장에서 이미 언급하였듯이, 프로세스를 평가하는 핵심적인 요소는 ADLI이다. 즉, A(Approach)는 접근방법, D(Deployment)는 전개, L(Learning)은 학습, 그리고 I(Integration)은 통합이다. MBNQA 모델은 범주 1부터 범주 6까지 6개의 범주에 대한 프로세스를 평가하기 위한 4단계의 척도를 제공하고 있다. <표 15-2>를 참조하기 바란다.

▼ 표 15-2 6가지 범주 프로세스 평가

단계	분류	프로세스	성과
1	대응	프로세스 부재로 필요하거나 문제 발생시 대응	성공에 핵심적인 성과 미보고
2	초기	• 프로세스의 반복적인 실행과 평가, 개선이 이루어짐 • 부서 간의 협조 시작 • 핵심 전략과 목표의 비정렬	성공에 핵심적인 성과 보고, 추적, 개선
3	성숙	• 개선을 위한 주기적 평가 • 학습 공유 • 부서 간의 협조 • 핵심 전략과 목표와 정렬	• 성과의 향상 추세 • 경쟁자에 비해 우월
4	롤 모델	• 조직 전체의 효율성 추구 • 정보와 지식의 분석, 혁신, 공유가 이루어짐 • 핵심 전략과 목표의 향상	• 성공에 핵심적인 성과 지속적으로 보고 • 경쟁자들에 비하여 높은 성과 달성

출처: www.nist.gov

범주에 대한 프로세스 평가는 4단계로 구분한다.

첫 번째 단계는 대응(對應, reactive)단계로 문제가 발생한 후에 대응하는 가장 초보적인 단계이다. 조직의 핵심적인 전략과 목표가 구체적으로 기술되고 있지 않다. 그래서 조직의 핵심적인 성과에 대한 보고가 주기적으로 이루어지고 있지 않으며, 우연적으로 가끔 보고된다.

두 번째 단계는 초기(初期, early)단계로 초보적인 단계보다 개선된 단계로서 프로세스의 반복적인 실행과 평가, 그리고 개선이 이루어진다. 또 조직 부서 간에 협조가 발생하기 시작한다. 그리고 전략과 구체적인 수치로 목표가 기술된다. 또 조직의 핵심적인 성과에 대한 보고가 이루어지며, 계속 추적되고, 개선된다.

세 번째 단계는 성숙(成熟, mature)단계로 프로세스를 개선하기 위한 평가가 주기적으로 이루어진다. 또 학습이 공유되고, 조직 부서 간에 협조가 활발히 이루어지며, 조직의 핵심적인 전략 및 목표, 그리고 프로세스와의 정열이 잘 이루어진다. 주요한 사업성과가 긍정적인 추세를 보여주며, 경쟁자에 비하여 좋은 성과를 보여준다.

네 번째 단계는 롤모델(role model)단계로 프로세스를 변화하고 개선하는 평가가 다른 부서들과 협조하여 주기적으로 이루어진다. 또 정보 및 지식의 분석과 공유로 혁신이 잘 이루어지고, 모든 부서들에 대한 전반적인 효율성 개선이 이루어진다. 그리고 조직의 핵심적인 전략과 목표를 달성하기 위하여 모든 부서들이 하나의 유기체로 움직이고 있어, 경쟁자들에 미하여 탁월한 경영성과를 달성한다.

15.4.1 생산성

생산성(生産性, productivity)은 산출물의 가치를 투입물의 가치로 나눈 값이다. 사실 생산성과 능률성(efficiency)의 차이는 학자에 따라 다르지만, 상당히 유사하기 때문에 여기에서는 동일의 뜻을 가진 용어로 사용한다.

1776년 유명한 「국부론(The Wealth of Nations)」이 Adam Smith에 의하여 출간되었다. 이 책의 핵심인 「분업이론(分業理論, division of labor)」은 인간의 생산성을 크게 향상시켰다. 40년 후 David Ricardo는 분업의 이론을 무역분업으로 확대시켰다. 그래서 포르투칼에서는 포도주, 영국에서는 의류를 만들어 서로 수출하는 것이 상호간에 유익하다고 하였다. 20세기 초 Frederick W. Taylor는 「과학적 관리법(科學的管理法, scientific management)」 개념을 소개하였다. 이때부터 경영은 과학이 되었다. 20세기 후반 W. Edwards Deming은 TQM(Total Quality Management)

을 통해 생산현장에서 모든 낭비를 제거하고자 하였다. 능률성을 최대한으로 달성하는 것은 기업의 주요 주제가 되었다. 자원을 가장 효과적으로 이용하여야 한다는 개념은 합리적이다.

그런데 능률성의 단점에 대한 주장도 있어 소개하고자 한다. 사실 이것은 능률성의 단점이라고 하기보다는 사고의 차이로 간주하는 것이 옳다고 본다. Martin(2019)은 능률성을 너무 강조하다 보면 사회에 오히려 좋지 않을 수 있다고 경고한다. 즉, 능률성의 강자가 시장을 독점적으로 지배하여 시장의 질서가 깨진다는 것이다. 이러면 한 산업이 하나 또는 극소수의 기업에 의해서 통제되고, 대다수의 기업들은 청산될 수밖에 없다는 것이다. 그래서 이러한 현상을 방지하기 위하여 Martin은 기업의 규모를 축소하고, 무역시장에서 약자들을 위한 대책 수립, 균형을 이루기 위한 교육정책 수립 등을 주장하였다. 능률성을 기업의 입장에서 보지 않고, 사회 또 국제시장 전체의 관점에서 보는 이 주장은 한번 생각해 보아야 한다고 생각한다.

15.4.2 효과성

효과성(效果性, effectiveness)은 목적달성 여부를 말한다. 그래서 목적을 달성하지 못하면 비효과적이다. 기업의 입장에서 보면, 능률성과 효과성은 모두 중요하다. 왜냐하면 목표를 달성하더라도 자원의 한계가 있기 때문에 능률적으로 달성하여야 한다. 그러나 군대에서는 아마 상황에 따라 능률성보다는 효과성을 중요시할 수도 있다.

15.4.3 사이클타임

사이클타임(cycle time)은 단위 공정 하나의 단위를 완성하는 데 소요되는 시간이다. 즉, 원자재의 투입부터 완성될 때까지의 시간이다. 유사한 용어로 택트타임이 있다. 택트타임(tact time)은 제품 한 개를 생산하는 데 소요되는 시간을 말한다. 즉, 일일가공시간을 일일필요생산수량으로 나눈 값이다.

15.4.4 품질

　품질(品質, quality)을 측정하는 요소들은 상당히 많다. 예로, 신뢰성(reliability), 내구성(maintainability), 적합성(conformance), 불량률(defect rate) 등이 있다.

고객 성과

고객 성과는 고객과 관련된 성과이다. 고객이 불만을 느끼면 기업은 성장할 수 없기 때문에 상당히 중요한 지수이다.

15.5.1 고객만족도

고객만족도(顧客滿足度, customer satisfaction)는 제10장에서 상세하게 설명하였다. 고객만족도 지표에 대한 수준과 경향을 분석하고, 이 지수를 산업 평균, 주요 경쟁사 또는 벤치마크 수준과 비교하여야 한다. 그리고 자료는 반드시 3년 이상이 되어야 한다.

15.5.2 고객충성도

고객충성도, 고객유지, 고객권유, 고객가치 및 고객과의 관계 구축, 고객불만(클레임) 처리 등에 대한 주요 척도 및 지표의 현재 수준 및 경향을 분석하여야 한다. 또 이 지수를 산업 평균, 주요 경쟁사 또는 벤치마크 수준과 비교하여야 한다.

15.5.3 CBCV

투자자들이 기업에 대한 투자 여부를 결정할 때 다양한 요소들을 고려할 수 있다. 그런데 최근 흥미로운 주장이 나왔다. 고객을 분석하는 방법이다. 즉, 기업이 보유하고 있는 고객의 수를 분석하는 것이다. 전제는 단순하다. 기업이 수년간 거래한 고객의 수를 분석하는 것이다. 기업의 가치를 평가할 때 고객을 평가요소로 고려하지는 않았다. 의류유통회사인 Revolve Group은 IPO를 할 때 고객과 연관된 자료를 기업의 가치로 환산하여 제시하였다. 그리고 투자자들로부터 좋은 반응을 얻었다.

　이 기업의 사례를 연구한 McCarthy와 Fader(2020)는 이러한 전략을 CBCV라고 하였다. CBCV(customer-based corporate valuation)는 '고객에 기반한 기업가치 평가'로 기존의 성장위주의 접근방법을 대체하는 새로운 방법이다. CBCV는 다음과 같은 전제를 가지고 있다. 기업을 평가할 때 지금까지는 대부분 수익인 분기별 재무성과를 중시하였다. 그러면 수익은 어디에서 창출되는가? 당연히 고객이다. 그래서 CVCV는 예상되는 수익을 톱다운(top-down) 방식이 아닌 보텀압(bottom-up) 방식으로 한다. 이것은 현장에서 고객의 구매행동에 더 많은 가중치를 두고자 하는 것이다. 그래서 어떤 고객이 미래에 얼마나 구매할 지 그 행동을 예측한다. 각 개인의 구매 예측을 합하면 분기별 수익 예측이 된다.

　CBCV는 기업의 가치를 기존의 방법보다 더 정확하게 예측할 수 있다. 그래서 보다 정확한 정보를 투자자들에게 제공한다. 이 사례는 앞에서 언급한 Revolve Group에서 볼 수 있다.

인적자원 성과

15.6.1 잠재력

잠재력(潛在力, capability)은 사람들의 지식, 기법, 기량, 능력을 통하여 과업 프로세스를 달성하는 조직의 능력이다. 예를 들면, 고객관계 구축 및 유지, 신기술 혁신, 새로운 제품, 서비스, 프로세스 개발, 그리고 시장변화 적응능력 등을 말한다.

15.6.2 수용능력

수용능력(受容能力, capacity)은 과업 프로세스를 달성하고, 제품과 서비스를 수요에 관계없이 고객에게 성공적으로 공급하는 충분한 스태핑(staffing) 수준을 확신하는 조직의 능력이다.

15.6.3 직원만족도

직원만족도(職員滿足度, employee satisfaction)는 고객만족도만큼 중요한 측정치이다. 가끔 노조의 영향으로 직원만족도를 실시하지 않는 기업이 있는데, 이것은 기업의 미래에 치명적인 결점으로 노조와 협의하여 반드시 직원만족도 조사를 시행하도록 하여야 한다. 직원만족도 조사는 일관성이 있어야 하며, 조사의 결과를 반드시 다음 정책에 반영하여야 한다. 조사만 하고 실행이 없는 조사는 차라리 하지 않는 것이 좋다. 왜냐하면 기업에 대한 신뢰가 떨어지기 때문이다.

15.6.4 인당 부가가치

인당 부가가치, 인당 생산성, 인당 수익성 등을 측정하여 기업의 경쟁역량을 파악하여야 한다.

15.6.5 보상

보상(報償, compensation)은 승진, 보너스를 포함한 모든 종류의 임금과 포상 및 인정에 관한 내용을 말한다. 사람에게는 일반적으로 보상심리가 존재한다. 즉, 어떤 성과를 얻으면, 거기에 합당한 보상을 바란다.

15.6.6 복리후생

복리후생(福利厚生, fringe benefit)은 직원의 복리향상을 위하여 시행하는 임금 이외의 간접적인 제반 급부를 말한다. 예를 들면, 4대 보험(국민연금, 고용보험, 산재보험, 국민건강보험)도 복리후생에 속한다. 또 복리후생도 포괄적 복리후생과 선택적 복리후생이 있다.

리더십과 거버넌스 성과

15.7.1 경영자의 정렬성

정렬성(整列性, alignment)은 조직이 동일한 목적을 바라보고 나아가게 하는 능력을 말한다. 정렬성이 없으면, 조직에 질서가 없고 자원의 효과성을 크게 낮춘다. 그러면 조직의 경영성과가 빈약하게 나온다. 그래서 최고경영자는 조직의 사명과 핵심가치를 중시하고, 모든 구성원들이 공유하도록 리더십을 발휘하여야 한다. 또 정보도 공유하고, 직원들로 하여금 높은 성과를 달성하도록 교육과 훈련, 동기부여 등을 강화하도록 하여야 한다. 또 프로세스를 표준화하여야 한다.

15.7.2 경영자의 적응성

적응성(適應性, adaptability)은 급격하게 변화는 환경에 적절하게 대응하는 능력을 말한다. 그래서 경영자는 조직의 관료화와 수직적 및 수평적 벽을 제거하여야 한다. 또 미래를 잘 예측하기보다는 미래를 창조하고, 유연한 조직을 구축하여야 한다. 또 경영자는 시장을 보는 눈을 가져야 하며, 전략적 변곡점(strategic reflection point)을 파악하는 역량을 지녀야 한다.

15.7.3 혁신문화

변화와 혁신이 없는 조직은 성장할 수 없다. 그러므로 최고경영자는 조직에 창조적인 혁신문화를 창출하여야 한다. 말로만 창조성을 강조하면서 그러한 환경을 구축하지 않는 경영자는 직원들로부터 신뢰를 얻을 수 없다. Apple, Google, Amazon, 3M, Walt Disney World, IBM, Microsoft, Dyson, Coca-Cola, PepsiCo

등과 같은 기업들의 혁신문화를 벤치마킹하여야 한다.

15.7.4 법과 윤리

모든 기업들은 국내법과 국제법을 준수하여야 한다. 법을 준수하지 않는 기업은 범죄기업이 되어 국내 및 국제사회로부터 신용을 잃어버린다. 또 윤리를 잘 준수하여야 한다. 기업에 윤리강령을 선포하고, 뇌물 등과 같은 죄를 범하지 않도록 하여야 한다.

15.7.5 사회적 책임

최근 사회적 책임의 범위는 상당히 확대되었다. 즉, 환경까지 포함하고 있다. 전통적인 사회적 책임인 기부 단계를 넘어 CSV(Creating Shared Value)를 하는 기업들도 많이 생겼다. 또 지구온난화로 환경에 대한 관심도 점차로 증폭되었다. 기업은 이산화탄소 배출을 감소하고, 친환경 소재와 제품에 관심을 가져야 한다.

15.7.6 거버넌스

이전에 거버넌스(governance)는 주로 지배구조로 이해되었다. 지배구조(支配構造)는 기업이라는 경제활동의 단위를 둘러싼 여러 이해관계자들 간의 관계를 조정하는 메커니즘이다(www.wikipedia.org). 여기에서 지배구조의 중요한 조직은 이사회이다. 상법 제393조에 의하면, 이사회는 형식적으로 회사경영의 최고의결기관이다. 그러나 실질적으로 사장인 최고경영자가 실권을 잡고 있는 경우가 대부분이다. 이에 사내이사와 사외이사 간의 균형이 필요하다고 본다.

그러나 최근 거버넌스는 열린 구조인 협치(協治)를 중요시한다. 지배구조는 대표성을 중요시하지만, 거버넌스는 대표성과 이해관계자들이 서로 상의하여 결과를 도출하는 협치를 중요시한다.

재무, 마케팅, 전략 성과

15.8.1 재무 성과

수익성(收益性, profitability)은 투자한 금액에 대해 회수할 수 있는 금액에 대한 비율이다. 여기에는 매출이익률, 영업이익률, 자기자본수익률 등이 있다. 부가가치 (附加價値, value added)는 생산활동을 통하여 새롭게 추가된 가치를 말한다.

15.8.2 마케팅 성과

고객만족도, 고객불만, 고객충성도, 브랜드매력도, 마케팅 ROI, 그리고 ROAS (Return on Ad Spend) 등이 있다.

15.8.3 전략 성과

대표적인 지수로 BSC(Balanced Score Card)를 들 수 있다.

사례 I MBNQA 수상 조직 MidwayUSA

이미지 출처: www.midwayusa.com

2015년 중소기업 부문에서 MBNQA를 수상한 MidwayUSA는 촬영, 사냥 및 야외 활동을 위한 "Just About Everything"®을 제공하는 인터넷 소매업체로, 800개 이상의 공급업체에서 120만 명의 활성고객에게 110만개 이상의 제품을 제공하는 시장부문의 세계적 리더이다. 2014년 총매출은 3억 5천만 달러이며, 본사는 미국 미주리(Missouri)주 콜롬비아에 있고, 350명 이상의 직원들이 있다. 직원들은 사격, 사냥 및 야외 스포츠에 대한 깊은 열정을 가지고 있어, 개인지식과 통찰력을 사용하여 고객에게 더 나은 서비스를 제공한다. 2006년부터 MBNQA 모델을 사용한 이래 MidwayUSA는 "고객의 이익을 위해 미국에서 가장 잘 운영되고 가장 존경받는 비즈니스"라는 비전을 설정하였다. MBNQA 수상은 2009년에 이어 두 번째 수상이다.

MidwayUSA는 환경보호를 중요시한다. 그래서 2008년에 땅콩을 포장하는 스티로폼을 재활용 플라스틱으로 만든 팽창식 공기베개로 교체하였다. 그리고 MidwayUSA에는 사실상 종이가 없다. 왜냐하면 대부분의 마케팅 및 비즈니스 거래가 전자로 이루어지기 때문이다. 그래서 MidwayUSA는 폐기물 회수 및 자원관리, 재활용종이, 플라스틱, 판지, 팔레트 및 금속 분야의 커뮤니티 리더가 되었다.

MidwayUSA는 고객을 최우선으로 하고 있다. 그래서 구매 여부에 관계없이 즉각적이고 실행가능한 고객 피드백을 추구한다. 구매하는 고객은 주문 이행 이후 거래의 각 단계에서 설문조사를 받는다. 비구매자들도 설문조사를 통해 그들의 욕구 및 선호도를 파악하고 있다. 그 결과, 2013~2014년 동안 MidwayUSA의 고객유지율은 인터넷 소매업체의 국가기준보다 23% 높다.

MBNQA의 도입으로 MidwayUSA는 재정적으로도 좋은 결실을 맺었다. 지난 11년 동안 업계에서 가장 빠르게 성장하는 기업 중 하나가 되었으며, 순이익의 연평균 43.8% 성장률과 총매출에서 연평균 21.3%의 성장률을 유지하였다. 이는 국가기준인 각각 4%와 6.9%를 크게 상회한 수치이다. 자산수익률도 지난 5년 동안 평균 80%로 위험관리협회(RMA, 회원들이 위험을 식별하고 관리하는 데 도움을 주는 전국협회)의 20% 벤치마크보다 훨씬 높다.

　　MidwayUSA는 이웃과 사회에 대한 배려도 깊다. 그래서 경영진과 직원들은 자신이 일하고 사는 지역사회에 대해 깊은 관심을 가지고 있다. MidwayUSA는 자선단체(2008년부터 1억 달러 기부)에 기여하고, 헌혈운동을 실시하고, 주요 보존단체와 협력하여 게임 및 토지자원을 보존하고, 총격, 사냥, 총기 안전 및 야외 기술분야의 교육 및 훈련을 지원하고 있다. 2012년에는 지역 어린이들이 국가대회에 참석하여 보존 및 환경관리에 대해 배울 수 있도록 돕는 청소년 야생동물 보호 체험을 시작하였다.

출처: www.nist.gov/baldrige/midwayusa-2015, www.midwayusa.com

참고문헌

조성일, 성과주의의 명과 암, POSRI 이슈리포트, 포스코경영연구원, 2019.7.3.

Drucker, Peter F., 프로페셔널의 조건; 어떻게 자기 실현을 할 것인가, 이재규 옮김, 청림출판, 2000.

Harris, Michael and Bill Taylor, "Don't Let Metrics Undermine Your Business," Harvard Business Review, September — October 2019, 63 — 69.

Martin, Roger L., "The High Price of Efficiency," Harvard Business Review, January — February 2019, 43 — 55.

McCarthy, Daniel and Peter Fader, 'How to Value a Company by Analyzing its Customers," Harvard Business Review, January — February 2020, 51 — 55.

www.nist.gov

www.nist.gov/baldrige/midwayusa — 2015

www.midwayusa.com

www.wikipedia.org

MANAGEMENTQUALITY

대부분의 품질 프로그램은
다음 두 가지 원인 중
한 가지로 인하여
실패한다.

열정 없는 시스템
또는
시스템 없는 열정

- Tom Peters -

CHAPTER 16

6시그마

6시그마는 1987년 모토로라(Motorola)에서 MBNQA(Malcolm Baldrige National Quality Award)를 받기 위해 기업의 노력을 체계화하고 조직화하는 하나의 수단으로 추진되었다. 모토로라는 이듬해인 1988년 6시그마 덕택에 첫 번째로 MBNQA를 수상한 기업이 되었다. 1989년 IBM의 임원들이 6시그마를 배우기 위해 모토로라를 방문하였다. 그리고 1년 후인 1990년 미국 미네소타(Minnesota)주의 로체스터(Rochester)시에 있는 IBM의 ABSD(Application Business Systems Division)가 MBNQA를 수상하였다.

6시그마가 소개된 지 30년이 넘었다. 일반적으로 혁신개념의 수명은 그 개념이 잘 알려지고 난 후 10년을 넘기지 못한다고 한다. 이렇게 보았을 때 6시그마의 수명은 다른 혁신보다는 비교적 길다고 할 수 있다. 그리고 거기에는 분명히 어떤 이유가 있을 것이다. 제16장에서는 다음과 같은 주제들을 다루고자 한다.

16.1 6시그마 개념
16.2 6시그마 수준
16.3 6시그마와 품질수준
16.4 DMAIC
16.5 DFSS
16.6 린 6시그마

6시그마 개념

16.1.1. 시그마

시그마(sigma)는 원래 고대 알파벳 24개 글자 중 18번째 이름으로 문자로 쓸 때에는 'σ'로 표기한다. 그리스문자 'σ'는 통계학에서는 표준편차를 말하며, 산포(散布, variability)를 표시하는 여러 측정치 중 하나이다. 6시그마에 있어서 표준편차는 두 가지 의미를 지니고 있다. 첫째, 어떤 특정의 점 또는 목표에서 얼마나 떨어져 있는가? 둘째, 다른 것과 얼마나 차이가 있는가?

그런데 왜 시그마라는 개념을 사용하였을까? 1980년대 초 복잡성이나 특성에 상관없이 다양한 제품들의 품질을 보편적으로 측정하는 통계적인 측정치가 필요하게 되었다. 그래서 나온 개념이 시그마이다. 시그마는 결점의 발생가능성을 알려주며, 모든 경영활동을 객관적인 통계수치로 나타낸다. 따라서 제품이나 업종 및 프로세스가 다르더라도 시그마를 이용하여 각 업종을 비교할 수 있다. 또 고객만족의 달성 정도와 방향 및 위치 등을 정확히 알 수 있게 해 준다. 이렇게 시그마는 제품과 서비스 프로세스의 적합성을 측정하는 탁월한 척도이다(Harry, 1998).

시그마 값이 높아질수록 품질이 우수하고, 시그마 값이 낮아질수록 좋지 않은 품질을 나타낸다. 또 시그마가 한 단계씩 향상될 때마다 결함의 수는 정비례로 감소되지 않고 기하급수적으로 감소된다. 이렇게 시그마의 값이 올라가면, 제품의 신뢰성이 급속도로 향상되고, 테스트와 검사의 필요성이 급격하게 감소되고, 재고가 급속히 감소한다. 이것은 다시 비용과 사이클타임을 감소시켜 고객만족도를 크게 증가시킨다.

16.1.2 6시그마의 정의, 목표, 원리

16.1.2.1 6시그마의 정의

6시그마에 대한 정의는 다양하다. 여기에서는 중요한 몇 가지 정의만 소개하고자 한다. Snee(1999)와 Fontenot(1994)는 6시그마를 "무결점을 달성하고자 하는 프로세스 능력과 백만 개 중에서 단지 3.4개의 불량 제품과 서비스를 생산하는 능력, 즉 초일류의 공정능력을 측정하는 통계적 단위"라고 정의하였다. Blakeslee(1999)는 6시그마를 "기업에서 발생하는 문제의 근원을 분석하고, 그 문제를 해결하기 위해 데이터에 의존하고, 높은 성과를 제공하는 기법"이라고 정의하였다(<그림 16-1> 참조).

┃그림 16-1 6시그마 비즈니스 개선

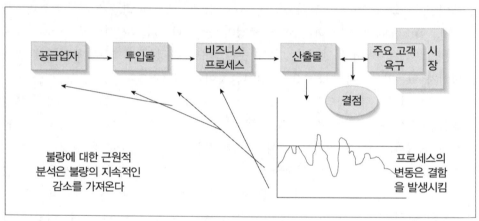

출처: Jerome A. Blakeslee Jr., "Implementing the Six Sigma Solution," Quality Progress, July 1999, 78.

6시그마 창시자인 Harry와 Schroeder(2000)는 6시그마를 다음처럼 정의하였다. "6시그마란 자원의 낭비를 극소화하는 동시에 고객만족을 증대시키는 방법으로 일상적인 기업활동을 설계하고 관리하여 수익성을 엄청나게 향상시키는 비즈니스 프로세스"이다. 그래서 6시그마는 낭비를 제거하여 자원을 가장 효율적으로 사용한다. 낭비제거는 사실 6시그마뿐만 아니라, 일본의 JIT(Just-In-Time)에서도 중시하는 요소이다.

이제 기업들의 정의를 보기로 하자. TRW는 '6시그마를 기업 성과(고객중심, 직원참여, 문화변혁)를 개선하기 위한 체계적이고 단련된, 그리고 데이터에 의거한 프로세스'라고 정의하였다. GE는 '6시그마는 슬로건 또는 구호가 아니며, 거의 완벽한 제품과 서비스를 개발하는 고도의 단련된 프로세스'라고 하였다(www.ge.com). 듀퐁(DuPont)은 "실제 업무상 실현될 수 있는 가장 낮은 수준의 에러(error)로 거의 불량품이 나오지 않는 21세기 기업 생존을 위한 새로운 경영혁신 전략"이라고 정의하였다(www.dupont.com).

이러한 정의들에 의거하여 6시그마를 다음처럼 정의한다.

6시그마는 고객과 기업의 가치를 증진시키기 위해
과학적인 방법을 이용하여 프로세스의 변동을
전사적으로 제거함으로써 조직원의 행동과 기업의 문화를
바꾸는 경영혁신전략이다.

16.1.2.2 6시그마 목표

6시그마 목표는 협의와 광의로 생각할 수 있다. 먼저 협의의 관점에서 6시그마는 프로세스의 편차를 감소하는 것이다. 편차는 기업의 모든 활동에 항상 존재하며, 불량률을 증가하여 고객의 만족도와 기업의 수익성을 감소시킨다. 그래서 Blakeslee(1999)는 6시그마의 목표를 "편차를 감소하여 제품과 서비스를 지속적으로 고객의 욕구 안에 두는 것"이라고 하였다(<그림 16-2> 참조). 그래서 "고객에게 불량품을 주는 B곡선을 A곡선의 위치로 이동시켜야 한다"고 하였다. 또 편차를 감소하는 다른 방법은 평균 주위의 분산을 감소하는 것이다. Yilmaz와 Chatterjee(2000)도 "6시그마의 목표는 결함이 발생하기 전에 품질문제의 원인을 제거하는 것"이라고 하였다.

그러나 광의로 보았을 때 6시그마의 목표는 6시그마 품질수준을 달성하는 것이 아니고, 수익성을 향상하는 것이다. 그렇다. 기존의 많은 품질기법과는 달리 6시그마의 목적은 품질을 향상시키는 것이 아니다. 과거의 품질 프로그램들은 대체로 기업의 품질을 향상시키는 데에는 유효하였지만, 수익성을 향상시키는 데에는 그리 효과가 없었다. 그래서 많은 기업들이 내부 프로세스를 개선하지도 않고 엄청난 비용을 들여 고품질의 제품과 서비스를 생산하였다. 이것은 기업의 수익성을 떨어뜨렸다. 예로, 듀퐁케미컬(DuPont Chemical)은 품질도 향상되고 시장점유율도 향상되었지만 수익성은 개선되지 않아, 6시그마를 도입하였다. 이렇게 6시그마는 품질과 시스템의 효율성을 향상시켜 수익성과 시장점유율을 향상시킨다. 즉, 6시그마는 다른 품질 프로그램들과는 달리 단지 품질 자체를 위해 품질을 추구하지 않고, 고객과 기업의 가치를 증가시키는 경우에 한하여 품질을 향상한다.

▎그림 16-2 협의로 본 6시그마의 목표

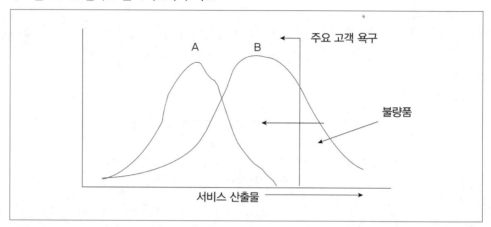

출처: Jerome A. Blakeslee, "Implementing the Six Sigma Solution," Quality Progress, July 1999, 78.

또 Harry(1998)는 "6시그마의 장기적 목표가 기업에서 6시그마 수준을 달성하기 위해 전 계층에 걸쳐 전사적으로 시스템을 통합하고 표준화하는 것"이라고 하였다. 6시그마는 정확한 데이터 수집과 통계분석을 활용하여 오류의 원천을 정확히 파악하고, 그것들을 제거하는 체계적인 방법이다. 6시그마는 통계분석을 통하여 평균값이 목표치를 벗어나는 원인을 파악하고 시정조치한다. 그래서 공정의 중심화와 산포의 극소화를 추구한다. 이렇게 6시그마의 통계적 분석과 성과측정 능력은 다른 품질 프로그램들에서 발견된 사소한 결함들도 모두 제거한다.

6시그마를 활용하는 프로젝트들은 단지 지속적 개선이라는 모호한 개념이 아닌, 고객의 피드백과 달성가능한 원가절감의 효과를 제공하기 때문에 그 효과가 크다. 6시그마는 고객에게 가장 큰 영향을 미치고, 궁극적으로 수익성에 가장 많이 영향을 주는 개선을 가장 중요시한다. 즉, 6시그마는 비즈니스에 가장 영향을 많이 끼치는 개선에 중점을 가장 많이 둔다. 6시그마의 목표는 이렇게 수익성을 개선하는 것이다. 이것이 과거의 품질기법들과 6시그마의 근본적인 차이점이다.

16.1.2.3 6시그마 원리

6시그마의 원리는 고품질의 제품이 비용이 더 적게 든다는 것이다. 나쁜 품질은 소비자와 생산자에게 비용을 발생시킨다. 즉, 결함이 많아지면 검사를 많이 하게 되고, 이것은 사이클타임을 길게 하여 재고와 비용을 증가시켜서 고객의 불만을 야기한다. 그래서 결국 소비자는 제품을 구입하지 않게 된다. 이렇게 6시그마는 프로세스를 개선하여 수리비, 품질보증비, 또는 재작업비와 같은 품질코스트를 감소함으로써 원가를 낮춘다.

6시그마 수준

6시그마에 대한 모토로라의 개념은 불량품이 수율, 신뢰성, 사이클타임, 재고, 그리고 생산계획 등에 영향을 끼친다는 사실에 기인한다. 일반적으로 불량품은 표준 규격의 범위를 벗어남으로써 발생한다. 표준규격은 USL(Upper Specification Limit), T(Target), 그리고 LSL(Lower Specification Limit)의 세 가지 요소로 구성되는데, 품질 특성치가 이 범위를 벗어나게 되면 불량으로 판정된다. 그리고 USL과 LSL을 사용하는 곳은 정규분포를 기반으로 한다.

모토로라는 한때 결함을 천 개 기준으로 측정하였다. 그러나 이 기준은 시대의 흐름에 맞지도 않았고, 또 품질의 중요성 때문에 폐지되었다. 그래서 다음으로 사용한 기준이 백만 개 기준으로 측정하는 ppm(parts per million)이었다. 그리고 지금은 결함을 십억 개 기준, 즉 ppb(parts per billion)로 측정한다.

1992년 모토로라의 목표는 6시그마였다. 6시그마는 통계적인 용어로, 99.99966%의 양질의 품질을 의미한다(<그림 16-3> 참조). 6시그마 수준에서 생산되는 제품은 백만 번 기회 중 결점수(Defects Per Million Opportunities; DPMO)가 0.002이다. 그러므로 6시그마는 0.002ppm을 의미한다. 과거의 대표적인 표준이었던 4시그마는 DPMO가 63개이고, 5시그마는 0.57개이다. <표 16-1>은 각 시그마 품질수준에 해당되는 천번 기회 중의 결점수와 DPMO를 보여주고 있다. 여기에서 결점기회는 모든 CTQ(Critical to Quality)의 합을 말한다.

▌그림 16-3 6시그마 품질

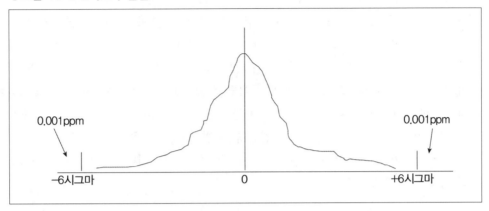

▼ 표 16-1 각각의 시그마 품질수준과 결점수

품질수준	천 번 중의 결점수	DPMO
1시그마	317	317,310
2시그마	45	45,500
3시그마	2.7	2,700
3.5시그마	0.465	465
4시그마	0.063	63
4.5시그마	0.0068	6.8
5시그마	0.00057	0.57
6시그마	0.000002	0.002

　　6시그마에서 말하는 결함은 전에 비해 훨씬 광범위한 의미를 지니고 있다. 과거의 결함은 고객의 기대나 요구를 충족시키지 못하는 모든 것들을 의미하였다. 그러나 6시그마에 있어서 결함은 프로세스나 서비스를 방해하는 모든 요인들을 말한다.

　　6시그마 수준은 과거의 표준이었던 4시그마 수준, 즉 백만 번 기회 중 6,210 번의 결함과는 극명하게 대조된다. 6시그마 수준은 과거의 수준 보다 약 1,800배 높은 수준을 요구하는데, 이런 높은 수준은 일반적인 상식으로는 절대로 달성할 수 없고, 전혀 새로운 방법에 의해서만 달성이 가능하다. 이 새로운 방법은 제품 및 서비스의 생산방법에 대해 과거와는 다른 새로운 질문을 던지고, 그리고 새로운 질문에 대한 답을 측정하여야 한다.

　　그리고 6시그마 수준에 도달하게 되면 - 제조, 엔지니어링, 관리, 판매, 또는 서비스 등 어디서든지 − 기업은 과거에 결함을 예측하고, 발견하고, 수정하는 데 사용했던 자원들을 고객들을 그리고 궁극적으로는 기업을 위해 가치를 높이는 활동에 투입하게 된다. 프로세스에 결함이 생길 때마다, 우리는 그 결함을 발견하고 분석하고 시정하기 위하여 시간, 인력, 자본재, 간접비, 자재 등을 사용하게 된다. 이러한 발견과 분석 그리고 시정의 사이클은 고객만족의 세 요소 − 즉, 최고품질의 제품을 적절한 가격으로 정시에 공급하는 것 − 와 직접 연결된다. 불량품이 발생할 가능성이 아주 낮아지면, 결함을 발견하고, 분석하고, 시정하는 시스템을 유지할 필요가 사실상 없게 되어 비용이 극적으로 감소된다. 이것이 바로 6시그마의 궁극적인 목표이다.

6시그마와 품질코스트

6시그마에서는 산포를 불량 때문에 발생하는 비용이라고 보고 있다. 그런데 실제로 기업에서 측정하는 품질코스트는 빙산의 일각에 불과하다. 일반적으로 빙산에서 보이는 부분은 매출액의 5~8%밖에 되지 않는 극히 작은 부분이다. 문제는 물밑, 즉 미처 인식하지 못하면 보이지 않는 오류에 원인이 있는 비용이다. 이렇게 물에 잠긴 빙산의 아래 부분은 전체 품질코스트의 대부분을 차지하고 있다. 그러므로 6시그마를 도입하는 기업에서는 숨겨진 비용까지 측정하여 개선하여야 한다.

6시그마에서는 이 품질코스트를 화폐 언어인 금액으로 표시한다. 그래서 기업의 공통 목표와 연결시킬 수 있는 인프라를 구축한다. 이렇게 6시그마는 품질코스트를 감소하고자 한다. 즉, 6시그마는 COPQ(Cost of Poor Quality)와 CTQ를 두 가지 주요한 요인으로 삼고 있다. 6시그마 수준과 품질코스트의 관계는 <표 16-2>와 같다.

▼ 표 16-2 시그마 수준과 품질코스트

시그마 수준	매출액 대비 품질코스트	비고
1		
2	30 ~ 40%	경쟁력 없음
3	20 ~ 30%	
4	15 ~ 20%	산업 평균
5	10 ~ 15%	
6	10%보다 적음	세계 초일류

출처: Mikel A. Harry, "Six Sigma: A Breakthrough Strategy for Profitability," Quality Progress, May 1998, 61.

6시그마 수준에 있는 글로벌 초일류기업은 매출액 대비 품질코스트가 10%보다 적고, 5시그마는 10~15% 정도 된다. 4시그마는 산업 평균으로서 15~20% 정도 된다. 여기에서의 품질코스트는 보이지 않는 비용을 포함한 수치이다.

서비스기업의 품질코스트는 어떨까? 서비스기업의 품질코스트는 제조업체처럼 그리 명확하지는 않다. 그러나 서비스업체의 운영코스트 중 30~50%가 품질코스트이며, 그 중에서 약 70%는 실패코스트로 보고 있다. 그리고 실패코스트의 대부분은 재작업코스트이다. 비록 서비스기업에서 품질코스트의 측정이 어렵다 하더라도 품질코스트를 소홀히 해서는 안 된다. 리츠칼튼호텔에서는 서비스 품질코스트의 보고서를 가장 중요시하고 있다.

DMAIC

6시그마 혁신전략인 DMAIC는 6시그마의 목표를 달성하기 위한 수단이며, 경쟁력을 향상시키는 고도의 전략이다. DMAIC는 기업의 시그마 수준을 향상시킨다. 그래서 제품 및 서비스의 품질을 향상하고, 원가를 절감시킨다. 또 고객만족경영을 실천하고, 기업의 경쟁력을 강화한다. DMAIC는 기업 또는 사람에 따라 전략의 범위가 달라진다. 사실 DMAIC는 Shewhart와 Deming의 PDCA 사이클과 상당히 유사한 방법론이지만, PDCA 사이클보다 훨씬 정교하다.

DMAIC는 가장 보편적인 혁신전략이다. 그러나 기업에 따라 달리 사용하기도 한다. 예를 들어, Dell에서는 R(Report out)을 첨가하여 DMAICR를 사용하기도 한다.

16.4.1 정의(define)

DMAIC의 첫 번째 단계인 정의단계는 6시그마 프로젝트에 대해 구체적으로 계획을 명기하고, CTQ를 설정한다. 구체적으로 프로젝트의 출발점을 결정하며, 먼저 해결하여야 할 문제점과 고객의 욕구를 파악한다. 그리고 제조라인과 서비스 프로세스 중에서 실행할 6시그마 프로젝트를 선정하고, 정의하고, 승인한다. 또 프로젝트를 실천하는 팀원들과 리더를 선정하고, 프로젝트 목표 및 문제점, 그리고 추진일정 및 기대하는 재무성과 등을 결정한다. 이렇게 정의단계에서는 프로젝트의 범위와 경계를 결정한다. 정의단계에서 활용하는 주요 도구로는 고객 인터뷰, VOC(Voice of Customer), 프로세스 맵핑(process mapping), QFD(Quality Function Deployment), 브레인스토밍(brainstorming), SIPOC, 벤치마킹, 그리고 FEA(Financial Effect Analysis) 검증기준 등이 있다.

16.4.2 측정(measure)

두 번째 단계인 측정단계는 모든 것을 계량적으로 측정하는 단계이며, 6시그마에 있어서 상당히 중요하다. 왜냐하면 무엇인가 개선하려면 반드시 측정을 하여야 하기 때문이다. 그래서 관리하고 또 변화하기를 원하는 모든 활동은 반드시 계량적으로 측정하여야 한다. 이것은 관리의 기본이다. 제조업체는 물론이고 서비스업체도 관리하기 위해서는 측정하여야 한다. 기업은 어떤 대상이든지 측정하기 전까지는 그 대상에 대해 잘 알지 못한다. 또 기업은 가치가 없다고 판단되는 활동은 측정하지 않는 것이 상례이다. 그래서 어떤 기업의 가치를 알고 싶다면, 그 기업이 무엇을 측정하고 있는지 보면 된다. 예를 들어, 직원만족을 중요시하는 기업은 직원 만족도를 측정할 것이고, 납기를 중시하는 기업은 납기율을 측정할 것이다. 우리도 일반적으로 우리가 관심 있는 것만을 주의 깊게 보고 평가하는 경향이 있다. 이것은 아주 보편적인 현상이다. 그러므로 어떤 사람을 평가하고자 한다면, 그 사람이 현재 주로 하고 있는 활동을 보면 된다. 마찬가지로 어떤 기업을 평가하고자 한다면 그 기업이 주로 수행하고 그리고 평가하고 있는 활동을 보면 된다.

이렇게 측정단계에서는 기업이 당면하고 있는 현재상황을 명확하게 파악하여야 한다. 여기에서 현재상황이란 현재 프로세스의 흐름과 문제점, 기업에 가장 심각한 영향을 주는 프로세스, CTQ, 수익성에 영향을 주는 활동 등이다. 그런데 측정단계에서 한 가지 유의할 점은 6시그마가 제품 전체가 아닌 각각의 CTQ에 적용된다는 점이다. 즉, 6시그마는 제품 전체의 품질을 한 번에 개선시키는 것이 아니고, 제품에 있는 각각의 CTQ를 측정하고 개선한다는 것이다. 그래서 측정단계에 있어서 블랙벨트는 하나 또는 그 이상의 CTQ를 선정하고, 이 CTQ와 관련된 모든 프로세스를 파악하고, 관련된 요소들을 측정하고, 그 결과를 기록하고, 그리고 단기 및 장기 프로세스 능력을 추정한다.

그리고 측정이나 개선을 하기 위해서는 반드시 데이터가 필요하다. 이것은 개선하기 위해서는 수치적인 목표가 필요하기 때문이다. 6시그마에서는 모든 활동을 전부 측정한다고 하였다. 그래서 측정단계에서는 객관적인 데이터가 필요하다. 측정단계에서 활용하는 주요 도구로는 공정능력지수, 관리도, 분산분석 등이 있다.

16.4.3 분석(analyze)

분석단계는 측정단계에서 수집한 자료를 이용하여 가장 많은 문제점을 발생시키는 요인들을 파악하는 것이다. 그리고 특히 문제를 파악하기 위해서 통계적인 기법을 많이 이용한다. 분석단계에서는 다시 파악된 실제 문제점을 통계적인 문제로 전환시킨다. 그리고 이 문제들이 지속적 또는 간헐적으로 발생하는지 그리고 기술 또는 프로세스와 관련된 문제인지를 분석한다. 이 분석단계에 있어서 블랙벨트는 주요한 제품의 성능을 분석하여 관련된 결함의 원인을 파악하고, 제품에 최상의 성능을 주는 요인들을 찾아낸다. 사용하는 주요 도구로는 다변량분석, FMEA, 그래프 등이 있다.

16.4.4 개선(improve)

개선단계는 앞의 분석단계에서 파악한 문제점들을 제거하기 위해 실제로 개선방안을 강구하는 단계로, 실제로 프로세스를 개선한다. 개선이 없는 분석은 아무 의미가 없다. 그래서 프로세스에 변동을 발생시키는 핵심적인 요인들을 실험계획법이나 6시그마 설계(DFSS: Design for Six Sigma), 또는 Taguchi 기법 등을 이용하여 개선한다.

16.4.5 관리(control)

관리단계에서는 개선된 프로세스를 문서화하고, 검토하고, 재분석하며, 개선된 새로운 프로세스가 목표로 하는 효과를 실제로 달성하고 있는지를 지속적으로 검토하고 파악한다. 그래서 동일한 문제가 재발하지 않도록 개선된 프로세스를 지속적으로 관리한다. 또 더 나아가 6시그마 프로젝트의 우수한 성과를 일상적인 업무로 표준화하고 통합시킨다. 사용하는 주요 도구로는 관리도 등을 들 수 있다.

DFSS

품질의 문제는 사실 생산이 아닌 설계과정에서 더 많이 발생한다. 이것은 제품 및 서비스 그리고 프로세스 설계단계부터 품질에 중점을 두어야 한다는 것을 의미한다. 즉, 제품의 설계품질이 좋아야 제품의 품질이 좋아지게 되는 것이다. 6시그마를 추진하는 기업은 설계품질의 개선 없이는 절대로 6시그마의 목표를 달성할 수 없다.

6시그마 설계는 마케팅, 연구개발, 엔지니어링, 구매, 물류 등 다른 부서 사람들의 의견이 필요하다. 이렇게 기업의 모든 부서가 협동으로 의사결정을 하는 동시설계 과정이다. 그래서 제품과 서비스 설계, 그리고 프로세스 설계를 동시에 진행하여야 한다. 이것은 기업에게 설계변동과 생산 사이클타임의 감소, 그리고 품질향상과 비용감소의 효과를 제공해 준다.

DFSS(Design for Six Sigma)는 GE, Delphi, Dow Chemical, Motorola, Automotive Systems, Ford, DuPont, Caterpillar와 같은 세계의 많은 기업들에 의해 그 효과가 입증되었고, 지금도 많은 기업들이 도입하고 있다. 우리나라에서도 LG전자, 삼성전기, 삼성 SDI, 포스코와 같은 많은 기업에서 DFSS를 효과적으로 이용하고 있다.

 사례 ▌ 듀퐁의 DFSS

2001년 듀퐁(DuPont)은 수익성장을 위한 네트워크 구축과 더불어, DFSS를 보다 적극적으로 실행할 계획을 세웠다. 기존의 DMAIC는 기존 제품이나 내부 업무체계를 개선하는 데에는 효과적이지만, 제품의 사이클을 감소하거나 불량률 개선에는 한계가 있었다. 그래서 새로운 제품이나 프로세스를 개발하는 데 효과적인 DFSS를 도입하기로 하였다.

DFSS란 신제품, 프로세스, 서비스, 사무간접 활동, 이벤트 등을 설계할 때 직접 품질을 반영시키는 통합적 개념 및 방법을 말한다. DFSS는 최적의 설계를 파악하고 수립하며 그 효과를 입증하여 원래 의도했던 '가치부여(entitlement)'를 실현시키는 데 초점을 두었다. '가치부여'란 6시그마의 핵심 개념으로서, 인력과 프로세스들의 수준을 극대화시킴으로써 얻을 수 있는 최고의 수준을 의미한다.

듀퐁에서는 DFSS의 활용, 혁신전략을 통한 고객의 문제 해결, 품질기능 전개(QFD)와 같은 표준화된 방법을 통해 고객을 도와주고, 그들이 수익을 증대할 수 있는 방법을 찾도록 하였다.

출처: Michael Harry and Don Linsenmann, Six Sigma Fieldbook, 안영진 옮김, 한국표준협회미디어, 2006.

16.5.1 DFSS란 무엇인가?

6시그마는 기존의 프로세스에서 발생하는 편차를 감소하여 불량을 감소한다. 여기에 비해 DFSS는 기존의 프로세스를 개선하는 것이 아니고, 프로세스를 새로 설계하거나 또는 재설계하여 처음부터 불량이 발생하지 않도록 한다.

Harry와 Schroeder(2000)는 "DFSS는 제품 및 서비스를 설계하는 엄밀한 방법으로서, 처음부터 기업들로 하여금 고객의 기대를 충족시킬 수 있도록 하는 프로세스"라고 정의하였다. 그리고 DFSS의 세 가지 목적을 다음처럼 말하였다. 첫째, 자원을 능률적으로 사용한다. 둘째, 복잡성과 수량에 관계없이 높은 수율을 발생시킨다. 셋째, 프로세스 변동이 발생하지 않는 로바스트 설계를 가능하게 한다.

GE에서는 DFSS를 다음처럼 설명하였다(Treichler 등, 2002). DFSS의 핵심은 초기단계부터 설계품질을 측정하고, 품질개선을 꾀하는 것으로서, 훨씬 후에 문제를 개선하는 것보다는 6시그마 수준을 훨씬 능률적이고 경제적으로 달성하게 해주는 방법이다.

앞에서도 이미 언급하였지만, 6시그마는 수익성을 향상하기 위하여 기존의 프로세스를 지속적으로 개선하는 것이다. 그러나 DFSS는 6시그마와 완전히 다른 방법론이다. 즉, DFSS는 초기부터 새로운 프로세스 자체를 개발하거나 기존의 프로세스를 재설계하는 것이다. 그래서 후에 문제점이 발생하는 것을 미리 예방하는 것이다. 그래서 DFSS는 처음부터 오류가 없는 프로세스를 개발하여 후에 문제가 발생하지 않도록 하는 방법이다. 고장이 발생한 것을 수리하는 것은 6시그마이고,

고장이 발생하지 않도록 설계하는 것은 DFSS이다.

16.5.2 DMAIC와 DFSS

DFSS를 추진하는 단계는 6시그마와 다르다. 6시그마에서는 DMAIC를 사용하지만 DFSS에서는 다른 단계를 사용한다. <그림 16-4>를 보면서 설명하기로 한다.

┃그림 16-4 DMAIC와 DFSS

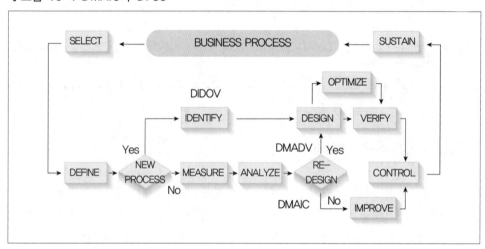

6시그마의 DMAIC는 <그림 16-4>의 하단에서 볼 수 있다. DMAIC는 정의단계 이후에 새로운 프로세스를 설계하지 않는다. 또 분석단계 다음에도 재설계를 하지 않고 바로 개선단계로 진행한다. 즉, 앞에서 설명하였듯이 기존의 프로세스를 개선하는 개념이다. <그림 16-4>에서 볼 수 있는 DMADV와 DIDOV는 DFSS의 방법이다. 이것은 새로운 설계를 하거나 또는 재설계를 한다.

16.5.3 DMADV

GE에서는 1997년부터 DFSS를 도입하였다. GE에서는 DMAIC를 연구개발센터에서 DMADV로 변형하여 사용하였다. DMADV는 D(Define)-M(Measure)-A(Analyze)-D(Design)-V(Verify)이다. D(정의)단계는 DMAIC의 정의단계와 유사하다. 그러나 DMAIC에서는 기존의 프로세스를 개선하지만, DMADV에서는 새로운 제품 및 서비스를 설계하는 것이기 때문에 더 복잡하다. M(측정)단계에서는

CTQ를 결정하고, CTQ를 측정할 측정시스템을 설정한다. 그러나 기존의 제품 및 서비스설계를 개선하지 않는 한 기존의 프로세스를 측정하지는 않는다. A(분석)단계는 측정단계에서 설정한 CTQ의 최적설계를 수행한다. 그리고 최종설계는 다음의 D(설계)단계에서 완성된다. V(검증)단계는 실제상황에서 새로운 설계를 테스트하여 설계능력을 검증하는 단계이다. 제조품인 경우에는 직접 현장에서 시제품을 생산하는 것이다. 그러나 검증단계에서 오류가 발생하는 경우에는 다시 이전의 단계로 되돌아가 다시 시작하여야 한다. DFSS를 사용하여 GE Medical Systems에서는 LightSpeed CT Scanner를 개발하여 큰 성과를 거두었다.

16.5.4 DIDOV

DIDOV는 D(Define) − I(Identify) − D(Design) − O(Optimize) − V(Verify)이다. 첫 번째 단계는 정의(define)이다. 정의단계의 목적은 처음부터 일을 올바르게 시작하고, 팀의 목적을 명확하게 하는 데 있다. 그래서 정의단계에서는 프로젝트의 목적, 범위, 계획, 일정, 예산, 필요로 하는 자원, 수행 기간, 기대되는 성과 등을 명시한다. 특히 DFSS에서의 프로젝트의 목적은 6시그마의 프로젝트의 목적에 비해 장기적이어야 한다. DFSS의 목적은 주로 수익성, 고객만족, 낭비, 기술 등으로 표현된다. 기대되는 성과는 가격, 비용, 판매량 등으로 표시한다. 또 고객의 욕구를 파악하고, CTQ의 잠재적인 요인들을 파악한다. 여기에서는 QFD를 주로 사용한다.

두 번째 단계는 파악(identify)이다. 파악단계에서는 고객의 욕구를 분명히 파악하고, 고객의 추상적인 욕구를 제품 및 서비스의 구체적인 특성으로 전환한다. 고객의 욕구는 주로 VOC를 통해 수집된다. 그리고 고객의 욕구를 중요한 순으로 순위를 매긴 다음 기술적인 용어로 전환시킨다. 그리고 고객의 욕구에 대한 목표를 설정한다. 여기에서도 QFD를 주로 사용한다.

세 번째 단계는 설계(design)이다. 설계단계에서는 창의적인 발상으로 고객의 욕구를 충족시키는 다양한 모형을 개발하고, 이 다양한 모형을 객관적인 방법에 의해 평가하고, 그 중에서 최선의 모형을 선택하는 것이다. 창의적인 아이디어를 수집하는 방법으로는 브레인스토밍, TRIZ 등이 있다.

네 번째 단계는 최적화(optimize)이다. 최적화단계에서는 로바스트 설계를 이용하여 앞에서 선정한 모형의 설계를 최적화하는 것이다. 로바스트 설계(robust design)는 이상적인 기능을 파악함으로써 시작된다. 제품은 물리적인 법칙, 그리고 프로세스는 에너지 전환 법칙이나 또는 정보의 흐름에 의해 이상적인 기능을 파악한다. 다음으로는 에너지나 정보 전환의 변동을 극소화하는 설계를 추구한다.

마지막 단계는 검증(verify)이다. 검증단계에서는 최적화된 설계가 계획대로 제대로 작동되는지를 확인하고, 관리하는 것이다. 그래서 설계를 검증하고, 프로세스의 능력을 증명하고, 파일럿 실험을 수행한다. 프로세스 능력은 설비능력뿐만 아니라, 사람의 능력, 실험기기의 성능까지 모두 포함한다. 그리고 가장 낮은 비용으로 생산 및 정보의 흐름을 원활하게 하는 설계를 목표로 한다. 파일럿 실험은 엔지니어, 생산, 구매, 그리고 서비스 부서의 사람들이 모여 함께 하여야 한다. 그리고 고객까지 포함하면 더 바람직하다. 검증단계에서는 또 법규 준수, 소비자 보호, 안전 문제 등으로 인하여 절대적으로 필요한 단계이다. 또 설계가 정말로 고객의 욕구를 충족시키고 있는지도 확인하여야 한다.

린 6시그마

16.6.1 린 6시그마란 무엇인가?

6시그마는 엄청난 성과를 기업에게 주었다. 그러나 6시그마도 문제점을 지니고 있다. 교육과 훈련에 따르는 막대한 자원과 시간, 전문적인 용어로 인한 일반 직원들의 이해의 어려움, 마인드 변화에 따르는 저항, 비교적 긴 프로세스 개선시간 등 6시그마가 해결하여야 할 과제도 많다. 특히 매출을 향상하는 것이 점차로 쉽지 않은 상황에서 수익을 향상하기 위한 방법 중 하나는 낭비제거를 통하여 비용을 절감하는 방법이다. 그런데 6시그마는 6개월 미만의 프로젝트 활동에 초점을 맞추고 있어서 현장의 낭비제거를 통한 생산성 향상과는 거리가 있다. 그래서 6시그마의 프로젝트를 린(lean)의 관점과 접목하여 해결하면 보다 성과가 향상될 것이다.

린 6시그마는 린 시스템의 강점과 6시그마의 강점을 결합한 새로운 혁신시스템이다. 6시그마는 프로세스의 편차를 감소하여 높은 품질의 제품과 서비스를 생산하는 시스템이다. 반면에 린 시스템은 프로세스에 따르는 낭비를 감소하여 프로세스의 속도를 증가하고, 비용을 감소한다.

GE Plastic은 린 6시그마를 고객가치를 극대화하는 전략이며, 낭비를 제거함으로써 완벽한 프로세스를 지속적으로 추구하는 것이라고 정의하였다.

그래서 린 6시그마는 이 두 개념의 강점을 동시에 취하여 고도의 품질의 제품과 서비스를 낮은 비용에 생산하는 경영혁신 개념이다. 즉, 린의 강점인 낭비절감과 6시그마의 강점인 프로세스의 변동감소를 동시에 추구하는 강력한 혁신개념이다. 그래서 린은 원리를 제공하고, 6시그마는 방법론을 제공한다.

예를 들어, 6시그마는 모든 과제들을 통계적인 방법을 적용하여 해결한다. 그런데 모든 과제들이 전부 통계적인 방법을 필요로 하지 않는다. 이런 경우 린 시스템을 결합한 6시그마는 불필요한 분석을 줄여 개선의 속도를 향상시키게 된다. 이렇게 하여 린 6시그마는 사이클타임을 대폭 감소하여 간접비용과 품질코스트를 대폭적으로 절감시킨다.

린 시스템과 6시그마는 전부 제조업체에서 발생한 개념이다. 그러나 이 두 개념은 서비스업체에서도 동일하게 적용될 수 있다. 이미 6시그마에 대해서는 앞에서 설명하였다. 린 시스템도 서비스업체에 이미 많이 도입되어 큰 효과를 보았다. 린 시스템은 학교 행정에도 적용되어 학교 행정의 효율성을 크게 향상시키고 있으며, 의료기관에도 적용되어 환자에 대한 서비스를 크게 향상하였다는 보고도 있다(Manos, 2006).

16.6.2 린 6시그마의 성공요소

린 6시그마가 성공하기 위한 요소들은 6시그마가 성공하기 위한 요소들과 그리 다르지 않다. 그래서 최고경영자의 적극적인 관심과 참여는 필수적이다. 최근의 서베이에서도 이 점이 강조되고 있다(Johnson, 2009). 또 엄청난 교육과 훈련, 우수한 인재 육성, 지원 인프라, 통계적인 사고방식, 낭비 제거와 같은 창의적인 발상이 상당히 중요하다. 여기에다가 Johnson은 재무와 연계된 프로젝트를 언급하였다.

West(2009)는 린 6시그마가 일시적인 유행이 아니고 효과적인 성공을 거두기 위해서는 다음과 같은 점을 고려하여야 한다고 주장하였다. 첫째, 린 6시그마가 조직에 공헌하는 것을 화폐가치로 계량화하여야 한다. 단순히 품질의 관점이 아니고 재무적인 관점도 필요하다는 것이다. 둘째, 조직의 모든 부서에서 개선을 달성하기 위해 린 6시그마 개념을 응용한다. 셋째, 분석 및 발표 기술을 개선한다. 이것은 품질, 고객만족, ROI(Return on Investment), 그리고 사회적 책임의 관계를 입증하는 것이다. 넷째, 가장 최근의 방법론으로 지속적으로 업데이트한다. 다섯째, 린 6시그마의 분석적, 문제해결, 그리고 예측 능력을 활용한다. 여섯째, 린 6시그마의 강점은 남들이 보지 못하는 문제를 보는 능력이다. 그래서 린 6시그마를 총체적으로 실시하여야 한다.

사례 ▌ 록히드마틴의 린 6시그마

　　록히드마틴(Lockheed Martin)은 우리에게 잘 알려져 있는 F−16 전투기, C−130 수송기 등을 생산하는 미국 최대의 방위산업체로서, 통신위성 등 최첨단 기술을 요하는 장비를 생산하고 있다. 록히드마틴의 본사는 미국 메릴랜드(Maryland)주 베세스다에 있으며, 직원 수는 전 세계적으로 12만 6천 명에 달한다.

　　록히드마틴은 21세기를 맞아 린 6시그마를 도입하기로 하였다. 그래서 회사의 슬로건을 LM21(Lockheed Martin 21st century)이라 하였다. 록히드마틴은 먼저 록히드마틴에서 하는 모든 활동이 부가가치를 창출하는 활동인지 아니면 비부가가치를 창출하는 활동인지 파악하기로 하였다. 즉, 모든 유형의 낭비를 파악하기로 하였다. 이렇게 해서 회사의 모든 업무를 파악하고, 생산성을 향상하기로 하였다.

　　록히드마틴은 업무를 수행하는 방식을 결정하는 기준으로 린 6시그마에 의거하여 다음처럼 5개의 원칙을 설정하였다.

- 고객 관점에서의 가치 평가: 가치는 고객들이 평가하고 고객들이 결정한다.
- 가치 흐름에 대한 이해: 모든 경영자는 기업의 가치를 창출하는 흐름을 완전히 숙지한다.
- 업무 흐름에 대한 이해: 모든 경영자는 최적의 업무 흐름을 완전히 이해한다.
- 풀 시스템에 대한 이해: 풀 시스템을 이해한다.
- 완전무결: 린 속도로 6시그마 품질수준을 달성한다.

　　그리고 린 6시그마를 효과적으로 수행하기 위해 CEO를 포함한 모든 직원들에게 교육을 실시하였다. 교육은 가치의 흐름을 파악하는 교육부터 시작하였다. 이 교육은 현재 작업장의 흐름은 물론이고, 위에서 제시한 다섯 개의 원칙에 위배되는 업무들을 평가하는 수단을 제공해 주었다. 다음에는 벨트들을 양육하여 본격적으로 프로젝트들을 시행하였다. 특히 벨트들을 록히드마틴에서는 SME(Subject Matter Expert)라 불렀다. 이들은 LM21의 취지를 이해하고, 이를 모든 업무에 실제 적용하였으며, 프로젝트를 선정하는 역할을 담당하였다.

　　록히드마틴은 린 시스템과 6시그마의 방법론들을 결합하여 모든 유형의 낭비를 파악하고, 프로세스를 개선하였다. 최근 수년간 서비스 분야에서만 1천여 개가 넘는 프로젝트들을 실시하였다. 그 결과 수많은 유형의 낭비를 제거하여 가치 흐름을 향상시켰다. 그리고 수익성이 향상되었고, 비용을 절감하였다. 구체적으로 400명이 근무하는 해군감시시스템에서 2년간 5백만 달러의 비용을 절감하였다.

"린 6시그마;
HQAMC(Headquarter Army Material Command)"

 사례 ▎ 미국 E-470 고속도로 톨게이트에서의 린 6시그마

　　E－470은 미국 8개 주정부가 관장하는 유료 고속도로이며, 덴버(Denver)를 통과한다. E－470 고속도로 운영자들은 운영상 다음처럼 성과치인 네 가지 S를 중시하고 있다. 안전(safety), 속도(speed), 서비스(service), 관리(stewardship). 이 4S를 중시하며, 고객만족도를 높이고, 고속도로 운영 비용을 감소하고, 투자자들의 수익성을 향상하는 세 가지 목표를 설정하고 있다. 고속도로의 세 가지 주요 업무는 고객서비스, 요금징수, 그리고 고속도로 관리이다.

　　2005년 서비스센터 소장인 Jim Harlan과 운영책임자인 Walt Arnason은 이러한 목적을 달성하기 위하여 린 6시그마와 BSC(Balanced Scorecard)를 적용하기로 하였다. 이후 매년 46만 달러의 비용을 절감하는 성과를 거두게 되었다. 그리고 세 가지 주요 업무에 있어서 다음과 같은 성과를 달성하였다.

　　모든 서비스센터에서의 서비스 수준이 향상되었다. 예로 콜센터의 결근율이 감소되었고, 도움서비스가 향상되었다. E－470은 2009년에 전자요금납

부와 현금납부를 동시에 실행하였는데. 부정확한 요금과 오래 걸리는 시간에 대한 개선이 이루어졌다. 그래서 지금은 미국에서 110km의 속도로 통과하면서 결함이 적은 가장 정확한 요금소가 되었다. 또 고속도로 관리에 있어서 응급을 원하는 고객들과 접촉하는 시간과 동물과의 접촉에 의한 사고를 크게 감소하였다.

출처: Jim Harlan, Walt Arnason, Jack Nichols, and Jay Arthur, "Roadmap to Savings," Quality Progress, February 2015, Vol. 48, No. 2, 18-24.

∥ 참고문헌

Blakeslee, Jerome A., "Implementing the Six Sigma Solution," Quality Progress, ASQ, July 1999, 77－85.

Fontenot, Gwen, Ravi Behara, and Alicia Gresham, "Six Sigma in Customer Satisfaction," Quality Progress, ASQ, December 1994, 73－76.

Harlan, Jim, Walt Arnason, Jack Nichols, and Jay Arthur, "Roadmap to Savings," Quality Progress, Feb 2015, Vol. 48, No. 2, 18－24.

Harry, Mikel J., "Six Sigma: A Breakthrough Strategy for Profitability," Quality Progress, ASQ, May 1998, 60－64.

Harry, Mikel J., "Questions Lead, Answers Follow," Quality Progress, May 2000, ASQ, 82－86.

Harry, Michael and Don Linsenmann, Six Sigma Fieldbook, 안영진 옮김, 한국표준협회미디어, 2006.

Harry, Mikel and Richard Schroeder, 6시그마 기업혁명, 안영진 옮김, 김영사, 2000.

Johnson, Louis A., "Falling Short," Six Sigma Forum Magazine, May 2009.

Manos, Anthony, Mark Sattler and George Alukal, "Make Healthcare Lean," Quality Progress, July 2006, 24－30.

Snee, Ronald D., "Why Should Statisticians Pay Attention to Six Sigma?" Quality Progress, ASQ, September 1999, 100－103.

Treichler, David, Ronald Carmichael, Antone Kusmanoft, John Lewis, and Gwendolyn Berthiez, "Design for Six Sigma," Quality Progress, January 2002, 33－42.

Yilmaz, Mustafa R. and Sangit Chatterjee, "Six Sigma beyond Manufacturing," Quality Management Journal, Vol. 7, No. 3, 2000, 67－78.

www.dupont.com
www.ge.com
www.lockheedmartin.com

▌메모

장사는
이문을 남기는 것이 아니라
사람을 남기는 것이다.

상업이란
이익을 추구하는 것이 아니라
의를 추구하는 것이다.

소인은 장사를 통해
이윤을 남기지만

대인은 무역을 통해
사람을 남긴다.

- 거상 임상옥 -

CHAPTER 17

ISO

표준은 산업의 현대화를 촉진하였다. 국내표준도 중요하지만, 국제표준도 국내표준 못지 않게 중요하다. ISO는 유럽에서 나왔지만, 지금은 글로벌표준이 되었다. 그래서 ISO 인증을 획득하지 않으면, 국제무역시장에 진출하기가 어렵다. 기업의 생사를 다루는 중요한 글로벌표준이 된 것이다. 제 17장에서는 다음과 같은 주제를 다루고자 한다.

17.1 ISO 소개
17.2 ISO 9000
17.3 ISO 14000
17.4 IATF 16949 (ISO/TS 16949)
17.5 ISO 22000
17.6 ISO 26000

ISO 소개

　유럽은 세계의 다른 지역들과는 다르게 국가 간의 교류가 빈번하고, 경제적·사회적·문화적으로 밀접한 위치에 있어 일찍부터 하나의 공동경제체제를 구성하여 왔다. 그리고 유럽에서는 국가 간 무역을 촉진시키기 위해 제품에 대한 표준화의 필요성을 일찍부터 인지하였다. 그래서 1946년 유럽의 25개 국가에서 65명의 대표들이 영국 런던의 토목공학연구소에 모여 ISO(International Organization for Standardization) 결성을 논의하였다. 그리고 1947년 2월 23일 67개의 TC(기술위원회; Technical Committee)로 ISO가 공식적으로 설립되었다.

　ISO는 독립적 기구로서, 정부가 아닌 민간인들로 구성되었다. 스위스 제네바(Geneva)에 본부를 둔 국제표준화기구로 3년마다 총회를 개최하며, 여기에서 이사회의 심의를 거쳐 글로벌표준을 개발하는 세계 최대의 글로벌표준화조직이다. 그리고 현재 기술 및 제조의 거의 모든 측면을 다루는 23,428개의 국제표준을 제정하였고, 165개의 국가표준기구와 792개의 기술위원회 및 소위원회로 구성되어 있으며, 가입은 한 국가당 하나의 기관에 한하여 허용하고 있다.

　ISO 인증은 측정을 요구한다. 그래서 기업에서는 측정 목표를 설정하여야 한다. 이것은 기업의 모든 사람들로 하여금 목표를 이해하게 하는 장점이 있다. 또 ISO 인증은 문제의 원인을 파악하게 한다. 그리고 이런 프로세스를 문서화한다.

　ISO 인증을 획득한 기업은 다음과 같은 혜택을 기대할 수 있다. 그러나 인증 획득이 다음과 같은 혜택을 반드시 보장하지는 않는다. 왜냐하면 인증을 획득한 기업이라도 인증 후 예전의 관리 상태로 되돌아간다면 아무런 효과가 없기 때문이다. 물론 인증을 획득한 이후에도 1년에 2회 이내의 사후관리 심사를 받지만, 기업은 ISO 인증을 전시효과용으로 생각하여서는 안 되고, 반드시 기업의 품질과 환경을 개선하기 위하여 도입하도록 하여야 한다.

- 부서와 부서 또는 구성원과 구성원 간의 업무가 명확히 구분된다.
- 기업의 대외 신뢰도를 향상시킨다.
- 표준화를 통해 품질의 균일성이 향상된다.

┃그림 17-1 1946년 런던에서 찍은 ISO 설립자들

출처: www.iso.org

- 조직적이고 체계적인 품질매뉴얼을 작성한다.
- 인증획득이라는 공동목표를 통해 직원들에게 목표의식을 심어 준다.
- 각종 입찰에서 유리한 대우를 받을 수 있다.
- 품질과 환경에 대한 직원들의 의식이 개선된다.
- 인증획득 이후에도 사후관리를 실행한다.

ISO 소개 동영상

ISO 9000

ISO는 고품질의 제품과 서비스를 생산하기 위한 글로벌표준을 제정하기 위해 1979년 ISO 내에 ISO/TC 176을 설립하였다. 그리고 공통으로 사용할 용어와 글로벌표준을 규정하는 2개의 위원회를 ISO/TC 176 내에 두었다. 그로부터 8년 후인 1987년 글로벌표준을 ISO 9000 시리즈로 명명하여 확정하였다. 여기에서 시리즈는 ISO 9000, 9001, 9002, 9003이다.

ISO 9000 시리즈는 규격에 적합한 제품의 생산을 보증하기 위하여 구매업자와 공급업자들로 하여금 품질시스템의 문서화를 요구하기 위해 제정되었다. 그런데 여기에서 주의할 점은 ISO 9000 시리즈가 제품의 품질을 보증하는 제도는 아니라는 것이다. 단, 생산 프로세스를 보증하는 제도이다. 또 기업에게 주는 상이 아니고, 기업의 품질시스템의 우수성을 보증하는 인증제도이다.

1987년에 제정된 ISO 9000 시리즈는 시대의 변화를 수용하기 위하여 1994년 처음으로 개정되었다. ISO 9000:1994는 예방을 강조하였고, 규정을 강화하였다. 두 번째로 개정된 ISO 9000:2000은 9001, 9002, 9003을 9001로 통합하였다. 그리고 설계와 개발을 신제품에 국한하였고, 프로세스경영과 최고경영자의 책임을 강화하였다. 세 번째로 개정한 ISO 9000:2008은 ISO 9000:2000을 보다 명확하게 서술하였고, ISO 14001:2004와의 연계성을 강화하였다. 네 번째로 개정된 ISO 9000:2015는 위험 기반 사고(risk-based thinking)와 성과중심(performance base)을 강조하였고, 구조 및 용어를 변경하였다.

ISO 9000:2015에서는 또 다음처럼 품질경영 7대 원칙을 언급하였다.

- 고객중시: 품질경영의 가장 중요한 초점은 고객 요구사항을 충족시키고, 고객의 기대를 능가하기 위해 노력하는 것이다.
- 리더십: 모든 계층의 리더는 목적과 방향의 통일성을 수립하고, 인원이 조직의 목표 달성에 적극 참여하는 여건을 조성한다.
- 인원의 적극 참여: 조직 전반에 걸쳐 모든 계층에서 역량과 권한을 갖고 적

극 참여하는 인원은 가치를 창출하고 전달하는 능력 증진에 필수적이다.

- 프로세스 접근법: 일관된 시스템으로 작용하는 상호 관련된 프로세스 활동이 이해되고 관리될 때, 일관성 있고 예측가능한 결과는 더욱 효과적이고 효율적으로 달성된다.
- 개선: 성공적인 조직은 지속적으로 개선에 초점을 맞춘다.
- 증거 기반 의사결정: 데이터와 정보의 분석 및 평가에 기반을 둔 의사결정은 원하는 결과를 도출하는 가능성이 더 높아진다.
- 관계관리/관계경영: 지속적인 성공을 위해 조직은 공급자와 같은 관련 이해관계자와의 관계를 관리한다.

ISO 9001은 현재 전 세계적으로 1백만 개 이상의 조직이 독립적으로 인증되었으며, 오늘날 전 세계적으로 가장 많이 사용되는 관리도구 중 하나로 여겨지고 있다. 그러나 ISO 인증 프로세스는 낭비적이고 모든 조직에 유용하지 않을 수 있다는 점에서 논란이 있다.

ISO 14000

ISO 14000은 환경경영 보증제도이다. ISO 14000도 ISO 9000과 마찬가지로 최종 결과에 중점을 두지 않고, 과정에 중점을 둔다. 1996년에 제정된 ISO 14000 시리즈는 국가마다 다르게 운영되던 환경경영에 대한 방법 및 체제를 통합하기 위하여 제정된 글로벌 환경규격이다. ISO 14000의 목적은 환경보호로, 오염물질의 방출을 최소화하고자 한다. 이것은 생산시스템의 출발인 설계단계부터 시작된다. ISO 14000은 제조업체만 아니라, 서비스업체에도 전부 적용된다.

ISO 14000 시리즈는 14000(가이드라인), 14001(설계와 설치), 14004(추가 가이드라인)으로 구성되었다. 핵심인 ISO 14001을 제외한 14000과 14004은 지침의 형태로 되어 있다. 처음으로 개정된 ISO 14000:2004는 폐기물관리(waste management) 비용, 에너지 및 자원 소비, 물류비용을 감소하고, 기업의 명성을 강화하였다. 두 번째로 개정된 ISO 14001:2015는 최고경영자의 리더십, 전략과의 연계, 모든 과정 고려, 의사소통 활동 강화, 그리고 변경관리를 강조하였다. 또 조직 및 조직의 상황 이해, 이해관계자 욕구 및 기대 이해, 환경경영시스템, 환경경영시스템의 범위 결정, 조직의 역할−책임−권한, 그리고 리스크와 기회를 위한 활동을 추가하였다.

17.4

IATF 16949 (ISO/TS 16949)

QS 9000은 미국에서 통용되는 자동차 분야의 품질시스템이다. 유럽 국가들에게도 이와 유사한 규격들이 있다. 독일의 VDA 6.1, 프랑스의 EAQF 94, 이탈리아의 AVSQ 94 등이다. 이러한 현상은 이들 국가들에 부품을 공급하는 업체들에게 상당한 불편을 초래하였다. 그래서 자동차분야에 대한 규격을 통합하는 의견이 대두되었다. 사실 각 국가의 규격을 보면 대동소이 하였다. 차이점은 강조하는 부분이 다르고, 가이던스(guidance)의 양이었다(Reid, 2006). 이렇게 해서 ISO/TS 16949가 나오게 되었다.

미국과 유럽의 자동차 회사들은 공동으로 IATF(The International Automotive Task Force)를 결성하여 1999년 3월 국제적으로 공인된 자동차 분야의 통합규격인 ISO/TS 16949를 제정하였고, 11월에 공포하였다. TS는 Technical Specification의 약자이고, 16949는 단순히 규격의 일련번호이다. ISO/TS 16949는 ISO가 인정한 최초의 TS이다. 미국의 자동차 기업들은 2006년 12월부터 QS 9000을 인정하지 않는다. 그래서 ISO/TS 16949는 자동차 분야의 글로벌 표준이 되었다. IATF 16949의 목적은 자동차 부품 연관 조직의 지속적인 개선, 결함 방지, 그리고 산포 및 낭비를 감소하는 것이다. ISO/TS 16949의 첫 번째 개정인 ISO/TS 16949:2002는 자동차산업 부품 내용을 강화하였다. ISO/TS 16949는 2009년에 두 번째로 개정되었다. 그러나 자동차 관련 규격이 2016년 ISO로부터 분리되어 IATF 16949:2016으로 새롭게 제정되었다. 개정의 핵심 내용은 사회적 책임의 요구, 내장형 소프트웨어, 제품 안전, 협력업체 관리, 그리고 제품 추적성 등을 강화하였다.

17.5

ISO 22000

ISO는 2005년 9월 식품안전경영에 관한 글로벌표준 ISO 22000을 제정하였다. ISO 22000은 식품의 안전과 위해한 요소들을 제거하기 위하여 ISO 9001, 세계보건기구인 WHO(World Health Organization), 국제식품규격위원회인 CODEX의 HACCP 원칙을 통합하여 제정되었다. 그러나 다른 글로벌표준과는 달리 ISO 22000은 구조 및 내용의 통일성이 미흡하였고, 모듈화되지 않아 도입하는 기업들로부터 불만이 많았다. 이러한 불만을 시정하기 위하여 개정된 ISO 22000:2018은 처음 제정된 이후 13년 만에 이루어졌다. 주요 개정 내용은 다른 글로벌표준들과 동일한 순서로 구조화된 표준으로 개선하였고, HACCP의 적용을 전략적인 도구로써 강화하였다(식품안전신문, 2018).

약 50여 년전 영국의 화학공업분야에서 유래한 HACCP(Hazard Analysis and Critical Control Point)는 식품위해요소중점관리기준으로 위해한 요소들을 파악하는 위해요소(HA)와 이 위해요소를 제거하거나 방지하기 위해 집중적으로 관리하는 중요관리점(CCP)으로 구성된다. 위해범위는 식중독균이나 바이러스와 같은 생물학적, 중금속이나 농약과 같은 ISO 22000은 화학적, 그리고 신체를 손상시키는 물리적 등 세 가지로 분류된다. 중요관리점은 위해요소를 제거, 예방, 감소하는 프로세스를 집중적으로 관리하는 것이다. 우리나라는 1996년 12월 HACCP을 도입하였다.

ISO 26000

ISO는 2001년부터 기업의 사회적책임에 대한 규격을 개발하였다. 2005년 ISO/WG SR을 발족하였고, 2007년 G8 정상회담에서 CSR 보고촉구 특별성명을 발표하였으며, 2008년에는 사회적책임에 대한 세계 공동의 표준안을 발표하였다. 2010년 2월 ISO 26000을 글로벌표준으로 등록하였고, 5월 덴마크 코펜하겐(Copenhagen) 회의를 거쳐 11월 1일 드디어 ISO 26000 가이던스를 공포하였다. 2010년 G20 서울정상회담에 앞서 세계 최고경영자들로 구성된 'Business Summit'의 4대 의제는 무역투자, 금융, 녹색성장, 그리고 기업의 사회적책임이었다.

ISO 26000은 사회적책임에 대한 글로벌표준규격으로 범위를 기업에 국한하지 않고, 정부, 사회단체, NGO도 전부 포함시켰다. 그래서 CSR(Corporate Social Responsibility) 대신 SR(Social Responsibility)로 표기하였다. ISO 26000의 목적은 조직의 규모나 장소에 관계없이 모든 형태의 조직의 지속가능개발에 공헌하는 것이다. 그래서 건강한 생태계, 사회적 지분, 그리고 좋은 조직 거버넌스(governance)를 유지하는 것이다.

ISO 26000은 다음처럼 7개의 핵심주제로 구성되어 있다. 조직 거버넌스, 인권, 노동관행, 환경, 공정한 운영관행, 소비자 쟁점, 그리고 지역사회 참여 및 개발 등이다. <표 17-1>은 이 7개 핵심주제를 다시 세부적인 쟁점으로 분류한 표이다.

▼ 표 17-1 ISO 26000의 핵심주제와 쟁점

핵심주제	쟁점
조직 거버넌스 (organizational governance)	
인권 (human rights)	• 주의의무(due diligence) • 인권위험상황(human rights risk situations) • 공모회피(avoidance of complicity) • 고충처리(resolving grievances)

핵심주제	쟁점
	• 차별 및 취약집단(discrimination and vulnerable groups) • 시민권 및 정치적 권리(civil and political rights) • 경제, 사회 및 문화적 권리(economic, social and cultural rights) • 직장에서의 기본원칙과 권리(fundamental principle and rights at work)
노동관행 (labour practices)	• 고용 및 고용관계(employment and employment relationships) • 근로조건 및 사회적 보호(conditions of work and social protection) • 사회적 대화(social dialogue) • 근무 중 건강 및 안전(health and safety at work) • 직장 내 인적개발 및 훈련(human development and training in the workplace)
환경 (environment)	• 오염방지(prevention of pollution) • 환경을 파괴하지 않고 지속될 수 있는 자원 사용(sustainable resource use) • 기후변화 완화 및 적응(climate change mitigation and adaptation) • 환경보호, 생물다양성 보호 및 자연서식지 복원(protection of the environment, biodiversity and restoration of natural habits)
공정한 운영관행 (fair operating practices)	• 부패방지(anti-corruption) • 책임 있는 정치참여(responsible political involvement) • 공정한 경쟁(fair competition) • 가치사슬 내 사회적책임 촉진(promoting social responsibility in the value chain) • 재산권 존중(respect for property rights)
소비자 쟁점 (consumer issues)	• 공정한 마케팅, 사실적이고 편파적이지 않은 정보와 공정한 계약관행(fair marketing, factual and unbiased information and fair contractual practices) • 소비자의 건강 및 안전 보호(protecting consumer's health and safety) • 지속가능한 소비(sustainable consumption) • 소비자 서비스와 지원, 불만 및 분쟁 해결(consumer service, support, and complaint and dispute resolution) • 소비자 정보 보호 및 사생활(consumer data protection and privacy) • 필수 서비스에 대한 접근(access to essential service) • 교육 및 인식(education and awareness)
지역사회 참여 및 개발(community involvement and development)	• 지역사회 참여(community involvement) • 교육 및 문화(education and culture) • 고용창출 및 기량개발(employment creation and skills development) • 기술개발 및 접근성(technology development and access)

핵심주제	쟁점
	• 부와 소득 창출(wealth and income creation) • 건강(health) • 사회적 투자(social investment)
계 160개 문항 (640점)	

　　ISO 26000 체크리스트는 프로세스(360점)와 성과(640점)의 합으로 1000점으로 되어 있다. 프로세스 진단은 (1) 사회적책임 인식, (2) 이해관계자 식별과 참여, (3) 핵심 주제와 쟁점 분석, (4) 우선순위 및 실천전략 수립, (5) 실행, (6) 의사소통, (7) 검증, 그리고 (8) 개선 등 8단계로 구성되어 있다.

　　ISO 26000은 조직의 경쟁력과 명성을 강화하고, 이해관계자의 유익을 도모하며, 직원들의 사기를 북돋고, 투자자들의 긍정적인 반응을 가져오며, 정부를 포함한 지역사회와의 관계를 강화한다.

　　그러나 ISO 26000은 다른 ISO처럼 인증을 주지 않고, 자발적인 가이던스 형식으로 제정되었다. 그래서 경영시스템의 표준이 아니며, 인증을 주는 것도 아니고, 계약을 위한 것도 아니다. 오직 기업에게 권장하는 안내서이다.

▍참고문헌

식품음료신문, "13년 만에 전면 개정 ISO 22000," 2018.10.23.

Anonymous, "Keep Calm and Prepare for ISO 9001:2015," Quality Progress, Vol. 48, No. 9, 2015, 18.

ISO, ISO in Brief, ISO, 2020.

Reid, R. Dan, "TS 16949 — Where Did it Come From?" Quality Progress, 2006, 31 − 37.

https://youtu.be/Osv5r − 0ktSU

www.iso.org

www.iso.org/iso/home/news_index/news_archive/news.htm?refid = Ref2002

www.iso.org/obp/ui/#iso:std:iso:14001:ed − 3:v1:en

www.thinkfood.co.kr

MANAGEMENTQUALITY

기존사업을
과거와 같은 방식으로
지속하는 것은
앉아서
재난을 기다리는 것과 같다.

- Peter F. Drucker -

18

4차 산업혁명과 품질

4차 산업혁명은 2016년 세계경제포럼에서 거론된 이래, 기업은 물론이고 대부분의 국가에서도 큰 관심의 대상이 되었다. 세계경제포럼의 회장인 Klaus Schwab(2017)은 "4차 산업혁명은 디지털과 물리 그리고 생물학 사이의 경계를 파괴하는 기술적 융합"이라고 하였다. 그렇다. 4차 산업혁명은 다양한 기술들의 융합으로 구성된다. 여기에서 기술은 대부분 인공지능, 빅데이터, ICT와 같은 스마트(smart) 기술이다.

기업은 4차 산업혁명이 시장과 산업 그리고 기업에 어떤 영향을 끼칠 것인지 심각하게 분석하고 전략적으로 대처하여야 한다. 단순하게 어떤 기술보다는 시장의 구조 자체와 질서가 어떻게 파괴되고 생성되는지 깊은 고민을 하여야 한다. 그렇지 않으면, 시장에서 사라질 확률이 대단히 높을 것이다.

여기에서는 4차 산업혁명이 품질에 어떤 영향을 끼칠 것인지 관련된 핵심적인 기술을 소개하고자 한다. 제18장에서는 다음과 같은 주제를 다루고자 한다.

18.1 3D 프린팅
18.2 인공지능
18.3 스마트 팩토리
18.4 사무 자동화

3D 프린팅

우리는 지금도 사무실, 학교, 또는 집에서 프린트를 많이 한다. 여기에서 프린트는 대부분 2D 프린팅이다. 즉, 종이 위에 글씨나 그림 또는 표 등을 인쇄하는 2차원적인 인쇄이다. 예를 들어 보자. 자동차를 컴퓨터에서 그려 2D 프린터를 이용하여 인쇄하면, 자동차 그림이 인쇄된 종이가 출력된다. 그런데 자동차 그림이 출력되는 것이 아니고, 실제로 자동차가 생산된다면 어떤 기분이 들까? 무슨 꿈 같은 이야기이냐고? 그런데, 이것은 꿈 같은 이야기가 아니고, 진짜 현실이다. 자동차를 3D 프린팅으로 100% 생산하는 회사가 실제 지금 지구상에 존재한다.

보통 전통적인 생산은 부품이나 재료를 공구로 자르거나 깎아 제품을 생산한다. 이것을 절삭가공(subtractive manufacturing)이라 부른다. 여기에 비하여 3D 프린팅은 재료를 겹겹이 쌓아 제품을 만든다. 이것을 적층가공(additive manufacturing)이라 부른다. 3D 프린팅에서 처음 설계는 주로 모델링 소프트웨어나 3D 스캐너를 이용하여 이루어진다. 그리고 3D 프린팅에서는 제품을 하나의 고체 덩어리로 생산하지 않고, 아주 얇은 필라먼트를 겹겹이 쌓아 제품을 생산한다. 그래서 적층이라 부르는 것이다.

자동차산업에서도 3D 프린팅 기술이 많이 적용되고 있다. 대부분 자동차 부품을 3D 프린팅 기술로 생산하지만, 자동차 전체를 3D 프린팅 기술로 생산하는 회사도 존재한다. 중국 기업 Polymaker와 이탈리아 기업 X Electrical Vehicle은 합작하여 세계 최초로 3D 프린팅 자동차 LSEV를 대량생산하고 있다(단, 유리창, 샤시, 타이어는 제외하고). 그러면, 3D 프린팅으로 자동차를 생산하면 어떤 점이 좋을까? 우선 부품의 숫자가 엄청나게 감소한다. 보통 자동차 한 대를 만드는 데 필요한 부품의 수는 약 2만개 정도이다. 그런데 위에서 설명한 LSEV는 단지 57개의 부품만을 필요로 한다. 이것은 품질을 엄청나게 향상시킨다. 왜냐하면, 부품의 수가 많으면 많을수록 품질 수준이 저하되기 때문이다.

항공우주 분야에서도 3D 프린팅 기술이 적용되고 있다. 로켓 엔진을 제작할 때 NASA는 3D 프린팅 기술을 활용한다. 그리고 용접의 횟수를 상당히 감소시켰다. 이것은 생산시간과 제작비용은 물론이고, 로켓 엔진의 품질을 향상시키는 결과를 가져왔다.

　헬스케어에서도 3D 프린팅 기술이 많이 적용되고 있다. 인공관절은 물론이며, 최근에는 간과 같은 장기나 혈관까지 만들고 있다. 예로, 만성 간질환으로 고생하는 환자에게 간 장기를 이식하여 큰 성과를 거두고 있다. 이것은 인간의 수명을 연장시키며, 환자의 삶의 만족도를 엄청 높인다.

인공지능

2016년 3월 이세돌과 알파고의 바둑 대결로 인공지능이 우리나라에서도 큰 관심을 끌게 되었다. 알파고(AlphaGo)는 바둑만 전문으로 두는 인공지능 프로그램이다. 인공지능(AI: Artificial Intelligence)은 지금 우리 일상생활에서 쉽게 볼 수 있는 기술이 되었다. 유튜브를 하는 사람들은 내가 과거에 관심을 가졌던 주제에 관련된 영상들이 화면에 자동으로 나오는 것을 볼 수 있다. 곧 자율주행자동차가 자동차시장에 큰 영향을 끼칠 것인데, 자율주행차도 AI 기술이 핵심적인 기술 중 하나이다. AI는 앞으로 품질, 시장조사, 고객욕구, 전략 등의 분야에서 훨씬 그 사용이 확대될 것이다. 2016년 인공지능 시장규모는 약 80억 달러였다. 그리고 이 시장규모는 2020년대에 13조 달러까지 가치가 상승될 것으로 추정된다(Fountaine 등, 2019).

그러면 인공지능에서 지능은 무엇을 말하는가? 미국의 델라웨어(Delaware) 대학교의 교육심리학 교수인 Linda Gottfredson 등 52명의 교수들이 1994년 월스트리트저널(Wall Street Journal)에 발표한 '지능에 관한 주류 과학(Mainstream Science on Intelligence)'에서 지능을 다음처럼 정의하였다(www.wikipedia.org). 즉, "지능은 추론하고, 계획하고, 문제를 해결하고, 추상적 생각을 하며, 복잡성을 다루는 능력이다." 이렇게 볼 때, 지능은 배운 것을 단순히 암기하는 것을 넘어서 그 지식에 근거하여 주어진 환경을 이해하고, 더 나아가 미래에 무엇을 할 것인가를 인지하는 능력이라고 할 수 있다. 이것은 인간의 생각하는 능력과 유사한 능력이다. 즉, 지금 시대의 인공지능은 과거의 계산하는 기계에서 생각하는 지능으로 변환하였다.

인공지능분야에 속한 핵심기술로 기계학습이 있다. 기계학습(機械學習, machine learning)은 말 그대로 기계가 배우는 것이다. 인간은 학습을 통하여 지식이 성장해 간다. 학습은 배운 것을 토대로 새로운 것을 창출하는 능력이다. 기계학습은 기계가 학습을 통하여 스스로 성장해 가는 것이다. 인간의 가장 기초적인 능력은 사물의 형태와 언어를 인지하는 것인데, 기계는 이러한 인지능력이 없다. 그래서 기계가 인간의 이 기본적인 인지능력을 갖도록 하는 기술이 기계학습이다.

그리고 기계학습 이론 중에서 딥러닝(deep learning) 기술이 기계의 인지능력을 다루고 있다. 이 기술은 2012년 구글(Google)과 스탠퍼드(Stanford) 대학교 Andrew Ng 교수의 '고양이 프로젝트'인 'Google Brain Project'에 의해 개발되었다. 딥러닝 기술은 1950년대에 만들어진 '신경 네트워크(neural networks)' 개념을 변형하여 발전되었다. 즉, 단일의 레이어(layer)가 아닌 다수의 위계화된 레이어를 이용하여 심도 있는 학습활동을 전개한다(조용수, 2015). 물론 이 기술도 GPU(Graphic Process Unit)와 인터넷, 그리고 하드웨어와 빅데이터 등의 기술이 발전하였기 때문에 가능하게 되었다.

품질을 관리하려면 앞에서도 언급하였지만, 데이터가 필요하다. 즉, 데이터에 있는 어떤 정형적인 패턴을 파악하는 것이다. 그래서 결과에 영향을 끼치는 요소와 그렇지 않은 요소들을 구분하고자 한다. 기계학습도 데이터가 필요하며, 역시 데이터에 있는 패턴을 파악하고, 결과에 중요하게 영향을 끼치는 요인들을 파악한다. 그런데 여기에서 과거의 전통적인 프로그래밍(programming)과 기계학습에는 큰 차이가 있다. Freiesleben(2018)은 <그림 18-1>을 이용하여 이 차이에 대하여 설명하였다.

▌그림 18-1 전통적 프로그래밍과 기계학습

출처: J. Freiesleben, "Revolutionary Impact?" Quality Progress, October 2018, 30-36

전통적인 프로그래밍에서는 컴퓨터에 투입물(데이터)을 입력하면, 알고리즘에 의해 처리되어 산출물(데이터)이 나온다. 여기에서 알고리즘(algorithm)은 특정의 목적을 달성하기 위해 인간에 의해 설계된 것이다. 컴퓨터는 인간의 능력보다 훨씬 우수하여 보다 능률적이고 효율적인 산출물을 창출한다. 여기에 비하여, 기계학습은 투입물과 산출물을 컴퓨터에 입력하면 컴퓨터가 스스로 생각하고 처리하여 가장 효율적인 기능적 알고리즘을 생성한다. 여기에는 엄청난 차이가 있다. 전통적인 프로그래밍에서는 알고리즘이 고정적이다. 그러나 기계학습에서는 알고리즘이 계속 진화한다.

그러면 인공지능은 품질에 어떤 영향을 끼칠까? 먼저 설계품질을 향상시킨다. 설계품질은 단순히 기업의 역량 이외에 고객욕구와 경쟁제품의 가격 및 품질수준, 그리고 제품과 서비스에 포함할 특성과 포함하지 않을 특성을 결정한다고 제1장에서 언급하였다. 고객에 대한 데이터는 과거에 비하여 엄청나게 증가하였다. 이러한 빅데이터를 인공지능 기술을 이용하여 기업은 고객욕구에 대한 훨씬 정확하고 상세한 정보를 획득할 수 있다. 더구나 고객의 욕구와 경쟁자의 기술이 과거에 비해 빠르게 변한다. 인공지능은 이러한 변화의 추세를 정확하게 파악하여, 경쟁자들에 비해 경쟁우위 능력을 제공해 준다. 다음으로 인공지능은 불량률을 감소시킨다. 전통적인 불량률관리 기법들에 비하여 인공지능은 품질개선과 시스템 유지에 있어 훨씬 강력한 힘을 지니고 있다. 즉, 인공지능은 빅데이터를 처리할 수 있고, 신속하게 문제의 원인을 발견하고 해결책을 제시할 수 있다. 또 상황이 바뀌어도 새로운 상황에 대처하는 해결책을 제시할 수 있다.

그런데 AI가 기업에서 성공하기 위해서는 AI가 단순히 품질시스템에만 적용되기 보다는 조직 전체에 적용되는 것이 바람직하다. 이것은 기업의 조직문화나 부서 간의 갈등 등의 문제가 발생할 수 있기 때문이다. 품질을 중요시하지 않는 조직에서 품질부서에만 AI를 적용하면 성공하기보다는 실패할 확률이 높다. 그래서 최고경영자는 AI를 품질에 적용하기 이전에 조직문화를 바꿔야 하고, 부서 간에 존재하는 장벽을 먼저 해소하여야 한다. 그리고 조직의 구성원들에게 왜 AI가 기업에 중요하고 필연적인지를 교육시키고, 그들의 동의를 얻는 것이 바람직하다. 그렇지 않으면 구성원들의 비협조와 반발로 AI가 조직에서 성공하기 어렵다.

Fountaine 등(2019)은 조직 전체 차원에서 AI가 성공하기 위해서 다음처럼 3가지를 제안하였다. 첫째, 하나의 부서보다는 상호 협업의 부서들에 적용하여야 한다. 둘째, 경험과 리더중심의 의사결정에서 탈피하여 현장에서 데이터 중심(data-driven)의 의사결정으로 전환하여야 한다. 셋째, 경직되고 위험을 회피하는 조직에서 유연하고 실험적이며 적응력이 높은 조직으로 전환되어야 한다. 즉, 실험을 통하여 학습하는 조직이 되어야 한다.

그러면 인공지능은 다양한 업무에서 품질에 어떤 영향을 끼치는지 살펴보기로 한다.

첫째, 의료분야에서 서비스품질을 엄청나게 향상시킨다. 인공지능은 이미 암을 진단하는 데에 있어서 의사보다 우수하다. 또 심장병 수술 진단에 있어서도 컴퓨터는 인간보다 훨씬 일관성이 있고 정확하다고 알려져 있다. 이것은 환자와 의료진의 만족도를 엄청나게 향상시킨다. 일례로, IBM의 자체 플랫폼(platform)인 왓슨(Watson)은 인공지능 기술을 이용하여 백혈병과 폐암 진단 및 치료에 큰 성과를 거두고 있다. IBM은 모든 병을 진단하고 치료하기 위해 2015년 왓슨헬쓰(Watson Health)를 설립하였다. 기존의 시스템으로는 5~10개월 걸리는 암진단 및 치료기간을 수 분으로 감소하였다. 그러나 최근 발전속도가 주춤하고 있다. 앤더슨(Anderson) 암센터는 2013년 IBM의 왓슨인지(cognitive)시스템을 도입하였는데, 2017년 높은 비용으로 중단하였다(Davenport와 Ronanki, 2018). Deep Genomics는 지금까지 아무도 다루지 않았던 희귀병과 변동 유전자 분야를 연구하고 있다. 그러면 왜 의료분야에서 인공지능이 효과적일까? 이것은 의료분야의 영상자료가 일반적인 자료에 비해 각도, 조도, 대상, 색상 등이 훨씬 정형화되어 있기 때문이다.

둘째, 자율주행자동차를 들 수 있다. 미국의 nVIDIA는 딥러닝 기술에 기반을 둔 이미지인식 프로그램을 개발하였다. 또 구글의 인공지능팀과 구글의 자회사인 웨이모(Waymo)는 협업을 통하여 2018년 자율주행자동차의 기능을 현격하게 성장시켰다. 즉, 자동차가 스스로 도로에서의 다양한 상황을 인식하고 예측하여 가장 안전한 주행을 하는 의사결정을 하도록 하였다.

셋째, 법률분야이다. Paul Roberts(2014)는 "변호사들의 판결 예측력이 59%인데, 인공지능은 이 확률을 75%까지 향상할 수 있다"고 하였다. 법률자문회사인 ROSS는 IBM의 왓슨을 기반으로 법과 과거의 판례 등을 분석하여 가장 확률이 높은 결과를 제시하는 법률자문서비스를 이미 실시하고 있다(이은복 등, 2015). 이렇게 인공지능은 판결, 변호 등의 품질을 크게 향상시킨다.

넷째, 금융분야이다. 이미 증권분석에 있어서 컴퓨터는 월스트리트(Wall Street) 전문가들을 이겼다. 아직까지는 IBM의 왓슨이 선두를 달리고 있다. 싱가포르의 DBS(Development Bank of Singapore)는 자산관리업무에, 호주의 ANZ(Australia and New Zealand Banking Group)는 투자자문에, 그리고 남아프리카공화국의 Ned Bank는 소셜미디어 모니터링에 전부 왓슨을 활용하고 있다. 이들은 이미 서비스 품질을 향상하여 고객의 만족도와 기업의 수익성이 크게 향상되었다고 한다. 또 핀테크 벤처기업들도 인공지능을 이용하여 투자자문을 직접 하고 있다. 또 금융보안안전에도 인공지능을 이용하고 있다(장재현 등, 2015).

다섯째, 행정서비스분야이다. 호주 특허청은 2015년 특허신청 평가와 결정에 IBM의 왓슨을 활용하고 있으며, 싱가포르는 소득세 산정과 비자업무에 역시 IBM의 왓슨을 활용하고 있다. 또 스타트업 기업인 Camio는 인공지능 CCTV를 개발하여 기존의 CCTV가 포착하지 못하였던 이미지를 감지함으로써 치안 서비스의 질을 향상하게 되었다(최경운 등, 2015).

그러나 인공지능이 반드시 좋은 것만 있는 것도 아니다. 기존의 많은 직업이 사라질 수 있고, 인간에게 충격을 주는 사회적 변화를 가져올 수도 있다.

스마트 팩토리

　3차 산업혁명 이래 제조업은 엄청나게 성장하였다. 대량생산으로 자본가는 물론이고, 노동자와 소비자들의 생활수준이 크게 향상되었다. 기술의 발전으로 자동화가 도입되고, 로봇의 등장으로 4D(difficulty, dirty, dangerous, dull)와 3H(heavy, hazardous, hot) 작업들을 인간이 하지 않게 되어, 생산성이 크게 향상되고 노동의 안전도가 크게 향상되었다. 자동화의 발전은 생산성을 높였지만, 반대로 고용이 줄어 사회문제가 되었다. 또 자동화도 한계에 이르러 글로벌 제조업의 쇠퇴가 뚜렷하게 나타났다. 이에 독일에서 제조업의 부활을 외치며, Industry 4.0을 주장하였다. 이것이 4차 산업혁명의 발단이 되었다.

　또 소비자의 관점에서 보면, 소량생산에서 대량생산으로 전환되어 제품의 가격이 계속 하락하였다. 이것은 소비자의 삶의 질을 높였다. 그러나 소품종 대량생산이 값은 싸지만 개개인의 욕구를 충족시키기에는 부족하였다. 그러다가 기본적인 부품은 공동으로 사용하지만, 일부 형태나 옵션을 둬 고객의 개별적인 욕구를 부분적으로 만족시키는 매스 커스터마제이션(mass customization) 시스템이 등장하였다. 이것은 다품종 대량생산시스템으로 특히 조립제품에서 가능하였다. 그런데 스마트 팩토리는 다품종 소량생산을 가능하게 만드는 시스템이다. 즉, 고객의 개별적인 욕구를 맞춤형으로 초기단계인 설계부터 반영하여 생산한다.

　최근 글로벌 제조업계에서 중요한 변화는 스마트 팩토리의 등장이다. 말 그대로, 스마트 팩토리는 똑똑한 공장이다. 보다 구체적으로 스마트 팩토리는 불량의 발생이나 작업의 중단을 없애고 낭비와 불필요한 대기시간을 사라지게 만들어서 효율성을 극대화 시키는 미래형 공장이다. 스마트 팩토리는 품질을 크게 향상시키며, 재고비용, 검사비용, 자재비용 등 대부분의 비용을 크게 감소시킨다. 또 고객의 욕구를 만족시키며, 기업의 수익을 극대화하여 경쟁력을 강화시킨다.

　그러면 어떻게 공장이 똑똑해질 수 있는가? 이것은 빅데이터, 인공지능, 로봇, 3D 프린팅, IOT 등 다양한 최첨단의 기술들로 가능하게 되었다. BMW의 스마트 팩토리에서는 다양한 기능을 수행하는 멀티스킬(muiti-skill)의 고도화된 로봇을 자동차생산에 사용한다. 컨베이어가 없으며 대신 자동으로 움직이는 스마트 대차 위에서 자동차가 이동한다. 작업속도도 시장에서 고객의 주문량에 맞춰 이루어지기 때문에 과도한 재고가 발생하지 않는다. 작업자가 하는 업무는 정밀부품 배치이다. 검사도 작업자가 하지 않고 자동으로 이루어진다. 또 기계학습은 스스로 진화하기 때문에 시간이 가면 갈수록 공장은 더 스마트해진다(신재욱 등, 2015).

18.4

사무 자동화

    자동화는 인간의 실수를 방지하는 장점이 있어, 품질을 향상시킨다. 사무실에서 근로자들이 수행하는 업무는 창의적인 업무도 있지만, 정해진 규정에 따라 반복적인 업무들이 많다. 이러한 반복적인 업무들을 자동화하면 당연히 직원이나 기업에게 상당한 혜택이 따르게 될 것이다. 이런 점에서 2014년에 나온 RPA를 중시할 필요가 있다. RPA(Robotic Process Automation)은 반복적이고 정해진 틀에 따라 사람에 의해 수행되는 업무를 로봇을 활용하여 하게 하는 기술이다(Dickinson과 Roy, 2016). RPA로 인간은 보다 안전한 환경에서 창의적인 업무에 더 시간을 할애할 수 있게 된다. 이것은 업무의 품질과 직원의 의식, 그리고 근로의욕을 향상시켜, 직원 만족도가 올라가고, 다시 기업의 생산성과 수익성 향상으로 이어지게 된다. 지금은 은행이나 보험회사에서 주로 활용되지만, 점차로 그 영역이 확대될 것이다. 국내 은행들도 채봇(Chat-Bot)을 도입하여 고객에게 상품 문의 및 상담을 하고 있다(정제호, 2017). 또 인공지능 기술이 계속 발달함에 따라 사무자동화는 고부가가치의 업무를 설계하고, 의사결정도 효과적으로 수행하게 될 것이다.

저자소개

연세대학교 경영학과에서 학사를, 미국 Michigan State University에서 경영학 석사와 박사를 수여받았습니다. 현재 단국대학교 경영학부 명예교수로서, 학부와 대학원에서 경영품질론, 변화와 혁신, 생산운영관리, 6시그마, 글로벌 초일류 기업들의 특성, Business Process Management 등을 강의하고 있습니다. 한국생산관리학회와 한국구매조달학회의 회장 등을 역임하였으며, CPIM(Certified Production and Inventory Manager) 자격증을 소지하고 있습니다.
이 책에 대해 의문점이 있거나 또는 상의할 용건이 있으신 분은 단국대학교로 연락하시거나 또는 저의 이메일 주소인 yjahn@dankook.ac.kr로 연락 주시기 바랍니다.

제5판
경영품질론

초판발행	2002년 2월 20일
개정판발행	2007년 3월 15일
제3판발행	2011년 2월 20일
제4판발행	2015년 2월 25일
제5판발행	2021년 2월 25일

지은이	안영진
펴낸이	안종만·안상준

편 집	전채린
기획/마케팅	장규식
표지디자인	박현정
제 작	고철민·조영환

펴낸곳	(주)**박영사**
	서울특별시 금천구 가산디지털2로 53, 210호(가산동, 한라시그마밸리)
	등록 1959. 3. 11. 제300-1959-1호(倫)
전 화	02)733-6771
f a x	02)736-4818
e-mail	pys@pybook.co.kr
homepage	www.pybook.co.kr
ISBN	979-11-303-1204-0 93320

copyright©안영진, 2021, Printed in Korea

* 파본은 구입하신 곳에서 교환해 드립니다. 본서의 무단복제행위를 금합니다.
* 저자와 협의하여 인지첩부를 생략합니다.

정 가	29,000원